श्रेष्ठ जातक कथाएँ

श्रेष्ठ जातक कथाएँ

शोभा निगम

लोकभारती प्रकाशन

लोकभारती प्रकाशन
पहली मंजिल, दरबारी बिल्डिंग, महात्मा गाँधी मार्ग
प्रयागराज-211 001

वेबसाइट : www.lokbhartiprakashan.com
ईमेल : info@lokbhartiprakashan.com

शाखाएँ : 1-बी, नेताजी सुभाष मार्ग, दरियागंज
नयी दिल्ली-110 002
अशोक राजपथ, साइंस कॉलेज के सामने
पटना-800 006 (बिहार)
1, अनमोल सोराबजी संतुक लेन, मरीन लाइंस
मुम्बई-400002

प्रथम संस्करण : 2019
द्वितीय संस्करण : 2023

मूल्य : ₹ 800

जे.के. ऑफसेट
प्रयागराज द्वारा मुद्रित

SHRESHTH JATAK KATHAYEN
by Shobha Nigam

ISBN : 978-93-88211-57-4

प्रिय पौत्री शार्वी को समर्पित
जिसकी कथाओं के प्रति असीम
जिज्ञासा ने मुझे बौद्ध जातक
कथाओं को पढ़ने, समझने
और फिर लिखने को प्रेरित
किया।

शोभा निगम

विषय सूची

प्रस्तावना

जातक कथाएँ बौद्ध धर्म का प्रसिद्ध महत्वपूर्ण साहित्य है। इन कथाओं के विषय में आम धारणा है कि यह केवल बच्चों के मनोरंजन के लिये कही गई शिक्षाप्रद कथाएँ हैं। किंतु ये केवल बच्चों की कथाएँ नहीं है। वस्तुतः यह सभी उम्र के एवं सभी वर्ग के लोगों को शिक्षित करने के लिये कही गई कथाएँ हैं ताकि सभी लोग धर्म, अधर्म के वास्तविक रूप से परिचय प्राप्त कर सही राह पर चल सके और जीवन का उद्देश्य प्राप्त कर सके। सरल भाषा में किन्तु मूल पाठ को ध्यान में रखते हुये आम लोगों तक इन्हें पहुँचाने के लिये मैंने इन्हें अपने शब्दों में लिखा है। इसके साथ ही शोधार्थियों और जिज्ञासु पाठकों के लिये भी यह इस अर्थ में उपयोगी है कि इससे तत्कालीन समाज, राजनीति, राजपरिवार, सामान्य एवं निम्नवर्ग की स्थिति, नैतिकता, स्त्रियों के प्रति भावनाएँ, समाज में धर्म के नाम पर फैले अन्धविश्वास आदि का बोध भी होता है। इसके अतिरिक्त उस काल में समाज किस प्रकार बुद्ध के विचार से प्रभावित हो रहा था, राजाओं, रानियों तथा राजपरिवार के अन्य सदस्यों के मध्य बौद्ध शिक्षा का क्या असर था, प्रव्रज्या लेने में लोगों की रुचि क्या थी, बुद्ध के भिक्षुसंघ तथा भिक्षुणीसंघ की क्या स्थिति थी, भिक्षुगणों का स्वभाव कैसा था, शिक्षा के केन्द्र कहाँ और कैसे थे, आदि के विषय में भी हमें इन कथाओं से ज्ञात होता है।

यद्यपि जातक कथाएँ छठवीं शताब्दी ई.पू. में अपने धर्म का प्रचार करने वाले गौतम बुद्ध के आम लोगों को दिये गये उपदेश कहे गये हैं किन्तु इनका संकलन ई.पू. दूसरी एवं तीसरी शताब्दी में हुआ है। अतः इन्हें केवल बुद्ध के विचार नहीं कहा जा सकता। निश्चय ही बुद्ध के बाद उनके नाम पर इसमें बहुत कुछ जोड़ा गया है। इसमें लोक आख्यान तथा अन्य ग्रन्थों की कथाओं का प्रभाव भी स्पष्ट दिखाई देता है। इस काल में ब्राह्मण महाकाव्यों, रामायण एवं महाभारत आदि का भी प्रचार-प्रसार तथा अन्तिम कलेवर तैयार हो रहा था, इनका प्रभाव भी जातक कथाओं में दिखता है। इसका विवेचन हमने एक अलग अध्याय में किया है।

यहाँ उल्लेखनीय है कि भदन्त आनन्द कौसल्यायन द्वारा **जातक अट्ठकथा** के नाम से 547 जातक कथाओं का संकलन किया गया है। इसे हिन्दी साहित्य सम्मेलन, प्रयाग, द्वारा 6 खण्डों में प्रकाशित किया गया है (सन् 2006)। इसका सम्पादन कुछ संशोधन के साथ डॉ. शिवशंकर त्रिपाठी द्वारा किया गया है। मैंने प्रस्तुत पुस्तक **'श्रेष्ठ जातक**

कथाएँ' के लिये इसी ग्रन्थ को आधार बनाया है। विषयानुसार यहां श्रेष्ठ 114 जातककथाएँ 14 खंडों में प्रस्तुत की गई हैं। इन खण्डों के विषय में आगे विस्तार से चर्चा है। उल्लेखनीय है कि विविध विषयों पर कही गई ये कथाएँ आज भी प्रासंगिक हैं।

इस पुस्तक को तैयार करने में मेरे पति डॉ. एल.एस. निगम की मुझे लगातार सहायता मिली है। उनके प्रति आभार प्रदर्शन एक औपचारिकता होगी पर फिर भी यह मैं करना चाहूँगी।

पुस्तक के प्रकाशन का जितनी सहजता से लोकभारती के प्रकाशक श्री रमेश ग्रोवर ने निर्णय लिया, इसके लिये मैं उनकी आभारी हूँ।

दिनांक 8 मार्च 2019

शोभा निगम
रायपुर (छ.ग.)

अध्याय-1

गौतम बुद्ध एवं जातक कथाओं का परिचय

भारतीय दर्शन में बौद्ध दर्शन अवैदिक एवं नास्तिक दर्शन के नाम से प्रसिद्ध है। इसे श्रमण दर्शन भी कहा जाता है। गौतम बुद्ध द्वारा प्रतिपादित बौद्ध-दर्शन एवं बौद्ध-धर्म बुद्ध के काल अर्थात् 6वीं एवं 5वीं सदी ई.पू. में ही भारत के अनेकानेक भागों में जन-जन में व्याप्त हो गया था। यह कोई पाण्डित्य प्रदर्शन करनेवाला दर्शन नहीं था वरन् मानव जीवन के उन्नयन से सरोकार रखनेवाला दर्शन था। इसीलिए इसमें निहित नैतिक एवं सामाजिक दर्शन अत्यन्त महत्त्वपूर्ण है।

नेपाल में स्थित लुम्बिनी में 563 ई.पू. में कपिलवस्तु के राजपरिवार में जन्में गौतम बुद्ध (सिद्धार्थ) के विषय में सर्वज्ञात है कि उनके पिता राजा शुद्धोधन ने कालदेवल नामक ज्योतिष से जब यह सुना कि उनका पुत्र या तो चक्रवर्ती सम्राट् होगा या महान संन्यासी बनेगा, तब उन्होंने अपने मन में पुत्र के चक्रवर्ती सम्राट् बनने की अभिलाषा की। राजपुत्र संन्यासी न बने इसलिए उन्होंने कुमार को दुःख की छाया से भी दूर रखा। किन्तु नियतिवश सुख में पले कुमार का जब एक रोगी, वृद्ध और मृतक से सामना हुआ तो इनके दुःखों ने उन्हें भीतर तक मथ डाला। हाँ, एक संन्यासी को देखकर अवश्य उन्हें कुछ राहत मिली और उन्होंने एक रात अपने नन्हें पुत्र राहुल और पत्नी यशोधरा का त्याग कर मानवजाति के लिए दुःख से मुक्ति-निवारण का मार्ग खोजने हेतु महल से महाभिनिष्क्रमण किया।

वर्षों तक भटकने के बाद अन्ततः उन्होंने निर्वाण-कारक चार आर्यसत्यों की प्राप्ति की। इन सत्यों को लोगों तक पहुँचाने के लिए उन्होंने शिष्य बनाये और स्वयं लगभग 40 वर्ष (कहीं-कहीं 44 वर्ष का उल्लेख है) तक घूम-घूम कर उपदेश देते हुए वे अपने धर्म का प्रचार करते रहे। लगभग 80 वर्ष की आयु में जब उन्हें लगा कि अब शरीर का त्याग कर परिनिर्वाण प्राप्त करने का समय आ गया है तो उन्होंने अन्तिम समय में अपने प्रमुख शिष्य आनन्द और अन्य भिक्षुओं को उचित आदर्श बताये एवं उसकी प्राप्ति हेतु निर्देश दिये। जाते-जाते उन्होंने एक सुभद्र नामक व्यक्ति को दीक्षा भी दी। उनके अन्तिम शब्द थे—हे मेरे बन्धुओं! तुमसे मैं बिदा लेता हूँ। मनुष्य के अवयव क्षणभंगुर है। पुरुषार्थ के साथ अपने मोक्ष का मार्ग प्रशस्त करो।

साहित्य—बुद्ध ने स्वयं कुछ नहीं लिखा किन्तु उनके बाद उनके शिष्यों ने तथा अनेक प्रकाण्ड विद्वानों ने कई शताब्दियों तक बौद्ध धर्म एवं दर्शन को समृद्ध करते हुए अनेक ग्रन्थों की रचना की। इसलिए बौद्ध साहित्य का विशाल भण्डार मिलता है। वैसे प्रारम्भिक बौद्ध धर्म एवं दर्शन त्रिपिटकों में निहित है। ये तीन पिटक हैं, **1. विनय पिटक 2. सुत्त पिटक 3. अभिधम्म पिटक**। चूँकि पहले ये संकलन सुरक्षा की दृष्टि से पिटारियों में रखे जाते थे अतः पिटक कहलाने लगे। संख्या में तीन होने के कारण ये त्रिपिटक कहलाते हैं। इन पिटकों का संग्रह बहुत सम्भव है 241 ई.पू. हो चुका था।[1] इन्हें प्रारम्भिक बौद्धधर्म का मूल एवं प्रामाणिक आधार कहा जाता सकता है। जातक कथाएँ इन्हीं में निहित हैं। इनमें निहित होना ही जातक कथाओं की प्राचीनता एवं बौद्धधर्म में उनके महत्त्व को दर्शाता है।

उल्लेखनीय है कि श्रीलंका, स्याम, वर्मा (म्यामार) आदि बौद्ध देशों में त्रिपिटकों का वही आदर और सम्मान है जैसे भारत में रामायण और महाभारत का। वर्मा के राजा मैण्डुम ने महाभारत से तिगुने आकार के त्रिपिटकों को पत्थर की पट्टियों पर खुदवाकर सुरक्षित रखवाया था। इसी तरह लंका के राजा वट्टगामिनी के दिनों में बुद्धवचन ताम्र-पत्रों पर अंकित किये गये थे।

विनय पिटक में मानव के लिए उचित आचरण सम्बन्धी उपदेश है। विनय सम्बन्धी नियमों का संकलन होने के कारण ये विनयपिटक कहे गये। इन्हें बौद्ध भिक्षुओं का आचारशास्त्र भी कहा जाता है क्योंकि इसमें उनके कार्यकलापों का विस्तृत विवरण है।

सुत्त पिटक में बुद्ध के सुत्त अथवा व्याख्यान है। ये वार्त्ता, संवाद एवं कथाओं के रूप में हैं। रीज डेविड्स नामक विद्वान् का इनके विषय में कहना है, 'गौतम के संवादों का यह संग्रह दार्शनिक सम्प्रदायों एवं इतिहास में प्लेटो के संवादों के समान स्तर पर रखा जा सकता है।[2]' यह पाँच निकायों में विभक्त है। **जातक कथाएँ इसके अन्तर्गत ही आती हैं।** बौद्धों की गीता कहा जानेवाला 'धम्मपद' भी इसी में है।

अभिधम्म पिटक में बुद्ध के दार्शनिक विचारों की चर्चा है। इनके अतिरिक्त कुछ अनुपिटक भी हैं।

पिटकों का यह साहित्य पाली भाषा में है। पाली में विशाल बौद्ध साहित्य होने के कारण इसे पाली वाङ्मय की दूसरी संज्ञा कहा जाता है। कहते हैं इनका संस्कृत में अनुवाद किया गया था किन्तु अब वह प्रायः अप्राप्त है।

उल्लेखनीय है कि गौतम बुद्ध के हजारों अनुयायियों ने उनके सामने ही उनके आदर्शों और उपदेशों के अनुसार जीवन जीना प्रारम्भ कर दिया था। उनके सामने ही अनेकानेक बौद्धसंघों की स्थापना हुई थी। वैदिक धर्म के कठिन कर्मकाण्ड के विरुद्ध तो बुद्ध का शंखनाद था ही, उस समय के अन्य श्रमण दर्शन, जैसे, आजीवक आदि की बुराइयों के विरुद्ध भी वे खड़े थे। इतना ही नहीं, भिक्षुसंघ में अपने ही चचेरे भाई देवदत्त[3] के विरोध का भी उन्हें सामना करना पड़ता था जो छद्म भिक्षु बनकर उनके ही अनुयायियों को गलत मार्ग पर ले जाने का भरसक प्रयत्न करता था।

बुद्ध का दर्शन कहा जाये तो मुख्यतः नीति दर्शन ही है, वह भी व्यावहारिक नीति दर्शन। बुद्ध कहते भी थे कि एक वैद्य के समान वे रोगियों का उपचार करना प्रथम कर्त्तव्य मानते हैं। अनेकानेक मानसिक रोगों से पीड़ित मानवजाति को (जिसका परिणाम ही शारीरिक व्याधियों में परिणत होता है) आज भी बुद्ध के उपदेशों की उतनी ही आवश्यकता है जितनी बुद्ध के समय में थी। जातक कथाएँ ऐसे ही उपदेशों का भण्डार हैं।

जातक कथाएँ—गौतम बुद्ध जनोपयोगी उपदेश प्रायः सरल भाषा में अनेकानेक कथाओं के माध्यम से अपने शिष्यों को दिया करते थे। **जातक कथाएँ** इन्हीं का संकलन है। बुद्ध मागधी भाषा में उपदेश देते थे जो उस काल की सर्वाधिक लोकप्रिय भाषा थी। यही पाली भाषा का आधार है। (वैसे सभी जातक कथाएँ बुद्ध द्वारा नहीं कही गयी हैं। उनके उपदेशों के अनुसार बाद में लोककथाओं को भी जातक कथाओं के रूप में संकलित किया गया है। इसीलिए इन्हें लोकसाहित्य भी कहा जाता है। ये कथाएँ 3री-2री शताब्दी के मध्य संकलित हुई हैं।)

जातक शब्द के मूल में 'जन् 'धातु है जिसका अर्थ होता है, जन्म लेना। किसी भी जन्मे जीव को जातक कहा जाता है। बुद्ध के पूर्वजन्म की कथाएँ होने के कारण ये जातक कथाएँ कही जाती हैं। सभी जातक कथाएँ वर्तमान समय की किसी घटना का उल्लेख करते हुए उस घटना से सम्बन्धित अतीत कथा का उल्लेख करती है जिसमें बुद्ध ने बोधिसत्त्व के रुप में जन्म लिया था। इस तरह यहाँ दो कथाएँ साथ-साथ चलती हैं, एक **वर्तमान कथा** और दूसरी **अतीत कथा**। अतीत में बुद्ध ने सम्पूर्ण बोधि की प्राप्ति नहीं की थी। बुद्ध स्वयं इस विषय में कहते हैं कि सम्बोधि प्राप्त करने के पहले अर्थात् बुद्ध न होने के समय मैं बोधिसत्त्व था।...इससे स्पष्ट है कि बोधिसत्त्व वह व्यक्ति है जो ज्ञान की प्राप्ति हेतु प्रयत्नशील है तथा मानवीय गुणों का निरन्तर अभ्यास कर रहा है ताकि बुद्धत्व की प्राप्ति हो सके।[4]

यहाँ उल्लेखनीय है कि गौतमबुद्ध के यह पूर्वजन्म जातक कथाओं के अनुसार करीब पाँच सौ सैंतालीस कहे जा सकते हैं क्योंकि संग्रहीत जातक कथाओं की संख्या भी लगभग इतनी ही है।[5] किन्तु अन्य बौद्ध ग्रन्थों में भी बोधिसत्त्व के रूप में बुद्ध के और भी जन्म बताये गये हैं। अतः जातक कथाओं के आधार पर बुद्ध के पूर्वजन्मों की संख्या निर्धारित नहीं की जा सकती। यहाँ यह भी उल्लेखनीय है कि बुद्ध ने ये पूर्वजन्म कई योनियों में ग्रहण किये थे। हाँ, इनमें मनुष्य योनि अवश्य अधिक है किन्तु पशु-पक्षी, वृक्ष आदि की योनियों में भी वे बुद्धत्व की ओर प्रयत्नशील थे। मनुष्य योनि में भी प्रायः सभी वर्णों में उन्हें जन्म ग्रहण करते बताया गया है। यद्यपि प्रायः राजपुत्र या पुरोहितपुत्र के रूप में उनका जन्म अधिक बताया गया है किन्तु चाण्डाल और नापित जैसे कर्म करते हुए तथा बौने के रूप भी उन्हें बताया गया है। इसका स्पष्ट अर्थ है कि बुद्ध के लिए तत्कालीन सामाजिक बन्धन, जहाँ मनुष्य को छोटा-बड़ा समझा जाता था, जहाँ वर्ण के आधार पर

व्यक्ति का महत्त्व स्थापित होता था, बेमानी थे। पर हाँ, किसी भी योनि में उन्हें स्त्रीरूप में सम्भवतः नहीं बताया गया है।

बोधिसत्त्व के लिए पारमिताओं का अभ्यास अत्यन्त आवश्यक बताया गया है। वस्तुतः इसी के द्वारा वे बोधि की प्राप्ति करते हैं। **पारमिता का अर्थ है, पूर्णता।** पारमिताएँ छह बतायी गयी हैं। ये षट्पारमिताएँ हैं—दान, शील (अहिंसादि निषिद्ध कर्मों का त्याग, सर्व पापों से विरति), वीर्य (कुशलकर्म करने का उत्साह), क्षान्ति (अद्वेष अर्थात् अपकार होने पर भी क्षमा) ध्यान (चित्त की एकाग्रता) एवं प्रज्ञा। इनमें प्रज्ञा पारमिता सर्वश्रेष्ठ है। प्रज्ञा का अर्थ है सर्वोच्च ज्ञान। यह सर्वोच्च ज्ञान वस्तु की वास्तविकता का ज्ञान है जिसे 'यथाभूत ज्ञान' भी कहते हैं। इससे चित्त के उद्वेग शान्त होते हैं, चित्त समाहित होता है। तब सभी जीवों के लिए चित्त में महाकरुणा उपजती है। इसीलिए बोधिसत्त्व स्वयं के निर्वाण के लिए प्रयत्नशील नहीं होकर अन्यों के निर्वाण में, उनके दुःख दूर करने में सहायक होते हैं। जातक कथाओं में बोधिसत्त्व में इन गुणों का स्थान-स्थान पर उल्लेख है।

ऐसे व्यक्ति की कथाएँ निश्चित ही प्रेरणादायक होंगी। सम्पूर्ण मानवता के लिए कल्याणकारी होंगी। ईसा के सदियों पहले के ये उपदेश आज भी मानवजीवन के उन्नयन में उतने ही प्रासंगिक एवं आवश्यक हैं जितने उस समय थे। वस्तुतः ये शाश्वत महत्त्व रखते हैं अतः हर मनुष्य को इन्हें जानना चाहिए। कथा के माध्यम से इन्हें प्रस्तुत करने का लाभ यह है कि सामान्य जनों को इनमें निहित उपदेश सहजता से समझ में आ जाते हैं। सहज सरल होने से लोगों के लिए उपदेशों का पालन करना भी सरल है तथा ये लोगों की स्मृति में भी बने रहते हैं।

जातक कथाओं का पाँच तत्त्वों में संगठन—प्रत्येक जातक कथाओं के कथानक में पाँच तत्त्व संगठित हैं। जैसा कि हमने ऊपर लिखा है, यहाँ एक **वर्तमान कथा** है फिर उससे मिलती-जुलती एक **अतीत कथा** है जो बुद्ध के पूर्व जीवन(जब वे बोधिसत्त्व थे) के कृत्यों का बखान करती है। न केवल बुद्ध के वरन् बुद्ध के निकट सम्बन्धियों, पिता शुद्धोधन, पत्नी यशोधरा, पुत्र राहुल एवं उनके विशेष शिष्यों, आनन्द, सारिपुत्र और उनसे दुश्मनी रखनेवाले चचेरे भाई देवदत्त आदि के भी अनेक पूर्वजन्म यहाँ अनेक कथाओं में बताये गये हैं।

अस्तु, इसके पश्चात् **गाथाएँ** हैं। ये जातक के मूल कथ्य हैं जो काव्य में हैं। हर जातककथा में ये गाथाएँ प्रायः एक से अधिक हैं। इसमें सुन्दर नैतिक विचार प्रस्तुत हुए हैं जो वस्तुतः संदर्भित जातक कथाओं के उपदेश हैं। इसके बाद **गाथा की व्याख्या** है। इसमें विस्तार से गाथा को, कहीं-कहीं उदाहरण देते हुए समझाया गया है। पाँचवाँ तत्त्व **समोधान** कहा गया है । यह वर्तमान कथा का अतीत कथा से सामंजस्य बताने के लिए है। वस्तुतः इसमें अतीत कथा के पात्र वर्तमान में क्या हैं, यह बताया गया है।

उल्लेखनीय है कि जातक कथाएँ गद्य और पद्य दोनों में हैं। इसकी गाथाएँ पद्य में है और शेष गद्य में। इनका साहित्यिक रूप निखरा हुआ है। सुन्दर मुहावरे यत्र-तत्र है। भाषा की कलात्मकता सराहनीय है।

एक और उल्लेखनीय बात, प्रायः सभी जातक कथाएँ स्वयं बुद्ध द्वारा कही गयी हैं किन्तु स्थान अलग-अलग है। वैसे अधिकांश कथाएँ शास्ता (बुद्ध) जेतवन में विहार करते समय भिक्षुओं को लक्ष्य कर कहते हैं । इसके अतिरिक्त कोशाम्बी के बदरिकाराम, वेलुवन, साकेत के समीप अंजनवन, मगध एवं श्रावस्ती आदि स्थानों का भी यहाँ उल्लेख है जहाँ कथाएँ कही गयी हैं।

जातक कथाओं में झलकती तत्कालीन सामाजिक, राजनैतिक और धार्मिक स्थिति-जातक कथाओं में स्थान-स्थान पर बौद्ध नीतिदर्शन तो झलकता ही है इसके साथ ही उस काल की सामाजिक तथा धार्मिक व्यवस्था भी दिखायी देती है। उस समय की राजनैतिक हलचल भी इनसे ज्ञात होती है। उल्लेखनीय है कि बुद्ध के समय में मगध सर्वाधिक प्रतिष्ठित साम्राज्य था जिसकी राजधानी पहले राजगृह बाद में पाटलिपुत्र (वर्तमान पटना) हुई। मगध का काशी, कोशल (अवध) आदि पड़ोसी राज्यों तथा वहाँ के लोगों से कैसा सम्बन्ध था, राजाओं के आपसी रिश्ते कैसे थे, राजघरानों के लोगों की मनोभावनाएँ कैसी होती थी, वैवाहिक सम्बन्ध कैसे होते थे, दासों और गणिकाओं की स्थिति कैसी थी, इसका बोध भी हमें इन जातक कथाओं से होता है।

यहाँ उल्लेखनीय है कि अधिकांश जातक कथाओं में काशी जनपद की राजधानी वाराणसी बतायी गयी है तथा राजा ब्रह्मदत्त एवं राजकुमार ब्रह्मकुमार कहा गया है जिसके इर्द-गिर्द कथावस्तु बुनी गयी है। हाँ, कहीं-कहीं दूसरे देश के अन्य राजाओं का भी उल्लेख है। यहाँ दशरथ को वाराणसी का राजा बताया गया है जो अपनी रानी को दिये वरदान के कारण अपने पुत्रों; राम, लक्ष्मण को वनवास देता है। राजाओं के व्यवहार तथा आपसी सम्बन्धों के अतिरिक्त शास्ता के प्रति तत्कालीन राजाओं का नजरियाँ भी इन कथाओं से ज्ञात होता है।

तत्कालीन धार्मिक स्थिति पर भी जातक कथाएँ अच्छा प्रकाश डालती है। वैदिक कर्मकाण्ड के विरुद्ध यज्ञों में हिंसा का विरोध करते हुए पशु-पक्षियों के प्रति संवेदनशीलता यहाँ यत्र-तत्र दिखायी देती है। बौद्ध संघ तथा स्वयं बुद्ध का विशाल व्यक्तित्व एवं बोधिसत्त्व के रूप में उनका पूर्वजन्म आकर्षक तरीके से यहाँ व्यक्त हुआ है।

उस समय की शिक्षा पर भी इन कथाओं से प्रकाश पड़ता है। प्रायः सभी कथाओं में राजपुत्र अथवा पुरोहित पुत्र एवं सामान्य लोगों के बच्चे भी तक्षशिला[6] में वेद और शिल्प की शिक्षा लेते बताये गये हैं। गुरु-शिष्य सम्बन्धों पर भी इन कथाओं से अच्छा प्रकाश पड़ता है।

तत्कालीन व्यापार तथा व्यापारी वर्ग की भी यहाँ झलक दिखायी देती है। व्यापार करने सार्थवाह लेकर जाते समय उस समय रास्ते में कितने विघ्न आते थे, किस तरह चोर डाकुओं और ठगों से निपटना पड़ता था, इसका भी यहाँ उल्लेख है।

पारिवारिक स्थिति की झलक भी यहाँ अनेक कथाओं में दिखती है। इसके अतिरिक्त स्त्रियों, भिक्षुओं, भिक्षुणियों तथा वेश्याओं के विषय में भी अनेक कथाओं से प्रकाश पड़ता है। सामाजिक ऊँच-नीच की भर्त्सना, दासों एवं निम्न कही जानेवाली जातियों की स्थिति भी इनसे ज्ञात होती है।

इस तरह हम देखते हैं कि जातक कथाओं से न केवल नैतिक शिक्षा मिलती है वरन् उस काल की बहुत-सी परिस्थितियाँ एवं विचार भी ज्ञात होते हैं।

जातक कथाओं का प्रभाव-जातक कथाओं का प्रभाव भारतीय साहित्य पर अनेकों स्थान पर देखा जा सकता है। विदेशों की भी कई प्रसिद्ध साहित्यिक रचनाओं पर इसका प्रभाव पड़ा है। वैसे यह निर्धारित करना कठिन है कि कौन किससे कहाँ तक प्रभावित हुए हैं। फिर भी हम कह सकते हैं कि जातक कथाओं के ही समान कहानियों के माध्यम से नैतिक शिक्षा देनीवाली हमारे देश की प्रसिद्ध **पंचतन्त्र** की कहानियाँ इससे काफी प्रभावित हैं। इसके रचयिता पण्डित विष्णुशर्मा के सम्बन्ध में कहा जाता है कि दक्षिण के एक राजा अमरशक्ति के तीन मूर्ख एवं अहंकारी पुत्रों को शिक्षित करने के लिए राजा के अनुरोध पर उन्होंने इसे रचा था। इसका रचनाकाल कतिपय विद्वान् 2 शती ई.पू. तो कतिपय 300-400 ई. मानते हैं।[7] यह जातक के बाद की रचना है। इसकी अनेक कथाएँ जातक कथाओं से साम्यता रखती हैं। इसका अनुवाद फारस के बादशाह अनुशेरवाँ ने 6वीं सदी में पेहलवी भाषा में करवाया था। फिर तो विश्व की अन्य भाषाओं में भी इसका अनुवाद हुआ जिसका प्रभाव विश्व के अन्य कथा-साहित्य पर भी पड़ा।

11-12वीं शती की रचना **हितोपदेश,** जिसके रचयिता बंगाल के राजा धवलचन्द्र के आश्रय में रहे पण्डित नारायण पण्डित कहे जाते हैं, पंचतन्त्र के समान ही कथा के माध्यम से रचा गया उपदेशात्मक संस्कृत ग्रन्थ है। इसे भी राजा के पुत्रों को संस्कारित करने के लिए रचा गया था। उल्लेखनीय है कि इसका मूल आधार पंचतन्त्र है। इस तरह इसे भी हम जातक कथाओं से प्रभावित कह सकते हैं। **महाभारत** की भी कुछ कथाएँ जातक कथाओं से साम्यता रखती हैं।

कथासरित्सागर की भी अनेक कथाएँ जातक कथाओं में आयी कथाओं के समान है। कश्मीरी विद्वान् सोमदेव भट्ट ने कश्मीर के राजा अनन्त की रानी सूर्यवती के मनोरंजन के लिए ईसवी सन् 1060 से 1082 के बीच इसकी रचना की थी। किन्तु कथासरित्सागर की प्रस्तावना में उन्होंने स्वयं ही लिखा है कि यह गुणाढ्य की **वृहत्कथा** का संस्कृत रूपान्तर मात्र है। जहाँ तक गुणाढ्य की वृहत्कथा का प्रश्न है, लगभग 2-3 ई.पू. की पैशाची प्राकृत भाषा में रचित रचना थी जो अब लुप्त हो चुकी है। हालाँकि इसके आधार पर सोमदेव के पहले कुछ अन्य विद्वानों द्वारा लिखे गये संस्कृत में ग्रन्थ उपलब्ध है। कथासरित्सागर में बुद्ध, बोधिसत्त्व एवं उनकी पारमिताओं को दर्शानेवाली अनेक कथाएँ हैं अतः यह अनुमान लगाना समुचित होगा कि यह जातक कथाओं से प्रभावित है।

डॉ शिवशंकर त्रिपाठी के अनुसार भारतीय कथा-साहित्य के दो ग्रन्थ, गुणाढ्य की पैशाची भाषा में निबद्ध वृहत्कथा का संस्कृत रूपान्तर सोमदेव भट्ट विरचित 'कथा सरित्सागर' तथा 'जातक कथाएँ' विश्व कथा साहित्य के उपजीव्य बने।[8] इसमें पंचतन्त्र की कथाओं को भी जोड़ा जा सकता है।

जातक कथाओं के प्रभाव का महत्त्व आँकने के लिए जर्मन विद्वान बेनफे का यह कथन उल्लेखनीय है कि **जातक कथाएँ विश्व की कथा-साहित्य का उद्गम है। विण्टरनित्स का कथन भी यहाँ दृष्टव्य है कि संसार में अन्य किसी जाति के पास कदाचित् इतना समृद्ध कथा-साहित्य नहीं है जितना भारतीयों के पास है। यही नहीं, विश्व के अन्य देशों में भी कहानी की परम्परा भारत से ही गयी है।**

उल्लेखनीय है कि ग्रीक साहित्य में प्रसिद्ध **ईसप की कहानियों** के विषय में भी कहा जाता है कि इसकी अनेक कहानियों का आधार जातक कथाएँ हैं। ईसप की कहानियों का यूरोपीय साहित्य पर बड़ा प्रभाव पड़ा है। प्रसिद्ध अरबी कथा ग्रन्थ **'अलिफ लैला'** की कहानियों पर भी इसी तरह जातक कथा का प्रभाव देखा गया है।

जातक कथाओं की मौजूदगी विभिन्न स्थापत्य कलाओं से भी झलकती है। ये कथाएँ पत्थरों पर भी उकेरी गयी हैं और इन्हें लेकर अनेक चित्रकलाएँ भी मिलती हैं। साँची, भरहूत तथा अन्जता में इनका सौंदर्य दर्शनीय है। विदेशी धरती पर भी कलाकारों ने इनका अंकन किया है।

सन्दर्भ

1. राधाकृष्णन्, भारतीय दर्शन भाग 1, पृ. 277
2. वही, 1, पृ. 278
3. देखिये परिशिष्ट, **विशिष्ट शब्दों का विस्तृत विवरण** में **देवदत्त**
4. देखिये परिशिष्ट **विशिष्ट शब्दों का विस्तृत विवरण** में बोधिसत्व
5. आनन्द कौशल्यायन, आधार अनुवाद, सम्बोधन-सम्बन्ध शिवशंकर त्रिपाठी, जातक अट्ठकथा, सन् 2006
6. देखिये परिशिष्ट, **विशिष्ट शब्दों का विस्तृत विवरण** में **तक्षशिला**
7. राधावल्लभ त्रिपाठी, संस्कृत साहित्य का अभिनव इतिहास, पृ 368
8. जातक अट्ठकथा, भाग 1, पृ. 20

अध्याय-2

संकलित जातक कथाओं की विषयवस्तु

वैसे तो जातक कथाएँ करीब 550 है पर हमने इस पुस्तक में श्रेष्ठ 114 कथाओं को व्याख्या-सहित प्रस्तुत किया है। इन्हें 14 खण्डों में विभाजित किया गया है। यह विभाजन एक विशेष विषय की कथाओं को एक साथ रखकर किया गया है ताकि पाठक एक प्रकार की कथाएँ एक साथ पढ़ सके। इस अध्याय में इन खण्डों की विषयवस्तु का विवरण है। यह विवरण बताता है कि कितने विविध विषयों पर इन कथाओं में विचार हुआ है। यहाँ नैतिक शिक्षा देनेवाली कथाएँ हैं तो व्यावहारिक शिक्षा देनेवाली कथाएँ भी हैं। यहाँ धर्म, शील, अर्थ और दान का महत्त्व बतानेवाली अनेक कथाएँ हैं साथ ही मैत्री-भाव का महत्त्व बतानेवाली भी कथाएँ हैं। तत्कालीन धर्म में यज्ञ, बलिप्रथा और अन्धविश्वासों का किस तरह शास्ता विरोध कर रहे थे, यह भी एक खण्ड में बताया गया है। इसी तरह पारिवारिक स्थिति पर प्रकाश डालनेवाली, दासों और निम्नजाति के व्यक्तियों की स्थिति बतानेवाली तथा स्त्रियों का चित्रण करनेवाली कथाएँ अलग-अलग खण्डों में हैं। राजधर्म क्या होता है, इसे बतानेवाली कथाओं की भी एक शृंखला को एक खण्ड में रखा गया है। रामायण एवं महाभारत का प्रभाव डालनेवाली कथाएँ भी एक अलग खण्ड में है। इसके अतिरिक्त बालकथाओं का भी एक खण्ड है। इन विविध खण्डों की कुछ विस्तृत विषयवस्तु निम्नानुसार है।

खण्ड 1 : नैतिक शिक्षा देनेवाली कथाएँ

जातक कथाओं का मुख्य उद्देश्य मानव को बुद्ध के बताये मार्ग के अनुसार नैतिक गुण सम्पन्न बनाने हेतु शिक्षित करना था। हर युग में मनुष्य को ऐसी शिक्षा की आवश्यकता पड़ती है। अज्ञानांधकार में डूबे मानव को कई बार यह समझ नहीं होती कि वह जो कर रहा है वह उचित है या अनुचित, नैतिक है या अनैतिक। वस्तुतः इस ज्ञान का अभाव ही मनुष्य को गलत राह पर ले जाता है। यद्यपि यह विवाद का विषय है कि क्या ज्ञानी मात्र होने से कोई सज्जन हो जाता है पर इससे इन्कार नहीं किया जा सकता कि अज्ञान की अवस्था में सज्जनता नहीं पनपती है। वस्तुतः शिक्षा का उद्देश्य ही यही रहा है कि बालक सद्गुणों से, सत्विचारों से युक्त हो ताकि वह सत्कर्म कर सके। जातक कथाओं का एक बड़ा हिस्सा ऐसी ही शिक्षा देनेवाली कथाएँ हैं। इस खण्ड में हमने 21

कथाएँ रखी हैं। इनमें सत्य, अस्तेय, अपरिग्रह, अहिंसा, वाणी की नम्रता आदि नैतिक गुणों का महत्त्व बताया गया है।

आज के व्यक्ति झूठ बोलने को कोई बुराई नहीं समझते। छोटी-छोटी बातों पर व्यक्ति मजे से झूठ बोल देते हैं किन्तु हमारे शास्त्रों में असत्यभाषण की कठोर भर्त्सना की गयी है। इसे पाप कहा गया है जिसका प्रतिफल व्यक्ति को अवश्य मिलता है। जातक कथाओं में एक कथा **चेतिय जातक** झूठ बोलनेवाले का अन्ततः नरकगामी होना बताती है। यह एक ऐसी दिलचस्प कथा है जो झूठ का प्रारम्भ कैसे हुआ, यह भी बताती है। कथा सत्युग की है। उस समय कोई झूठ नहीं बोलता था। एक बार लोगों को ज्ञात होता है कि उनका राजा आज झूठ बोलनेवाला है तो वे राजदरबार में बड़ी उत्सकुता से यह देखने एकत्रित होते हैं कि आखिर झूठ होता कैसे है! यह झूठ राजा को इतना महंगा पड़ता है कि उसे रसातल में ले जाता है।

जैसे छोटा झूठ नाशकारी होता है वैसे ही छोटी चोरी भी व्यक्ति को धीरे-धीरे असत्मार्ग पर ले जाती है। इसीलिए गुरुजन इसके प्रति सतर्क रहते हैं। **तिलमुट्ठि जातक** एक ऐसे राजकुमार की कथा है जिसका गुरु उसे मुट्ठिभर तिल चोरी से खाने के कारण दण्डित करता है। यद्यपि उस समय वह गुरु पर क्रोधित होता है किन्तु बाद में उसकी समझ में आता है कि उस शिक्षा के कारण ही उसे अन्त में साम्राज्य मिला है। यदि समय रहते उसकी आदत नहीं सुधरती तो उसके पिता कभी उसे अपना उत्तराधिकारी नहीं बनाते।

जीवन में हर व्यक्ति को कभी-न-कभी विपत्तियों, कष्टों और दुःखों का सामना करना पड़ता है। राजा रंक होते देखे जाते हैं। ऐसी स्थिति में नैतिक शिक्षा ही हमारी सहायक होती है, यह बतानेवाली **मणिकुण्डल जातक** एक सुन्दर कथा है। यहाँ एक राजा शत्रु द्वारा पराजित होकर कारागार में रहने के बाद भी शान्त रहता है क्योंकि वह जानता था कि राज्य आदि, जिसके प्रतीक मणिकुण्डल हैं, स्थाई सम्पत्ति नहीं होते। ये सब नाशवान् हैं।

जातक कथाओं में संगति का असर बतानेवाली अनेक सुन्दर कथाएँ हैं। **महिलामुखजातक** महिलामुख नामक संगति से प्रभावित होनेवाले हाथी की कथा है जो डाकूओं की बातें सुनकर उसी प्रवृत्ति का होकर तोड़-फोड़ करने लगता है। किन्तु दूसरी रात जब वह सज्जनों की ज्ञानयुक्त बातें सुनता है तो एकदम नम्र हो जाता है। **सत्तिगुम्ब जातक** उन दो तोतों की कथा है जो अलग-अलग वातावरण में पलते हैं, एक चोरों के डेरे पर और दूसरा सन्तों के आश्रम में। इसी कारण एक चोरों के समान व्यवहार करता है जबकि दूसरा सज्जनों की भाषा बोलता है। यह कथा नैतिकशिक्षा का सुन्दर महत्त्व बताती है जो पशुओं तक को प्रभावित करती है। **नन्दिविलासजातक** अभद्र और भद्र भाषा से प्रभावित नन्दिविलास नामक बैल की कथा है जो मालिक द्वारा अभद्र भाषा में दिये गये आदेश का पालन न कर उसे शर्मिन्दा करता है जबकि भद्र भाषा में आदेश देने पर

उसे लाभ पहुँचाता है। **महासुतसोम जातक** एक ऐसे राजा की कथा है जो अपने सद्व्यवहार और नैतिकशिक्षा से एक ऐसे राजा का मन परिवर्तित करता है जो नरभक्षी हो गया था।

मनुष्य की लालच असीम होती है। इसमें फँसकर कई बार वह स्वयं की ही हानि कर बैठता है। कबीर के उस दोहे से हर कोई परिचित है जिसमें कहा गया है, 'लालच बुरी बलाय'। **सुवण्णहंस जातक** सोने का अण्डा देनेवाली मुर्गी को लालची मालिक द्वारा अधिक स्वर्ण के लालच में मार डालनेवाली प्रसिद्ध कथा के समान है। यहाँ स्वर्णपंख युक्त एक हंस की कथा है जो अपने पूर्व जन्म के परिवार की गरीबी देखकर रोज उन्हें अपना एक स्वर्णपंख देने उसके पास आता था किन्तु उसकी लालची पत्नी एक बार में सारे पंख नोचकर अमीर बनना चाहती थी । इसी इरादे से एक दिन वह उसे पकड़कर पंख नोचना प्रारम्भ करती है किन्तु तभी हंस के पंख श्वेत हो जाते हैं और वह स्त्री ठगी सी रह जाती है। **कलाय मुट्ठिजातक** भी लालची व्यक्ति की दुर्गति बतानेवाली कथा है। यहाँ एक बन्दर दोनों हाथ में आये काले चने को फेंककर उस एक चने के दाने की खोज में नीचे उतरता है जो उसकी मुट्ठी से नीचे गिर गया था। इसी तरह **कामनीत जातक** भी एक कामनाग्रस्त लालची राजा की कथा है जो अपने अच्छे भले साम्राज्य से सन्तुष्ट न होकर किसी व्यक्ति के कहने पर कि कल मैं तुम्हें अन्य तीन राज्यों का स्वामी बनवाऊँगा, इतना कामनाग्रस्त हो जाता है कि राज्य न मिलने पर रोगग्रस्त हो जाता है। उसके रोग का इलाज तभी हो पाता है जब वही व्यक्ति वैद्य के रूप में आकर उसे समझाता है कि तुम्हारी लालसा ही तुम्हारे रोग का कारण है, तुम तभी रोगमुक्त हो सकते हो जब अपनी अनावश्यक लालसा का त्याग करोगे। सचमुच राजा लालसामुक्त होने के बाद रोगमुक्त हो जाता है। बताने की आवश्यकता नहीं कि आज के युग में रोगों का मुख्य कारण ऐसे ही मानसिक विकार हैं ।

एक प्रसिद्ध दोहे की पंक्ति है, 'पर उपदेस कुसल बहुतेरे जे आचरही ते नर न घनेरे।' **अनुसासिक जातक ऐसे** ही दूसरों को अनुशासन की शिक्षा देनेवाले परउपदेशक जातक की कथा है जो दूसरों को तो एक गाँव में भिक्षा लेने जाने से मना करता है कि वहाँ खतरा है, पर स्वयं वहाँ जाता है और मारा जाता है।

सुरापान प्रारम्भ से ही भारतीय समाज के लिए अभिशाप रहा है। यह बुराई भिक्षुओं को भी कभी-कभी जकड़ लेती थी। व्यक्ति को यह क्या-से-क्या बना देती है इसे **सुरापान जातक** में बड़े सुन्दर ढंग से बताया गया है। यहाँ एक प्रव्रजित संन्यासी का उल्लेख है जिसने कभी नागराज का दमन किया था किन्तु एक बार किसी के द्वारा दी गयी शराब पीकर वह इतना बहका कि निढाल होकर शास्ता के चरणों की ओर पैर करके लेट गया! यहाँ शिक्षा यह है कि शराब गुरुजनों के प्रति आदर का होश भी उड़ा देती है। **कुम्भजातक** शराब कैसे बनी, कैसे मनुष्य के हाथ लगी, इसके क्या दुष्परिणाम हुए, इस पर प्रकाश डालती है तथा इसकी अन्य बुराइयों का भी वर्णन करती है।

सम्पत्ति और विपत्ति प्रायः लोगों के साथ लगी रहती है। सम्पत्ति में तो सभी हमारे मित्र बनते हैं किन्तु सच्चा मित्र वह होता है जो विपत्ति में साथ दे। **चूलहंस जातक** में विपत्ति में साथ देनेवाला स्वर्णिम हंस के सेनापति की सुन्दर कथा है। एक बार हंसों का नायक स्वर्णिम हंस शिकारी द्वारा फन्दा डालकर फँसाया जाता है । तब सब हंस तो उड़ जाते हैं, उसका सेनापति उसकी विपत्ति भांपकर उसके पास आता है और स्वर्णिम हंस के कहने पर भी कि तुम चले जाओ अन्यथा तुम भी मेरे समान बन्धनग्रस्त हो जाओगे, सेनापति जाने से इन्कार करता है और शिकारी से स्वयं को भी कैद करवाता है। **अलीनचित्त जातक** में बचपन से पाले गये कृतज्ञ हाथी की कथा है जो जरूरत पड़ने पर राजा के मर जाने पर रानी को बचाने के लिए अपने जान की बाजी लगा देता है । इसका पिता हाथी भी ऐसा ही कृतज्ञ हाथी था। अपने पैर में गड़े खूँटे का निकालनेवाले बढ़इयों की लकड़ियाँ ढोकर वह उनके प्रति कृतज्ञता ज्ञापित करता था।

कुछ व्यक्तियों में स्वार्थभावना शायद बद्धमूल होती है। तभी तो अपने थोड़े से हित के लिए वे दूसरों से अकारण बैर लेने से परहेज नहीं करते किन्तु अन्ततः इसका दुष्परिणाम ही निकलता है। **उभयोभट्ठ जातक** में इसे स्वार्थी मछुवारे की कथा के माध्यम से सुन्दर ढंग से बताया गया है । यहाँ मछुआरे के कहने पर उसकी स्त्री पड़ोसी को पति द्वारा पकड़ी गयी काल्पनिक बड़ी मछली में से कुछ हिस्सा न देना पड़े इसलिए जानबूझकर उससे बैर मोल लेती है किन्तु अन्त में मार खाती है। उधर मछुआरे को मछली भी नहीं मिलती।

दूसरे को ठगने की कोशिश में कई बार व्यक्ति स्वयं ठगा जाता है। **सेरिववाणिज जातक** में सेरिव देश का एक ठग वणिक एक गरीब विधवा से उसका स्वर्णथाल पीतल का बताकर ठगने की कोशिश करता है जबकि बोधिसत्त्व के रूप में उत्पन्न दूसरा व्यापारी उसका उचित मूल्य देता है। मुफ्त में हाथ से फिसल गये स्वर्णथाल के गम में ठग व्यापारी का हृदयाघात से निधन हो जाता है।

सामान्यतया याचना को अच्छा नहीं माना जाता है। किसी से याचना कर हम न केवल उसको मुसीबत में डालते हैं वरन् स्वयं भी उससे मैत्री से हाथ धो बैठते हैं। याचक को कोई पसन्द नहीं करता, सब उससे दूर भागते हैं। **मणिकण्ठ जातक** यही शिक्षा देती है। वैसे संन्यासी को याचना करने की मनाही नहीं है। वह याचना कर दाता पर उपकार करता है क्योंकि तब दाता दान देकर अपना ही लाभ करता है।

खण्ड 2 : व्यावहारिक शिक्षा देनेवाली कथाएँ

जातक कथाओं का दूसरा खण्ड व्यावहारिक शिक्षा देनेवाली कथाओं का संग्रह है। जीवन में व्यावहारिकता का अपना महत्त्व है। बुद्ध मनुष्य को नैतिक शिक्षा के साथ-साथ व्यावहारिक शिक्षा भी देते थे ताकि वह अपने सामाजिक जीवन को ठीक से जी सके। व्यावहारिक होने का अर्थ अनैतिक होना नहीं है। नैतिकता यहाँ भी है किन्तु यहाँ

सामाजिक विसंगतियों की ओर ध्यान आकृष्ट किया गया है जिसके लिए केवल नैतिक होने से काम नहीं चलता। जीवन में कई बार ऐसी परिस्थितियाँ आती है कि मनुष्य को व्यावहारिक बुद्धि से काम लेते हुए चलना पड़ता है ताकि व्यक्ति अपवंचना से बच कर जीवन के उद्देश्य को पा सके, अपने लक्ष्य की ओर बिना लड़खड़ाये चल सके। आँखें खुली रख कर चलना ही समझदारी है।

महाउम्मग जातक बच्चे की असली माँ को न्याय दिलानेवाली कथा है। लोक में यह कथा बहुत प्रसिद्ध है कि एक बच्चे के लिए दो माँओं में लड़ाई होती है। दोनों ही उस पर दावा करती हैं। दोनों न्यायाधीश के पास पहुँचती हैं। न्यायाधीश का न्याय यहाँ कुछ क्रूर लगता है जब वह बच्चे के दो टुकड़े कर दोनों को एक-एक लेने कहता है किन्तु इसी से सच्ची माँ का पता चलता है जो बच्चे पर से अपना हक छोड़ देती है। बाईबिल में भी आयी यह कथा पूरे विश्व में प्रसिद्ध है। महाउम्मग जातक में भी बोधिसत्त्व इसी प्रकार से न्याय करते हैं।

व्यक्ति प्रायः दूसरों से प्रतिस्पर्द्धा कर उसकी नकल कर वैसा ही बनना चाहता है। किन्तु यदि उसमें वैसी क्षमता नहीं है तो नकल से उसका नाश ही होता है। **विरोचन जातक** यही शिक्षा देनेवाली कथा है। यहाँ एक शृंगाल शेर के समान शिकार करने की प्रतिस्पर्द्धा में मारा जाता है।

अधूरा ज्ञान भी प्रायः नाश का कारण बनता है। यदि ऐसे ज्ञान का प्रयोग अपनी शान बताने के लिए कोई करे तो यह उस पर भारी पड़ता है। यह कथा भी लोक में प्रसिद्ध है कि एक व्यक्ति मृतक को जिलाने का मन्त्र तो जानता था किन्तु उसे पुनः उसकी पहली स्थिति में पहुँचाने का मन्त्र नहीं जानता था। इसीलिए एक बार जंगल से जाते समय वह शेर की हड्डियों को देख मन्त्रबल से उसे जिला तो देता है पर जिन्दा शेर जब उसकी ओर उसे मारने बढ़ता है तो असहाय अवस्था में उसका भोज्य बन दुःख पाता है। **संजीव जातक** यही कथा है।

कहते हैं मूर्ख की दोस्ती से राम बचाये। इससे तो बुद्धिमान् शत्रु भला है। **मकस जातक** एक बढ़ई पुत्र की कथा है जिसे उसका पिता अपने शरीर पर बार-बार बैठनेवाले मच्छर को भगाने को कहता है। इस पर वह पिता के शरीर पर कुल्हाड़ी से ऐसा वार करता है कि मच्छर तो भाग जाता है पर पिता ही मर जाता है। ऐसी ही अन्य कथा **रोहिणीजातक** में भी है। **पंचतन्त्र** में यही कथा राजा की सेवा में लगे बन्दर की बतायी गयी है।

कई मनुष्य जिस-तिस के सामने अपना दुखड़ा रोते रहते हैं किन्तु इससे कोई लाभ नहीं होता। अपने दुःख दूसरों को अवश्य बताना चाहिए, तभी तो कोई हमारी मदद करेगा, किन्तु हर कोई हमारे दुःख दूर नहीं कर सकता। अतः अपने दुःख उसे ही बताना चाहिए जिससे मदद की उम्मीद हो। **दूत जातक** यही बतानेवाली कथा है।

व्यक्ति में यदि बुद्धि और मेहनत करने का जज्बा हो तो उसकी तरक्की को कोई नहीं रोक सकता। **चुल्लसेट्ठि जातक** ऐसी ही कथा है। लोक में यह कथा भी बड़ी प्रसिद्ध है कि मरे चूहे से एक बच्चा व्यापार शुरू कर अपनी प्रतिभा और लगन तथा मेहनत के बल पर कैसे सेठ बन जाता है। यह वही कथा है। **कथासरित्सागर** में भी यह कथा है।

किसी को अनावश्यक परेशान करनेवाला कभी-न-कभी स्वयं भी मुसीबत में फँसता है। **बब्बु जातक** तथा **कुन्तिनी जातक** यही शिक्षा देती है। बुद्ध अपने शिष्यों को चित्त स्थिर रखने पर बहुत बल देते थे। एक शिष्य के लिए तो यह आवश्यक है ही, गुरु के लिए भी शास्ता इसे आवश्यक बताते थे क्योंकि तभी वह शिष्य को सही शिक्षा दे सकता है। **अनभिरति जातक** (अस्थिरचित जातक) में यही बताया गया है। इसी तरह बौद्ध धर्म में तर्क का अत्यन्त महत्त्व है। बुद्ध कहते थे कि मेरी बातों को भी तर्क की कसौटी पर कसो तब स्वीकार करो। तर्कपूर्ण विचारों के आधार पर चलनेवाला किस प्रकार स्वयं तो विपत्तियों से बचता है अन्यों को भी ऐसी ही राह दिखाकर सही राह पर ले जाता है। **अपण्णक जातक** यही शिक्षा देती है।

खण्ड 3 : धर्म, अर्थ, शील और दान का महत्त्व बतानेवाली कथाएँ

बौद्ध दर्शन में धर्म, अर्थ, शील और दान जैसे सद्गुणों की अनेक ग्रन्थों में प्रशंसा की गयी है। इनका महत्त्व बतानेवाली जातकथाएँ इस खण्ड में संग्रहीत हैं। मानव के लिए इन सद्गुणों का स्वयं में विकास करना अत्यन्त आवश्यक है ताकि वह तो श्रेष्ठ मानव बने ही, समाज को भी श्रेष्ठता की ओर ले जा सके। सामान्य व्यक्तियों में प्रायः इन सद्गुणों को लेकर डाँवाँडोल की स्थिति रहती है। तत्काल लाभ की आशा में मनुष्य न धर्म अधर्म पर विचार करता है न शील पर न मैत्री के महत्त्व पर। विशेषकर आज के युग में धर्म और अर्थ के मायने ही ऐसे लिए जाते हैं जो समाज में समरसता का वातावरण बिगाड़ते हैं। बुद्ध बारीकी से इन पर विचार करते थे। वे अपने संघ के भिक्षुओं में इन गुणों से विचलन न हो, इस पर भी पूरा ध्यान रखते थे। प्रायः कथाओं के माध्यम से इसके दुष्परिणाम बताते थे। धर्म और शील का महत्त्व बतानेवाली यहाँ अनेक सुन्दर जातक कथाएँ हैं।

धम्मजातक में धर्म और अधर्म की आपस में सुन्दर बहस है। धर्म और अधर्म अपने आपको एक-दूसरे से श्रेष्ठ बतलाते हैं किन्तु अधर्म के कठोर वचनों के बाद भी धर्म जब उसे क्षमा करता है तो अधर्म की हार प्रकृति ही तय कर देती है वह रसातल में चले जाता है। **सम्भव जातक** में कथा है कि इन्द्रप्रस्थ के कौरव्य राजा युधिष्ठिर का पुरोहित धर्म और अर्थ क्या है, यह जानने निकलता है किन्तु अनेक ज्ञानीजन अपने-आपको इसका सही उत्तर देने में असमर्थ बतलाते हैं। तब वह सम्भव नामक एक छोटे बालक के पास पहुँचता है जो उसे बताता है कि धर्मपालन हेतु राजा को चाहिए कि वह अप्रमादी रहे।

आज का काम आज ही करें, कल पर न टालें। वह अचेतन मूढ़ की तरह कुमार्गगामी न हो। सीमा का उल्लंघन न करें। अधर्म का आचरण न करें। अतीर्थ में न उतरें और अनर्थ से युक्त न हो। अर्थ अर्थात् उन्नति का द्वार बतानेवाली कथा **अत्थस्सद्वार जातक** में शास्ता स्वयं बताते हैं कि साधक को चाहिए कि सर्वप्रथम आरोग्य नामक परमलाभ की इच्छा करें क्योंकि स्वस्थ शरीर और मन से ही हम अप्राप्त की प्राप्ति और प्राप्त का उपभोग कर सकते हैं।

बुद्ध का पंचशील का सिद्धान्त प्रसिद्ध है जो मानव को अहिंसा, अस्तेय अव्यभिचार, सत्य और मादक द्रव्यों से विरत होने की शिक्षा देता है। इसको लेकर भी यहाँ अनेक कथाएँ हैं। **सीलवीमंस जातक** में शील का महत्त्व जानने के लिए राजा का एक प्रिय एवं विद्वान पुरोहित जान बूझकर चोरी करता है। पकड़े जाने पर वह यह जानकर प्रसन्न होता है कि शील को महत्त्व देते हुए राजा उसे चोरी करने के कारण दण्ड देता है।

शील को महत्त्व देनेवाली ऐसी ही कथाएँ और भी हैं। एक कथा में एक व्यक्ति जब अपनी कन्याओं के लिए किस तरह का दामाद ढूँढ़ना चाहिए, यह प्रश्न शास्ता के सम्मुख रखता है तो वे उसे दामाद में केवल सच्चरित्रता के गुण को महत्त्व देने कहते हैं। **तेलपत्त जातक** में इसी गुण के कारण बोधिसत्त्व को यक्षिणी के भक्षण से बचकर राज्य प्राप्त करते बताया गया है।

जातक कथाओं में दान का महत्त्व बतानेवाली भी अनेक कथाएँ हैं। न केवल धन का दान वरन् अंगदान का भी यहाँ उल्लेख है। **सिवि जातक** में एक ऐसे राजा की कथा है जो अपने दोनों नेत्र एक अन्धे व्यक्ति को दान करता है। महाभारत में यह कथा कुछ बदले हुए रूप में है।

खण्ड 4 : मैत्रीभाव को महत्त्व देनेवाली कथाएँ

सामाजिक जीवन में मैत्री का अपना महत्त्व है। बुद्ध तो जीवमात्र के प्रति मैत्री भाव रखने कहते थे। मैत्री कोई लाभ-हानि देखकर किया जानेवाला सौदा नहीं है । यह हृदय का बन्धन है जो रक्त के बन्धन से भी कई बार अधिक मजबूत होता है। **मंस जातक** यह बतानेवाली सुन्दर कथा है। यहाँ बताया गया है कि जब हम किसी को मित्र कहकर संबोधित करते हैं तो वह हमारे लिए सब-कुछ लुटाने को तैयार हो जाता है। **महाउक्कुस जातक** में एक स्त्री उस पुरुष से विवाह करने से इन्कार कर देती है जिसका कोई मित्र नहीं था। यह जानकर धीरे-धीरे वह पुरुष राजा तक से मैत्री सम्बन्ध स्थापित करता है। तब वह उससे विवाह करती है। इस कथा में पशुओं को भी मैत्री करते तथा इससे लाभान्वित होते बताया गया है।

मैत्री में छोटे-बड़े का भेद नहीं होना चाहिए क्योंकि छोटों से मैत्री भी हमारे लिए कई बार अधिक लाभदायक होती है। **कुसनालि जातक** कुश से मैत्री करनेवाला वृक्ष की सुन्दर कथा है जो वृक्ष को कटने से बचाता है।

कई बार मित्र और अमित्र को पहचानने में हमें धोखा होता है। कैसे हम इन्हें पहचाने, इसे **मित्तामित जातक** में बताया गया है। यहाँ इसे पहचानने भावभंगिमा के साथ-साथ दूसरे व्यक्ति का पीठ पीछे हमारे प्रति व्यवहार भी परखने की सलाह दी गयी है।

एक प्रश्न यह भी उठता है कि स्वयं होकर हम मित्रता किससे करें ? **गुणजातक कथा** कहती है कि उपकारी के प्रति हमेशा मैत्री भाव रखना चाहिए। कृतज्ञता की भावना मित्रता को जन्म देती है साथ ही दृढ़ भी करती है। अतः उपकारी के प्रति यह भावना भी होनी चाहिए।

खण्ड 5 : बलिप्रथा, प्राणिवध एवं अन्धविश्वासों का विरोध करनेवाली कथाएँ

इस खण्ड में वैदिक यज्ञकृत्यों एवं ढोंगी तपस्वियों की निन्दा करनेवाली तथा लोगों में फैले अन्धविश्वासों को उजागर करनेवाली कथाओं का संकलन है। यहाँ उल्लेखनीय है कि बौद्ध और जैन धर्म ब्राह्मणों के कर्मकाण्ड. विशेषकर ऐसे यज्ञ जिनमें पशुवध किया जाता था अथवा जहाँ दिखाने के लिए कठोर तप किया जाता था, के विरोध में मुखर थे। अनेक जातक कथाओं में इनका भी उल्लेख है। वैसे महाभारत काल में ब्राह्मणों ने भी इस विचारधारा का पोषण प्रारम्भ कर दिया था। महाभारत में अनेक ऐसे स्थल है जहाँ यज्ञ में अनावश्यक व्यय एवं पशुवध की निन्दा है। महाभारत में युधिष्ठिर के युद्धोपरान्त किये गये महान राजसूय यज्ञ की तुलना में एक गरीब ब्राह्मण का दिया हुआ पाव भर सत्तू का दान अधिक श्रेष्ठ बताया गया है जिसके कणों में लोटकर एक नेवले का आधा शरीर स्वर्ण का हो गया था। बड़ी आशा से वह अपने शेष शरीर को स्वर्णिम करने युधिष्ठिर के यज्ञ में आया था किन्तु उसे निराशा ही हाथ लगी। इसी तरह के मूल्यों में परिवर्तन के दृश्य परवर्ती ब्राह्मण ग्रन्थों, पुराणों तथा उपनिषदों में भी अनेक स्थलों पर देखे जा सकते हैं जिन्हें बौद्धधर्म भी ला रहा था। जातक कथाओं में अनेक स्थानों पर मिथ्यातप करने, अग्नि में हवन और आहुति तथा बलि दिये जाने आदि पर व्यंग्य है। **नंगुट्ठ जातक** में नग्न होकर तप कर रहे आजीवक साधुओं का उल्लेख है जो जेतवन के पीछे रहते थे। ऐसे साधु तरह-तरह से तप करते थे। कोई उकड़ू बैठता तो कोई चिमगादड़व्रत ले उलटा लटका रहता। कोई काँटों पर सोता तो कोई पंचाग्नितप करता। भिक्षुओं ने जब इनके विषय में शास्ता से पूछा तो उन्होंने बताया कि यह मिथ्यातप है,...न इससे कल्याण होता है न उन्नति होती है। पूर्व समय में भी पण्डितों ने इसमें कल्याण देखा था किन्तु बाद में उन्हें अपनी भूल समझ में आयी। इसी तरह **उद्दालक जातक** में भी ढोंगी साधुओं का उल्लेख है। ये राजा के आगमन की बात सुन जल्दी-जल्दी तरह-तरह की कठोर तपस्या की मुद्रा में बैठ जाते हैं। उनका गुरु कहता है कि ऐश्वर्यशालियों को प्रसन्न कर लिया जाये तो यह जीवन-भर पर्याप्त रहता है। किन्तु राजा का पुरोहित उनकी निन्दा करता है और राजा

को सावधान करता है । **दुम्मेध जातक** में बलिकर्म को चालाकी से रोकनेवाले बोधिसत्त्व की सुन्दर कथा है। राजा बनने के बाद बोधिसत्त्व राज्य में घोषणा करवाते हैं, 'मैंने मनौती मानी थी कि जब राज्य ग्रहण करने की मेरी इच्छा पूरी होगी तब एक हजार ऐसे लोगों की बलि दूँगा जो हिंसा कर्म करते हैं।' बस इसके बाद राज्य में पशुबलि बन्द हो गयी।

पशु भी अनेक कारणों से दुखी हो दर्द से कराहते हैं, रोते हैं। किन्तु इनके दर्द को न समझकर कुछ स्वार्थी पण्डित इन्हें अपशकुन कहते हुए पशुओं की बलि देना इसका निदान बताते थे। **अट्ठसद्द जातक** में आठ पशुओं का दर्द समझनेवाले बोधिसत्त्व एक राजा को इन पशुओं की दर्द भरी आवाज का रहस्य बताते हुए उन पण्डितों की बातों में न आने की सलाह देते हैं । **मतकभत्त जातक** में मृतक-भोज में बलि देने का विरोध है। यहाँ बताया गया है कि जिस पशु की बलि जो देता है उसकी भी अगले पाँच सौ जन्मों तक वैसे बलि होती है।

प्राचीनकाल में राजाओं में हिरणों का शिकार करना शौक हुआ करता था। **निग्रोध मृग जातक** में निग्रोध नामक स्वर्णमृग राजा को अहिंसा शिक्षा देने के लिए स्वयं होकर उसका भोज्य बनने को तैयार होता है। अपनी सदाशयता से राजा को प्रसन्न कर वह उससे सभी प्राणियों के लिए अभय वर की प्राप्ति करता है।

हमारे देश में मंगल-अमंगल, शुभ-अशुभ नक्षत्र तथा अन्य भी अनेक प्रकार के अन्धविश्वासों को माननेवालों की कमी नहीं है। बुद्ध हमेशा इनका विरोध करते थे। अनेक जातक कथाओं में इनकी सुन्दर व्याख्या है। **नक्खत्त जातक कथा** में अशुभ नक्षत्र बताये जाने पर एक व्यक्ति अपने पुत्र की शादी रोक देता है। शुभ नक्षत्र में बारात लेकर जब वह दूसरे दिन कन्या के गाँव जाता है तब न केवल बहू से हाथ धो बैठता है वरन् मार भी खाता है क्योंकि उसके न आने पर उससे नाराज लड़की के पिता ने उसका विवाह किसी और से कर दिया था।

इसी तरह चूहे के कुतरने से वस्त्र अमंगल हो जाते हैं, उन्हें फेंक देना चाहिए या किसी के छींक देने से अमंगल होगा अथवा जल भरा कुम्भ देखने से मंगल होता है, आदि अन्धविश्वासों का विरोध इस खण्ड की अनेक कथाओं में है। मंगल क्या होता है उसे **महामंगल जातक** कथा में कही गयी गाथा में बड़े सुन्दर ढंग से बताया गया है। निश्चय ही यदि व्यक्ति इन मंगलदायी बातों का स्मरण कर कार्य करें तो उसके अमंगल के द्वार स्वयमेव बंद हो जाते हैं। यहाँ कहा गया है—सभी देवता, पितर तथा सभी प्राणियों के प्रति जिसकी मैत्री भावना है वही उसके लिए मंगल है, इस मंगल द्वारा ही वह रक्षित होता है। जो सारे लोक के प्रति नम्र है, जो स्त्री, पुरुष और बच्चों के भी अप्रिय वचनों को सह लेता है, जो किसी से कलह नहीं करता, उसकी यह सहनशीलता ही उसका मंगल है, इस मंगल द्वारा ही वह रक्षित होता है। जो विद्या, कुल, धन या जन्म के अभिमान से मित्रों का अनादर नहीं करता, यह मित्र के प्रति उसका मंगल है। इस मंगल द्वारा ही वह रक्षित होता है। इसी

तरह समान मन वाली धर्मपत्नी तथा राजा द्वारा व्यक्ति की पवित्रता और पराक्रम की जानकारी होना भी यहाँ व्यक्ति के लिए मंगल बताया गया है। कहने का अर्थ कि मंगल किसी वस्तु या नक्षत्र में निहित नहीं होता, यह व्यक्ति के आचरण में निहित होता है।

खण्ड 6 : पारिवारिक स्थिति पर प्रकाश डालनेवाली कथाएँ

जातक कथाओं में अनेकों कथाएँ तत्कालीन परिवारिक एवं सामाजिक स्थिति पर प्रकाश डालती है। यहाँ माता-पिता की सेवा पर बहुत जोर दिया गया है। यहाँ तक कि संन्यासी भी यदि बेसहारा, असहाय माता-पिता की दुर्दशा देखकर उनकी सेवा करता है तो बुद्ध उसकी प्रशंसा करते हैं, यद्यपि अन्य संन्यासी इसकी निन्दा करते हैं। **सालिकेदार जातक** (वृद्ध माता-पिता के लिए शालि ले जानेवाला तोता) **मातिपोसक जातक** (वृद्ध माता का पोषण करनेवाला हाथी) ये दो ऐसी जातक कथाएँ हैं जहाँ एक तोता एवं एक हाथी शास्ता द्वारा प्रशंसित होते हैं जब वे अपने वृद्ध जनों की सेवा करते हैं। पति-पत्नी के प्रेम और सौहार्द को लेकर भी यहाँ अनेक कथाएँ हैं।

एक कथा **पुटभत्त जातक**(पोटली का भात खानेवाला जातक) है जहाँ कठिन समय में पति का साथ देनेवाली पत्नी को भूखा रखकर पति अकेला ही किसी के द्वारा दिया गया पोटली-भर भात खा लेता है। तब शास्ता उसे फटकारते हैं और पत्नी से प्रेम और आदर का व्यवहार करने की शिक्षा देते हैं।

इसी तरह **भल्लाटिय जातक** एक भल्लाटिय नामक राजा की कथा है जो पत्नी से नाराज होकर उससे बात नहीं करता । तब शास्ता उसे उसके पूर्वजन्म की कथा बताते हैं कि तुम पहले भी ऐसे ही थे पर एक बार किन्नरों के प्रेम को देखकर, जो एक दिन नहीं मिल पाने के कारण वर्षों से विलाप कर रहे थे, तुमने पत्नी के प्रति क्रोध त्याग उससे प्रेम किया था।

सास-बहू का झगड़ा शायद सनातन समस्या है। जातक कथाओं में इनका भी उल्लेख है। **कच्चानि जातक** (कात्यायनी नामक सास पर बहू का अत्याचार) तथा **तक्कल जातक** (पुत्र का पिता के प्रति दुर्व्यवहार) दो ऐसी कथाएँ है जहाँ बहू सास या ससुर की उपेक्षा करती है और बेटे को माँ के विरुद्ध भड़काकर उसे घर से निकाल-बाहर करती है। इसका दुष्परिणाम इन कथाओं में सुन्दर ढंग से बताया गया है। परिवार में वृद्धों की उपेक्षा का यह अत्यन्त सुन्दर चित्रण करती है। ऐसे चरित्र आज भी परिवारों में दिखायी देते हैं।

परिवार में कन्या का विवाह हमारे देश में प्रारम्भ से समस्या रही है। विवाह योग्य कन्या कैसा वर चाहती है इसकी झलक **अब जातक 1** में दिखायी देती है।

उछंग जातक सहोदर भाई का महत्त्व रेखांकित करनेवाली कथा है। यहाँ एक स्त्री पति, पुत्र और भाई में से किसी एक को चुनने का आदेश मिलने पर राजा से कहती है कि पति तो फिर मिल जायेगा, पुत्र भी हो जायेगा पर सहोदर भाई कहाँ मिलेगा?

खण्ड 7 : दासों और चाण्डालों की स्थिति पर प्रकाश डालनेवाली कथाएँ

प्राचीन काल में हमारे देश में ही नहीं पूरे विश्व में दास प्रथा थी। जातक कथाओं में उनकी स्थिति पर भी प्रकाश पड़ता है। इसी तरह समाज में चाण्डालों की स्थिति भी बहुत दयनीय थी। इस खण्ड में जातक कथाओं में दासों और चाण्डालों तथा समाज के निचले वर्ग की स्थिति पर प्रकाश डालनेवाली कथाएँ संग्रहीत हैं।

कटाहक जातक—कटाहक नामक दास की कथा है जो झूठ बोलकर स्वयं को दासत्व के बन्धन से मुक्त तो कर लेता है किन्तु फिर मुश्किल में पड़ता है। ऐसी स्थिति में बोधिसत्त्व उसकी सहायता करते हैं तथा उसे शर्मिन्दगी से बचाते हैं। **कटूठहारि जातक** लकड़ी बीनने वाली गरीब कन्या की कथा है जिसे एक राजा अपनी वासना का शिकार बनाता है किन्तु अन्ततः उसके बच्चे और उसे महाभारत के राजा दुष्यंत के समान अपनाता है । यहाँ पूर्वकथा में एक राजा की दासी से उत्पन्न कन्या की कथा है जिसका विवाह धोखे से एक राजा से हो जाता है । जब राजा को उसकी वास्तविकता पता चलती है तो वह उसे और उसके पुत्र का त्याग कर देता है । तब शास्ता के समझाने पर कि तुम्हें उसे और उसके पुत्र को अपनाना चाहिए, वह मान जाता है।

यहाँ चाण्डालों को लेकर कई ऐसी कथाएँ हैं जो बताती हैं कि समाज में उनकी कितनी उपेक्षा और बुरी स्थिति थी। **चित्त सम्भूत जातक कथा** चित्त और सम्भूत नामक दो चाण्डाल युवकों की कथा है जिन्हें देखने मात्र से दो श्रेष्ठि कन्याएँ अपनी आँखों को यह कहते हुए सुगन्धित जल से धोती हैं कि ये अपवित्र हो चुकी है। उन चाण्डाल युवकों को श्रेष्ठि कन्याओं के साथ आये लोग पीटते भी हैं। किन्तु अनेक कथाओं में शास्ता विद्वान चाण्डालों की प्रशंसा करते हैं। **अंब जातक 2** में एक चाण्डाल मन्त्रबल से आम के फल पैदा करने की विद्या जानता था। एक ब्राह्मण युवक उससे यह विद्या सीखता है किन्तु राजा के पूछने पर अपने गुरु का परिचय नहीं देता। तब उसकी विद्या उससे विस्मृत हो जाती है। **छव जातक** नामक कथा में एक चाण्डाल व्यक्ति राजा और उसके पुरोहित को उनकी भूल बताता है, जब राजा ऊँचे आसन पर बैठे हुए उस पुरोहित से मन्त्र ग्रहण कर रहा था जो निम्न आसन पर बैठा था। इससे राजा उससे नाराज नहीं होता बल्कि प्रसन्न हो उसे नगर कोतवाल बना देता है।

खण्ड 8 : स्त्रियों का चरित्र-चित्रण करनेवाली कथाएँ

बौद्ध जातक कथाओं में स्त्री के चरित्र को लेकर अनेकानेक कथाएँ हैं। ऐसी कथाओं में तत्कालीन स्त्री के चरित्र की झलक तो दिखायी देती ही है, इसे लेकर उस समय के समाज तथा परिवार की झलकियां भी दिखायी देती हैं। इसमें स्त्री के पारिवारिक एवं सामाजिक सम्बन्ध भी प्रगट होते हैं। इसके साथ ही बौद्ध धर्म का नारी के प्रति कैसा दृष्टिकोण था, इस पर भी प्रकाश पड़ता है। उल्लखेनीय है कि लगभग इसी काल में ब्राह्मणों के धर्मग्रन्थ रामायण, महाभारत तथा अनेकों पुराण भी अपना

अन्तिम रूप ले रहे थे। इन ग्रन्थों से स्त्री सम्बन्धी जातक कथाओं का तुलनात्मक अध्ययन भी रुचिकर है।

एक तो यहाँ ब्राह्मण-ग्रन्थों के समान स्त्री की पवित्रता को महत्त्व दिया गया है। अपवित्र होने की स्थिति अथवा पवित्रता पर सन्देह होने की स्थिति में उन्हें परीक्षा देनी होती थी। वैसे ऐसी कथाएँ कम हैं। दूसरे, इसके विपरीत यदि स्त्री किन्हीं कारणों से दूसरे पुरुष से सम्बन्ध बनाती थी तो उसकी भर्त्सना तो है किन्तु उसे क्षमा करते हुए स्वीकार कर लेने की बात भी कही गयी है। तीसरी बात, अनेक कथाओं में अपनी पत्नी को पर पुरुष को सौंपते बताया गया है जिससे लगता है कि स्त्री की पवित्रता यहाँ अधिक मायने नहीं रखती। चौथी बात, स्त्रियों पर पुरुषों में कामभावना उद्दीप्त करने का दोष मढ़ा गया है।

रामायण की सीता की कथा से कुछ साम्यता रखनेवाली **सम्बुला जातक** की कथा स्त्री की पवित्रता को महत्त्व देती है। सम्बुला एक राजरानी थी जो पिता द्वारा कोढ़ी पति को वनवास दिये जाने के कारण स्वयं भी उसकी सेवा के लिए वनगमन करती है । किन्तु एक बार वही पति उसके चरित्र पर शंका करता है । दुःखी होकर वह **सच्चक्रिया** (सत्यक्रिया) करती है। सच्चक्रिया का अर्थ है अपनी पवित्रता को प्रमाणित करने के लिए ऐसी शपथ लेना जिसका परिणाम तत्काल दिखायी दे(एक तरह से इसे हम अग्निपरीक्षा कह सकते हैं) । अन्ततः उसकी जीत होती है और राजा अपने किये पर पछताता है। **कट्ठहारिजातक** में भी एक स्त्री अपनी पवित्रता सबके सामने सिद्ध करने के लिए सच्चक्रिया करती है। राजा के सहवास से उत्पन्न पुत्र को राजा जब अपनाने से इन्कार करता है तब अपने पुत्र को आकाश में उछालते हुए यह शपथ लेती है कि यदि यह राजा का ही पुत्र है तो भूमि पर न गिरे, आकाश में ही स्थिर हो जाये...और सचमुच वैसा ही होता है। तब राजा उसे अपनाता है।

वैसे जातक कथाओं में अनेकानेक स्थानों पर स्त्री को चरित्रहीन तथा अत्यन्त कामुक बताया गया है। यहाँ दुश्चरित्र स्त्रियों की भर्त्सना की गयी है। ऐसे प्रसंग में स्त्रीमात्र की निन्दा के अनेकानेक वाक्य हैं। **कुणालजातक** में स्त्री की कामभावना को अदम्य बताया गया है। यहाँ एक राजकुमारी महाभारत की द्रौपदी के समान पाँच पाण्डवों से विवाह करती है किन्तु फिर भी सन्तुष्ट नहीं होती है, उनके परिचारक से सम्बन्ध बनाती है। **चूलपदुम जातक** में पद्मकुमार की चरित्रहीन पत्नी की कथा है जिसे पति अपना रक्त तक पिला कर जिंदा रखता है किन्तु पत्नी परपुरुष से सम्बन्ध बनाने के लिए उसकी हत्या कर देती है। यही कथा **कथासरित्सागर** तथा **पंचतन्त्र** में भी है। कुछ जातक कथाओं में स्त्री की दुश्चरित्रता तथा अत्यन्त प्रबल कामभावना को बताने के लिए घृणित कथाएँ भी हैं। जैसे, **असातमंतजातक** में एक शताधिक वर्ष की वृद्धा को अपने ही श्रवणकुमार से पुत्र को कामोपभोग के लिए मारते बताया गया है। **अण्डजातक** में कहा गया है कि स्त्रियां अरक्षणीय होती हैं, चाहे गर्भ से उनकी रक्षा क्यों न की जाये।

यहाँ उल्लेखनीय बात यह भी है कि पर पुरुषों से सम्बन्ध रखनेवाली स्त्रियों को दण्ड देने की बात तो शास्ता कहते हैं किन्तु कई कथाओं में ऐसी स्त्रियों को क्षमा कर पुनः अपनाने कहते हैं। 'शास्ता ने मेरे विषय में सत्य जान लिया है', यह ज्ञात होने पर ऐसी स्त्रियों को सुधरते हुए भी बताया गया है।

दूसरी ओर जातक कथाओं में पुरुष द्वारा स्वयं अपनी पत्नी या माँ तक को पर पुरुष के हाथ सौंपने की कथाएँ भी हैं जो यह दर्शाती हैं कि स्त्री की पवित्रता यहाँ अधिक मूल्यवान् नहीं है। **दसण्णक जातक** वाराणसी का एक राजा अपने मित्र पुरोहित को अपनी पत्नी पर आसक्त होने के कारण बीमार होते देख सात दिन के लिए अपनी पत्नी उसे दे देता है। **सुसीम जातक** में एक राजा अपनी माँ को अपने मित्र पर आकर्षित होते देख उसका विवाह मित्र की अनिच्छा के बावजूद उससे करा देता है। साथ ही उसे राजा बनाकर स्वयं उपराजा बन जाता है हालाँकि थोड़े ही कालोपरान्त मित्र प्रव्रज्या ग्रहण कर लेता है।

स्त्री की पवित्रता को लेकर ब्राह्मण साहित्य कहीं-कहीं नर्म अवश्य है, जैसे रामायण में अहल्या का दोष जानकर भी उसे क्षमा मिलती है,पाँच पतियों की पत्नी होते हुए भी द्रौपदी की निन्दा नहीं है, किन्तु स्वयं अपनी पत्नी को दूसरे की कामभावना शान्त करने देने का प्रसंग सम्भवतः कहीं नहीं है।

जातक कथाओं में अनेक ऐसी कथाएँ है जो पुरुष के पतन का दोष स्त्रियों पर थोपते हुए पुरुष में उत्पन्न कामभावना के लिए स्त्री को ही दोषी ठहराती है। यहाँ तक कि पशु-पक्षियों में भी विपरीत लिंग के प्रति आकर्षण में पदच्युत होने को स्त्री को ही दोष दिया गया है। **मोर जातक** एक धार्मिक मोर की कथा है जो अत्यन्त संयम से हिमालय की तीन पर्वत श्रेणियों को पार कर चौथी में रहता था। एक बार राजा ने उसका उपदेश सुनने के लिए उसे पकड़वाने का प्रयत्न किया किन्तु असफल रहा। तब एक शिकारी एक मोरनी को वहाँ ले गया जिसकी आवाज सुन मोर अपने की रोक नहीं सका और शिकारी के जाल में फँस गया।

स्त्री निन्दा का कारण- प्राचीन भारतीय ब्राह्मण साहित्य में जातक कथाओं की तुलना में स्त्री निन्दा के प्रसंग बहुत कम हैं यद्यपि सीता की अग्निपरीक्षा और उनका त्याग जैसी घटनाएँ यह संकेत करती हैं कि वहाँ भी स्त्री का दोयम दर्जा ही था तथा अपवित्रता का सन्देह होने पर स्त्री को तरह-तरह के कष्टों का सामना करना पड़ता था किन्तु शोधों से ज्ञात होता है कि यह दोनों घटनाएँ वाल्मीकि की रामायण में बाद में जोड़ी गयी हैं। वाल्मीकि रामायण में इनका उल्लेख अवश्य मिलता है किन्तु अन्तर्साक्ष्य बतलाते हैं कि यह निश्चय ही प्रक्षिप्त अंश हैं। महाभारत में द्रौपदी के पाँचपतियों का स्पष्ट उल्लेख है किन्तु इस हेतु व्यास ने कहीं भी उसे असती नहीं कहा है न ही कुन्ती को कुँवारी अवस्था में अथवा बाद में भी देवताओं के सम्पर्क से प्राप्त पुत्रों के लिए भर्त्सना की है। यह बात दूसरी है कि इनके कुछ मिथकीय कारण बताये गये हैं। इसी तरह रामायण में अहल्या, मन्दोदरी, तारा आदि ऐसी महिलाएँ हैं जिनके विवाहेतर सम्बन्ध किसी-न-किसी रूप में

हुए थे किन्तु इनकी भर्त्सना नहीं की गयी बल्कि इन्हें पंचकन्या मानकर प्रातः स्मरणीय सती कहा गया। **अहल्या, द्रौपदी, तारा, कुन्ती, मन्दोदरी तथा। पंचकन्याः स्मरेत्प्रातः सर्वपातकशान्तये।। इति व्यासवचनात्।**

बौद्ध कथाओं में ऐसी महिलाओं की स्पष्ट निन्दा है, इन्हें कामुक बताते हुए समस्त स्त्रीजाति को कामुक और व्यभिचारी बताया गया है। यह सच है कि यहाँ पुरुषों को भी कामभावना से युक्त बताया गया है जो परायी स्त्री के प्रति अपने आकर्षण को नहीं रोक पाते हैं, यहाँ तक कि अनेकानेक भिक्षुओं के चरित्र में यह दुर्गुण बताया गया है जिसकी स्वयं शास्ता भर्त्सना करते हैं किन्तु पुरुष को उद्विग्न करने में प्रायः नारी को ही दोषी बताया गया है। वेश्याओं की अधिकांश कथा भी युवकों को नारी से विमुख करने के लिए ही है ताकि वह उनके आकर्षण में न आये।

जातक कथाओं में नारी की इस तरह से निन्दा के कारण पर यदि हम विचार करें तो लगता है कि आम आदमी को इस तरह नारी के असती रूप से अवगत कराकर अधिकाधिक युवकों को बौद्ध धर्म अपने संघ से जोड़ना चाहता था। चूँकि हिन्दुओं में ब्रह्मचर्य के बाद तथा संन्यास के पूर्व गृहस्थाश्रम में प्रवेश अनिवार्य था अतः यहाँ वह प्रवृत्ति नहीं दिखायी देती है।

खण्ड 9 : पत्नी-प्रेमी पति की भर्त्सना करनेवाली कथाएँ

जातक कथाओं में पारिवारिक प्रेम को महत्त्व देनेवाली कुछ कथाओं का उल्लेख है। **भल्लाटिय जातक** में शास्ता स्वयं पति-पत्नी को परस्पर एक-दूसरे के प्रति प्रेम और सौहार्द भाव रखने की सलाह देते हैं किन्तु पत्नी प्रेम में अत्यधिक डूब कर अपने अन्य कर्त्तव्यों की अवहेलना करनेवाले लोगों को शास्ता फटकारते भी थे। इस खण्ड में कुछ ऐसी ही कथाओं का संग्रह है।

अस्सक जातक ऐसे राजा की कथा है जो पत्नी के मर जाने पर भी उसके गम में इतना डूबे रहता है कि राजकाज का त्याग कर उसके शव को सुरक्षित रखवा कर उस पर पलंग डलवा कर सोता है। तब बोधिसत्त्व उसे बताते हैं कि उसकी पत्नी ने कीड़े के रूप में जन्म ले लिया है और अन्य कीट के साथ मगन है। अब उसका राजा से कोई सम्बन्ध नहीं है। यह सुन कर राजा का शोक जाते रहता है।

काक जातक कौव्वी की मृत्यु पर विलाप करनेवाला कौव्वे की कथा है जिसे शास्ता उस भिक्षु को सुनाते है जो प्रव्रज्या ग्रहण करने के बाद भी मृत पत्नी की याद में विलाप करते रहता था।

पुप्फरत्त जातक भी पत्नी-प्रेमी भिक्षु की कथा है जो पत्नी के वियोग में भिक्षु तो बन गया था पर रात-दिन उसकी याद में रोते रहता था। तब शास्ता उसे उसकी अतीत कथा बताते हैं कि इसी पत्नी ने तुम्हें पूर्वजन्म में राजा के केसर बाग में चोरी करने

भेजा था जिस कारण तुम्हें सूली पर चढ़ने का भयानक दण्ड भुगतना पड़ा था पर तब भी तुम इतने पत्नी प्रेमी थे कि मरते समय भी अफसोस करते रहे कि पत्नी को केसर नहीं दे पाये।

खरपुत्त जातक ऐसे पत्नी-प्रेमी राजा की कथा है जो पत्नी की जिद पर आग में कूदने को तैयार हो जाता है। उसकी इस मूर्खता पर एक बकरा राजा को शिक्षा देता है कि वह अपने राज्यकार्य को छोड़कर एक जिद्दी पत्नी की बातों में आकर अपना जीवन बर्बाद कर रहा है।

दसण्णक जातक दसार्णक देश का राजा पत्नी-प्रेमी तो है पर अपनी पत्नी पर मोहित अपने मित्र को वह कुछ दिनों के लिए पत्नी सौंप देता है। इसी बीच वह मित्र पत्नी को लेकर भाग जाता है जिससे राजा पत्नी के वियोग में बीमार हो जाता है। तब बोधिसत्त्व उसे बोध देते हैं कि आपने अपनी इच्छा से अपनी पत्नी मित्र को सौंपी है । श्रेष्ठ पुरुष एक बार यदि किसी को कुछ दे देते हैं तब उसका शोक नहीं करते। इस तरह राजा का पत्नी-मोह समाप्त होता है।

प्राचीन काल में प्रायः सभी राजागण अनेकों विवाह करते थे और इसे कहीं अनैतिक भी नहीं कहा जाता था। पिता भी कन्या का विवाह करते समय यह नहीं सोचता था कि उसके दामाद की अन्य रानियां भी होंगी। किन्तु **सुरुचि जातक** कथा में एक राजा अपनी कन्या का विवाह उसी राजा से करने की शर्त रखता है जो केवल उसकी कन्या में ही अनुरक्त रहे। सुरुचि नामक राजकुमार अपने माता-पिता की अनिच्छा के बाद भी यह शर्त स्वीकार करता है।

खण्ड 10 : कामभावना का दुष्परिणाम बतानेवाली कथाएँ

मनुष्य के पतन का एक बहुत बड़ा कारण निश्चय ही उसकी अदम्य कामभावना है। आज भी ऐसे रावणों की कमी नहीं है जो अपनी इस भावना पर नियंत्रण न रख पाने के कारण अपनी स्वर्णलंका को स्वयं ही आग लगाकर भस्म कर देते हैं। जातक कथाओं में अनेक कथाएँ इस कामभावना का दुष्परिणाम बताती हैं। बुद्ध को भिक्षुसंघ में अनेक बार ऐसे भिक्षुओं का सामना करना पड़ता था जो स्वीकार करते थे कि संन्यासी बनने के बाद भी वे अपनी कामभावना को नियन्त्रित नहीं कर पा रहे हैं। तब शास्ता अनेक तरह से उन्हें समझाते थे। इस खण्ड में ऐसी ही कुछ जातक कथाओं का संकलन है।

अट्ठान जातक में एक भिक्षु को शास्ता उसके पूर्वजन्म की कथा बताते हैं कि जो एक धनवान श्रेष्ठिपुत्र था। वह वेश्यागामी था। एक बार एक वेश्या ने उसका तत्काल धन न देने के कारण भारी अपमान किया था। तब उसे कामभावना से घृणा हो गयी थी और उसने वैराग्य ले लिया था। **सम्कप्प जातक** में इसी तरह एक कामनाग्रस्त भिक्षु के पूर्वजन्म की कथा है जिसमें वह राजा के द्वारा सम्मानित होने के बाद भी उसकी रानी के सौंदर्य को देख इतना कामुक हो जाता है कि भोजन तक का त्याग कर देता है। ऐसी

ही कथा **मुदुलक्खण जातक** में है। यहाँ राजा द्वारा रानी दिये जाने के बाद भिक्षु को समझ आती है कि वह किस पचड़े में फँस गया है और वह ससम्मान रानी को राजा को सौंप पुनः अपनी राह पर चल पड़ता है।

खण्ड 11: राजधर्म सम्बन्धित कथाएँ

किसी भी देश के संचालन का जिम्मा देश के कुछ लोगों पर होता है। देश तभी सुचारु रूप से चलता है जब उसका चालक समझदार हो, विवेकसम्पन्न हो, सहृदय हो, साथ ही न्यायी भी हो। ग्रीक विचारक प्लेटो ने सदियों पूर्व इसीलिए कहा था कि राजा को दार्शनिक होना चाहिए। उसका विचार था कि किसी भी देश का कल्याण तभी हो सकता है जब किसी दार्शनिक को उस देश का राजा बनाया जाये या राजा को दर्शन की शिक्षा दी जाये। यहाँ दार्शनिक का तात्पर्य विवेकशील होने से है जो राजधर्म का विवेक रखता हो। हमारे देश में भी राजाओं का व्यवहार कैसा होना चाहिए, इस पर गहन चिन्तन हुआ है। राजकुमारों को इसकी शिक्षा दी जाती थी। जातक कथाओं में अनेक कथाएँ राजधर्म की सुन्दर व्याख्या करती है जो आज के नेताओं के लिए भी शिक्षणीय है।

प्राचीन साहित्य में ऐसे उल्लेख मिलते हैं कि राजगण वेश बदलकर अपने विषय में लोगों की राय जानने कभी-कभी शहरों, गाँवों या बाजारों में घूमा करते थे । **गण्डतिन्दुक जातक** में एक राजा वृक्षदेवता के स्वप्न में आदेश देने पर आमात्यों के साथ अपने राज्य के लोगों की स्थिति जानने वेश बदलकर निकलता है। यहाँ अनेकानेक लोगों को वह स्वयं को कोसते हुए सुनता है क्योंकि उसकी लापरवाही के कारण उसके राज्य में लोगों को दिन में राजपुरुष लूटते थे और रात में चोर। इससे लोगों का जीना मुहाल हो गया था। यहाँ तक कि पशुपक्षी तक उससे त्रस्त हो गये थे। यह देखसुन कर राजा की आँख खुलती है और वह स्वयं में सुधार करने का संकल्प लेकर लौटता है।

वैसे **राजोवाद जातक 1** का राजा इसके विपरीत स्वयं ही अपने दोष जानने शहरों गाँवों में वेष बदलकर घूमा करता था। पर कोई उसे ऐसा नहीं मिलता था जो उसमें कोई दोष बताये। जंगल में रहनेवाला एक साधु तक राजा की प्रशंसा करता है। सबसे अलग जंगल में रहने के बाद भी राजा की धार्मिकता का प्रमाण वह यह देता है कि वहाँ के जंगली फल तक मीठे और सुस्वादु थे। कहने का मतलब कि राजा के चरित्र और आचरण का प्रभाव न केवल राज्य और प्रजा पर पड़ता है वरन् प्रकृति पर भी पड़ता है।

दो राजाओं में श्रेष्ठता हेतु प्रायः विवाद होता आया है। श्रेष्ठता की कसौटी राज्य का विस्तार रही है, उसका कठोर शासन रहा है। प्रायः कठोर के साथ कठोरता और कोमल के साथ कोमलता, साधु के साथ साधुता और दुष्ट के साथ दुष्टता को राजा की श्रेष्ठता माना गया है । पर **राजोवाद जातक 2** में श्रेष्ठ राजा वह कहा गया है जो क्रोधी को अक्रोध से जीतता है, बुरे को भलाई से। कृपण को दान से जीतता है तो झूठे को सत्य से।

राजा को सोच-समझ कर कोई भी निर्णय लेना चाहिए **सुमंगल जातक** यह बतानेवाली कथा है। यहाँ राजा के सुमंगल नामक माली से अनजाने में एक संन्यासी की हत्या हो जाती है। माली राजा के पास अपने अपराध को अनजाने में होने के कारण क्षमा माँगने आता है पर राजा तीन बार उससे नहीं मिलता। चौथी बार उसे बुलवाकर उसकी बात सुनकर राजा उसे क्षमा कर देता है। मन्त्री द्वारा पूछने पर कि आपने उसे पहले ही क्यों नहीं बुलवाया, राजा कहता है कि पहले मैं क्रोध में था। राजा को क्रोध में कोई निर्णय नहीं लेना चाहिए, इसलिए पहले नहीं बुलवाया।

राजाओं में विलासिता आम दुर्गुण रहा है। राजमद में ऐसे दुर्गुण पनप सकते हैं किन्तु श्रेष्ठ राजा निश्चय ही अपनी वासनाओं पर नियन्त्रण रखता है। **उम्मदन्ती जातक** में बड़े सुन्दर ढंग से एक राजा द्वारा अपनी कामभावना पर नियन्त्रण रखने की कथा है। यह राजा उम्मदन्ती नामक अतिसुन्दरी महिला को देखकर इतना व्याकुल हो जाता है कि रोगग्रस्त हो जाता है। वह उसे चाह कर भी नहीं पा सकता था क्योंकि वह उसके सेनापति की पत्नी थी। राजा की यह स्थिति देख स्वामिभक्त सेनापति राजा के लिए अपनी पत्नी को छोड़ने को तैयार था। इधर उसकी पत्नी भी राजा में आसक्त थी, दरअसल उसी ने जानबूझ कर राजा को अपनी ओर आकर्षित किया था, पर राजा अन्त में अपने सेनापति से यही कहता है कि यह अधर्म है और मैं अधर्म से अमृतत्त्व की कामना नहीं करता, न सारी पृथ्वी जीत लेने की। मनुष्यलोक में जितने रत्न है उनमें से किसी के लिए भी मैं विषम आचरण नहीं कर सकता।

खण्ड 12 : प्रव्रज्या-ग्रहण करनेवालों की मानसिक स्थिति पर प्रकाश डालनेवाली कथाएँ

बौद्ध धर्म में प्रव्रज्या अर्थात् संन्यास का अत्यन्त महत्त्व है। सांसारिकों के दुःख को बुद्ध ने बहुत गहराई से देखा था। संसार में जीवों के दुखों को देखकर इनसे छुटकारा दिलाने के लिए ही बुद्ध सत्य की खोज में गृहत्याग कर संन्यासी बने थे।

यह एक ऐतिहासिक सत्य है कि बुद्ध से प्रेरित हो हजारों लोगों ने उनके सामने ही संन्यास ग्रहण किया था। इनमें अनेक राजपुत्र भी थे। वैसे प्रव्रज्या लेना सरल नहीं होता है। इसमें अनेक कठिनाइयाँ आती हैं। परिवार के लोग प्रायः इसकी अनुमति नहीं देते हैं। किन्तु व्यक्ति की जब सत्य के प्रति आँख खुलती है तो वह घर द्वार छोड़ वह प्रव्रजित हो जाता है। इस खण्ड में ऐसी ही कथाओं का संग्रह है।

हत्थिपाल जातक एक हाथीपाल नामक पुरोहित पुत्र की कथा है जो धन की निःसारता देख राजा द्वारा दिये गये राजसिंहासन का त्याग कर प्रव्रजित होता है। उसके तीन छोटे भाई भी क्रमशः यही करते हैं। अन्त में उसके पिता और माता भी संन्यास लेते हैं। यह देखकर पहले रानी और फिर राजा भी उसी राह पर चलते हैं। राज्य को बिना राजा का देख जब पड़ोसी राजा उस पर कब्ज ा करने आता है तो उसे आश्चर्य होता है

कि इतनी धन-दौलत छोड़ यहाँ के इतने लोग क्यों प्रव्रजित हो गये! तब उसे लगता है कि अवश्य प्रव्रज्या राज्य से बड़ी है और वह भी प्रव्रजित हो जाता है। **सोनक जातक** सोनक नामक प्रव्रजित पुरोहित-पुत्र की कथा है जिसका मित्र किसी देश का राजा हो जाता है। वर्षों बाद राजा को अपने मित्र की याद आती है। वह उसे ढूँढ़वाता है। दोनों जब मिलते हैं तो सोनक राजा से प्रव्रज्या के सुख का बखान करते हुए राज्य का त्याग कर प्रव्रज्या लेने को कहता है। राजा के लिए सांसारिक माया जाल बड़ा प्रबल था अतः वह इन्कार कर देता है किन्तु बाद में मित्र की राह पर चल पड़ता है।

प्रव्रजित व्यक्ति घर द्वार का मोह छोड़ कर सांसारिकता से ऊपर उठ जाता है। अहम् के सारे बन्धन उसके टूट जाते हैं। किन्तु कभी-कभी प्रव्रजित होने के बाद भी व्यक्ति का अहंकार पूरी तरह नहीं जाता। **गंधार जातक** में यही बताया गया है। इसमें गंधार नरेश एवं मिथिलानरेश द्वारा प्रव्रज्या-ग्रहण के बाद भी अहंकार आने की कथा है हालाकि दोनों को शीघ्र ही इसका भान हो जाता है और वे अपनी भूल सुधार कर लेते हैं।

व्यक्ति प्रायः अपनी वृद्धावस्था को देख संन्यास की ओर मुड़ता है। ब्राह्मण धर्मग्रन्थों में अनेक कथाएँ हैं जिसमें कहा गया है कि राजागण अपनी वृद्धावस्था देख राजपाट अपने बच्चों को सौंप संन्यासी हो गये। हिन्दुओं की आश्रम व्यवस्था में संन्यास को चौथा आश्रम कहा गया है। जातक कथाओं में भी कुछ कथाओं में सिर के सफेद बाल देख संन्यास ग्रहण करने की कथा है, जैसे, **मखादेवजातक** में मखादेव नामक राजा यही देखकर प्रव्रज्या ग्रहण करता है।

बौद्ध धर्म में संन्यास लेने हेतु जाति का बन्धन नहीं था। जातक कथाओं में राजाओं के ही नहीं सामान्य एवं निम्न कही जानेवाली जातियों के संन्यास ग्रहण की भी कथाएँ है। **गंगमाल जातक** ऐसे भिश्ती की कथा है जो राजा की कृपा से आधे राज्य का राजा बन जाता है। एक दिन उसके मन में पाप आता है कि राजा को मार कर पूरे राज्य का स्वामी क्यूं न बन जाऊँ, किन्तु फिर उसे इस बात की इतनी ग्लानि होती है कि वह राजा को सच-सच बता कर उससे क्षमा माँगता है और प्रव्रज्या ग्रहण कर लेता है।

कुम्भकार जातक प्रव्रज्या लेने वाले कुम्भकार दम्पत्ति की कथा है । यहाँ प्रव्रज्या के लाभ सुन कुम्भकार और उसकी पत्नी संन्यास लेने का मन बनाते हैं। किन्तु बच्चे छोटे थे । उनका क्या होगा सोचकर चुप थे। एक दिन पत्नी से नहीं रहा जाता है तो वह चुपचाप प्रव्रज्या ग्रहण कर लेती है। कुम्भकार कुछ नहीं कहता। चुपचाप बच्चों के बड़े होने तक उनका पालन करता है फिर संन्यास लेता है। **सुवर्णसाम जातक** में पतिपत्नी दोनों ही एक साथ संन्यास लेते हैं। स्त्रियों के संन्यास ग्रहण की अन्य कथाएँ भी यहाँ मिलती है।

सुधाभोजन जातक एक अत्यन्त सम्पन्न श्रेष्ठि के संन्यास ग्रहण की कथा है जो पहले इतना कंजूस था कि खीर खाने की इच्छा होने पर भी इसलिए नहीं बनवाता कि कहीं किसी को देना न पड़े। किसी तरह जंगल में जाकर अकेले के लिए खीर बनाता है। तब यहाँ उसके

दानशील पितर आकर उसकी आँखें खोलते हैं जिससे वह सारे धन का त्याग कर ऐसा संन्यास लेता है कि पानी भी किसी को दिये बिना नहीं पीता। यहाँ तक कि इन्द्र द्वारा दिये गये अमृत को भी वह योग्य व्यक्ति को देने के बाद ही ग्रहण करता हैं।

खण्ड 13 : रामायण, महाभारत के कथानकों का प्रभाव दर्शानेवाली कथाएँ

रामायण और महाभारत हिन्दुओं के पवित्र ग्रन्थ के रूप में तो प्रसिद्ध हैं ही, विश्वसाहित्य पर अपने प्रभाव के कारण भी पूरे विश्व में प्रसिद्ध है। इन ग्रंथों का अन्तिम कलेवर लगभग उसी समय तैयार हो रहा था जब जातक कथाओं का हो रहा था। इन दोनों महाकाव्यों में बौद्धों के विषय में न के बराबर उल्लेख मिलता है किन्तु जातक कथाओं में अनेक कथाएँ इन महाकाव्यों की कथाओं से स्पष्ट रूप से प्रभावित दिखती है। यद्यपि यहाँ कथाओं में परिवर्तन है और यह परिवर्तन कहीं-कहीं अत्यधिक है। महाभारत की तुलना में रामकथा का प्रभाव यहाँ अधिक है। इसीलिए यहाँ की कथाओं को बौद्ध रामायण कहा जाता है। इस खण्ड में हमने ऐसी ही कथाओं को लिया है। **दशरथ जातक** (दशरथ और उनकी सन्तानों की कथा है जहाँ राजा दशरथ अपनी छोटी रानी को दिये गये वर के अनुसार अपने पुत्रों राम, लक्ष्मण और सीता को वन भेज देते हैं। यहाँ सीता राम और लक्ष्मण की बहन कही गयी है। **देवधम्म जातक** (देवधर्म बतानेवाली कथा) में राम के वन जाने तक की कथा रामकथा के समान है, यहाँ भरत भी राम लक्ष्मण के साथ वनवास करते हैं । आगे की कथा महाभारत के यक्षप्रश्न की कथा के समान है। यहाँ तालाब का रक्षक एक जलराक्षस बताया गया है जिसके प्रश्नों का सही उत्तर राम देकर अपने भाइयों को पुनः पाते हैं। **सम्बुला जातक** में सीता के समान पतिव्रता रानी की कथा है जिसे एक राक्षस पाना चाहता है किन्तु अपने सतीत्व के बल पर वह उसके चंगुल से मुक्त हो जाती है पर उसका पति उस पर सन्देह करते हुए उसकी पवित्रता की परीक्षा लेता है। **सुवर्णसाम जातक** रामायण के श्रवणकुमार के समान सुवर्णसाम नामक मातृ-पितृ भक्त युवक की कथा है जो अंधे माता पिता के लिए पानी लेने जाता है पर एक राजा के तीर का शिकार होता है। यहाँ अन्त में बालक जीवित हो जाता है और राजा को माता पिता कोई शाप नहीं देते।

घत पण्डित जातक कृष्ण और उनका भाई घतपण्डित की कथा है। यह महाभारत के कथानक से प्रभावित है। यहाँ कृष्ण के जन्म की कथा कुछ अन्तर से आयी है। भागवत से यह कथा कुछ साम्यता रखती है। यहाँ भी दो कथा है। दूसरी कथा कृष्ण के एक भाई घत पण्डित की है जो कृष्ण के एक पुत्र की मृत्यु के बाद उन्हें विलापरत देख उन्हें मृत्यु की अनिवार्यता का बोध कराता है।

रामायण के श्रृंगी ऋषि की कथा से कुछ साम्यता रखनेवाली यहाँ दो कथाएँ हैं, पहली **नलिनिका जातक** एवं दूसरी **अलम्बुसा जातक** । यहाँ इन्द्र ऋषि की तपस्या से घबराकर

उनका तपोभंग करने दो कन्याओं को उन्हें लुभाने भेजते हैं। किन्तु रामायण के शृंगी जहाँ स्त्रियों के बहकावे में आ जाते हैं वहाँ जातक में आयी कथाओं में उनके पिता उन्हें रोक लेते हैं।

खण्ड 14 : बालकथाएँ

जातक कथाएँ प्रायः बच्चों की कथाएँ समझी जाती हैं। सभी तो नहीं, पर कुछ कथाएँ अवश्य यहाँ बच्चों के लिए मनोरंजक एवं ज्ञानवर्द्धक हैं। प्रायः पशुपक्षियों को लेकर बुनी गयी ये कथाएँ बालमन पर सुन्दर प्रभाव डालती हैं। प्रायः सभी युवा एक चालाक बन्दर की कथा को अवश्य बचपन में पढ़-सुन चुके होते हैं जिसमें वानर के जिगर को अपनी मगरी का भोज्य बनाने उसका मित्र मगर उसे अपनी पीठ पर बैठा कर ले जाता है पर रास्ते में वानर अपनी चालाकी से बच जाता है। यह प्रसिद्ध कथा जातक कथाओं में थोड़े अन्तर से दो बार आयी है। **कथासरित्सागर** में भी यह कथा है। **पंचतन्त्र** तथा **हितोपदेश** में भी ऐसी ही कथा है। जातक की और भी अनेक बालकथाएँ पंचतन्त्र तथा हितोपदेश में दिखायी देती हैं।

बन्दरबाँट मुहावरा जिस बन्दर की चालाकी से उजागर हुआ था वह कथा भी यहाँ कुछ परिवर्तन के साथ है। अधिक बोलने का दुष्परिणाम भुगतनेवाला कछुआ, जिसके मुख में डण्डी फँसाकर दो हंस घुमाने ले जा रहे थे, वह भी **कच्छप जातक** के नाम से इस खण्ड में है। अनावश्यक दूसरों को सीख देने का दुष्परिणाम भुगतने की कथा भी यहाँ है जिसमें एक बयापक्षी बरसात में परेशान बन्दर को अपना घर बनाने की शिक्षा देकर बन्दर द्वारा अपना घोंसला तुडवाती हैं। इसी तरह उस ठग व्यापारी की कथा भी बच्चे मजे से पढ़ते हैं जो मित्र के पास लोहे के फाल रखवाता है पर माँगने पर कह देता है उसे तो चूहे खा गये। तब मित्र भी वही तरीका अपनाते हुए उसके बच्चे को छिपा देता है और कहता है उसे तो चिड़िया ले उड़ी।

जातक कथाओं के प्रारम्भ हमने गौतम बुद्ध और यशोधरा के पूर्वजन्म की मोहक प्रणयकथा **चन्द्र किन्नरी जातक** से किया है जो पूर्वजन्म में किन्नर और किन्नरी थे। इसका अन्त हम **गरहित जातक** से कर रहे हैं। इसमें मनुष्य को आईना दिखाया गया है कि पशुओं की नजर में वह क्या है।

अध्याय 3

114 जातक कथाएँ

प्रारम्भ

चन्द्र किन्नरी जातक (गौतमबुद्ध और यशोधरा के पूर्व जन्म की मोहक प्रणयगाथा)

बौद्ध जातक कथाओं में गौतम बुद्ध के सैकड़ों पूर्वजन्म की कथाएँ संकलित हैं। यहाँ इन्हें बोधिसत्त्व कहा गया है। बोधिसत्त्व अर्थात् वह जो बोधि प्राप्त करने हेतु प्रयत्नशील है।

अस्तु, यहाँ कपिलवस्तु के राजकुमार सिद्धार्थ की वह कथा भी संग्रहीत है जब मानवजाति को दुःख से मुक्त कराने हेतु ज्ञान की खोज में उन्होंने अपनी युवा पत्नी यशोधरा और सद्योजात पुत्र राहुल को छोड़कर चुपचाप अपने महल से महाभिनिष्क्रमण किया था। किन्तु ऐसा नहीं कि यशोधरा के प्रति उनके मन में प्रेम नहीं था। यह प्रेम तो पूर्वजन्म से ही संचित था। पर लोक-कल्याण के लिए सत्य की खोज हेतु उन्होंने इस प्रेम का बलिदान कर दिया था। हां, पूर्व जन्म में अपने प्राण बचानेवाली प्रिया का उपकार सिद्धार्थ बुद्धत्व की प्राप्ति के बाद भी भूले नहीं थे। जातक कथाओं में एक कथा है **'चन्द्र किन्नरी जातक'**[1]। इसमें एक किन्नर[2] और उसकी चन्द्र नामक प्रिया किन्नरी की दिल को छूने वाली कथा है जो वस्तुतः पूर्व जन्म के सिद्धार्थ एवं यशोधरा ही थे।

वर्तमान कथा—यहाँ वर्तमान कथा तब की है जब बोधिप्राप्ति के बाद तथागत पहली बार भिक्षा हेतु अपने महल में पहुंचे। तब उनके सभी परिजन, यहाँ तक कि पिता शुद्धोधन भी उनकी वंदना करने उनके समक्ष स्वयं चलकर आये। एक नहीं आयी तो वह थी मानिनी यशोधरा।...किसी ने उससे आकर कहा भी कि आर्यपुत्र आये हैं, तुम भी जाकर आर्यपुत्र की वंदना करो...किन्तु उसने यह कहते हुए इन्कार कर दिया कि यदि मुझमें गुण हैं तो आर्यपुत्र स्वयं मेरे पास आएँगे। उनके आने पर ही मैं उनकी वन्दना करूँगी।

सचमुच यशोधरा को अन्य परिजनों के बीच न देख गौतम बुद्ध उससे मिलने अपने शिष्यों के साथ स्वयं रनिवास में गये। शिष्यों को उन्होंने पहले ही कह दिया कि राजकन्या जैसा भी मेरा सत्कार करना चाहे, उसे करने देना। रनिवास में पहुँच कर शिष्य आश्चर्यचकित रह गये जब उन्होंने देखा कि कोई राजसी-वस्त्र पहने राजरानी तो नहीं,

हाँ, एक काषायधारिणी अधोमुखी तपस्विनी आकर शास्ता के चरणों पर अपना अश्रुमुख रख आँसुओं से उन्हें धो रही है! तभी पिता शुद्धोधन बोल उठे-भंते! यह मेरी पुत्री यशोधरा है। जब से इसने सुना कि आप काषायवस्त्र पहनते हैं, यह भी काषायधारिणी हो गयी है। दिन में एक बार आपका भोजन करना सुनकर यह भी एकाहारिणी हो गयी है। आप द्वारा ऊँचे पलँग का त्याग सुन यह भी उनका त्यागकर तख्तों पर शयन करने लगी है। आप गंध, माला आदि का उपयोग नहीं करते सुनकर इसने भी उनका त्याग कर दिया है। इसके मायके वालों ने इसे अपने पास रहने बुलाया था। कहा, हम तुम्हारी सेवा करेंगे, यहाँ आकर रहो, पर यह नहीं गयी। यह विधवाओं का-सा जीवन व्यतीत करती है। अनेक राजाओं द्वारा भेजी गयी भेंट भी इसने अस्वीकार की है। इसकी आपके प्रति ऐसी भक्ति है। भगवन्! मेरी बेटी ऐसी गुणवती है!

यह सुन बुद्ध न द्रवित हुए न आश्चर्यचकित। समस्वर में उन्होंने कहा—महाराज! इसमें कुछ आश्चर्य नहीं है। पूर्वजन्म में भी इसका मेरे प्रति ऐसा ही अनुराग था। इसका चित्त किसी अन्य की ओर नहीं जा सकता। ...और तब उन्होंने अपनी और यशोधरा की पूर्व जन्म की कथा कही—जो आज भी दिल को छूती है।

अतीत कथा—तब बुद्ध एक किन्नर थे और यशोधरा उनकी चन्द्र नामक किन्नरी थी। वे दोनों हिमाचल प्रदेश में रजत पर्वत की खूबसूरत वादियों में नित नूतन प्रेमालाप करते हुए सुखपूर्वक रहते थे। प्रायः वे पर्वत पर ही रहते। एक बार रंगबिरंगे सुन्दर पुष्पों के वस्त्र पहनकर दोनों नीचे उतरे। क्षुद्र नामक नदी की रजत सदृश्य बालुका में उन्होंने पुष्पों की शय्या बनायी। दोनों उस पर बैठे। किन्नर ने बाँसुरी बजाना प्रारम्भ किया तो किन्नरी के पैर उस दिव्य दृश्य को दिव्यतर बनाते हुए थिरकने लगे। बाँसुरी की मधुर ध्वनि सुन शिकार के लिए भटकता एक राजा वहाँ पहुँचा और छिपकर उनका अनुपम नृत्यगीत देखने लगा। देखते-देखते उसके मन में किन्नरी के प्रति कामुकता जागी...और उसके एक ही बाण से किन्नर बींध गया। तब वेदना से तड़फता किन्नर चिल्ला उठा-हे प्रिये! ऐसा लगता है यह जीवन ले जाया जा रहा है! मेरा हृदय जल रहा है। मैं अति कष्ट पा रहा हूँ पर किसी पीड़ा से नहीं वरन् केवल चिन्ता करती हुई तुम्हारी चिन्ता करके! अपूर्ण नदी की तरह मैं सूख रहा हूँ...किसी और शोक से नहीं केवल चिन्ता करती हुई तुम्हारी चिन्ता करके! पर्वत के नीचे जैसे वर्षा का जल बहता है वैसे ही मेरे आंसू बह रहे हैं...किसी शोक से नहीं केवल चिन्ता करती हुई तुम्हारी चिन्ता करके!

नृत्य के आनन्द में मग्न किन्नरी पहले तो कुछ समझ ही नहीं पायी पर अचानक प्रिय के शरीर से बहते खून को देख वह चौंक गयी। स्वामी को इस तरह मरणासन्न देख वह उच्चस्वर से विलाप करने लगी। तभी वृक्ष की ओट में छिपा हुआ राजा उसके सामने आया और बड़ी बेहयाई से उसने किन्नरी से अपनी राजरानी बनने का प्रस्ताव रखा। किन्तु किन्नरी किसी तरह तैयार नहीं हुई।...मर जाऊँगी पर तेरे हाथ नहीं आऊँगी। राजा समझ गया कि यह केवल धमकी नहीं दे रही है, बलप्रयोग करने पर यह अवश्य प्राण

त्याग कर देगी। अतः वह वहाँ से चुपचाप चले गया। तब किन्नरी अपने घायल किन्नर को लेकर किसी तरह पर्वत के शिखर पर अपने वासस्थान पर पहुँची और किन्नर का सिर अपनी गोद में रखकर उच्चस्वर से विलाप करने लगी। 'वे ही पर्वत हैं, वे ही कन्दराएँ हैं, वे ही बालमृग विचर रहे हैं, हिमालय के नीले, पीले, श्वेत एवं ताम्रवर्ण के शिखर भी दर्शनीय हैं किन्तु जब तुम मुझे यहाँ नहीं दिखायी दोगे तो हे प्रिय! मैं क्या करूँगी?'

पति के वक्ष पर सिर रखकर विलाप करते-करते अचानक चन्द्र को लगा कि उसके शरीर में अभी प्राण है! वह लोकपालों से किन्नर को बचाने की याचना करती है। याचना का उत्तर नहीं मिलने पर वह क्रोधित हो कहती है—क्या लोकपाल नहीं है अथवा मर गये हैं जो मेरे स्वामी की रक्षा नहीं कर रहे है?

तब किन्नरी के क्रोध से भयभीत होकर लोकपाल अमृत छिड़ककर उसे बचाते हैं...और तब पति को गले लगाकर किन्नरी लोकपालों को धन्यवाद देकर अपने प्रिय से कह उठती है—**आओ प्रिय! अब हम फूलों से भरी हुई वादियों में बहनेवाली नदियों के तट पर परस्पर मधुर राग अलापते हुए विचरण करें।**

तो ऐसा था यशोधरा का शास्ता के प्रति अप्रतिम प्रेम जिसे वे भूले नहीं थे। पर जैसा हमने प्रारम्भ में लिखा है, जनकल्याण हेतु उन्होंने इसकी तिलाजंलि दे दी थी।

खण्ड-1

नैतिक शिक्षा देनेवाली कथाएँ

1. चेतिय जातक (झूठ बोलने का दण्ड पानेवाला चेतिय नरेश)
2. मणिकुण्डल जातक (मणिकुण्डल छीन जाने के बाद भी शान्त रहनेवाला राजा)
3. सत्तिगुम्ब जातक (दुर्जनों की संगति से प्रभावित सत्तिगुम्ब नामक तोता)
4. महासुतसोम जातक (वचन की रक्षा के लिए स्वयं की बलि देने प्रस्तुत महासुतसोम)
5. नन्दिविलासजातक (अभद्र और भद्र भाषा से प्रभावित नन्दिविलास बैल)
6. सुवण्णहंस जातक (स्वर्णपंख युक्त हंस की लालची पत्नी)
7. कलाय मुट्ठिजातक(काले चने की मुट्ठीवाला लालची बन्दर)
8. अनुसासिक जातक(अनुशासन की शिक्षा देनेवाला पर-उपदेशक)
9. पीठजातक (आसन प्राप्त न करनेवाला असंयमी भिक्षु)
10. कामनीत जातक (कामनाग्रस्त राजा)
11. चूलहंस जातक (विपत्ति में साथ देनेवाला स्वर्णिम हंस का सेनापति)
12. कुम्भजातक एवं सुरापानजातक (शराब के दुष्परिणाम बतानेवाली दो कथाएँ)
13. अलीनचित्त जातक (कृतज्ञ हाथी)
14. उभयोभट्ठ जातक (दोनों ओर से भ्रष्ट स्वार्थी मछुआरा)
15. कौसम्बिय जातक (छोटी-छोटी बात पर विवाद बढ़ानेवाले भिक्षु)
16. सेरिववाणिज जातक (सेरिव देश का ठग वणिक)
17. मणिकंठ जातक(नाग से उसका मणि माँगनेवाला तपस्वी)
18. अट्ठिसेन जातक (याचना का विरोध करनेवाला अट्ठिसेन)
19. महिलामुख (महिलामुख नामक संगति से प्रभावित होनेवाला हाथी)
20. तिलमुट्ठि जातक (मुट्ठीभर तिल खानेवाला राजकुमार)

कथा-2

चेतिय जातक (झूठ बोलने का दण्ड पानेवाला चेतिय-नरेश)

भारतीय संस्कृति में सत्यवादिता को अत्यन्त महत्त्वपूर्ण मूल्य माना गया है। इसके विपरीत मिथ्याभाषण को पाप कहा गया है। इसका परिणाम न केवल इस लोक में वरन् परलोक में भी नरकगमन के रूप में भुगतना पड़ता है। महाभारत में युधिष्ठिर सत्यवादी के रूप में प्रसिद्ध था इसीलिए द्रोणाचार्य ने अपने पुत्र अश्वत्थामा की मृत्यु की घोषणा पर तब तक विश्वास नहीं किया जब तक कि उन्होंने युधिष्ठिर के मुख से यह नहीं सुन लिया। किन्तु यह अर्द्धसत्य था। वस्तुतः युधिष्ठिर को अन्य पाण्डवों ने यह झूठ बोलने पर मजबूर किया था। इसके लिए उन्होंने एक छद्म सच का सहारा लिया था। उन्होंने अश्वत्थामा नामक हाथी को मार कर युधिष्ठिर से कहा था, 'अश्वत्थामा नामक हाथी मारा गया है। आपको आचार्य द्रोण के सामने केवल यही कहना है कि अश्वत्थामा मारा गया है।' अनिच्छा से ही सही, युधिष्ठिर ने द्रोणाचार्य के सामने ऐसा ही कहा। किन्तु था तो यह अर्द्धसत्य, इसीलिए महाभारत में कहा गया है कि इसके दण्डस्वरुप युधिष्ठिर का रथ, जो उसकी सत्यवादिता के कारण धरती से चार अंगुल ऊपर चलता था, धरती पर आ टिका और अन्तिम समय में स्वर्ग-गमन के पूर्व युधिष्ठिर को नरक से होकर गुजरना पड़ा।

जातक कथाओं में भी इसी तरह सत्य के महत्त्व का बखान और असत्य की निन्दा की गयी है। यह कथा **'चेतियजातक'**[3] इसी पर प्रकाश डालती है।

वर्तमान कथा—बुद्ध के चचेरे भाई देवदत्त ने बुद्ध की नकल करते हुए संन्यासी का बाना पहना था और अपना भिक्षुसंघ भी बना लिया था किन्तु वह अनेक कदाचरण करता था। अन्त में अपने असत्यभाषण के कारण ही वह नरक मे गिरा। एक बार जेतवन में शास्ता के भिक्षुगण जब इस विषय पर बात कर रहे थे तब शास्ता ने बताया कि पहले भी वह ऐसा कर नरक-गमन कर चुका है।

अतीत कथा-बात प्रथमकल्प की है जब कोई भी झूठ नहीं बोलता था किन्तु चेतिय देश के एक राजा ने एक बार झूठ बोलने की ठानी। वैसे वह सत्यवादी था इसलिए चारों ऋद्धियाँ उसकी सेवा में रहती थीं और वह आकाश में विचरण करता था किन्तु एक बार उसने असत्य का दामन पकड़ने का प्रयास किया।

असत्य यह था कि वह अपने मित्र कोरकलम्ब को अपना पुरोहित बनाना चाहता था किन्तु यह सम्भव नहीं था। वस्तुतः उसका ज्येष्ठ भ्राता कपिल ब्राह्मण (बोधिसत्त्व) राजा के

पिता के जमाने से पुरोहित था और उसके बाद उसके ज्येष्ठपुत्र का पुरोहितपद पर अधिकार था। इसी परम्परा के अनुसार कपिल ब्राह्मण ने अपने पुत्र को अपना उत्तराधिकारी घोषित किया और संन्यासधर्म में प्रवेश करते हुए आश्रम में जाने का मन बनाया। किन्तु चेतिय राजा उसका निर्णय पलटना चाहता था। अतः अपने मित्र को पुरोहित बनाने के लिए उसने मित्र से कहा कि मैं राज्यसभा में झूठ कहूँगा कि कपिल नहीं, कोरकलम्ब ज्येष्ठ था, अतः उसे ही पुरोहित का पद मिलना चाहिए। किन्तु कोरकलम्ब अपने अग्रज से डरता था। उसने राजा को चेताया भी कि उसका बड़ा भाई अनेक प्रकार की माया जानता है, आपके इस झूठ के कारण वह अपनी माया से आपको ठग लेगा...पर चेतिय नहीं माना। उसने घोषणा करवायी कि आज से सातवें दिन कोरकलम्ब पुरोहित बनाया जायेगा।

इस घोषणा से नगर-भर में कानाफूसी प्रारम्भ हुई कि यह कैसे सम्भव है...क्या हमारा राजा सचमुच झूठ बोलेगा? लोगों ने कभी किसी को झूठ बोलते नहीं देखा था सो उत्सुकता भी जागी कि यह झूठ होता कैसे है? क्या लाल, पीला आदि रंगों में से किसी एक रंग का होता है?

और लोग बेसब्री से सातवें दिन का इन्तजार करने लगे। इधर पुरोहित-पुत्र ने सारी बातें अपने पिता कपिल ब्राह्मण को बतायी। वह भी राजा के झूठ को देखने राजांगन पहुँचा। देखते ही देखते लोगों का ऐसा हुजूम उमड़ा कि स्थान कम होने के कारण लोग राजांगन में मचान बाँध कर राजा को झूठ बोलते देखने के लिए उस पर चढ़ गये।

राजा आया, सिंहासन पर बैठा...और लोगों के सामने उसने झूठ बोला कि कोरकलम्ब आयु में कपिल पुरोहित से बड़ा है अतः उसे पुरोहित का पद मिलना चाहिए। इस पर कपिल ब्राह्मण ने कहा—महाराज! मृषावाद गुणों का महान् क्षतिकारक है। यह राजा को चार नरकों में ले जाता है। इससे राजा का धर्म नष्ट होता है। आगे ब्राह्मण यह गाथा कहता है—

धर्म नष्ट होने पर नष्ट करनेवाले का नाश करता है। नष्ट न होने पर वह कुछ नष्ट नहीं करता। इसलिए धर्म का नाश न करें जिससे नष्ट हुआ धर्म तुम्हें नष्ट न करे।

आगे वह यह कहते हुए कि झूठ बोलने से आपकी चारों सिद्धियों का अन्तर्धान हो जायेगा, फिर एक गाथा कहता है—

जो झूठ बोलता है, जो जानता हुआ भी प्रश्न का अन्यथा उत्तर देता है, उसकी रक्षा करनेवाले देवता उसका त्याग कर चले जाते हैं। उसके मुँह से दुर्गन्ध निकलती है और अपने स्थान से च्युत होकर वह पृथ्वी में धँसता है।

पुरोहित की इस चेतावनी को राजा ने अनसुना कर फिर अपनी बात दुहरायी कि कोरकलम्ब बड़ा है...और देखते-ही-देखते वही हुआ जिसकी चेतावनी ब्राह्मण ने दी थी। चारों सिद्धियाँ उसे छोड़ कर चली गयीं। उसके सारे शरीर और मुख से गन्दी दुर्गन्ध आने लगी और वह पृथ्वी में धँसने लगा!

कपिल ब्राह्मण ने फिर राजा से कहा कि अभी भी कुछ नहीं बिगड़ा है, यदि सत्य कहोगे तो पूर्ववत् हो जाओगे। किन्तु इसे ब्राह्मण की माया समझकर राजा अपनी बात पर अड़े रहा और अन्ततः नरक में पूर्णरुप से धँस गया।

कथा-3

मणिकुण्डल जातक (मणिकुण्डल छीन जाने के बाद भी शान्त रहनेवाला राजा)

सन्तों का लक्षण होता है कि वे सुख-दुःख, हानि-लाभ, जय-पराजय में समान भाव से रहते हैं। न लाभ होने पर अति उत्साहित होते हैं न हानि होने पर अति दुःख में डूब जाते हैं। गीता ऐसे ही व्यक्ति को 'स्थितप्रज्ञ' कहती है। किन्तु केवल सन्त के लिए ही नहीं, एक गृहस्थ और शासक के लिए भी यह स्थिति लाभदायक होती है। यह भाव मनुष्य को अनेकानेक प्रकार के तनावों से सुरक्षित रखते हुए उसे कर्मयोगी बनाते हैं और उच्चजीवन की ओर ले जाते हैं। **'मणिकुण्डल जातक'**[4] यही सन्देश देनेवाली कथा है।

वर्तमान कथा—जेतवन में विहार करते समय एक बार शास्ता ने कोशल-राज के दुष्ट अमात्य को लक्ष्य कर यह अतीतकथा कही थी। वस्तुतः इसी के कारण एक बार वाराणसी नरेश को कारागृह में रहना पड़ा था।

अतीतकथा—तब बोधिसत्त्व ने वाराणसी के राजा के रूप में जन्म लिया था। उस समय कोशलदेश के राजा का अमात्य बड़ा दुष्ट था। उसने वाराणसी-नरेश को बंदी बनवा कर कारागर में डलवा दिया था। यह कथा इसके बाद की घटना पर प्रकाश डालती है।

वाराणसी-नरेश स्वभाव से ही स्थितप्रज्ञ थे। अतः पराजित होने या कारागार में रहने पर भी वे अविचलित थे। बल्कि कारागार में वे ध्यान-लाभ लेने लगे। इस समय उनकी ध्यानावस्था इतनी प्रबल हो गयी कि कोशल-नरेश का शरीर ताप से जलने लगा। मन में उसके चोर तो था ही, सो उसे समझते देर न लगी कि यह वाराणसी-नरेश को कारागार में डलवाने का दण्ड है। राजा कुछ समझदार था। वह कारागार पहुँचा। वहाँ शान्तचित्त वाराणसी-नरेश को तपस्यारत देख उसने पूछा—राजन्! तुम्हारा सब कुछ छीन गया, तुम्हारे रथ, अश्व तथा मणिकुण्डल चले गये, तुम पत्नी और पुत्र से भी रहित हो गये, फिर भी तुम ऐसे दारुण शोक के समय दुःखी क्यों नहीं हो?

इस पर वाराणसी-नृप ने दो गाथाएँ कही—

भोग भोगनेवाले अनित्य हैं इसलिए मैं शोक करने के समय भी शोक नहीं करता। हे शत्रुक! चन्द्रमा उदय होता है, बढ़ता है, फिर क्षय को प्राप्त होता है। इसी तरह सूर्य भी संसार को तपाकर अस्त होता है। उसी प्रकार सभी लोकधर्मों को मैंने उदयास्त स्वभाववाले जाना है। इसलिए मैं शोक के समय शोक नहीं करता।

आगे नरेश ने दूसरी गाथा कही—

गृहस्थ कामभोगी हो पर आलसी हो। यह अच्छा नहीं। व्यक्ति साधु हो पर असंयमी हो यह अच्छा नहीं। कोई पण्डित हो और क्रोध करे यह अच्छा नहीं। इसी तरह क्षत्रिय को विचार कर कार्य करना चाहिए।

बिना विचारे कार्य करनेवाला राजा अच्छा नहीं। विचारपूर्वक कार्य करनेवाले राजा के यश और कीर्ति बढ़ते हैं।

वाराणसी-नरेश के इस उपदेश को कोशल-नरेश पर गहरा प्रभाव पड़ा। उसने वाराणसी-नरेश से क्षमा माँगी और उसे कारावास से मुक्त कर उसका राज्य वापस सौंपा।

कथा-4

सत्तिगुम्ब जातक (दुर्जनों की संगति से प्रभावित सत्तिगुम्ब नामक तोता)

व्यक्तित्व के निर्माण में व्यक्ति की संगति का योगदान अत्यन्त महत्त्वपूर्ण होता है। विशेषकर बचपन से बच्चा जिस वातावरण में पड़ता है वहाँ के बोलचाल और आचारव्यवहार को वह अनायास ही अपना लेता है। यह कोई रिसर्च द्वारा स्थापित सत्य नहीं है। हर कोई स्वयं को तथा अपने आसपास के लोगों को देखकर इसका अनुमान कर सकता है। बच्चा अपनी मातृभाषा बड़ी जल्दी सीखता है। इसके लिए उसे व्याकरण सिखाने की आवश्यकता नहीं होती। जाहिर है कि मातृभाषा के साथ-ही-साथ वह परिवार से भाषा का प्रयोग कैसे करना चाहिए, किस तरह के और किस गति में किन भावों के साथ अपनी बात रखना चाहिए, यह भी सीखता हैं। इन सबका उसके समूचे व्यक्तित्व पर और उसके कार्यों पर भी स्पष्ट असर पड़ता है। इसीलिए ऐसा बहुत कम ऐसा होता है कि सज्जन पालक की दुर्जन सन्तान हो या दुर्जन पालक की सन्तान सज्जन हो।

इसी भाव को दर्शाने वाली यह **सत्तिगुम्ब जातक**[5] कथा है। यह सत्तिगुम्ब और पुष्पक नामक दो तोतों की कथा है जो थे तो सहोदर भाई किन्तु अलग-अलग स्थानों पर पलने के कारण एकदम अलग व्यक्तित्व के स्वामी बने।

वर्तमान कथा—एक बार देवदत्त ने शास्ता की हत्या हेतु उन पर शिला लुढ़कवा दी। शास्ता तो बच गये पर उनके पैरों में चोट लग गयी। बहुत से साधु शास्ता को देखने उनके पास पहुँचे और देवदत्त के स्वभाव पर चर्चा करने लगे। यह सुन शास्ता ने कहा कि देवदत्त और उसकी सारी परिषद ही पापी है। केवल अभी नहीं अतीत में भी यह सब ऐसे ही थे।

अतीत कथा—उस समय बोधिसत्त्व शुकराज-पुत्र के रूप में एक पर्वत पर स्थित सेमलवृक्ष पर पैदा हुए थे। उनके साथ ही एक और शुक भी पैदा हुआ। इस तरह वह उनका भाई ही था। वे अभी छोटे ही थे कि एक बार वायु का ऐसा झंझावत चला कि बोधिसत्त्व पर्वत के नीचे स्थित ऋषियों के ग्राम में फूलों की ढेरी पर गिरे। इसलिए उनका नाम पुष्पक पड़ा। इसके विपरीत उनका सहोदर शुक पर्वत के ऊपर स्थित चोरग्राम में चोरों के शस्त्र पर गिरा। यहाँ गिरने के कारण उसका नाम सत्तिगुम्ब पड़ा ।

आगे कथा है कि एक बार पाँचाल नरेश अपने साथियों के साथ शिकार हेतु निकला। शिकार करते-करते राजा भटककर चोरग्राम पहुँच गया। उस समय चोर वहाँ नहीं थे। केवल रसोइया और सत्तिगुम्ब शुक वहाँ थे। राजा थक गया था। शान्त स्थान देखकर वह वहाँ आराम करने लेट गया। सत्तिगुम्ब शुक चोरों के साथ रहने के कारण चौर्य प्रवृत्ति का हो गया था सो विभिन्न आभूषणों से लदे राजा को देखकर वह अपने रसोइये से बोला कि यह व्यक्ति धनी राजा मालूम होता है, अभी यह सो रहा है, चलो इसे मारकर इसके आभूषण छीन ले। इस पर रसोइये ने कहा कि यह राजा है। राजा के समीप जाना क्या मामूली बात नहीं है। जैसे प्रज्वलित अग्नि के समीप जाना कठिन है वैसे ही राजाओं के पास जाना भी है। इस पर तोते ने रसोइये को खूब खरी-खोटी सुनायी।

इधर लेटा हुआ राजा दोनों की बात सुन रहा था। वह समझ गया कि यह चोरग्राम है। यहाँ रहने में खतरा है सो वह वहाँ से शीघ्र ही निकल गया।

राजा को जाते देख सत्तिगुम्ब तोता जोर-जोर से चिल्लाने लगा कि देखो यह राजा भागा जा रहा है इसे पकड़ो, इसके आभूषण छीन लो इसे जाने मत दो।...खैर वहाँ कोई था नहीं जो राजा का पीछा करता सो वह तोता मनमसोस कर रह गया।

यहाँ से राजा ऋषियों के ग्राम पहुँचा। वहाँ भी ऋषिगण फल-फूल लेने गये हुए थे सो कोई नहीं था, केवल पुष्पक तोता था। वह समझ गया कि यह कोई राजा है, सो उसने मधुर वाणी में राजा का सत्कार किया। कहा, राजन्! यहाँ आपका आतिथ्य सत्कार करनेवाले कोई नहीं है और मेरे हाथ नहीं है अतः मैं आपको कुछ दे नहीं सकता। पर इधर मधुर फल एवं शीतल जल रखा है। आप यथारुचि इनका सेवन करे।

राजा यह सुनकर परम प्रसन्न हुआ। अपने सारथी से वह बोला—देखो यह कितना धार्मिक पक्षी है! कितनी मधुर वाणी में हमारा सत्कार कर रहा है और एक वह चौर्यग्राम का तोता था जो हमें लूटने की बात कर रहा था।

इस पर पुष्पक ने राजा को बताया कि हम दोनों एक ही माँ की सन्तान है किन्तु भाग्य से मेरा सहोदर चोरों के पास चला गया और मैं यहाँ ऋषियों के पास आ गया। इसीलिए उसने वैसी बात की और मैंने ऐसी। आगे तोते ने राजा से दो गाथाएँ कही—

जो जैसी संगति करता है वह वैसा ही हो जाता है। जिस प्रकार कोई व्यक्ति कुशाओं के साथ रखी हुई सड़ी मछली ले जाता है तो उसकी सारी कुशा से दुर्गन्ध आने लगती है वही स्थिति असाधु से संगति की है।

इसके विपरीत यदि कोई पलाश के दोने में तगर ले जाता है तो उन पत्तों से भी सुगन्ध आने लगती है यही स्थिति साधुसंगति की भी है।

अतः पण्डितजन को चाहिए कि असत्पुरुष की संगति न करे, सत्पुरुषों की ही संगति करे। सत्पुरुष स्वर्ग ले जाते हैं जबकि असत्पुरुष नर्क ले जाते हैं।

तोते की वाणी से राजा प्रसन्न था। इसी समय वहाँ ऋषिगण आ गये। सबने राजा की अभ्यर्थना की। तब राजा उन्हें अपने नगर में आने का वचन लेकर बिदा हुआ और आने

पर उनका खूब सत्कार भी किया। दूसरी ओर चोरों को पकड़वाकर उन्हें समुचित दण्ड भी दिया।

इस कथा से हमें यह भी शिक्षा मिलती है कि किसी से घृणा न करें क्योंकि वह बेचारा वही तो है जो उसके परिवार ने उसे बनाया है ।

कथा-5
महासुतसोम जातक (वचन की रक्षा के लिए स्वयं की बलि देने प्रस्तुत महासुतसोम)

दण्ड के सिद्धान्तों में आज 'सुधारवादी सिद्धान्त' सर्वश्रेष्ठ माना जाता है जबकि प्राचीन काल में 'जैसे को तैसा' की तर्ज पर 'बदला लेने का सिद्धान्त' अथवा अन्य लोग अपराधी को दण्ड मिलते देखकर भयवश अपराध न करें, यह निर्वतनवादी सिद्धान्त अधिक प्रसिद्ध एवं लोकप्रिय था। किन्तु बुद्ध प्रारम्भ से ही अपराधी में सुधार की उम्मीद रखते हुए बड़े से बड़े अपराधी को सुधरने का अवसर देने के पक्षधर थे। **महासुत सोमजातक**[6] कथा उनके इसी सिद्धान्त को प्रकाशित करती है।

वर्तमान कथा—डाकू अंगुलिमाल की कथा से सभी परिचित हैं। मनुष्य की अंगुलियों की माला पहन कर घूमनेवाले डाकू का बुद्ध ने हृदय परिवर्तित किया था। एक बार जेतवन में भिक्षुगण डाकू अंगुलिमाल की बात कर रहे थे कि कैसे शास्ता ने उस रौद्र डाकू को बिना दण्ड के, बिना दमन के, निर्विष बनाने का दुष्कर कर्म किया है। अब तो वह एक प्रसिद्ध स्थविर हो गया है।

यह सुनकर शास्ता ने बताया कि पूर्व में भी मैंने इस प्रकार के अपराधी को बिना दमन के ठीक किया है। भिक्षुओं के पूछने पर वे राजा सुतसोम की यह अतीत कथा बताते हैं।

अतीत कथा—तब बोधिसत्त्व इन्द्रप्रस्थ के कौरव्य राजा के पुत्र सुतसोम के रूप में थे। शिल्प सीखने वे तक्षशिला गये। राह में वाराणसी नृप के पुत्र से उनकी मित्रता हो गयी। वह भी शिल्प सीखने तक्षशिला जा रहा था। किन्तु वाराणसी कुमार के अंगलक्षण देखकर सुतसोम समझ गये थे कि यह कुप्रवृत्ति का है। राजा बनने पर यह दुष्टता करेगा।

सचमुच राजा बनने पर वाराणसी कुमार में कई अवगुण आ गये। उसे भोजन में रोज मांस चाहिए था। एक दिन कुत्तों ने उसके हेतु पकाया गया मांस खा लिया। यह देख रसोइये ने भयवश ताजा मरे मनुष्य की जांघ का मांस श्मशान से लाकर उसे पकाकर दे दिया। राजा को इसका स्वाद अलग प्रकार का, किन्तु बहुत अच्छा लगा। रसोइये से सच उगलवाकर उसने रसोइये को रोज मानव-मांस पकाने कहा। पर रोज वह भला कहाँ से मानव मांस लाता? राजा ने उसे काराग्रह के बन्दियों को मार कर उनका मांस पकाने को कहा। किन्तु एक दिन बंदी

भी समाप्त हो गये। तब उसने रसोइये पर दबाव डाला कि वह राह चलते राहगीर को चोर बनाकर मार डाला करे। बेचारा रसोइया! राजा के लिए यह पापकर्म भी उसे करना पड़ा।

किन्तु इस तरह निर्दोष लोगों के मारे जाने पर धीरे-धीरे लोगों में दहशत फैलने लगी। लोगों ने सेनापति से कहा। अन्ततः सेनापति ने पता लगा लिया कि राजा का रसोइया ही हत्याएँ करता है। पूछने पर रसोइये ने राजा का नाम लेते हुए सच-सच बता दिया। तब सेनापति ने सारी बातें अमात्य को बतायी। राजा से अमात्य ने पूछा कि क्या आप मानव मांस रसोइये से पकवा कर खाते हैं? राजा ने यह स्वीकारा, पर कहा कि मैं उसके बिना नहीं रह सकता।

तब अमात्य ने राजा को इससे निवृत्त करने हेतु तरह-तरह से समझाया। कई कथाएँ भी कही। कथाओं के माध्यम से भय भी दिखाया कि पूर्व में ऐसे लोगों को देश-निकाला दिया गया था, आप नहीं सुधरे तो आपको भी दिया जायेगा, किन्तु राजा नहीं माना। एक कथा में अमात्य बताता है कि वाराणसी में ही एक श्रोतीय कुल में एक ऐसा पुत्र हुआ था जो तीनों वेदों में पण्डित था। माँ-पिता का प्रिय था। न मांस खाता था न सुरापान करता था किन्तु एक बार दोस्तों के साथ उसने सुरा का स्वाद चखा तो उसका आदी हो गया। पिता के मना करने पर भी वह नहीं मानता था। अन्ततः पिता ने उसे घर से निकालने का फैसला किया। वह न्यायालय गया और पुत्र को अपुत्र घोषित कर उसे देश से ही निकलवा दिया। अन्ततः वह दरिद्र हो भीख माँगते हुए दूसरे देश में मर गया।

यह कथा सुनाकर अमात्य ने राजा को धमकी भी दी कि यदि आप नहीं सुधरेंगे तो आपको हम देश-निकाला दे देंगे। पर राजा अपने स्वाद के इतने वश में था कि किसी तरह वह कोई बात समझने को तैयार नहीं था। तब जनसमूह के सामने अमात्यों ने राजा के दोष बताकर उसे देश-निकाले की सजा सुनायी। एक आखिरी मौका देते हुए उसकी रानियों और पुत्र-पुत्रियों ने भी उससे सुधरने की गुहार लगायी किन्तु फिर भी राजा नहीं माना। वह नरमांस के लिए देश-निकाले का दण्ड भुगतने तैयार हो गया। उसने केवल एक ही इच्छा व्यक्त की कि मुझे एक रसोइया, कुछ बर्तन और एक खड्ग दे दो। मैं वन में रहूँगा।

अब वन में रहते हुए वह वहाँ से गुजरनेवाले लोगों को मार कर खाने लगा। एक बार उसे कोई मानव नहीं मिला। रसोइया हैरान था कि अब क्या बनाऊँगा। तभी राजा ने रसोइये से कहा कि चूल्हे में आग लगा और बर्तन में पानी चढ़ा। पर वहाँ तो कोई जिन्दा या मुर्दा आदमी नहीं था! क्षण-भर में ही स्थिति समझकर रसोइया थर-थर काँपने लगा। उसने राजा से खूब अनुनय-विनय की पर राजा ने उसकी एक न सुनी और उसी को काट डाला।

किन्तु नरमांस का यह चस्का एक दिन राजा पर बड़ा भारी पड़ा। हुआ यह कि एक बार उसने एक ब्राह्मण को पकड़ लिया जिसे कुछ लोग पैसे लेकर जंगल पार करा रहे थे। उन लोगों ने उसका पीछा किया तब भयभीत होकर राजा ने ब्राह्मण को वहीं पटक दौड़ लगायी और एक घने पेड़ पर चढ़ गया। लोगों से तो वह बच गया किन्तु उसके पैर में गहरे तक एक शूल गड़ गया। पैर से बहुत खून बह रहा था। तकलीफ असह्य थी। तब उसे

भी देवता याद आये। उसने वृक्ष देवता से प्रार्थना की कि उसका घाव ठीक हो जायेगा तो वह बलिकर्म से उसकी पूजा करेगा। दुर्बुद्धि राजा यहाँ भी स्वभावानुसार सौ राजाओं की बलि देने की बात करता है।

फिर क्या था, जैसे ही राजा का घाव ठीक हुआ, वह इसी खोज में लग गया कि कैसे सौ राजाओं को पकड़ूँ। इसी समय उसे पूर्वजन्म का एक यक्ष साथी मिल गया। सारी बात सुनकर वह इस कृत्य में न केवल साथ देने तैयार हुआ वरन् अपनी ओर से इसे आसान बनाने के लिए राजा को एक मन्त्र भी सिखाया, 'अर्धपदलक्षण मन्त्र', दौड़ते समय जिसका जाप करने से पैरों का बल और गति तेज हो जाती है!

फिर तो दोनों ने शीघ्र ही सौ राजाओं को पकड़ लिया। सुतसोम उसका सहायक आचार्य था अतः उसने उस पर हाथ नहीं डाला और फिर वृक्ष देवता को 100 राजाओं की बलि देने की तैयारी करने लगा। बेचारा वृक्ष देवता घबरा गया कि मैंने तो इसका घाव ठीक नहीं किया, यह व्यर्थ ही मुझे सौ राजाओं की बलि दे रहा है! पर उसमें राजा को रोकने का सामर्थ्य नहीं था अतः वह शक्र के पास गया। शक्र ने भी राजा को इसे रोकने मे स्वयं को असमर्थ बताया. ..कहा, केवल कौरव्य नरेश सुतसोम ही इसे रोक सकता है।

तब कुछ सोचकर वृक्षदेवता एक प्रव्रजित के भेष में उस राक्षस के सामने से गुजरा। 100 की जगह 101 क्षत्रियों की बलि दूँ तो अधिक अच्छा रहेगा, यह सोचकर उस मानवभक्षी ने उसका पीछा किया। किसी तरह जब उसे नहीं पकड़ पाया तो जोर से आवाज लगाकर उसका परिचय पूछा। इस पर पहले तो वृक्षदेवता ने कहा कि यदि सामर्थ्य है तो राजा सुतसोम को पकड़। फिर वह एक प्रकाशमयी देवी के रूप में आकाश में स्थित हो बोला—मैं वृक्ष की देवी हूँ। तुम मुझे कौरव्य नरेश सुतसोम की बलि दो।

देवी का साक्षात् दर्शन पा राक्षस की खुशी का ठिकाना नहीं था। वह भूल गया कि सुतसोम उसे प्रेम करता था, उसका सहायक आचार्य था, वह उसी क्षण सुतसोम को पकड़ने निकल पड़ा। किन्तु वह जानता था कि कौरव्य नरेश सुतसोम को पकड़ना यूं सहज नहीं है। विशाल अंगरक्षकों की सेना उसे सदैव चारों ओर से घेरे रहती है। फिर उसे ध्यान आया कि सुतसोम पुष्यनक्षत्र में स्नान करने रात्रि के प्रथमयान में मंगल पुष्करिणी में अवश्य जायेगा, अतः वह चुपचाप पहरा लगने के पहले ही उसे पकड़ने पुष्करिणी में घुस गया।

उधर राजा हाथी पर सवार होकर स्नान करने सूर्योदय के पूर्व ही निकला। रास्ता खाली था पर अचानक एक ब्राह्मण भिक्षु ने उसका रास्ता रोककर निवेदन किया कि मेरे पास परम अर्थवान गाथाएँ हैं, मैं इसे आपके लिए ही लाया हूँ। आप कृपया इसे सुनें। राजा सुनना तो चाहता था पर उसे स्नान हेतु भी तो जाना था, सो उसने ब्राह्मण को अतिथिशाला में ठहरने का आग्रह कर निवेदन किया कि मैं स्नान कर आपके पास आकर गाथाएँ अवश्य सुनूँगा।

इधर पुष्करिणी में छिपे राक्षस ने मौका देखते ही, कोई कुछ समझता इसके पूर्व राजा को सिर से पकड़ा, कन्धे पर बैठाया और ले भागा। सुतसोम ने कुछ कहा तो नहीं पर राक्षस ने अपने ऊपर गिरती पानी की बूँदों से अनुमान लगाया कि वह आँसू बहा रहा है। बड़े ज्ञानी

के समान वह बोला—**बुद्धिमान प्रज्ञावान व्यक्ति रोते नहीं हैं । ऐसे पुरुषों का यही द्वीप शरणस्थान है कि वे शोक को जीत लेते है।** आगे वह पूछता है—हे सुतसोम! मैं तुमसे सुनना चाहता हूँ कि तुम्हें किसकी स्मृति अनुतप्त कर रही है, पत्नी, पुत्र, धनधान्य, देश या फिर स्वयं की आसन्न मृत्यु की?

न मैं अपने आप के विषय में सोचता हूँ और न अपने सम्बन्धियों, धन व देश के विषय में अनुतप्त हूँ। मैंने सत्पुरुषों के प्राचीन धर्म के अनुसार आचरण किया है। मुझे एक ब्राह्मण को अभी-अभी दिया हुआ वचन अनुतप्त कर रहा है। उसे मैंने चार गाथाएँ सुनने का वचन दिया था। यदि तुम चाहो तो मुझे वह वचन पूरा करने की आज्ञा दो। सत्य की रक्षा कर मैं आ जाऊँगा।

मुझे विश्वास नहीं होता कि मृत्यु के मुख से मुक्त हुआ सुखी नर पुनः वहाँ वापस आयेगा। पर फिर भी मैं तुम्हें मुक्त करता हूँ। तुम्हें फिर आना होगा।

इस पर सुतसोम ने एक गाथा कही—

सदाचारी मृत्यु को अच्छा समझता है। वह निन्दित पापकर्म करता हुआ जीवित रहने की इच्छा नहीं करता। भले ही वायु पर्वत को उड़ा ले जाये, चाहे सूर्य, चन्द्रमा पृथ्वी पर आ जायें पर मैं झूठ नहीं बोलूँगा।

फिर भी राक्षस को अविश्वास से भरा देख सुतसोम ने कहा कि मैं तलवार और शक्ति को छूकर शपथ लेता हूँ कि सत्यरक्षण हेतु मैं फिर आऊँगा।

शपथ बड़ी थी। मानवभक्षी स्वयं क्षत्रिय था, इस शपश का मतलब जानता था। फिर वह लम्बे समय से सुतसोम को जानता भी था। सुतसोम अपने वचन का पालन अवश्य करेगा। फिर भी उसने सुतसोम को मुक्त करते हुए कहा—देखो मेरा बलिकर्म व्यर्थ न जाने देना। शीघ्र ही लौट आना।

इस घटना के बाद सुतसोम सीधे ब्राह्मण के पास गया और उससे चारों धर्म गाथाएँ सुनी। गाथा इस प्रकार थी—

सत्पुरुषों के साथ एक बार का समागम भी रक्षा करता है, असत्पुरुषों के साथ दीर्घकालीन संगति भी नहीं।

सत्पुरुषों के साथ ही रहें, सत्पुरुषों की ही संगति करें। सत्पुरुषों का सद्धर्म जानने से कल्याण ही होता है, बुरा नहीं।

सुचित्रित राज-रथ पुराने पड़ जाते हैं, शरीर जरा को प्राप्त हो जाता है किन्तु बुद्धों का धर्म जरा को प्राप्त नहीं होता।

आकाश दूर है, पृथ्वी दूर है,समुद्र का वह पार भी दूर है। हे राजन्! सत्पुरुषों तथा असत्पुरुषों का धर्म इससे भी दूर है।

इन गाथाओं के बदले ब्राह्मण ने चार सौ सिक्कों की माँग की थी पर सुतसोम ने उसे चार हजार सिक्के दिये, यह कहते हुए कि **मैं धन की वृद्धि का नहीं ज्ञान की वृद्धि का इच्छुक हूँ। जिस प्रकार नदियों से समुद्र को कभी तृप्ति नहीं होती उसी तरह सुभाषितों**

से मेरी तृप्ति नहीं होती। जिस प्रकार अग्नि, तृण, काष्ठ आदि को जलाती हुई तृप्त नहीं होती उसी प्रकार सुभाषितों से मेरी भी नहीं होती। यदि मेरा दास कोई सार्थक गाथा कहे तो मैं उसे भी आदरपूर्वक सुनता हूँ। हे तात! धर्म से मेरी कभी तृप्ति नहीं होती।

और फिर राजा सुतसोम, सबको रोते हुए छोड़कर तुरन्त ही मानवभक्षी के पास जा पहुँचा। अमात्य, सेनापति तथा पिता द्वारा सेना लेकर नरभक्षी का मुकाबला करने की बात को उसने यह कहकर खारिज कर दिया कि मैंने उसे बलि हेतु वापस आने का वचन दिया है, अतः मैं अवश्य जाऊंगा।

इधर नरभक्षी उसकी राह देख ही रहा था। बलि यज्ञ की तैयारी हो चुकी थी। यज्ञाग्नि प्रज्वलित थी। सुतसोम ने आते ही कहा—मैंने अपना कर्त्तव्य पूरा कर लिया है। अब मुझे मारकर अपना यज्ञकर्म पूरा करो और मेरे मांस का भक्षण करो।

मृत्यु के समक्ष सुतसोम को इतना निर्भीक देख नरभक्षी आश्चर्यचकित था। शेष राजागण तो लगातार मृत्युभय से काँप रहे हैं, रो रहे हैं, पर यह कैसा नर है? शायद उस ब्राह्मण की धर्म गाथाएँ सुनकर यह इतना निर्भीक है!

बात बड़ी थी। नरभक्षी के मन में आया कि जरा मैं भी तो उसकी गाथा सुनूँ।... और उसने राजा से गाथा सुनाने को कहा। किन्तु राजा ने उसे जान-बूझकर लज्जित करते हुए कहा—तुम जैसे अधार्मिक नरभक्षी के पास सत्य ही नहीं है तो धर्म कहाँ से आयेगा? धर्म सुनकर तुम क्या करोगे?...इस पर उसने प्रार्थना करते हुए कहा—आदमी धर्म सुनकर ही भला-बुरा जानते हैं। हो सकता है कि गाथाएँ सुनकर मेरा मन भी धर्म में रम जाये।

अस्तु, राजा ने चारों गाथाएँ उसे सुनायी। चारों बहुत सुन्दर थी। राक्षस हृदय से प्रसन्न हुआ। अब उस समय उसके पास हीरे जवाहरात तो थे नहीं, पर राजसी आदतानुसार वह बोल पड़ा—हे सुतसोम! तुम्हारी गाथाएँ सुनकर मेरा मन प्रीति से भर गया है। मैं तुम्हें चार वर देता हूँ। जो चाहो माँग लो।

तुम मुझे वर दोगे! तुम जैसे पापी पर भरोसा करके कौन अपनी बात व्यर्थ जाने देगा। मैं तुमसे वर माँगू और तुम न दो तो तुमसे व्यर्थ झगड़ा मोल लेना होगा। रहने दो अपने वर।

इस पर नरभक्षक बोल पड़ा—तुम निश्चिन्त होकर वर माँगो। मैं प्राणों का त्याग करके भी वर दूँगा।

कहानी यहाँ समाप्त हो गयी लगती है। अवश्य राजा ने उससे नरमांस भक्षण नहीं करने का वर माँगा होगा। पर ऐसा नहीं था। राजा जानता था कि यह उसका इतना आदी हो चुका है कि ऐसे वर से इसे भयानक तकलीफ होगी सो इसे पीछे माँगूगा, पहले वर में इसका ही हित साधन करूँ...और राजा ने पहला वर माँगा-मेरा पहला वर यह है कि मैं तुम्हें सौ वर्ष तक रोगरहित देखूँ।

नरभक्षी अचम्भित हुआ, पर प्रसन्न भी हुआ। सुतसोम आखिर उसका सहपाठी रहा है, सहायक आचार्य रहा है, क्यों न उसका हित साधने सोचेगा! एक मैं हूँ जो इसे मार रहा था। खैर, प्रसन्न हो उसने वर दिया और दूसरे वर के लिए प्रेरित किया।

तब राजा ने दूसरा वर माँगा कि जिन 100 राजाओं को तुमने यज्ञकर्म हेतु पकड़ रखा है, ये राज्याभिषिक्त हैं अतः इन्हें खाना तुम्हारे लिए अनुचित है। मेरा दूसरा वर है कि तुम इन्हें मत खाओ।

सुतसोम के यह कहते ही पेड़ से बंधे रोते हुए राजागणों का रुदन सुतसोम की बातों से कम हो गया। पर क्या यह राक्षस उन्हें बख्शेगा? साँस रोककर वे नरभक्षी के उत्तर की प्रतीक्षा करने लगे। और उनकी साँस में साँस आयी जब नरभक्षी ने कहा कि मैंने यह वर तुम्हें दिया। पर अभी राजाओं के लिए एक और खुशी सामने थी।

तीसरे वर में सुतसोम ने नरभक्षी से कहा कि इन राजाओं को बन्धनमुक्त कर उनके-उनके देश में पहुंचा दो। सुतसोम ने यह सोचकर यह वर माँगा कि कहीं यह नरभक्षी इन्हें दास बनाकर जंगल में ही न रखे या बेच न दे! नरभक्षी ने यह वर भी दिया।

अब आखिरी वर की पारी थी। राजा ने बड़ी कोमलता से कहा—मित्र तुम्हारे नरमांसभक्षण से तुम्हारा देश विच्छिन्न हो गया है। अब तुम नरमांस खाना छोड़ दो। यह मेरा चौथा वर है।

राजा की बात सुनकर वह राक्षस ताली पीटते हुए हँसने लगा। शायद उसे ऐसे किसी वर का अनुमान था। बोला—मित्र! यह वर मैं तुम्हें कैसे दे सकता हूँ? यह तो मेरा प्रिय खाद्य है। मैं इससे विरत नहीं हो सकता। तुम कोई अन्य वर माँग लो।

तब सुतसोम ने यह गाथा कही—**पण्डितजन दो बात नहीं करते। सन्त जन सत्यप्रतिज्ञ होते हैं। तुमने कहा था वर माँग, सो मैंने माँगा है।**

पर मैं कहाँ पण्डित हूँ? नरभक्षी ने बचते हुए कहा—नरमांस भक्षण के लिए ही मैंने अपने महल परिवार और देश को छोड़ा है। इसके कारण ही मैंने अपकीर्ति, अपुण्य प्राप्त किया है। यह वर मैं नहीं दे सकता।

तब सुतसोम ने एक और गाथा कही—**जिस सन्तजन से आदमी धर्म सीखे अथवा जो उसके सन्देहों की निवृति करे वह उसके लिए द्वीप (शरणस्थल) समान होता है। प्रज्ञावान को चाहिए कि उससे मैत्री न बिगाड़े।**

अब सुतसोम को वर न देना नरभक्षी के लिए कठिन था। आखिर एक-न-एक दिन तो उसे मरना है। यह मेरा आचार्य है, मित्र है, पण्डित है, इसे वर न देने से मैत्री नहीं रहेगी. ..सो नरभक्षी ने यह वर भी सुतसोम को दे दिया।

सुतसोम के लिए यह बड़ी विजय थी। पर अभी बहुत काम बाकी था। बलि-कर्म के लिए बँधे राजाओं को मुक्त कराना था। सुतसोम ने नरभक्षी को दिये वचनानुसार उन्हें मुक्त करने को कहा पर वह खुद होकर उनके बन्धन काटने को तैयार नहीं

हुआ...इसलिए कि उसे भय था कि सब मिलकर उसे मार न डालें। तब सुतसोम स्वयं उसके साथ गया। राजाओं को बता दिया कि यह तुम्हें मुक्त कर रहा है पर तुम इससे बदला लेने की बात मत सोचना। अब राजाओं के लिए तो 'जान बची तो लाखों पाये' वाली बात थी, सबने दोनों के संवाद भी सुने थे, अतः तत्काल अबैर की प्रतिज्ञा की। इसके बाद दोनों ने मिलकर सारे राजाओं के बन्धन खोले और उन्हें उनके देश पहुँचाया।

सब राजाओं को पहुँचाने के बाद जब सुतसोम ने कहा कि अभी एक और राजा को उसके देश पहुँचाना है तो नरभक्षी आश्चर्यचकित था कि अब कौन बचा है! इस पर सुतसोम ने उसकी ओर इशारा करते हुए कहा—वाराणसी नरेश यानी तुम स्वयं! यह सुन नरभक्षी सुतसोम के चरणों में गिरकर रोने लगा—मैं शेष जिन्दगी इसी वन में फल-फूल खाते हुए गुजार दूँगा, अब मुझसे यह न होगा। लोगों की घृणा का सामना मैं कैसे करूँगा? पर सुतसोम ने किसी तरह समझाकर उसे वाराणसी पहुँचाया, सबके सामने सारी कथा कही, यह भी बताया कि इसने अब नरमांस न खाने की प्रतिज्ञा की है...और तब सबने उसे क्षमा कर राज्यासीन किया।

कथा-6

नन्दिविलासजातक (अभद्र और भद्र भाषा से प्रभावित नन्दिविलास बैल)

कठोर वचन किसी को भी अच्छे नहीं लगते। यहाँ तक की पशुओं को भी अच्छे नहीं लगते। वे भी प्रेम और दुत्कार की भाषा समझते हैं। वे हमारी तभी सहायता करते हैं जब उन्हें प्रेम से कहा जाता है। कठोर वचन कहे जाने पर वे अपने मालिक तक को मुसीबत में डाल देते हैं। **नन्दिविलासजातक**[7] यही सन्देश देनेवाली कथा है।

वर्तमान कथा—शास्ता के विहार में कुछ ऐसे भिक्षु थे जो शान्तिप्रिय भिक्षुओं की निन्दा कर उन्हें कठोर वचन कहते थे, उनकी जाति, गोत्र, कुल, रोग आदि पर टिप्पणी करते थे। शास्ता को जब यह बात पता चली तो उन्होंने नन्दिविलास नामक एक बैल की यह अतीतकथा भिक्षुओं से कही।

अतीत कथा—अतीत में गंधार देश में बोधिसत्त्व बैल की योनि में पैदा हुए थे। उनका मालिक एक ब्राह्मण था जो बड़े प्रेम से उनका पोषण करता था। उसी ने उन्हें नन्दिविलास नाम दिया था।

नंदिविलास बैल अत्यन्त ताकतवर था। उसमें अतुल बल था। एक बार उसने सोचा कि मेरा मालिक गरीब है। पुत्र की भाँति इसने मेरा पालन किया है। क्यों न मैं इसकी कुछ आर्थिक मदद करूँ...और उसने अपने मालिक से कहा कि आप किसी रईस सेठ से सहस्र

मुद्रा की एक शर्त लगाइये। आप उसके पास जाकर कहना कि मेरा बैल एक साथ बँधी सौ गाड़ियों को अकेले खींच सकता है।

ब्राह्मण जानता था कि उसका बैल बहुत ताकतवर है किन्तु उसे यह कुछ ज्यादा लगा, फिर भी उसने एक महासेठ के पास जाकर यह शर्त लगा ली। सेठ ने सबके सामने सौ शटकों को पत्थरों से भर कर एक साथ बाँध दिया। ब्राह्मण भी अपने नन्दिविलास को नहला-धुला कर उसके गले में माला डाल कर एक छकड़े में बाँध कर ले आया। अब सबके सामने इस छकड़े को एक दूसरे से बँधी सौ शटकों से जोड़ा गया...और सब तमाशा देखने के लिए साँस रोककर बैठ गये।

सारी तैयारी हो जाने के बाद ब्राह्मण ने नन्दिविलास को चमकाते हुए चिल्लाकर कहा—अरे कूट(दुष्ट)! शटकों को खींच। जल्दी आगे बढ़!

इसके बाद जो हुआ उसे देख वह सेठ और अन्य तमाशाबीन हँसने लगे क्योंकि नन्दिविलास ने आगे बढ़ने का जरा सा भी प्रयास नहीं किया। स्तम्भ के समान चारों पैर गाड़कर वह खड़ा रहा। मानों कुछ सुन ही न रहा हो। ब्राह्मण के बार-बार कहने पर भी नन्दिविलास अपने स्थान से नहीं हिला। अब ब्राह्मण हार चुका था। सेठ ने शर्त में लगी सहस्त्र मुद्रा अपनी जेब में डाल ली और शान से घर चला गया। ब्राह्मण का दुःखी होना स्वाभाविक था। पैसे भी गये इज्जत भी गयी। हारे हुए जुआरी की तरह नन्दि को भी वहीं छोड़ वह शोकाभिभूत हो घर आकर चारपाई पर लेट गया। थोड़ी ही देर में उसने नन्दिविलास की आवाज सुनी जो उससे पूछ रहा था कि क्या सो रहे हो। ब्राह्मण के कहने पर कि तुमने मेरे साथ ऐसा क्यों किया, नन्दिविलास ने प्रश्न किया—तात! मैं इतने समय से आपके साथ हूँ, क्या मैंने कभी आपके कोई बर्तन तोड़े हैं? क्या कभी किसी को कुचला है? या क्या कभी अनुचित स्थान पर गोबर-मूत्र का त्याग किया है?

इस पर मालिक ने स्वीकार किया ऐसा उसने कभी नहीं किया है।

तब आपने मुझे सबके सामने मुझ अकूट को कूट क्यों कहा? मैं इसीलिए आगे नहीं बढ़ा, यह आपका दोष है। मेरा नहीं।

आगे नन्दिविलास ने मालिक को दिलासा दिया, अब भी समय है। आप जाकर उसी सेठ से पुनः शर्त लगाओ। इस बार दो सहस्त्र मुद्रा शर्त में लगाना।

ब्राह्मण को अपनी भूल समझ में आयी। वह तत्काल उठा और सेठ के पास जाकर पुनः वैसी शर्त लगायी। सेठ मन-ही-मन हँसा। पर मुफ्त में दो सहस्र और मिलेंगे सोचकर प्रसन्न मन हो शर्त हेतु तैयार हो गया। सारी तैयारी तो थी ही।

ब्राह्मण नन्दिविलास को पुनः सजा सँवार कर छकड़े में जोतकर ले आया। इस छकड़े को पूर्ववत् सौ शटकों से बाँधा गया। पुनः लोग तमाशा देखने मुस्कुराने की मुद्रा में बैठे। पर इस बार किसी को हँसने का मौका नहीं मिला क्योंकि नन्दिविलास के कान में ब्राह्मण ने जाने क्या कहा, नन्दिविलास ने एक झटके में ही सौ शटकों से बँधे अपने छकड़े को खींच लिया।

अब हारने की पारी सेठ की थी। खिसियाये सेठ को दो सहस्र मुद्राएँ ब्राह्मण को देनी पड़ी। ब्राह्मण इतनी बड़ी धनराशि पाकर प्रसन्न था। इधर उस ब्राह्मण को कुछ धन प्रसन्न तमाशाबीनों ने भी दिया। भला ऐसा बैल और ऐसा तमाशा क्या हर कोई को देखने मिलता है!

यह चमत्कार कैसे हुआ, ब्राह्मण ने नन्दिविलास के कान में क्या कहा, यह बताने की सम्भवतः आवश्यकता नहीं है। पाठक अनुमान कर सकते हैं कि उसने कहा होगा—अच्छा तो भद्र नन्दि! ज़ोर लगाकर आगे बढ़!...सचमुच ब्राह्मण ने यही कहा था।

यह कथा बताकर बुद्ध ने अपशब्द कहनेवाले भिक्षुओं को यह गाथा कही—

जब बोले मनोज्ञ वाणी ही बोले, अमनोज्ञ कभी न बोले। मनोज्ञवाली बोलने से नन्दि ने भारी भार ढो लिया...और उस ब्राह्मण को भी धन मिला।

जातक कथाओं में एक ऐसी ही कथा **सारम्भ जातक**(क्र. 88) है। यहाँ बैल का नाम सारम्भ है। यहाँ बुद्ध गाथा कहते हैं—

कल्याणकर वाणी ही मुख से निकाले, पापी वाणी न निकाले। कल्याणकर वाणी बोलना श्रेयस्कर है। पापी वाणी बोलनेवाला बाद में तपता है अर्थात् कष्ट पाता है।

कथा-7
सुवण्णहंस जातक (स्वर्णपंख युक्त हंस की लालची पत्नी)

गौतमबुद्ध अपने भिक्षुओं के आचार व्यवहार के प्रति भी बहुत सतर्क रहते थे। वैसे तो सब तरह के भौतिक सुख-सुविधाओं को छोड़कर ही मनुष्य भिक्षु बनते थे किन्तु अन्ततः वे मनुष्य ही थे। कई बार उनसे सच्चे भिक्षुधर्म का उल्लंघन हो जाता था। इसी पर प्रकाश डालनेवाली यह कथा **सुवण्णहंस जातक**[8] है। सोने का अण्डा देनेवाली मुर्गी को मारकर जैसे लालची अपना ही नुकसान करता है ऐसे ही यहाँ एक महिला अधिक स्वर्णपंख पाने की लालसा में स्वर्णहंस को मार डालती है।

वर्तमान कथा—यहाँ वर्तमान कथा थुल्लनन्दा नामक भिक्षुणी की है जो भिक्षुणी संघ की प्रमुख थी। स्थूल देह की होने के कारण वह थुल्लनन्दा कही जाती थी। श्रावस्ती के एक उपासक ने भिक्षुणी संघ में जाकर घोषणा की कि वे उसके खेत से लहसुन ले जाया करें। अपने सेवकों को भी उसने आज्ञा दी कि भिक्षुणियों को दो-तीन गाँठ लहसुन दे दिया करें।

थोड़े ही दिनों में खेत का लहसून समाप्त हो गया। कारण लहसुन का कम होना नहीं बल्कि यह था कि थुल्लनन्दा भिक्षुणी और उसकी सखियां जरूरत से ज्यादा लहसुन ले जाने लगी थी।

यह जानकर शास्ता ने उनकी निन्दा की और यह गाथा कही—

लालची जन किसी को प्रिय नहीं होता। जिस माँ ने जन्म दिया है उसका भी वह अप्रिय हो जाता है। वह अप्रसन्नों को प्रसन्न नहीं कर सकता तथा प्रसन्नों को अधिक प्रसन्न नहीं कर सकता, न ही वह प्राप्त वस्तु को बनाये रख सकता है। इसके विपरीत अल्पेच्छ ऐसा कर सकता है।

इसके साथ ही शास्ता ने थुल्लनन्दा की यह अतीतकथा भी बतायी।

अतीत कथा–शास्ता ने बताया कि पूर्व जन्म में भी थुल्लनन्दा ऐसी ही लालची थी। इसका पति तीन कन्याओं को छोड़ मर गया तब मुश्किल से जीवनयापन कर पाती थी। पति अगले जन्म में स्वर्णहंस बनकर पैदा हुआ। एक बार इन्हें देखने आया। इनके कष्ट देखकर सबको एक-एक स्वर्णपंख देकर कहा कि इसे बेचकर काम चलाओ। मैं बीच-बीच में आकर एक-एक पंख दिया करूँगा।

वह ऐसा ही करता था किन्तु पत्नी को एक बार लालच आ गयी। उसने सोचा कि एक बार में ही इस स्वर्णहंस के सारे पंख नोच लेते हैं। कन्याओं से उसने कहा कि पक्षियों के हृदय दुर्ज्ञेय होते हैं। हो सकता है कभी तुम्हारा पिता आना बन्द कर दे! इसलिए इस बार हम उसके सारे पंख उखाड़ लेते हैं। किन्तु कन्याएँ नहीं मानी। उन्होंने कहा कि इससे पिता को कष्ट होगा...पर उस स्त्री का मन लालच से इतना भरा था कि वह अपने को रोक नहीं पायी।

तब एक दिन उसने मौका देखकर हंस को पकड़कर अपनी इच्छा पूरी करने का प्रयत्न किया किन्तु उसके ऐसा करते ही हंस के पंख बगुले के पंख के समान श्वेत हो गये और फिर वह उड़कर कभी न आने के लिए चला गया।

यहाँ शास्ता यह गाथा कहते हैं–**अतिलोभ पाप है। जो मिले उसमें सन्तुष्ट रहना चाहिए।**

कथा-8

कलाय मुट्ठिजातक (काले चने की मुट्ठीवाला लालची बन्दर)

जीव की यह फितरत होती है कि जितना उसके पास होता है उसमें कभी प्रसन्न नहीं होता, जो नहीं है उसके पीछे भागता है। उसे पाने के लिए इस तरह बेचैन हो जाता है कि जो हाथ में है उससे भी हाथ धो बैठता है, और फिर पछताता है। प्रस्तुत कथा **कलाय मुट्ठिजातक**[9] इसी पर प्रकाश डालती है।

वर्तमान कथा–एक बार कोशल देश का राजा वर्षा ऋतु में विद्रोहियों से युद्ध हेतु निकला। वैसे वह जानता था कि यह युद्ध का समय नहीं है। वर्षा के कारण रास्ते की कन्दराएँ और दरारें पानी से भरी होगी अतः शत्रु तक पहुंचना बहुत कठिन होगा। वह सोच में पड़ गया। तब वह शास्ता के पास सलाह लेने पहुँचा। इस पर शास्ता ने ऐसी ही स्थिति में फँसे वाराणसी नृप ब्रह्मदत्त की यह कथा बतायी।

अतीत कथा—तब बोधिसत्त्व वाराणसी के राजा ब्रह्मदत्त के अमात्य के रुप में थे। एक बार सीमाप्रान्त में विद्रोह होने की खबर राजा के पास आयी। वर्षा ऋतु थी पर राजा बिना विचार किये विरोधियों के दमन हेतु सेना के साथ निकल पड़ा। उद्यान में उसका पहला पड़ाव पड़ा। वहाँ एक दिलचस्प दृश्य राजा ने देखा। उसने देखा कि उसके घोड़ों के लिए अश्वपाल जब एक द्रोणी में चना डालकर गया तब एक बन्दर वृक्ष से उतरा। उसने घोड़ों के लिए डाले गये चने के दाने लेकर पहले मुँह में भरा, फिर दोनों हाथ भी भर लिए और कूद कर वह वृक्ष पर चढ़ गया।

अचानक उसके हाथ से चने का एक दाना छूटकर गिर गया। तब उसे ढूँढ़ने के लिए वह मूर्ख बन्दर हाथ और मुख के चने को वहीं फेंककर नीचे उतरा। बहुत ढूँढ़ने पर भी वह चने का दाना तो उसे नहीं मिला, बल्कि उसके हाथ और मुख के सारे चने भी बिखर गये। चना नहीं मिलने पर वह हारे हुए जुआरी के समान वृक्ष के ऊपर चढ़ कर बिसूरने लगा।

बन्दर की यह करतूत देखकर राजा ने बोधिसत्त्व से पूछा—अमात्य! बन्दर ने यह क्या किया?

इस पर बोधिसत्त्व ने कहा—महाराज! मूर्खजन ऐसा ही करते हैं। जो बहुत-सा हाथ में है उसकी ओर ध्यान न दे थोड़े की प्राप्ति के लिए बिसूरते रहते हैं।

आगे बोधिसत्त्व ने राजा को यह गाथा कही—**राजन्! यह शाखाओं पर घूमने वाला बन्दर मूर्ख है। इसे प्रज्ञा नहीं है। यह मुट्ठी के सभी चने को बिखेर कर एक चने को ढूँढ़ रहा है।**

इसी प्रकार हे राजन्, हम और दूसरे अत्यन्त लोभी जन अल्प के लिए अधिक की हानि कर लेते है। जैसे बन्दर ने एक चने के लिए अपनी दोनों मुट्ठी के चने गँवा दिये ऐसे ही हम वर्षाकाल में चलकर छोटे विद्रोह को दबाने के लिए इतनी बड़ी सेना में से बहुतों की हानि करेंगे।

बोधिसत्त्व की बात सुन राजा वापस अपने नगर आ गया। उधर विद्रोही भी राजा के आने की बात सुन भाग गये।

कथा-9

अनुसासिक जातक(अनुशासन की शिक्षा देनेवाला परउपदेशक)

एक प्रसिद्ध पंक्ति है, **पर उपदेश कुशल बहुतेरे जे आचरहि ते नर न घनेरे।** हम भी अपने आसपास ऐसे व्यक्तियों की भरमार देखते हैं जो दूसरों को तो बहुत उपदेश देते हैं पर स्वयं उस पर आचरण नहीं करते। इसका साफ मतलब है कि वे जानते हैं कि क्या करना और क्या नहीं करना चाहिए किन्तु स्वयं तदनुसार कर्म नहीं करते। इसका एक कारण

उनकी स्वार्थी प्रवृत्ति होती है। इस प्रवृत्ति के कारण वे अपना उल्लू सीधा करना चाहते हैं। यह कथा **अनुसासिक जातक**[10] इसी पर प्रकाश डालती है।

वर्तमान कथा—श्रावस्ती की एक कुलपुत्री ने प्रव्रज्या ग्रहण कर भिक्षुणी संघ में प्रवेश किया। किन्तु वह वस्तुलोभी थी । अच्छी भिक्षा मिलने के लालच में वह प्रायः नगर के ऐसे हिस्से में अकेले ही जाती थी जहाँ अन्य भिक्षुणियां नहीं जाती थी। अकेली होने के कारण लोग उसे बढ़िया भोजन देते थे। रस-तृष्णा से आबद्ध होने के कारण उसे भय रहता था कि अन्य भिक्षुणियाँ भी वहाँ न जाने लगे। इसलिए उसने चालाकी से काम लिया। अन्य भिक्षुणियों से वह कहने लगी कि नगर के अमुक हिस्से में भिक्षा हेतु न जाना क्योंकि वहाँ बड़े चण्ड हाथी, घोड़े, मेढ़े, कुत्ते आदि घूमते हैं। पर इतने उपदेश के बाद सबकी चोरी से स्वयं वहाँ जाती थी।

एक बार सचमुच वह एक चण्ड मेढ़े के समाने पड़ी। मेढ़े ने तुरन्त अपनी कलाबाजी दिखायी। उसने उसे उठाकर ऐसा पटका कि उसकी जाँघ की हड्डी ही टूट गयी। तब आसपास के लोगों ने किसी तरह उसकी टूटी हड्डी को बाँधा और चारपाई पर लिटा कर उसे भिक्षुणी-संघ में लाये। यह देख सबने उसकी हँसी उड़ायी। सारा वृत्तान्त जानकर शास्ता ने कहा कि इस समय ही नहीं, पहले भी यह दूसरों को उपदेश देकर स्वयं उस पर आचरण नहीं करती थी और इसी तरह दुख भोगती रही है। आगे शास्ता उसकी अतीत कथा कहते हैं।

अतीत कथा—पूर्वकाल में बोधिसत्त्व वाराणसी राज्य के एक वन में पक्षी-योनि में पैदा हुए थे। अनेक पक्षीकुल के वे नेता थे। उनके पक्षीकुल में एक चण्ड स्वभाव का अनुसासिक नामक पक्षी था जो राजमार्ग में जाकर प्रायः राजपथ पर बिखरे हुए दानों को चुगता था। किन्तु अन्य पक्षी भी वहाँ जाकर दाने न चुगने लगे इसलिए वह अन्यों को भय दिखाता था कि राजपथ पर गाड़ियों का आना-जाना लगा रहता है, वहाँ गाड़ी से कुचले जाने का भय रहता है, अतः वहाँ मत जाना। किन्तु स्वयं चुपचाप वहाँ जाता था।

फिर एक दिन ऐसा आया कि दाना चुगने में मगन वह अनुसासिक पक्षी समझ नहीं पाया कि गाड़ी उसके अत्यन्त निकट आ गयी है...और स्वयं कुचल कर मारा गया।

तब बोधिसत्त्व ने यह गाथा कही—

जो दूसरे का उपदेश देता था पर स्वयं लोभी था, वह पक्षी पहिये के नीचे आकर कुचला जाकर, पंखविहीन होकर आज मरा पड़ा है।

कथा-10

पीठजातक (आसन प्राप्त न करनेवाला असंयमी भिक्षु)

भिक्षुकों में असंयम होना कोई असामान्य बात न आज है न पूर्व काल में थी। यह असंयम तरह-तरह के क्रियाकलापों में झलकता रहा है। बुद्ध अपने भिक्षुसंघ के भिक्षुकों के

व्यवहार में किसी भी तरह के असंयम के प्रति बड़े सतर्क रहते थे। शास्ता उन भिक्षुओं को फटकारते थे जो लालच में अति की याचना करते थे। इस कथा **पीठजातक**[11] में शास्ता भिक्षुओं को उपदेश देते हैं कि असमय किसी के द्वार जाकर भिक्षा नहीं माँगना चाहिए।

वर्तमान कथा—वर्तमान कथा एक भिक्षु की है जो पहले तो अन्य भिक्षुओं से पता करता है कि जनपद में भिक्षुओं का उपकार कौन करता है। यह जानकर कि श्रेष्ठि अनाथपिण्डिक और देवी विशाखा माता-पिता के समान भिक्षुओं का ध्यान रखते हैं, वह सूर्योदय के समय ही एक के बाद एक दोनों के द्वार पर भिक्षा हेतु पहुँचा। किन्तु उस समय भिक्षा देने का कार्य प्रारम्भ नहीं हुआ था अतः वह वहाँ से जनपद में घूमने चले गया। सूर्यास्त के बाद वहाँ वह फिर पहुँचा...पर अब भी उसके हाथ कुछ नहीं लगा क्योंकि भिक्षा देने का समय समाप्त हो चुका था। इस पर वह जिस-तिस से उनकी निन्दा करते हुए कहता फिरा है कि लोग व्यर्थ ही इन परिवारों को श्रद्धावान कहते हैं। मुझे तो कहीं भिक्षा नहीं मिली। शास्ता को जब यह बात पता चली तो उन्होंने उस भिक्षु को यह अतीत कथा सुनायी जब भिक्षा न मिलने पर भी भिक्षु शान्त रहे थे।

अतीत कथा—तब बोधिसत्त्व वाराणसी में ब्राह्मण कुल में पैदा हुए थे। बाद में प्रव्रज्याग्रहण कर वे हिमालय में रहने लगे। एक बार नमकखटाई का सेवन करने के लिए वे वाराणसी आये और भिक्षा ग्रहण करने हेतु एक सेठ के घर पहुँचे जिसके विषय में प्रसिद्ध था कि वह अत्यन्त श्रद्धावान् है। सेठ उस समय राजदरबार गया हुआ था। सेठ के घर उसे किसी ने नहीं देखा अतः वह चुपचाप भिक्षा का खाली पात्र लिए लौटने लगा।

रास्ते में अचानक राजदरबार से घर जाते समय सेठ से उसकी भेंट हो गयी। भिक्षु को बिना भिक्षा लिए लौटते देख सेठ ने उसे प्रणाम कर साग्रह अपने साथ घर चलने का न्योता देते हुए उसका भिक्षा-पात्र हाथ में लिया और अपने घर ले जाकर उसके पैर धुला कर उसे मक्खन, यवागू आदि खाद्य परोसा।

भोजन करते समय सेठ ने कुछ नहीं कहा किन्तु उसके बाद सेठ ने प्रणाम कर भिक्षु से निवेदन किया कि मेरे द्वार से आज तक कोई भिक्षु खाली हाथ नहीं लौटा है, आज मेरे बच्चों ने आपको नहीं देखा इसलिए आपको न आसन मिला न पानी, न आपके पैर धुलाये गये न यवागू-भात ही दिया गया। यह हमारा अपराध है, हमें क्षमा कीजिये।

यह सुन तपस्वी बोधिसत्त्व ने गाथा कही—**न आसक्त होता हूँ न क्रोध करता हूँ और न मुझे कुछ अप्रिय लगता है। मेरे मन में यही वितर्क उत्पन्न हुआ कि निश्चय ही इस परिवार का यही धर्म होगा।**

इस पर सेठ ने भी दो गाथाएँ कही—**यह हमारे माता-पिता के काल से कुलधर्म है कि हम भिक्षुओं को आसन, पानी और पैर में माखने के तेल आदि देते हैं।**

हमारा कुलधर्म है कि हम उत्तम जनों की सेवा उसी प्रकार करते हैं जैसे अपनी सम्बन्धियों की।

सेठ की बातों से प्रसन्न हो बोधिसत्त्व ने कुछ काल तक वहाँ ठहर कर सेठ को अन्य धर्मोपदेश दिये और फिर हिमालय चले गये।

कथा-11

कामनीत जातक (कामनाग्रस्त राजा)

मनुष्य को कामनाओं का पुतला कहा जाता है। वैसे कामनाएँ अपने-आप में बुरी नहीं होती। कामना होती है तभी आदमी क्रियाशील होता है, लक्ष्य तय करता है और उस तक पहुँचने का प्रयास करता है। किन्तु जब ये कामनाएँ उस पर इतनी हावी होती है कि इनकी पूर्ति के लिए अविवेकी होकर कार्य करता है तब ये उसके बर्बादी का कारण बनती हैं। यह कामनाएँ ही तृष्णा का रूप ले लेती हैं। इस तृष्णा के कारण व्यक्ति अपने तन-मन दोनों को रोगग्रस्त कर लेता है। दरअसल मनुष्य की तृष्णा कभी तृप्त नहीं होती। इसलिए बुद्ध ने तृष्णा को दुःख का मुख्य कारण कहा है। तृष्णा के कारण ही मनुष्य जन्म-मरण के बन्धन में पड़ कर दुःख उठाता है।

आश्चर्य की बात है कि तृष्णा उन लोगों में अधिक होती है जिनके पास भोग की प्रचुर सामग्री होती है। इसीलिए इसे कभी न बुझनेवाली आग कहा गया है। **कामनीत जातक**[12] यही बतानेवाली कथा है।

वाराणसी के राजा को कामभोगों से तृप्ति नहीं होती थी। उसे सबक सिखाने बोधिसत्त्व, जो शक्र(इन्द्र) थे, ब्राह्मण के वेश में आये और उससे कहा—राजन्! मुझे तीन ऐसे नगर दिखायी देते हैं जो शान्त हैं, धनधान्य से तथा पर्याप्त सेना से परिपूर्ण हैं। ये तीन देश हैं—पाँचाल, कुरु और केकय। मैं उन्हें जितवा कर आपको देने आया हूँ।

ब्राह्मण के भव्यरूप को देखकर राजा ने उस पर सहज ही विश्वास कर पूछा—ब्रह्मचारी, युद्ध हेतु कब चलेंगे?

आप सैन्यबल तैयार करिये। कल चलेंगे।...ब्रह्मचारी यह कहकर शीघ्रता से चले गया।

राजा ने उसी समय सैनिकों को तैयार होने की आज्ञा दी। उसकी सारी रात तीनों देशों के राजा बनने का सपना देखते हुए बीती।

दूसरे दिन युद्ध की सारी तैयारी कर वह ब्राह्मण के आने की राह देखते बैठा किन्तु उसका कहीं अता-पता नहीं था। बेचैन हो उसने अमात्य से कहा कि पता लगाओ वह कहाँ है।

अमात्य ने पूछा—महाराज! क्या आपने उसे निवास दिलवाया था?

'नहीं, वह तो नहीं दिया।'

'क्या आपने उसे भोजन का खर्च दिया था?'

'नहीं, वह भी नहीं दिया। वह इतनी शीघ्रता से चला गया कि मैं यह सब सोच ही नहीं पाया।'

क्या उसने अपना कुछ ठिकाना बताया था?

'नहीं, मैंने वह भी नहीं पूछा।'...वह इसी राज्य में कहीं होगा। गली-गली उसे ढूँढ़ो।

राजाज्ञा थी सो अमात्य ने अनेकों सिपाहियों को उसकी खोज में लगा दिया किन्तु सारा दिन ढूँढ़ते रहने पर भी वह नहीं मिला।

किसी तरह बेचैन राजा की रात कटी। आशा थी कि दूसरे दिन वह स्वयमेव आ जायेगा। किन्तु दूसरे दिन तो क्या, चार दिन बाद भी वह नहीं आया। राजा को लगा जैसे महान् ऐश्वर्य हाथ से छीन लिया गया हो और वह बिस्तर पर पड़ गया। बड़े-बड़े वैद्य आये पर वह ठीक ही नहीं होता था।

तब बोधिसत्त्व स्वयं वैद्य बन कर आये। राजा इतना निराश था कि उसने बाहर से ही कहला भेजा कि अब कोई वैद्य मेरी चिकित्सा नहीं कर सकता। इसे परिव्यय (आने-जाने का खर्च) देकर बिदा करो।

पर वह नहीं गया। फिर से खबर भेजी कि मुझे धन नहीं चाहिए। मैं बिना कुछ लिए ही राजा की चिकित्सा करना चाहता हूँ।

राजा ने उसे भीतर बुलवाया और चिकित्सा करने की आज्ञा दी। वैद्य ने सबसे पहले राजा से उनके रोग का कारण पूछा—महाराज ! आपका रोग कुछ खाने-पीने से पैदा हुआ है या देखने-सुनने से?

इस पर राजा ने कहा—कुछ सुनने से पैदा हुआ है।

अब वैद्य से राजा क्या छिपाता। सच-सच बताया कि तीन महान् देश पाँचाल, कुरु और केकय मेरे हाथ में आते-आते रह गये। यही सोचकर मैं उद्विग्न रहता हूँ। मैं कामना-रोग से ग्रस्त हो गया हूँ। हो सके तो इस रोग का इलाज करो।

इस पर वैद्य ने कहा कि जड़ी-बूटी से आपकी चिकित्सा सम्भव नहीं है। यह रोग ज्ञानोषधि से ही दूर किया जा सकता है...और उसने एक गाथा कही—

कतिपय जन काले साँप के डसे की चिकित्सा करते हैं, कतिपय पण्डित भूतप्रेतादि से अभिभूतों की चिकित्सा करते हैं लेकिन कामनाओं के जो वशीभूत होता है उसकी कोई चिकित्सा नहीं करता। जो शुक्लधर्म (शुभकर्म) की मर्यादाओं को लाँघ गया, उसकी क्या चिकित्सा?

राजा को विनयशील देख आगे वैद्य ने राजा को समझाया-महाराज! यदि चारों राज्य हाथ में आ जाते तो आप क्या करते? क्या आप इन तीन और एक अपने देश, ऐसे चार राज्यों पर शासन करते हुए चार-चार राजसी वस्त्र धारण करते? अथवा स्वर्ण की चार-चार थालियों में भोजन करते अथवा चार पलँगों पर शयन करते? महाराज! विपत्ति की मूल तृष्णा के वशीभूत होने के कारण ही आपकी यह स्थिति हुई है, अतः तृष्णा का त्याग कर दीजिये।

राजा ने वैसे ही किया...और देखते-ही-देखते उसका रोग दूर हो गया।

इसी तरह की कथा **कामजातक**[13] में भी है। यहाँ तृष्णा की असीमता पर कुछ सुन्दर गाथाएँ हैं—**कामभोग की कामना करनेवाले को यदि उसकी प्राप्ति होती है तो प्रसन्नता होती है किन्तु धूप के समय की प्यास के समान उसकी कामना बढ़ती जाती है। गौ**

या दूसरे पशु का सींग जिस तरह बढ़ते जाता है वैसे ही अज्ञानी की तृष्णा भी बढ़ती जाती है। पृथ्वी भर का वैभव मिल जाने पर भी आदमी को सन्तोष नहीं होता। अतः मनुष्य को उचित आचरण करना चाहिए।

कथा-12

चूलहंस जातक (विपत्ति में साथ देनेवाला स्वर्णिम हंस का सेनापति)

मित्र हो, भाई हो या सेवक, उसके गुण परीक्षा की घड़ी में ही समझ में आते हैं। अच्छे समय के तो सभी साथी होते हैं पर बुरे समय में जो साथ दे, सच्चा साथी वही होता है। यह कथा **चूलहंस जातक**[14] यही उपदेश देती है।

वर्तमान कथा—देवदत्त हमेशा शास्ता को मारने की योजना बनाया करता था। एक बार उसने शास्ता पर विशाल शिला गिरवा दी जिससे शास्ता के पाँवों में गहरी चोट लगी। किन्तु जीवक ने शल्यचिकित्सा कर शास्ता के पाँवों को ठीक कर दिया। फिर देवदत्त ने शास्ता को मारने के लिए नालगिरि नामक एक चण्ड हाथी को कई घड़े शराब पिलाकर भेजा। देवदत्त की यह कुटिल योजना की भनक भिक्षु-संघ को लग गयी। तब बुद्ध के पहले उनका शिष्य आनन्द उस हाथी के सामने जाने हेतु आगे आया। किन्तु शास्ता ने आनन्द को बलपूर्वक अपने सामने से हटा दिया और स्वयं नीलगिरि के समक्ष जा खड़े हुए।...और फिर देखते-ही-देखते चमत्कार हुआ! बुद्ध के समक्ष पहुँचते ही हाथी एकदम शान्त हो गया। बाद में जब भिक्षुगण इस बात को ले आनन्द की प्रशंसा कर रहे थे कि वह शास्ता के लिए अपने प्राण न्योछावर करने तैयार था, तब शास्ता यह अतीतकथा सुनाते हुए कहते हैं कि पहले भी वह ऐसा कर चुका है।

अतीत कथा—तब बोधिसत्त्व ने धृतराष्ट्र नामक श्रेष्ठ हंस कुल में जन्म लिया था। बड़े होने पर विशाल स्वर्णहंस के रूप में वह अपने कुल के चित्रकूट पर्वत पर अपने साथियों की अगआई करते हुए रहने लगा। एक बार उसके साथियों ने उसे मनुष्यों के पथ में स्थित पद्मसरोवर में चलने को कहा। वहाँ तरह-तरह के भोज्य थे। यद्यपि उसने कहा भी कि हमें मनुष्यों से दूर ही रहना चाहिए किन्तु अन्य हंसों की इच्छा देख वह सबको साथ ले वहाँ पहुँचा। वहाँ एक निषाद ने पहले ही उसे फँसाने के लिए जाल फैला रखा था अतः स्वर्णहंस उसमें फँस गया। उसके पैर जाल में ऐसे कस गये मानों सँड़सी से उसके पैर कस दिये गये हो। जाल तुड़ाने के प्रयत्न में उसका चर्म छिल गया, फिर मांस छिला, फिर नसें छिली और अन्त में जाल हड्डी से जा चिपका।

असह्य पीड़ा हो रही थी पर स्वर्णहंस चुपचाप सब सहते रहा ताकि उसके साथी ठीक से भोजन कर लें। पर्याप्त समय पश्चात् स्वर्णहंस ने खतरे का तीव्र स्वर किया जिसे सुनकर

सारे साथी तत्काल चित्रकूट की ओर उड़ गये। किन्तु उसका एक सुमुख नामक सेनापति अवश्य शंकालु हो उठा। खोजते हुए वह उसके पास आया और अपने राजा को रक्त सने पैरों से जाल में फँसे देखकर उसके पास आ बैठा। सारी बातें समझकर उसे आश्वासन देते हुए वह बोला कि मैं अपनी जान देकर भी आपको बन्धनमुक्त करूँगा, आप भयभीत न हों।...किन्तु स्वर्णहंस जानता था कि उसका बन्धन से निकलना असम्भव है, अतः वह बोला—दूसरे सब पक्षी मेरी ओर देखे बिना जा रहे हैं, तुम क्यों नहीं चले जाते? तुम भी जाओ।

इसपर सुमुख ने गाथा कही—

मैं जाऊँ या न जाऊँ, इससे मैं अमर नहीं हो जाऊँगा। सुख में हम साथ रहे हैं अब दुःख में आपको कैसे छोड़ दूँ? आपके बिना जीने के आपके साथ मरना ही श्रेष्ठ है। यह धर्म नहीं है कि इस अवस्था में मैं आपको छोड़ दूँ। हे पक्षिराज! अब जो तुम्हारी गति वह मेरी गति।

इस पर स्वर्णहंस ने भी एक गाथा कही—

निश्चय ही विपत्ति पड़ने पर मित्र का मित्र को न छोड़ना सत्पुरुषों का धर्म है। धर्म का स्मरण कर प्राणों को बचाने के लिए भी मित्र को न छोड़े। तुमने अपना धर्म पूरा किया। मैने तुम्हारी भक्ति भी जान ली। अब तुम मेरी इच्छा पूरी करो। मैं अनुमति देता हूँ, जाओ।

अभी वे दोनों बातें कर ही रहे थे कि रोगी को यमराज दिखायी देने की भाँति उन्हें निषाद आता दिखायी दिया। स्वर्णहंस को जाल में फँसे देख निषाद परमप्रसन्न हुआ किन्तु यह दूसरा हंस बिना जाल में फँसे ही वहाँ क्यों बैठा है जबकि अन्य हंस जा चुके है?...उसे आश्चर्य हुआ। आगे उसके लिए और भी आश्चर्य थे। उसे जब ज्ञात हुआ कि जाल में फँसा हंस हंसराज है और बन्धनमुक्त हंस उसका सेनापति है तो उसने उससे कहा कि जब तुम बन्धनमुक्त हो तो क्यों बैठे हो? तुम यहाँ से उड़ कर जा सकते हो। इस पर सेनापति ने विनम्रता से कहा कि राजा को छोड़कर जाने का मेरा मन नहीं है। तुम दया कर राजा को छोड़ दो और मुझे बन्धन में ले लो। हम दोनों लम्बाई गोलाई और आयु में समान है। तुम थोड़ा मेरी ओर देखो और मुझमें लोभ पैदा करो। इससे यावत्जीवन तुम्हारी हंसों से मैत्री रहेगी।

सुमुख के सद्व्यवहार से प्रभावित होकर निषाद ने हंसराज को मुक्त कर दिया। साथ ही सुमुख को भी हंसराज के साथ उड़ जाने की अनुमति दी। निषाद के प्रति कृतज्ञ सुमुख ने जाते समय उससे पूछा—

मित्र तुम हंसराज को क्यों पकड़ना चाहते थे? क्या धन के लिए? यदि ऐसा है तो हम दोनों को राजा के पास ले चलो। राजा तुम्हें प्रचुर धन देगा। किन्तु निषाद ने यह कहते हुए ऐसा करने से इन्कार किया कि राजा चंचल होते हैं, वे तुम्हें क्रीड़ा हंस बनाकर रख सकते हैं अथवा मरवा सकते हैं। इस पर सुमुख ने कहा, मित्र डरो मत। जब तुम्हारे जैसा कठोर निषाद मेरी वाणी सुन सहृदय हो गया तो राजा लोग तो प्रज्ञावान् और पुण्यात्मा होते हैं। तुम हमें राजा के पास ले चलो।...और तब शिकारी दोनों को बैहंगी पर बिठाकर राजदरबार ले गया।

फिर तो निषाद की तकदीर ही बदल गयी। सचमुच राजा प्रज्ञावान् और पुण्यात्मा था। हंसों के सुभाषितों से प्रभावित होकर राजा ने उस शिकारी को प्रचुर धन दिया साथ ही दोनों हंसों को सम्मानपूर्वक बिदा भी किया।

चूलहंस जातक के समान स्वर्णिम हंस के जाल में फँसकर उसके सेनापति के प्रयत्नों से मुक्ति की कथा इसके बाद संग्रहीत **महाहंस जातक**[15] में भी है। यहाँ अन्तर यह है कि एक रानी ने स्वप्न में स्वर्णिम हंस को उपदेश देते देखा। तब उपदेश सुनने की तीव्र इच्छा से उसने राजा से दोहद प्रगट किया कि मुझे स्वर्णिम हंस लाकर दो उससे मैं उपदेश सुनूँगी। और तब राजा ने निषाद को इस कार्य में नियुक्त किया। शेष कथा पूर्ववत ही है।

स्वर्णवर्ण के पशुपक्षियों को लेकर इसी प्रकार की कुछ अन्य कथाएँ भी जातक कथाओं में संग्रहीत है। जैसे स्वर्णिम मोर की **महामोर जातक,** स्वर्णिम मृग की **मिग जातक** आदि।

कथा-13

कुम्भजातक एवं सुरापानजातक (शराब के दुष्परिणाम बतानेवाली दो कथाएँ)

कुछ समय पूर्व दूरदर्शन के किसी चैनल में दो खाकी वर्दीवालों को शराब के नशे में सड़क पर लोटते देख आसपास के लोगों को खूब मजा लेते दिखाया जा रहा था। इसी तरह एक स्कूल के प्रधानाचार्य को नशे की हालत में गलत-सलत पढ़ाते देख बच्चों को उनका मजाक उड़ाते हुए भी बहुतों ने देखा होगा। यह सब देख दर्शकों को भी हँसी आयी होगी। किन्तु आज के अखबार में एक शराबी की एक दिलदहलानेवाली हरकत पढ़ कर रोंगटे खड़े हो गये। खबर थी कि एक व्यक्ति ने अपने माँ-पिता और तीन बच्चों को सोते समय झोपड़ी में आग लगा कर मार डाला! उसके क्रोध का कारण उसकी पत्नी थी जो उसे छोड़कर चली गयी थी। वस्तुतः पत्नी के चले जाने का कारण था उसकी शराब की लत। इस लत ने ही उसे उसके सारे विवेक, सारी कोमल भावनाओं और सारे दूरगामी परिणामों की ओर से अन्धा बना दिया था!

हम सबने अवश्य अपने आसपास या सड़कों पर किसी-न-किसी शराबी को नशे में डोलते देखा होगा। न वह ठीक से खड़े हो पाता है न ही चल पाता है। यहाँ तक की ठीक से बोल भी नहीं पाता है। उसकी सारी शक्ति, सारा पौरुष और सारा विवेक यह शराब मानों निचोड़ लेती है।

बौद्ध जातक कथाओं में कुछ सुन्दर उदाहरणों के द्वारा शराबी की स्थिति का सटीक चित्रण किया गया है। **सुरापान जातक**[16] नामक जातक कथा में कथा है कि एक बार एक

बुद्ध के एक शिष्य तपस्वी को किसी ने कबूतरी शराब पिला दी। वह शास्ता के पास लड़खड़ाते हुए आया और उनके चरणों की ओर पैर करके बेसुध हो लेट गया। उसे देख शास्ता ने अन्य शिष्यों को सम्बोधित किया कि जरा इसकी हालत देखो। इस तपस्वी ने कभी नागराज का दमन किया था, अब क्या यह पानी के साँप का भी दमन कर सकता है? कितनी बुरी है शराब जिसके कारण इसे तथागत के सम्मान का भी ध्यान नहीं रहा।

दूसरी कथा **कुंभजातक**[17] में है। यहाँ सर्वप्रथम सुरा की उत्पत्ति कैसे हुई, यह बताया गया है। एक बार श्रावस्ती में सुरा उत्सव की घोषणा की गयी। कुछ महिलाओं ने भी शराब का मजा लिया। नशे में ही वे बुद्ध के पास पहुँची और नर्तन, गायन तथा कलह भी करने लगी। तब शास्ता चारों ओर अन्धकार कर अन्तर्धान हो गये। यह देख वे मृत्युभय से भीत हो उठीं। उनका सारा नशा उतर गया। तब कुछ क्षण बाद शास्ता हजार चन्द्रमा के प्रकाश के साथ अवतरित हुए, बोले—**नित्य आग जल रही है। क्या हास और क्या आनन्द? अन्धकार से घिरे हुए होने पर भी तुम लोग प्रदीप क्यों नहीं जलाते?**

तब बुद्ध की एक शिष्या विशाखा ने प्रश्न किया—भन्ते! यह लज्जा-भय को नष्ट करनेवाला सुरापान कब से प्रारम्भ हुआ? इस पर शास्ता ने अतीत की एक कथा कही।

अतीत कथा—एक समय सुरा नामक एक जंगली मनुष्य वन्य सामग्री एकत्रित करने हिमालय की ओर गया। वहाँ उसने एक ऐसा वृक्ष देखा जो तीन तनों में नीचे से ही विभक्त हो गया था जिसके कारण उसमें हाँडी भर गड्ढा बन गया था। पानी बरसने से उसमें जल भर गया। उसके आसपास हरड़, आँवले और मिर्च पेड़ थे जिसके फल टूट-टूट कर उसमें गिरते थे। उससे थोड़ी दूर पर धान की बाली उगी थी। तोते वहाँ से बाली ला उस पेड़ पर बैठकर खाते थे। तोते थोड़ा चावल खाते थोड़ा उसमें गिर जाता। सूर्य की किरणों के कारण धूप में पकते रहने से वह पानी रक्तवर्ण का हो गया। कुछ समय बाद कुछ पक्षियों ने और कुछ बन्दरों ने उसे पिया। थोड़ी देर के लिए तो वे बेहोश हो गये पर बाद में लड़खड़ाते हुए उठकर मस्तचाल से चले गये।

यह देख उस जंगली मनुष्य ने भी वह जल पिया। उसकी भी वही हालत हुई। नजदीक ही उसका एक वारुणि नामक तपस्वी मित्र रहता था। बाँस की नलिका में भरकर वह उसे भी वह अद्भुत पेय पिलाने ले गया। साथ में किसी जानवर का मांस पका कर वह लेते गया। दोनों उसे खा-पीकर मस्त हो गये। फिर तो यह पेय श्रावस्ती की प्रजा-राजा दोनों के पास पहुँच गया। लोगों को इसमें मजा तो आता पर वे इसे पीकर इन्सान नहीं रह पाते। पशुओं के समान इधर-उधर लड़ते-झगड़ते, गिरते-पड़ते डोलते रहते।

तब इन्हें सबक सिखाने के लिए इन्द्र ने एक ब्राह्मण का वेश बनाकर एक सुन्दर घड़ा हाथ में लिया और 'घड़ा ले लो' कहते हुए आकाश में विचरण करने लगा। राजा के पूछने पर कि घड़े में ऐसा क्या है जो तुम्हारे समान दिव्य पुरुष इसे बेच रहा है, इन्द्र ने कहा—इसमें न तेल है न घी है न मधु है। इसमें अनेक दोषों से युक्त पेय है।...और आगे इन्द्र ने उसके गुण नहीं दोष गिनाये—

इसे पीकर आदमी लड़खड़ाते हुए गड्ढे, तालाब आदि में गिर पड़ता है।

अनेक अखाद्य खाता है।

चित्त पर उसका नियन्त्रण नहीं रहता।

बैल की तरह इधर-उधर मुँह मारता है। अनियन्त्रित होकर नाचता-गाता है। निर्वस्त्र हो गाँव की गलियों में भटकने लगता है।

न बोलने योग्य बोलता है। कभी कीचड़ में तो कभी अपनी ही उल्टी में लिप्त हो पड़ा रहता है।

इसके प्रभाव से लज्जावान व्यक्ति भी निर्लज्ज हो जाता है। इसे पीकर अभिमान से आँखें लाल कर वह समझता है कि मेरे समान कोई चक्रवर्ती सम्राट् नहीं है।

यह धनवानों का धन नष्ट करनेवाली है। इसे पीकर मनुष्य माता-पिता को गालियां देता है और सास तथा पुत्र-वधू तक का हाथ पकड़ लेता है।

इसे पीने वाली दुष्ट स्त्रियों की भी यही गति होती है। इसके नशे में आदमी श्रमण और ब्राह्मण तक की हत्या कर नरकगामी होता है। जिस आदमी को बहुत- सा स्वर्ण देकर भी असत्यवादी नहीं बनाया जा सकता, उसे यह सुरा वैसा बना देती है।

सुरा के इतने सारे अवगुण सुन राजा की आँखें खुल गयी और उसने स्वयं तो सुरापान से तौबा किया, अपने राज्य में भी इसपर प्रतिबन्ध लगा दिया।

कथा-14

अलीनचित्त जातक (कृतज्ञ हाथी)

कृतज्ञता एक ऐसी भावना जिसे प्रयासपूर्वक हमें अपने भीतर विकसित करना चाहिए। उपकारी को केवल धन्यवाद बोलने से काम नहीं चलता। समय पड़ने पर हमें भी प्रत्युपकार करना चाहिए। पशुओं को भी प्रत्युकार करते देखा जाता है। **अलीनचित्त जातक**[18] एक ऐसे अलीनचित्त अर्थात निर्मलमन के जातक की कथा है जो हाथी की योनि में रहते हुए भी उपकार को समझता था। उपकार का बदला चुकाने के लिए अपनी जान की बाजी भी लगा दी। यह वाराणसी राज्य को बचानेवाले मंगल हाथी की कथा है। वैसे यहाँ अलीनचित्त उस शिशु राजकुमार का नाम है जिसे बचाने हेतु मंगलहाथी आगे आया था।

वर्तमान कथा—यहाँ वर्तमान कथा उस भिक्षु की है जो संन्यास धर्म की कठिनाइयों को देख साहस छोड़ रहा था। उसे हिम्मत दिलाने के लिए शास्ता यह कथा कहते हैं।

अतीत कथा—तब वाराणसी के समीप सौ बढ़इयों का एक बढ़ई-ग्राम था। बढ़ई जंगल से लकड़ी को चीर कर लाते और दरवाजे आदि बनाते। एक बार जंगल में लकड़ी काटते

समय एक हाथी उनके पास तीन पैर से चलते हुए आया। उसका एक पैर सूजा हुआ था। वह उनके समक्ष बैठ गया और अपना पैर दिखाया जिसमें एक खूँटा भीतर तक गड़ा था। उसे निकालना सरल नहीं था सो बढ़इयों ने पहले कुल्हाडी से खूँटे के चारों ओर गहरा निशान किया फिर एक रस्सी बाँध कर उसे खींचकर बाहर निकाला। फिर उसके घाव को गरम पानी से धोया। थोड़े ही समय में हाथी स्वस्थ हो गया। निरोग होने पर हाथी वहाँ से चला गया पर साथ में वह उनके अहसान ले गया। अब वह प्रतिदिन उनके पास आकर उनके द्वारा काटे गये लट्ठों को यथास्थान पहुँचा कर उनकी मदद करने लगा। इतना ही नहीं, वह अपने श्वेतवर्ण के बच्चे को भी उनकी सेवा में ले आया।

इधर एक बार वाराणसी के राजा को ज्ञात हुआ कि बढ़इयों के पास एक श्वेत हाथी है। ऐसे हाथी मंगल हाथी होते हैं। इन्हें तो राजा के पास होना चाहिए। राजा समझदार था। उसने हाथी को लाने हेतु कोई बलप्रयोग नहीं किया। वह स्वयं बढ़इयों के पास धन लेकर उसे माँगने गया। पर बढ़इयों ने बिना कुछ स्वीकारे ही अपने राजा को वह श्वेतवर्ण का मंगल हाथी सौंप दिया। वे भी समझते थे कि ऐसा हाथी तो राजमहल में ही शोभा देता था। किन्तु हाथी सहजता से राजमहल जाने को तैयार नहीं हुआ। जब राजा ने पर्याप्त धन एवं बढ़इयों के परिवार के लिए वस्त्रादि उसके चरणों में रखे तब कहीं वह राजा के साथ गया।

महल में मंगल हाथी की विशेष खातिरदारी होती थी। हाथी को बढ़इयों का साथ छोड़ने का दुःख तो था पर राजा का स्नेह देख वह अपने दुःख भूल गया।

एक बार राजा अचानक चल बसा। आमात्यों ने यह बात मंगल हाथी को नहीं बतायी कि कहीं यह समाचार सुन हाथी भी मर न जाये। इसी बीच पड़ोसी कोशलनरेश ने सिंहासन खाली देख वाराणसी पर आक्रमण कर दिया। उस समय रानी आसन्न-प्रसवा थी सो आमात्यों ने सलाह कर कोशलनरेश को निवेदन किया कि हमारी रानी के पुत्र होने पर उसका राज्य पर अभिषेक कर हम युद्ध करेंगे अन्यथा समर्पण कर देंगे। कोशलनरेश मान गया। सचमुच सात दिन बाद रानी ने पुत्र को जन्म दिया जिसका नाम अलीनचित्त रखा गया। किन्तु राजा के अभाव में कोशलनरेश से टक्कर लेना कठिन था। सो आमात्यों से सलाह कर रानी अपने शिशु को लेकर मंगल हाथी के पास गयी...उसके चरणों में शिशु को रख सारी बातें उससे निवेदित की और कहा कि या तो आप युद्धभूमि में जाकर अपने राजा के राज्य को बचाओ या इस शिशु को कुचल दो।

कुछ देर आँसू बहाने के बाद मंगल हाथी ने शिशु को हौले से उठाकर रानी को सौंपा और फिर तेजी से महल से निकल कर चिंघाडते हुए युद्धभूमि में जा पहुँचा।

फिर तो नये उत्साह से भरे हुए वाराणसी के सैनिकों को कोशलसेना को पराजित करने में समय नहीं लगा...और फिर राजकुमार अलीनचित्त वाराणसी का राजा बना।

इस तरह उसे कृतज्ञ हाथी ने अपने राजा के राज्य और राज्यसिंहासन को बचाया।

कथा-15

उभयोभट्ठ जातक (दोनों ओर से भ्रष्ट स्वार्थी मछुआरा)

अधिक लाभ के लालच में जो कुछ है उसे भी गँवानेवाले के लिए लोक में कहा जाता है, न माया मिली न राम। इसे ही उभयोभ्रष्ट अर्थात् दोनों ओर से भ्रष्ट होना भी कहते हैं। प्रस्तुत जातक **उभयोभट्ठ जातक**[19] ऐसे ही मछुआरे की कथा है।

वर्तमान कथा—देवदत्त के विषय में कहा जाता है कि शास्ता की देखादेखी वह भी भिक्षु बना किन्तु भिक्षुओं के लिए जिन्हें त्यागना अत्यन्त आवश्यक है, ऐसे लालसा, ईर्ष्या आदि दुर्गुणों का त्याग वह नहीं कर सका। अन्ततः अपने दुर्गुणों के कारण तथा शास्ता की हत्या के प्रयास में उसे भयानक कष्ट भोगते हुए नर्क जाना पड़ा।

एक दिन भिक्षुगण आपस में बात कर रहे थे कि किस प्रकार देवदत्त ईर्ष्यावश न भोग भोग सका और न ही श्रमणत्व के उद्देश्य को पूरा कर पाया। यह सुन शास्ता ने बताया कि पूर्व में भी वह ऐसे ही भ्रष्ट हुआ था।

अतीत कथा—तब देवदत्त ने वाराणसी के एक ग्राम में मछुआरे के रूप में जन्म लिया था। उस समय बोधिसत्त्व वृक्ष देवता थे। एक बार वह मछुआरा अपने छोटे पुत्र के साथ मछली पकड़ने गया। वहाँ उसका जाल एक बड़े से लकड़ी के ठूँठ में जा फँसा। मछुआरा उसे पूरी ताकत लगाने के बाद भी निकाल नहीं पा रहा था। तब उसके मन में आया कि अवश्य जाल में कोई विशाल मछली फँसी है।

विशाल मछली फँसने की कल्पना से यदि वह प्रसन्न होता तो ऐसा होना स्वाभाविक था किन्तु उसके मन में पहले यह विचार आया कि इतनी बड़ी मछली देखकर पड़ोसी अवश्य उसमें से कुछ पाने की इच्छा करेगा। उसे कुछ न देना पड़े इसलिए मछुआरे ने बच्चे को सिखा-पढ़ा कर घर भेजा कि माँ को बड़ी मछली पाने का समाचार देना, साथ ही कहना कि वह पड़ोसिन सखी से झगड़ा कर ले ताकि उसे कुछ देना न पड़े।

बच्चा दौड़ते हुए घर आया। माँ भी झट झगड़ने पड़ोसी के घर चली गयी। चालाक औरत को बहाना भी अच्छा सूझा। उसने अपने एक कान में ताड़ का पत्ता पहना, एक आँख में मोटा काजल लगाया और कुत्ते के पिल्ले को गोद में ले पड़ोसी के घर पहुँची। उसका यह रूप देख पड़ोसन को हँसी आ गयी। बोली—सखि! यह कैसा वेष बनाया है तुमने? पागल हो गयी हो क्या?

बस मछुआरिन को लड़ाई का मौका मिल गया।...तुमने मुझे पागल कहा! मेरी हँसी उड़ायी! देखो मैं तुम्हारा क्या हाल करती हूँ। तुम्हें मुखिया के पास ले जाऊँगी तुम पर आठ कार्षापण(ताँबे का सिक्का) का जुर्माना लगवाऊँगी देखना।

फिर क्या था। पड़ोसिन भी कम नहीं थी।...इतनी-सी बात पर मुझे क्यों जुर्माना देना होगा? चलो मैं ही तुम्हें मुखिया के पास ले चलती हूँ।...गुस्से में वह खड़ी हो गयी।

और दोनों मुखिया के पास पहुँच गयीं। सारी बात सुनकर मुखिया ने मछुआरिन को दोषी पाते हुए उसी पर आठ कार्षापण का जुर्माना लगाया। इतना ही नहीं, सारी बातें सुन रहे लोगों ने उसकी पिटाई भी की।

उधर मछुआरे को भी कम कष्ट नहीं भोगना पड़ा। बच्चे को घर भेजने के बाद उसने पूरे जोर से मछली फँसाने की रस्सी खींची। मछली को फिर भी न निकलते देख, कहीं रस्सी ही न टूट जाये इस भय से उसने अपने कपड़े किनारे रखे और मछली ढूँढ़ते हुए पानी में पहुँच गया।

मछली तो उसे कहीं नहीं मिली, हाँ उसे ढूँढ़ते-ढूँढ़ते वह रस्सी में फँसे एक ठूँठ से इतनी जोर से टकराया कि उसकी दोनों आँखें फूट गयी, उनसे रक्त बहने लगा। अब वह समझ गया कि जिसे वह मछली समझ रहा था वह तो ठूंठ था! ले देकर बाहर आया तो एक और मुसीबत सामने थी। उसके कपड़े नदारद थे। चोर उसे ले भागे थे। किसी तरह आँखों को दबाकर वह घर पहुँचा तो देखा, पत्नी लोगों की पिटाई से बेदम हो पड़ी थी।

यह सब देख वृक्ष देवता ने यह गाथा कही–

जल में भी तुम्हारा काम बिगड़ा और स्थल पर भी। आँख फूट गयी, वस्त्र खो गया और सखी से झगड़ा भी हो गया। इस तरह तुम दोनों ओर से भ्रष्ट हो गये।

सचमुच लालची व्यक्ति की यही गति होती है।

कथा-16

कौसम्बिय जातक (छोटी-छोटी बात पर विवाद बढ़ानेवाले भिक्षु)

व्यावहारिक जीवन में छोटी-छोटी बातें कई बार विकराल कलह का रूप धारण कर लेती हैं। यह बात हम आये दिन अपने स्वयं के घरों में या समाज में घटित होते देखते हैं। सर्वस्व का त्यागकर भिक्षु बननेवालों में भी छोटी बातों पर विवाद देखा जाता है। एक छोटी-सी बात पर भिक्षुओं में कैसे विवाद हुआ, **कोसम्बिय जातक**[20] यह बतानेवाली एक सुन्दर कथा है।

वर्तमान कथा–कोशम्बी (वर्तमान कौशाम्बी)के दो भिक्षुकों में एक बार विवाद हुआ। विवाद का कारण छोटा सा था। हुआ यह था कि शौच के बाद एक भिक्षु ने शौच के लोटे में थोड़ा पानी छोड़ दिया था। यह देखकर दूसरे ने पूछा, क्या तुमने ऐसा किया है? इस पर उसने ऐसा करना स्वीकार किया।

'क्या तुम नहीं जानते कि इसमें आपत्ति होती है?'

'नहीं जानता था आयुष्मान। यदि आपत्ति है तो प्रायश्चित्त करूँगा।'

'पर यदि अनजाने में तुमसे ऐसा हुआ है तो इसमें आपत्ति नहीं है,' दूसरे ने कहा।

बात समाप्त हो जानी थी। पर हुई नहीं। पहला भिक्षु अन्यों को कहता फिरा कि यह भी कोई बात है! पहले कहा आपत्ति है, फिर कहा अनापत्ति है! यह तो मृषावाद है ना?

बात बहुत गलत नहीं थी किन्तु दूसरा भिक्षु भी तो गलत नहीं था। सो भिक्षुकों में दो खेमे बन गये। उनमें आपस में कलह होने लगी। जहाँ बैठते, यही विवाद होता। भोजन के समय भी यही चलता। जब शास्ता को यह बात पता चली तो उन्होंने व्यवस्था की कि भोजन के समय सब भिक्षु एक-एक आसन छोड़ कर बैठें। पर बात फिर भी नहीं बनी। कलह जारी रहा।

तब एक दिन शास्ता ने भिक्षुकों से क्षमा-मैत्री का बखान करते हुए एक अतीत कथा कही।

अतीत कथा— एक बार वाराणसी नरेश ने कोशलनरेश का राज्य छीन कर उसे मृत्यु की स्थिति में पहुँचा दिया था पर फिर उसे प्राणदान दिया...और दोनों में मैत्री हो गयी। शास्ता कहते हैं, जब दण्डधारी राजाओं तक में मैत्री हो सकती है तो तुम लोगों में क्यों नहीं? भिक्षुओं में मैत्री भाव विकसित करने के लिए शास्ता ने सुन्दर नीतिवचन भी कहे-

सभी जन कोलाहल मचाते हैं। अपने आपको कोई मूर्ख स्वीकार नहीं करता।

मुझे गाली दी, मुझे मारा, मुझे हरा दिया, मुझे लूट लिया—जो इसे मन में रखते हैं उनका बैर कभी शान्त नहीं होता।

मुझे गाली दी, मुझे मारा, मुझे हरा दिया, मुझे लूट लिया, जो इसे मन में नहीं रखते हैं, उनका बैर शान्त हो जाता है।

बैर-से-बैर कभी शान्त नहीं होता, अबैर से ही शान्त होता है—यही सनातन नियम है।

अन्य नहीं समझते हैं कि एक दिन उनका नाश होगा। जो समझते हैं उनका बैर शान्त हो जाता है।

जो हड्डी तोड़ देनेवाले होते हैं, जो प्राणों का हरण कर लेते हैं, पशुओं और धन को चुरा लेते हैं और राष्ट्र को लूट लेते हैं, उनमें भी परस्पर मैत्री हो जाती है, तब तुम्हारी क्यों नहीं हो सकती?

यदि ऐसा साथी मिले जो बुद्धिमान् हो, साधु एवं धैर्यवान हो, तो समझदार व्यक्ति को चाहिए कि सभी बाधाओं को पारकर उसके साथ प्रसन्नतापूर्वक रहें।

यदि ऐसा साथी न मिले तो अकेले रहना अच्छा है।

शास्ता के इतना सब कहने पर क्या भिक्षुओं ने बैर त्यागकर आपस में मैत्रीपूर्वक रहना प्रारम्भ कर दिया? ऐसा ही होना चाहिए था, पर हुआ नहीं। वस्तुतः उनका बैर इतना बढ़ गया था कि शास्ता के समझाने पर भी नहीं कम हुआ। अन्ततः शास्ता उन्हें छोड़

कर श्रावस्ती चले गये। अब तो पश्चातापवश उन्होंने बैर त्याग दिया होगा? जी नहीं, फिर भी वे लड़ते रहे। अन्ततः उनका बैर तब समाप्त हुआ जब कोशम्बी के लोगों ने यह सारी घटना सुनकर, शास्ता का अपमान करने के कारण उनसे बात करना और उन्हें भिक्षा देना बन्द कर किया।

कथा कहती है कि बैर का त्याग बहुत कठिन है, पर बहुत जरूरी है।

कथा-17
सेरिववाणिज जातक (सेरिव देश का ठग वणिक)

समाचार-पत्रों में दूसरों को ठगे जाने की घटनाएँ आजकल रोज ही छपती है। किन्तु प्राचीनकाल में लोग दूसरों को न ठगते हों, ऐसी बात नहीं है। प्राचीनकाल में भी ऐसा होता था। **सेरिववाणिज जातक**[21] कैसे व्यापारी भोले-भाले लोगों को ठगते थे, यह बतानेवाली कथा है। इस कथा से यह उजागर होता है कि दूसरों को ठगने का प्रयत्न करनेवाले जब खुद ठगाते हैं तब उनकी क्या स्थिति होती है। यह सेरिव देश के सेरि नामक एक लोभी बनिये की सुन्दर कथा है।

वर्तमान कथा—भिक्षुधर्म सरल नहीं होता। अत्यन्त कठिन होता है। इस पर चलना साहस का काम है। कई बार भिक्षु बनने के बाद युवकगण बुद्ध के समय में भी यह धर्म त्याग देते थे। ऐसे ही एक भिक्षु के सम्बन्ध में जब शास्ता को पता चला तो उन्होंने उसे बुलाकर कहा कि तुम तो इस धर्म का त्याग कर वैसे ही नादानी कर रहे हो जैसे पूर्वजन्म में तुमने सेरिव देश के बनिये के रूप में लाखमूल्यवाली स्वर्णथाल का त्याग कर की थी। इसका परिणाम यह हुआ था कि बाद में दुःख के कारण तुम्हारा हृदय फट गया था।

अतीत कथा—तब सेरिव देश में यह भिक्षु सेरि नामक बनिये के रूप में पैदा हुआ था। यहीं पर बोधिसत्त्व एक व्यापारी के घर पैदा हुए थे। एक बार सेरि और वे दोनों ही एक अन्य शहर में मोतियों के गहने बेचने पहुँचे। दोनों ने आपस में बातचीत की और तय किया कि हम एक साथ सामान नहीं बेचेंगे। अलग-अलग गलियों में अकेले-अकेले सामान बेचेंगे।

दूसरे दिन दोनों फेरी लगाते हुए चिल्ला-चिल्लाकर सामान बेचने लगे।

यह कथा लोभी वैश्य सेरि से प्रारम्भ होती है जो फेरी लगाते-लगाते एक निर्धन हो चुके श्रेष्ठि के घर पहुँचा। परिवार में दादी और पोती दो ही बची थी। दोनों मजदूरी करते हुए किसी तरह अपना पेट पालती थीं। उस दिन दोनों घर में ही थीं। दोपहर में अचानक सेरि बनिये की आवाज उनके कानों में पड़ी जो 'मोतियों के गहने ले लो' कह कर चिल्ला रहा था। कन्या को स्वाभाविक ही इस आवाज ने आकर्षित किया और वह बाहर निकली। फेरी वाले को बुलाया और गहने देखने लगी। पीछे-पीछे बुढ़िया दादी भी बाहर आयी। लड़की दादी से लिपट गयी, यह कहते हुए कि मुझे एक मोतियों का हार ले दो।

अब दादी के हाथ में पैसे तो थे नहीं पर लड़की का शौक भी वह समझती थी। उसने फेरीवाले से कहा—बेटा मेरे पास पैसे तो नहीं है पर एक पुरानी मैली पीतल की थाली घर में पड़ी हुई है। उसके बदले एकाध गहना अपनी बहन को दे दो।

वैश्य ने थाली को मँगवाया। उसे उलट-पुलट कर देखा, फिर उसे फेंककर चलते बना कि इसका मोल तो आधा मासा(करीब आधा ग्राम) भी नहीं है। इसके बदले मैं तुम्हें कुछ नहीं दे सकता।

थोड़ी देर बाद बोधिसत्त्व भी फेरी लगाते हुए वहाँ पहुँचे। पोती ने फिर हठ की अतः दादी ने उन्हें भी थाली दिखायी। बोधिसत्त्व पहचान गये कि यह स्वर्णथाल है। उन्होंने दादी को बताया भी कि यह तो बहुमूल्य है। इसके बदले देने लायक गहने तो मेरे पास नहीं है। हाँ, यदि तुम चाहो तो मेरे पास जो कुछ गहने है तथा जो कुछ धन है उसे मैं इसके बदले तुम्हें दे सकता हूँ।

दादी-पोती की प्रसन्नता का ठिकाना नहीं था। तब बोधिसत्त्व ने जो कुछ उनके पास था उसे देकर, केवल वापसी हेतु कुछ मुद्राएँ रखीं, वह थाल ली और चल दिये। चूँकि उनका व्यापार हो चुका था अतः उन्होंने लौटने की तैयारी कर ली।

इधर कुछ देर बाद लोभी वैश्य पुनः उस घर में गया और अहसान जताते हुए दादी से थाल की माँग करने लगा कि लाओ थाल ले आओ, बच्ची को कुछ दे ही देता हूँ। इस पर दादी ने उसे खूब गालियाँ देते हुए कहा कि स्वर्णथाल को तू आधा मासा का भी नहीं बता रहा था, देख दूसरे व्यापारी ने कितना कुछ हमें दिया है! और उन्होंने सारे गहने दिखाये जिन्हें पहन कर लड़की मटक रही थी।

यह सुन लोभी व्यापारी ने अपना सारा सामान वहीं फेंक दिया और बोधिसत्त्व के डेरे की ओर दौड़ा, यह कहते हुए कि आज तो मैं उसे मार डालूँगा। उसने मेरा लाभ छीन लिया है...किन्तु डेरा खाली था। तब तक बोधिसत्त्व नाव में बैठकर जा चुके थे।

यह देख शोक के आवेग में उस लोभी का हृदय फट गया और उसी क्षण वह मर गया।

यह व्यापारी देवदत्त था। बुद्ध के प्रति यह उसका पहला डाह था।

कथा-18

मणिकण्ठ जातक (नाग से उसका मणि माँगनेवाला तपस्वी)

हमारे देश में दान को अत्यन्त पुण्यदायक कृत्य बताया गया है। प्रायः सभी प्राचीन ग्रंथों में इसकी महिमा गाई गयी है। महाभारत के प्रतिनायक कर्ण को द्रौपदी के प्रति उसकी विषाक्त मानसिकता के लिए व्यास ने भले ही खूब लताड़ा हो किन्तु उसकी दानवीरता की प्रशंसा करने में बिल्कुल कंजूसी नहीं की है। धन दौलत तथा राज-पाठ का दान तो बहुत

से राजाओं ने किया है किन्तु युद्धभूमि में मृत्यु को विजित करनेवाले कवच और कुण्डल का दान देकर कर्ण को दानवीर के रूप में व्यास ने ही प्रथम श्रेणी में रखा है। वह आज भी अपने इसी गुण के कारण प्रशंसित है।

सम्भवतः यह शास्त्रों के लेखन का ही परिणाम है कि आज भी दानशीलता उतनी ही प्रशंसित है और ऐसे बहुत से लोग हैं जो बहुत-कुछ दान देते है।

किन्तु दान देने का उल्टा अर्थात् दान ग्रहण करना शास्त्रों में प्रशंसित नहीं है। बल्कि व्यावहारिक जीवन में याचना नहीं करना ही श्रेष्ठ माना गया है।[22] श्रेष्ठ पुरुष याचक नहीं होते, यह बतानेवाली बहुत सी कथाएँ भी मिलती हैं। जातक कथाओं में ऐसी सुन्दर दो कथाएँ हैं।

एक कथा **ब्रह्मदत्त जातक**[23] है। यहाँ कथा है कि एक बार एक परिव्राजक उत्तर पाँचाल के राजउद्यान में ठहरा हुआ था। राजा उसकी आवभगत करता था किन्तु उसे हिमालय वापस जाना था। इसके लिए उसे एक एकतले का जूता तथा एक पत्तोंवाला छाता चाहिए था। यह चीजें वह राजा से दूसरों के सामने नहीं माँगना चाहता था क्योंकि वह जानता था कि माँगने की दो गति होती है, या तो उसे वस्तु की प्राप्ति होती है अथवा अप्राप्ति। वह मानता था कि माँगना रुदन है। माँगने वाला तो रोता ही है...जिससे माँगा जाये, यदि उसके पास वह न हो, तो वह भी प्रतिरुदन करता है। अतः उसने राजा से वांछित वस्तुएँ एकान्त में माँगा ताकि उसका रुदन अथवा राजा का प्रतिरुदन कोई न सुने।

मांगने और देने में एक और बात होती है। प्रायः आदमी बहुत माँगनेवालों से त्रस्त हो जाता है। तब दोस्ती भी समाप्त हो जाती है। **मणिकण्ठ जातक**[24] यही बतानेवाली सुन्दर कथा है।

वर्तमान कथा—यह कथा उन भिक्षुओं की है जो कुटी बनाते समय आवश्यक सामग्री, जैसे, बाँस आदि की याचना करते गृहस्थों के पास घूमते थे। उनकी याचना से घबराकर लोग भिक्षुओं को देखकर ही उद्विग्न हो उनसे दूर भागते थे। शास्ता को यह बात पता चली तो उन्होंने भिक्षुओं को समझाया कि याचना महावैभवशाली लोगों को भी प्रिय नहीं होती। और तब वे एक तपस्वी तथा मणिकण्ठ नामक नागराज की कथा बताते हैं जिसके कण्ठ में एक मणि था।

अतीत कथा-एक तपस्वी के पास एक नागराज रोज आता था। जाते समय बिदा लेते समय वह स्नेहवश उससे लिपट जाता था। वैसे तपस्वी को भी नागराज बहुत प्रिय था किन्तु नागराज के लिपटने से तपस्वी को बहुत भय होता था। इससे वह सूखने लगा। धीरे-धीरे वह पाण्डुवर्ण का हो गया। उसकी धमनियां गात्र से जा मिली।

एक बार उसका भाई उससे मिलने आया। उसकी यह हालत देख उसने जब इसका कारण पूछा तो तपस्वी ने सारा वृत्तान्त कहा। तब भाई ने नागराज से बचने हेतु उसे एक उपाय बताया। वह यह कि जाते समय नागराज से उसका मणि माँगना।

दूसरे दिन नागराज आया। कुछ देर बैठा। जाते समय वह तपस्वी से लिपटता, इसके पहले ही तपस्वी ने उससे उसका मणि माँगा। यह सुन नागराज उससे बिना लिपटे ही चला

गया। दूसरे दिन जैसे ही नागराज आश्रम के द्वार पर पहुँचा तपस्वी ने उससे फिर मणि माँगा। यह सुन बिना भीतर आये ही वह चले गया। तीसरे दिन तपस्वी स्वयं गंगा किनारे पहुँच गया जहाँ से नागराज आता था। उस समय वह पानी में तैर रहा था। तब तपस्वी ने खड़े-खड़े दूर से ही मणि माँगा। यह सुन नागराज बाहर ही नहीं आया!

अपनी मित्रता तोड़ते हुए वह बोला—**तुम अतियाचक हो। मैं तुम्हें अपना मणि नहीं दूँगा। तुम तो मुझे वैसे ही त्रस्त करते हो जैसे कोई तरुण पत्थर पर तेज की गयी तलवार को लेकर किसी को डराये! अब मैं कभी तुम्हारे आश्रम नहीं आऊँगा।**

यह सुन तपस्वी अपने आश्रम लौट गया। किन्तु दूसरे दिन से वह प्रसन्न रहने लगा हो या आगे वह स्वस्थ हो गया, ऐसा नहीं हुआ। कुछ दिन बाद आये उसके भाई को यह देखकर हैरानी हुई कि उसका भाई पहले से भी अधिक कृश और पाण्डुवर्ण का हो गया है। पूछा—क्या नागराज ने आना बन्द नहीं किया? तुम ऐसे क्यों हो रहे हो? अब किस कारण से कृश हो रहे हो?

इस पर तपस्वी ने कहा, दर्शनीय नागराज को न देखने के कारण। मैं उस नागराज को देखे बिना भी नहीं रह सकता। इस पर भाई ने यह गाथा कही—

जो वस्तु मालूम हो कि किसी को प्रिय हो, वह उससे न माँगे। अतियाचना करनेवाले के प्रति द्वेष उत्पन्न होता है।

अस्तु, नागराज तो वापस नहीं बुलाया जा सकता था। तपस्वी को भाई ने तपस्या करने का उपदेश दे बिदा ली।

कथा-19

अट्ठिसेन जातक (याचना का विरोध करनेवाला अट्ठिसेन)

प्राचीन काल में और आज भी हमारे देश में ऐसे भिक्षुओं की कमी नहीं रही है जो भिक्षाटन करते हुए जीवन निर्वाह हेतु भोज्य अथवा अन्य आवश्यक साम्रगी प्राप्त करते हैं। प्राचीनकाल में तो लोगों अथवा राजाओं के भरोसे ही भिक्षुओं का निर्वाह होता था । गृहस्थों का यह कर्तव्य माना जाता था कि वे साधुओं का पोषण करें, स्वयं आगे आकर उन्हें भिक्षा दें। यद्यपि भिक्षुगण भिक्षा हेतु याचना भी करते थे किन्तु बुद्ध याचना करना अच्छा नहीं मानते थे। याचना न करने के सम्बन्ध में यह सुन्दर जातककथा **अट्ठिसेन जातक**[25] भी यहाँ दृष्टव्य है।

वर्तमान कथा—यहाँ शास्ता एक बार भिक्षुओं को कहते हैं कि याचना दूसरों को अप्रिय लगती है इसलिए पूर्वकाल में प्रव्रजितों ने याचना नहीं की। इस सम्बन्ध में वे एक अतीतकथा बताते हैं।

अतीत कथा—बोधिसत्त्व तब वाराणसी के ब्राह्मणकुल में पैदा हुए थे। नाम था अट्ठिसेन। युवावस्था में तक्षशिला से सारे शिल्प सीखकर वे अपने गृह लौटे किन्तु उन्हें

कामभोगों से वितृष्णा थी अतः उन्होंने प्रव्रज्या ग्रहण की और हिमालय चले गये। कुछ काल बाद अम्ल और लवण हेतु वाराणसी पहुँचे। उनके तेज से प्रभावित हो राजा ने उन्हें राजोद्यान में ठहराया। राजा स्वयं दोनों समय उनकी सेवा में जाता था। उसने विनयपूर्वक कहा भी कि जिस वस्तु की आवश्यकता हो अवश्य कहें। किन्तु अन्य भिक्षु तो राजा से याचना करते थे, अट्ठिसेन नहीं करते थे।

एक दिन राजा ने पूछा कि जिन्हें मैं जानता भी नहीं वे भिक्षुक मेरे पास आकर याचना करते हैं, तुम क्यों नहीं करते? इस पर अट्ठिसेन ने गाथा कही–

याचना करनेवाला अप्रिय होता है, माँगने पर न देनेवाला भी अप्रिय होता है। मैं याचना इसलिए नहीं करता हूँ कि कहीं मेरे मन में अथवा मेरे साथ विद्वेष न हो।

यहाँ तक बात ठीक लगती है। ऐसा कई बार होता है कि हम याचना करनेवाले को अप्रिय दृष्टि से देखते हैं और हमारे न देने पर याचक हमें अप्रिय नजरों से देखता है । किन्तु आगे राजा एक सुन्दर गाथा कहता है जिसकी ओर हमारा ध्यान नहीं जाता। वह कहता है–

जो भिक्षा-जीवी उचित समय पर याचना नहीं करता, वह दूसरे के पुण्य को नष्ट करता है और स्वयं भी सुख से जीवन व्यतीत नहीं करता। प्रज्ञावानजन किसी याचक को आया देख कर द्वेष नहीं करते ।

राजा पुनः कहता है–तुम मुझे प्रिय हो अतः जो कुछ माँगना चाहो माँग लो। राजा उन्हें राज्य तक देने को तैयार हो गया पर अट्ठिसेन इन्कार करते हुए पुनः एक गाथा कहते हैं–

प्रज्ञावान याचना नहीं करते, पण्डित को यह जानना चाहिए। आर्यजन भिक्षा के उद्‌देश्य से मौन खड़े भर हो जाते हैं, यही आर्यों की याचना है।

यह सुन राजा ने कहा–यदि बुद्धिमान् सेवक अपनी बुद्धि से ही विश्वस्त को दान देता है तो मैं भी आपको सहस्र लाल गायें देता हूँ। यह कैसे हो सकता है कि आपकी धार्मिक गाथाएँ सुनकर आर्य आर्य को कुछ न दे?

किन्तु अट्ठिसेन यह कहते हुए राजा के दान को अस्वीकार करता है कि मैं अकिंचन प्रव्रजित हूँ, आपकी गायों की मुझे अपेक्षा नहीं है।

कथा-20

महिलामुख (महिलामुख नामक संगति से प्रभावित होने वाला हाथी)

सत्संगति को प्रायः सभी विचारकों ने सराहा है। बुरे लोगों की संगति में पड़कर अच्छे लोग भी बिगड़ जाते हैं। इसीलिए कहा जाता है कि कोई व्यक्ति उसकी संगति से पहचाना जाता है। न केवल मनुष्य वरन् पशु-पक्षी तक दुष्टों की संगति में बिगड़ने लगते हैं और सत्संगति से प्रभावित हो सदाचारी होते हैं। प्रस्तुत कथा **महिलामुख जातक**[26] यही सन्देश देती है। यहाँ 'महिलामुख' एक हाथी का नाम है।

वर्तमान कथा—वर्तमान कथा यहाँ एक भिक्षु की है जो था तो शास्ता का शिष्य किन्तु देवदत्त के शिष्यों से दोस्ती कर बैठा। अच्छे पकवानों से युक्त भोजन की लालच में अब वह उनकी टोली में भोजन के समय जा पहुँचता था। वस्तुतः देवदत्त की राजा अजातशत्रु से मित्रता थी जो उसके शिष्यों का राजसी आवभगत करता था ताकि देवदत्त के भिक्षु संघ में अधिक भिक्षु आयें।

अस्तु, शास्ता के भिक्षुसंघ को जब यह बात पता चली तो वे उस शिष्य को शास्ता के पास ले गये। तब उन्होंने बताया कि अतीत में भी यह संगति से शीघ्र प्रभावित हो जाता था। आगे शास्ता उसके पूर्वजन्म की कथा बताते हैं।

अतीत कथा—तब वह शिष्य वाराणसी के राजा का महिलामुख नामक माँगलिक हाथी था। बोधिसत्त्व उस राजा के अमात्य थे। हाथी सदाचारी था, किसी को कोई कष्ट नहीं देता था। महावत के कहे में रहता था। किन्तु एक बार अचानक वह बिगड़ गया। महावत के आते ही उसने उसे सूँड़ से पकड़ कर उठाया और जमीन पर पटककर मार डाला। अन्य कई लोगों की भी उसने यही गति की। राजा को जब यह बात पता चली तो उन्हें आश्चर्य हुआ। अतः उन्होंने अमात्य बोधिसत्त्व को हाथी में आये इस परिवर्तन का कारण जानने भेजा।

किन्तु बोधिसत्त्व को हाथी में कोई रोग नहीं दिखा। तब उन्होंने विचार किया कि सम्भवतः यह किसी दुष्ट की संगति में पड़कर ऐसा व्यवहार कर रहा है। सो उन्होंने अन्य महावतों से पूछा कि क्या किसी ने गतरात हाथीशाला के समीप कुछ बात-चीत की थी?

इस पर एक ने बताया कि कुछ चोर यहाँ बैठकर बातचीत कर रहे थे कि हमें शीलवान नहीं होना चाहिए, कठोर प्रकृति का होना चाहिए। हमें भयरहित हो अपने रास्ते में आने वाले लोगों को कठोरतापूर्वक मार डालना चाहिए, आदि आदि। बोधिसत्त्व समझ गये कि इन्हीं चोरों की बात-चीत सुन यह मंगलहाथी बिगड़ा है। बोधिसत्त्व ने सारी बातें राजा से निवेदित की। परेशान राजा ने हाथी को सुधारने का उपाय पूछा तो बोधिसत्त्व ने कुछ सज्जन साधुओं को हाथीशाला के समीप बैठाकर सदाचार सम्बन्धी वार्तालाप करवाने का प्रस्ताव रखा। राजा ने उसी रात ऐसे साधुओं की व्यवस्था की। अब वहाँ बैठकर ऊंची आवाज में कहने लगे कि हमें किसी को कष्ट नहीं देना चाहिए। किसी को मारना नहीं चाहिए। सदाचारी होकर शान्ति, मैत्री और करुणा से युक्त होना चाहिए।

दूसरे दिन तो जैसे चमत्कार ही हो गया। भारी उछलकूद मचानेवाला हाथी एकदम शान्त हो गया। तब बोधिसत्त्व ने यह गाथा कही—

हाथी चोरों की बात सुनकर उनका अनुकरण कर लोगों को मारनेवाला हो गया और वही उत्तम गज संयमी मनुष्यों की बात सुन सद्गुणों में प्रतिष्ठित हुआ।

इस कथा के द्वारा बुद्ध ने उस भिक्षु को समझाया कि देवदत्त के शिष्यों की संगति में तू बिगड़ गया है पर अब मेरे शिष्यों की संगति में ही रह, शीघ्र सुधर जायेगा।

कथा-21

तिलमुट्ठि जातक (मुट्ठीभर तिल खानेवाला राजकुमार)

मनुष्य में क्रोध एक स्वाभाविक विकार है। कुछ लोग कितने भी पढ़-लिख जायें, अपने इस विकार पर नियन्त्रण नहीं रख पाते हैं। इसका दुष्परिणाम उन्हें भुगतना पड़ता है। छोटी-छोटी बातों पर क्रोधित होकर कितने ही बड़े-बड़े अपराध व्यक्ति कर बैठता है। अतः क्रोध की चिंगारी को आग बनने के पूर्व ही मसल देना चाहिए। सभी धर्म इसकी शिक्षा देते हैं। गीता में भी क्रोध की निन्दा की गयी है। यहाँ कहा गया है कि क्रोध से संमोह अर्थात् अविवेक उत्पन्न होता है और अविवेक से स्मृति विभ्रम अर्थात् अच्छी बातों का विस्मरण होता है। स्मृतिविभ्रम से बुद्धि का नाश होता है तथा **बुद्धिनात्प्रणश्यति** अर्थात् बुद्धि का नाश होने से व्यक्ति स्वयं नष्ट हो जाता है।

यह जातककथा **'तिलमुट्ठि जातक'**[27] भी क्रोध से बचने की शिक्षा देती है। यद्यपि यह एक राजा की कथा है जिनका क्रोध कोई सीमा नहीं देखता था किन्तु बुद्ध हमेशा राजाओं को अपने भीतर आये क्रोध का विश्लेषण करने कहते थे क्योंकि उनके द्वारा क्रोध में लिए गये निर्णय से पूरा राज्य प्रभावित होता था।

इसके अतिरिक्त यह कथा परायी वस्तु को बिना अनुमति के ग्रहण करने की भी निन्दा करती है, भले ही वह एक मुट्ठी तिल ही क्यों न हो।

वर्तमान कथा—वैसे तो सभी व्यक्तियों से अपेक्षा की जाती है कि वे क्रोध पर नियन्त्रण रखें पर संन्यासी से, जिसे रागद्वेष से परे होना चाहिए, यह अपेक्षा विशेष रूप से की जाती है। शास्ता के भिक्षु संघ का एक भिक्षु बड़ा क्रोधी था। चूल्हे में डाले गये नमक की भांति वह चटचटाता हुआ घूमता था। जब शास्ता को यह बात पता चली तो उन्होंने उसे बुला कर बतलाया कि पूर्वजन्म में भी तुम ऐसे ही क्रोधी थे, जिसका बुरा परिणाम तुम्हें भुगतना पड़ा था। भिक्षु के अनुरोध पर शास्ता उसे पूर्वजन्म की कथा बताते हैं।

अतीत कथा—तब यह भिक्षु वाराणसी के राजा ब्रह्मदत्त के पुत्र ब्रह्मदत्त कुमार के नाम से पैदा हुआ था। राजा ने 16 वर्ष के होने पर कुमार को शिल्प सीखने हजार (तांबे के सिक्के) देकर तक्षशिला[28] भेजा। तब गुरुकुल में भेजने का उद्देश्य पुत्र का मानमर्दन, सरदी-गर्मी सहने का सामर्थ्य आना और लोकव्यवहार ज्ञात होना भी होता था। मुद्राओं के साथ कुमार एकतल्ले का जूता और पत्तों का छाता भी लेकर गया।

आचार्य के पास पहुँचकर उन्हें आचार्यभाग के रूप में हजार कार्षापण देकर कुमार उनके घर में ज्येष्ठ पुत्र के समान रहने लगा। यहाँ उल्लेखनीय है कि जो शिष्य यह धन नहीं दे सकते थे वे दिन में आचार्य का काम करते हुए रात में शिल्प सीखते थे।

धन देकर शिक्षा लेने के कारण धनिक शिष्यों में थोड़ा घमण्ड आना स्वाभाविक था किन्तु आचार्य उनके साथ कड़ाई करने में कोई भेद-भाव नहीं करते थे। आगे की कथा यही बताती है।

कथा है कि एक बार आचार्य के साथ स्नान हेतु नदी की ओर जाते हुए ब्रह्मदत्त-कुमार ने एक अपराध किया। उसने एक बुढ़िया की सुखाने के लिए रखी गयी तिल में से एक मुट्ठी उठाकर खा लिया। बुढ़िया ने यह देखा पर कुछ नहीं कहा। दूसरे दिन भी कुमार ने फिर यही किया। तब भी बुढ़िया चुप रही, हालाकि मन ही मन कुमार के इस कृत्य पर वह बड़बड़ाती रही। किन्तु जब तीसरे दिन भी कुमार ने इस कृत्य की पुनरावृति की तो बुढ़िया से चुप नहीं रहा गया। वह जोर-जोर से यह कहते हुए रोने लगी कि आचार्य अपने शिष्यों से मुझे लुटवा रहे हैं। यह सुन आचार्य तत्काल बुढ़िया के पास पहुँचे। सारी बाते सुनकर उन्होंने उस महिला से कहा—माँ रो मत। मैं तुझे इसका मूल्य दिलवाऊँगा। इस पर बुढ़िया बोली—मुझे मूल्य नहीं चाहिए। मैं चाहती हूँ कि आप इस कुमार को ऐसी शिक्षा दें कि वह फिर कभी ऐसा न करें।

बात ठीक थी। राजकुमार को सीख मिलनी ही चाहिए। तब आचार्य ने दो शिष्यों को आदेश दिया कि वे कुमार का एक-एक हाथ पकड़ें...और फिर स्वयं एक छड़ी से उन्होंने कुमार की पीठ की तीन बार पिटाई की।

अब कुमार कर तो कुछ नहीं सकता था अतः खामोश रहा, पर उसकी जलती हुई आँखें और तिलमिलाहट देख गुरु समझ गये कि कुमार उन पर क्रोधित है।

अस्तु, शिक्षा समाप्त हुई। लगा की बिदा के समय कुमार सारी कड़वाहट भूल गया है। बड़े प्रेम से जाते समय गुरु को प्रणाम करते हुए एक स्नेही शिष्य के समान उसने कहा—आचार्य! वाराणसी पहुँचकर मैं आपको निमन्त्रण भेजूंगा, आप अवश्य आना।

आचार्य शिष्य के मन की बात समझ गये पर शान्त भाव से आने के लिए हामी भरी।

और शीघ्र ही वह दिन भी आया जब वाराणसी के राज्यसिंहासन पर आरुढ़ हो कुमार ने अपने आचार्य से बदला लेने के लिए उन्हें बुलाने दूत भेजा। गुरु शिष्य का मन्तव्य जानते थे। उन्होंने मन में सोचा कि अब यह वाराणसी का राजा हो गया है, अभी तरुण है, अभी समझाने से नहीं समझेगा, अतः मध्यम अवस्था में जाऊँगा...और आचार्य ने दूत से सन्देश भेजा कि कुछ काल पश्चात् आऊँगा।

फिर कुछ काल उपरान्त आचार्य स्वयं ही वाराणसी पहुँचे। राज दरबार के बाहर पहुँच द्वारपाल से अपने आने की सूचना भिजवायी। गुरु के आगमन का समाचार सुन कुमार की भौहें तन गयी। उन्हें बुलवाया पर आते ही अमात्यों से कहा कि यही मेरे वे आचार्य हैं जिन्होंने तिल के मुट्ठी-भर दानों के लिए मुझे मारा था। आज भी मेरा वह स्थान मुझे पीड़ा देता है जहाँ इन्होंने मुझे चोट पहुँचाई थी। अब यह सिर पर मृत्यु लिए मेरे दरबार में आये है। निश्चय ही इन्हें जीवित देखना मुझे अच्छा नहीं लग रहा है।

इस पर आचार्य ने गाथा कही—

जो आर्य, अनार्य कर्म करनेवाले अपने शिष्य को अनुशासन के लिए दण्डित करता है पण्डितजन उस आर्य के कर्म को बैर नहीं कहते।

आगे आचार्य कहते हैं—महाराज! यदि मैंने आपको उस समय शिक्षा नहीं दी होती तो जैसे-जैसे समय बीतता, आप चौर्य कर्म के प्रति आसक्त हो और भी अधिक बड़ी चोरियाँ करते। पकड़े जाने पर आप राजा के सम्मुख ले जाये जाते...तब आपको राजदण्ड मिलता। ऐसी स्थिति में आपको आज जो ऐश्वर्य मिला है, वह कहाँ से मिलता? क्या मेरे कारण ही आपको यह ऐश्वर्य नहीं मिला है?

आचार्य के ऐसा कहने पर राजा सोच में पड़ गया। इसी बीच अमात्यगणों ने कहना प्रारम्भ किया कि सच है देव! आपको आचार्य के कारण ही यह ऐश्वर्य मिला है।

अब राजा को अपनी भूल समझ में आयी। विनीत होकर उसने आचार्य से निवेदन किया कि मैं अपना सारा ऐश्वर्य आपको सौंपता हूँ, कृपया स्वीकारें।

आचार्य ने तो खैर राजा का ऐश्वर्य स्वीकार नहीं किया किन्तु राजा ने फिर उम्र-भर आचार्य की शिक्षानुसार राज्यशासन किया।

खण्ड-2

व्यावहारिक शिक्षा देनेवाली कथाएँ

22 महाउम्मग जातक कथा (बच्चे की असली माँ को न्याय)

23 विरोचन जातक कथा (नकल करनेवाले का नाश)

24 संजीव जातक कथा (संजीवनी मन्त्र का दुष्परिणाम)

25 मकस जातक कथा (मच्छर मारने वाले मूर्ख जातक की कथा)

26 दूत जातक कथा (दूत को नहीं राजा को अपना दुःख बताना)

27 चुल्लसेट्ठि जातक कथा (चुल्लसेठ की कथा)

28 बब्बु जातक कथा-(चुहिया को सतानेवाले बिल्ले की कथा)

29 कुन्तिनी जातक कथा (कुन्तिनी नामक बदला लेने वाली पक्षी)

30 जवसकुण जातक कथा (चालाक कठफोड़वे की कथा)

31 अनभिरति जातक कथा (अस्थिरचित्त से हानि)

32 किम्पक्क जातक कथा (आकर्षक फल में आसिक्त का दुष्परिणाम)

33 अपण्णक जातक कथा (तर्कग्राह्य कहनेवाला जातक)

कथा-22

महाउम्मग जातक (बच्चे की असली माँ को न्याय)

न्यायाधीश होना सरल नहीं होता है। इसके लिए महानप्रज्ञा, त्वरित बुद्धि के अलावा दूसरों के मन को, हाव-भाव को, समझने की योग्यता होना भी आवश्यक है। **महाउम्मग जातक**[29] में अनेक छोटी-छोटी कथाओं के माध्यम से बोधिसत्त्व का न्यायाधीश रूप सामने आया है।

वर्तमान कथा– जेतवन में विहार करते समय भिक्षुगण बातचीत कर रहे थे कि शास्ता महाप्रज्ञावान है। अपने प्रज्ञाबल से उन्होंने अनेक कार्य किये हैं। भिक्षुओं की यह बात-चीत सुनकर शास्ता ने बताया कि अतीत में भी वे ऐसा कर चुके हैं।

अतीत कथा–तब मिथिला के राजा जनक के शासनकाल में श्रीवर्द्धन नामक सेठ के घर बोधिसत्त्व ने एक ओषधि हाथ में लेकर जन्म लिया था इसलिए उनका नाम महोषधकुमार रखा गया। इस ओषधि के विषय में उन्होंने जन्मते ही अपनी माँ का बताया कि इससे उसके पिता लोगों के किसी भी प्रकार के रोगों को ठीक कर सकते हैं। सचमुच पिता ऐसा करने में सफल हुए। रोगियों की उनके द्वार पर भीड़ लगी रहती थी।

कुछ बड़े होने पर वे ऐसे लोगों का न्याय करने लगे जिसमें दोषी का पता लगाना अत्यन्त कठिन होता है। ऐसा ही एक न्याय वे उस माँ के साथ करते हैं जिसके अबोध बच्चे को एक दूसरी औरत अपना बताकर ले जाना चाहती है।

कथा है कि एक बार एक स्त्री अपने पुत्र को लेकर महोषधकुमार की पुष्करिणी में स्नान हेतु पहुँची। पुत्र को उसने पहले नहलाया, उसके वस्त्र बदले और फिर उसे किनारे बैठाकर स्वयं स्नान हेतु पुष्करिणी में उतरी। उसी समय एक यक्षिणी वहाँ पहुँची और उससे बोली–सखी! कितना प्यारा बच्चा है। क्या तुम्हारा है? उसके हाँ कहने पर वह बोली–अम्माँ! क्या मैं इसे दूध पिला सकती हूँ?

बच्चे की माँ ने फिर हाँ कहा। तब उसे ले वह दूध पिलाने का नाटक करती हुई एक ओर गयी और फिर तेजी से बच्चे को लेकर भागने लगी। यह देख स्नान करना छोड़ वह स्त्री शीघ्रता से उसके पीछे दौड़ी। दौड़कर उसने उसे पकड़ कर अपना बच्चा लेना चाहा, यह कहते हुए कि मेरा बच्चा लेकर कहाँ भाग रही है? इस पर उस यक्षिणी ने बच्चे

को कस कर छाती से लगाते हुए कहा—तेरा बच्चा! तेरा बच्चा कैसे? यह तो मेरा बच्चा है।

फिर क्या था। बच्चे की माँ बिफर गयी। जोर-जोर से उससे लड़ने-झगड़ने लगी। दूसरी भी कम नहीं थी। दोनों औरतो को इस तरह झगड़ते देख महाषो कुमार वहाँ पहुँचे। सारा माजरा देखसुन कर उन्होंने दोनों से कहा, लड़ना बन्द करो। मैं अभी बताता हूँ कि बच्चा किसका है।

और उन्होंने जमीन पर एक रेखा खींची। बच्चे को उस पर ऐसे लिटाया कि आधा भाग रेखा के एक तरफ था और दूसरा आधा भाग दूसरी तरफ। फिर उन्होंने एक से कहा कि इसके दोनों पैर पकड़ो और दूसरी से कहा कि दोनों हाथ पकड़ो। जब दोनों ऐसा कर चुकी तो महोषधकुमार ने कहा कि अब दोनों अपनी-अपनी ओर उसे खींचों। जो उसे खींचकर ले जाएँगी बच्चा उसका होगा।

दोनों उसे खींचने लगी किन्तु क्षण-भर में ही असली माँ ने हथियार डालते हुए बच्चे को खींचना छोड़ दिया। बच्चा अब नकली माँ की गोद में था जो विजय से मुस्कुरा रही थी। असली माँ बेचारी एक कोने में खड़ी होकर रोये जा रही थी।

इस बीच वहाँ अनेक तमाशाबीन में जुट गये थे। उन्हें देखकर महोषधकुमार ने उनसे पूछा—आप लोग बताइये, बच्चे के प्रति किसका हृदय कोमल होता है, माता का या अमाता का।

सबने एकस्वर से कहा माता का।

आगे उन्होंने पूछा—अब तुम्हीं लोग बताओ कि बच्चा किसका होगा, जिसने इसे छोड़ दिया उसका अथवा जिसने रोते हुए बच्चे का खींचकर अपनी गोद में लिया है उसका। तब फिर सबने एक स्वर से कहा—जिसने छोड़ दिया है उसका।

अब उस यक्षिणी के सामने सच स्वीकार करने के सिवा कोई चारा नहीं था। रो रहे बच्चे को उसने उसकी माँ की गोद में देकर क्षमायाचना की और आगे ऐसा न करने का वचन दिया।

उल्लेखनीय है कि ऐसी ही कथा बाइबिल के **ओल्ड टेस्टामेण्ट** में भी आयी है। सालोमन, यहूदियों का राजा, अपनी प्रज्ञा के लिए प्रसिद्ध था। यहाँ उल्लेखनीय है कि उसने प्रभु से केवल प्रज्ञा की माँग की थी, सिंहासन एवं धन की नहीं, ताकि वह न्यायपूर्वक शासन कर सके। इतिहास में वह एक न्यायी राजा के रूप में प्रसिद्ध हुआ। उसके न्याय का एक किस्सा उपरोक्तवत् है।

एक बार राजा के पास दो वेश्याएँ आयीं। एक ने बताया कि मैं और यह दूसरी स्त्री एक ही मकान में रहती हैं। कुछ दिन पूर्व हमने तीन दिन के अन्तर से पुत्रों को उसी मकान में जन्म दिया। गत रात इस स्त्री का पुत्र मर गया क्योंकि यह उसके ऊपर सो गयी थी। तब आधी रात को यह उठी। उसने अपने मृत पुत्र को मेरे पास सुला दिया और

मेरे जीवित पुत्र को छाती से लगाकर सो गयी। सुबह अपनी बगल में लेटे पुत्र को मृत देखकर मैं भौंचक रह गयी। पर ध्यान से देखने पर मैं पहचान गयी कि यह मेरा पुत्र नहीं है। मैं इस दूसरी स्त्री की कारस्तानी समझ गयी। मैं इसे कहा भी कि तुमने मेरा पुत्र चुराया है किन्तु यह मेरे बच्चे को ही अपना बता रही है। मेरा बच्चा कृपया मुझे दिलवाइये।

किन्तु राजा के सामने दूसरी औरत इस बात पर अड़ी रही कि जीवित बच्चा उसका ही है। राजा के सामने असली माँ का पता लगाना कठिन काम था। तब कुछ सोचकर उसने बच्चे की असली माँ को न्याय दिलाने के लिए एक तलवार मँगवायी। फिर सबके सामने सिपाही से कहा कि इस तलवार से बच्चे के दो टुकड़े कर दो...और दोनों को एक-एक दे दो। यह सुन दूसरी स्त्री तो इसके लिए तैयार हो गयी किन्तु पहली रोने लगी। रोते हुए उसने राजा से प्रार्थना की कि ऐसा मत कीजिये। जीवित बच्चा इसे ही दे दीजिये।

तब राजा ने जीवित बच्चे को उठाकर पहली स्त्री को देते हुए कहा कि यही इस बच्चे की माता है। कोई माता अपने बच्चे के दो टुकड़े नहीं करना चाहेगी।

राजा के इस न्याय-निर्णय को सारे इस्राइल के लोगों ने सुना और राजा की प्रशंसा की।[30]

कथा-23

विरोचन जातक (नकल करनेवाले का नाश)

किसी की नकल कर उसके समान बनने का प्रयास करनेवाला अन्ततः मुसीबत में ही पड़ता है। **विरोचन जातक**[31] यही व्यावहारिक शिक्षा देनेवाली कथा है।

वर्तमान कथा—यह कथा शास्ता ने वेलुवन मठ में कही थी। देवदत्त प्रायः बुद्ध की नकल किया करता था। यद्यपि वह उनसे बहुत हीन था पर उनका अभिनय करना चाहता था। एक बार ऐसी बुद्ध का अभिनय करने के बाद वह चादर तान कर सो गया। तब उसके एक शिष्य ने उसे आलसी के समान सोते देख उसकी छाती में इतनी जोर से लात मारी कि उसके मुख से खून निकलने लगा। बुद्ध को जब यह ज्ञात हुआ तो वे अपने शिष्यों को उसका अतीत बताते हैं। पूर्व जन्म में भी ऐसा ही कर विनाश को प्राप्त हुआ था।

अतीत कथा—तब बोधिसत्त्व केसरी योनि में पैदा हो हिमालय की गुफा में रहते थे। एक दिन वे शिकार कर अपनी गुफा में जा रहे थे कि अचानक एक शृंगाल उनके सामने पड़ गया। बचने का कोई उपाय न देख वह उनके पैरों पर गिर पड़ा और विनय करने लगा कि मुझे मत मारिये, अपना सेवक बना लीजिये। केसरी को दया आ गयी, वह उसे अपनी गुफा में ले गया।

अब वह शृंगाल केसरी की क्या सेवा करता? बिना कुछ करे उसे केसरी से मुफ्त का भोजन मिलने लगा। शिकार के बाद जो भी मांस सिंह छोड़ता उस पर शृंगाल का एकमात्र अधिकार रहने लगा। बड़े मजे थे उसके दिन कट रहे थे। सिंह के आगे पीछे डोलते हुए वह उसकी चापलूसी करने में कोई कमी नहीं करता। धीरे-धीरे सिंह उससे इतना प्रसन्न रहने लगा कि अक्सर उससे कहता कि जाकर पर्वत की चोटी से देखकर आ कि नीचे कौन-कौन से जानवर चर रहे हैं, जो तुझे पसन्द हो उसका मैं शिकार करूँगा।

अब तो शृंगाल के मजे और भी बढ़ गये। कभी कहता—स्वामी! अपना पराक्रम दिखाते हुए भैंसे का शिकार कीजिये, तो कभी कहता, आज हाथी का मांस खाने मिल जाये स्वामी।

तब उसकी ओर कृपादृष्टि डालते हुए सिंह जिसे सियार कहता उसे एक छलांग में ही दबोच लेता। पेट भर खाने के बाद बचा मांस शृंगाल का भोज्य होता।

इस तरह शृंगाल के दिन मजे से गुजर रहे थे। शायद ऐसे ही जिन्दगी गुजर जाती पर एक बार उसके मन मे सिंह के प्रति ईर्ष्या जागी। मन में उसने सोचा, इसके समान .मेरे भी चार पैर हैं, मैं क्यों प्रतिदिन इस पर भोजन के लिए निर्भर रहूँ? आज मैं स्वयं हाथी का शिकार करूँगा...कितनी शान होगी जब कल से यह सिंह मुझसे शिकार हेतु प्रार्थना करेगा...और मैं पराक्रम दिखाते हुए पहाड़ से इसके समान शिकार पर छलांग लगाऊँगा!

सियार को विचारमग्न देख सिंह ने जब उससे कारण पूछा तो सियार ने मन की बात छिपायी नहीं, कह ही दी—स्वामी! आज आप हिमालय की चोटी पर जाकर वहाँ से मुझसे कहिये कि इस प्राणी का शिकार करो...मैं वैसा ही करूँगा। आज आपका भोजन मैं जुटाऊँगा।

यह सुन सिंह ने पहले उसे ऐसा करने से यह कहते हुए मना किया कि तुम्हारा सामर्थ्य हाथी को मारने का नहीं है। तुम सियार कुल में पैदा हुए हो ऐसा काम नहीं कर सकते। पर सियार नहीं माना। अन्ततः उसकी बात मानते हुए हिमालय-शिखर पर चढ़कर सिंह ने वहाँ से आवाज लगायी—जम्बुक! आओ। जरा इस मस्त हाथी का शिकार कर अपना पराक्रम तो दिखाओ।

शृंगाल सिंह के समान अँगड़ाई लेते हुए उठा। सिंह के समान उसने भी हिमालय-शिखर से कूद कर हाथी के सिर पर जोरदार प्रहार किया...किन्तु यह क्या! हाथी को तो कुछ नही हुआ, हां वह अवश्य हड्डी-फसली तुड़वाते हुए दूर जाकर गिरा।

तब क्रोधित हाथी ने अपना पैर उसके सिर पर रखकर उसका तो कचूमर ही निकाल दिया। इतना ही नहीं उसके शरीर के बिखरे मांस को एकत्रित कर हाथी ने मजे से उस पर लीद करी और चिंघाड़ता हुआ जंगल के भीतर चला गया।

तो ऐसा ही था पूर्वजन्म में देवदत्त!

वैसे आज भी ऐसे नकलची लोगों की कमी नहीं है जो प्रतिभा न होते हुए भी दूसरों की नकल कर उन जैसा बनने का प्रयास करते हैं और मुँह की खाते हैं।

कुछ ऐसी ही कथा **वीरक जातक** की है। यहाँ भी बताया गया है कि क्षमता महत्त्वपूर्ण होती है। कथा है कि एक जलकव्वा तालाब में आराम से मछलियाँ पकड़ता था। एक कौवा उसकी सेवा कर उसके उपकार से मछलियाँ पाने लगा। एक दिन उसे अभिमान हुआ कि यह मेरे समान काला है, जब यह पानी में डुबकी मार कर आराम से मछलियाँ पकड़ सकता है तो मैं भी ऐसा कर सकता हूँ। जलकव्वे ने यह सुन उसे ऐसा करने से मना किया। कहा, तुम उस कुल में पैदा नहीं हुए हो जो यह काम कर सकता है। पर कौवा नहीं माना। अन्ततः जलकौव्वे की नकल करते हुए पानी में डुबकी लगायी। मछली तो उसे नहीं मिली, हाँ वह स्वयं पानी में डूबने से मर गया।

कथा-24

संजीव जातक (संजीवनी मन्त्र का दुष्परिणाम)

केवल उत्सुकता के लिए किसी विद्या को सीखना तथा दूसरों पर रौब दिखाने के लिए उसका प्रदर्शन करना अक्सर बड़ा घातक होता है। यह कथा **संजीव जातक**[32] वेलुवन में शास्ता ने अजातशत्रु द्वारा दुर्गुणी देवदत्त का आदर करने के सन्दर्भ में अपने शिष्यों से कही थी।

वर्तमान कथा—राजा अजातशत्रु तब देवदत्त के प्रति श्रद्धावान् था। उसने उसके लिए गयासीस में बड़ा विहार बनवा दिया था और उसी की बात मान अपने पिता बिम्बसार तक को मरवा डाला था। किन्तु जब उसे पता चला कि देवदत्त अपने पापों के कारण अवीचिनापक नरक में जा गिरा है तो वह अत्यन्त भयभीत हुआ। उसे कहीं चैन नहीं पड़ता था। राजसी शयनागार में भी नींद के लिए विकल रहता था। चारों ओर आग-ही-आग दिखायी देती थी। अचानक उसे लगा कि सम्यकबुद्ध(शास्ता) का दर्शन कर उनसे क्षमा माँगू किन्तु अकेले जाकर बुद्ध का सामना करने की उसे हिम्मत नहीं हुई। तब एक बार उसने जीवक नामक सहायक को अपने साथ ले जाने का विचार किया किन्तु उसे भी सीधा कहने में राजा को शर्म आयी। सोच-विचार कर उसने एक चाल चली। भरी सभा में उसने रात्रि की प्रशंसा करते हुए कहा कि आज की रात कितनी सुन्दर है! आज हमें किसी ऐसे श्रमण या ब्राह्मण का सत्संग करना चाहिए जिसका संग करके प्रसन्नता हो। इस पर किसी ने पूरण कश्यप की प्रशंसा की तो किसी ने मक्खलि गोशाल की। किसी ने अजित केश कम्बल की तो किसी ने प्रबुध कात्यायन की, किसी ने वेलटिठ्पुत्र संजय की तो किसी ने निग्रन्थनाथपुत्र की।[33]

राजा चुपचाप सबकी बातें सुनता रहा। जीवक को मौन देखकर उसने पूछा कि तुम मौन क्यों हो? इस पर उसने राजा से निवेदन किया कि भगवान् बुद्ध हमारे आम्रवन में अपने शिष्यों के साथ रहते हैं। वे अर्हत् हैं। उनका आप सत्संग करें, उनसे धर्म सुनें और अपनी शंकाएँ मिटायें।

तब जीवक को लेकर राजा आम्रवन पहुँचा। बुद्ध को सादर प्रणाम किया, उनके उपदेश सुने और क्षमा-याचना कर लौट गया। उसके जाने के बाद शास्ता ने शिष्यों से कहा कि यह राजा भीतर से जख्मी हो गया है। पापी देवदत्त को आदर देने के कारण यह इस स्थिति में पहुँचा है। पूर्व में भी यह ऐसा ही कर चुका है। ...और तब शास्ता संजीवमन्त्र जाननेवाले जातक की यह कथा सुनाते है।

अतीत कथा-पूर्व में बोधिसत्त्व तक्षशिला में आचार्य थे। उनके पाँच सौ शिष्य थे। इनमें से एक संजीव को उन्होंने मुर्दे को जिलाने का मन्त्र सिखाया। इस मन्त्र का दूसरा भाग था जीवित शरीर को वापस मुर्दा बना देना। मन्त्र कठिन था। संजीव ने मन्त्र का पहला भाग अर्थात् मुर्दे को जिलाने का मन्त्र तो सीख लिया किन्तु दूसरा भाग नहीं सीख पाया। एक बार संजीव अपने मित्रों के साथ वन से जा रहा था। राह में उसे एक मृत शेर पड़ा दिखा। बड़ी शान से उसने कहा कि मैं मन्त्र द्वारा इस शेर को जीवित कर सकता हूँ। मित्रों को भी यह देखने की उत्सुकता थी किन्तु वे डर गये कि कहीं जीवित होकर शेर उनको खा न ले इसलिए उन्होंने कहा कि हमें पहले वृक्ष पर चढ़ जाने दे।

साथियों के वृक्ष पर चढ़ जाने के पश्चात संजीव ने मन्त्र पढ़कर उस पर कंकड़ फेका. .....और देखते-ही-देखते शेर जीवित हो उठा।

यह तो हुआ बड़ा आश्चर्य किन्तु इसके बाद जो हुआ वह महादुखद आश्चर्य संजीव ने नहीं, केवल वृक्ष पर चढ़े उसके साथी शिष्यों ने देखा। क्योंकि जीवित होते ही वह शेर संजीव पर झपटा और फिर देखते ही देखते उसे खा गया! आचार्य को जब यह बात पता चली तो उन्होंने यह गाथा कही–

दुष्टजनों का आदर करनेवाले, उनकी संगत करनेवाले नाश को प्राप्त होते हैं। ऐसे लोगों को दुराचारी उसी प्रकार खा जाता है जैसे जीवनप्राप्त व्याघ्र संजीव को खा गया।

शास्ता यहाँ कहना चाहते थे कि देवदत्त का साथ देकर अजातशत्रु ने कष्ट प्राप्त किया और हिंसक शेर को जीवित कर संजीव ने मृत्यु को प्राप्त किया।

कथा-25

मकस जातक (मच्छर मारनेवाले मूर्ख जातक की कथा)

एक प्रसिद्ध कहावत है, बुद्धिमान् शत्रु भी अच्छा है किन्तु मूर्ख मित्र नहीं। इस मकस जातक[34] की गाथा यही है । मूर्ख मित्र किस प्रकार नुकसान पहुँचाते हैं, यहाँ दो जातक कथाएँ यही बताती है।

वर्तमान कथा—कथा है कि एक बार एक जंगल में कुछ लकड़हारे लकड़ी काटने गये। वहाँ मच्छरों ने उन्हें ख़ूब परेशान किया। तब परेशान होकर उन्होंने मच्छरों से निजात पाने के लिए तरकीब निकाली कि इन्हें तीरों से बींध कर मार डाला जाये।

दूसरे दिन बहुत से गाँववाले तीर-कमान लेकर जंगल गये। इधर-उधर खूब तीर चलाया पर उनके तीरों से एक भी मच्छर नहीं मरा। हाँ, इन तीरों से उन्होंने एक दूसरे को घायल अवश्य कर दिया।

अतीत कथा—शास्ता बताते हैं कि अतीत में भी ऐसा हो चुका है। एक बढ़ई अपना काम कर रहा था। एक मच्छर उसके टकले सिर पर बैठकर उसे काम नहीं करने दे रहा था। अन्ततः उसने पुत्र से कहा कि मैं काम कर रहा हूँ, तुम इस मच्छर को भगाने का प्रयत्न करना।

इधर पुत्र को भी वह मच्छर तंग करने लगा। तब क्रोधित हो पुत्र ने पिता के सिर पर बैठे मच्छर पर कुल्हाड़ी से ऐसा वार किया कि मच्छर तो भाग गया पर पिता का सिर फट गया।

उपरोक्त कथा के समान एक अन्य कथा **रोहिणीजातक**[35] में भी है। रोहिणी एक दासी थी। एक बार मूसल से वह कुछ कूट रही थी। उसकी बीमार वृद्धा माँ बाजू में ही लेटी हुई थी। एक मक्खी बार-बार आकर माँ के शरीर पर बैठकर उसे तंग करने लगी। तब उसने अपनी पुत्री से उस मक्खी को भगाने का कहा। किन्तु वह फिर-फिर आकर माँ के शरीर पर बैठ जाती। अन्ततः उसे भगाने के लिए रोहिणी ने अपने मूसल से माँ के सिर पर इतनी जोर से वार किया कि मक्खी तो भाग गयी, पर माँ का सिर ही फट गया।

इस वृत्तान्त को सुनकर बोधिसत्त्व ने यह गाथा कही—

सेय्यो अमित्तो मेधावी यंचे बालानुकम्पको अर्थात मूर्ख कृपालु से बुद्धिमान शत्रु अच्छा है।

पंचतन्त्र में यह कथा राजा के सेवक मूर्ख बन्दर के नाम से आती है जो राजा के शरीर से मक्खी उड़ाने के लिए तलवार से मक्खी पर वार करके राजा को ही मार डालता है।

कथा-26

दूत जातक (दूत को नहीं राजा को अपना दुःख नहीं बताना)

रहीम का प्रसिद्ध दोहा है, **रहिमन निज मन की व्यथा मन ही रखिये गोय। सुन इठलैंहे लोग सब बाट न लइहैं कोय।** वैसे ऐसी बात भी नहीं हैं कि सभी लोग दूसरों का दुःख सुनकर उनकी सहायता नहीं करते है किन्तु हर किसी के आगे अपना दुखड़ा रोने से क्या फायदा? दुःख उसे ही कहना चाहिए जो उसे दूर कर सके। यही सन्देश **दूत जातक**[36] कथा देती है।

वर्तमान कथा—जेतवन में विहार करते समय एक बार भिक्षुगण शास्ता की प्रज्ञा की प्रशंसा कर रहे थे कि किस तरह वे लोगों को तरह-तरह से शिक्षा देकर सन्मार्ग पर चलने के लिए प्रेरित करते हैं। उनकी बातें सुनकर शास्ता कहते हैं कि केवल अभी नहीं, पूर्वजन्म में भी तथागत ऐसे ही उपायकुशल रहे हैं। यहाँ शास्ता एक अतीत कथा बताते हैं।

अतीत कथा—बात तब की है जब वाराणसी नृप ब्रह्मदत्त के राज्य में धन की कमी हो गयी थी। इस समय एक ब्राह्मणकुमार के रूप में बोधिसत्त्व युवा हो रहे थे। पिता ने उन्हें शिक्षा हेतु तक्षशिला भेजा। किन्तु उस समय आचार्य-धन (गुरुदक्षिणा) देने हेतु उनके पास धन नहीं था, सो शिक्षा ग्रहण करने के उपरान्त उन्होंने आचार्य से निवेदन किया—मैं अपने देश जाकर भिक्षा माँग कर आपके लिए गुरुदक्षिणा लेकर आता हूँ।

वाराणसी लौट कर इस हेतु उन्होंने भिक्षा माँग कर किसी तरह सात **निष्क** (सोने का सिक्का) प्राप्त किया...और आचार्य को देने हेतु तक्षशिला के लिए निकले। दुर्भाग्य से वह धन नाव से जाते समय नदी में गिर गया। अब पुनः आचार्य को देने के लिए भिक्षा माँगना उन्हें उचित नहीं लगा अतः उन्होंने राजा से माँगने का विचार किया। किन्तु सीधे राजा के पास जाकर माँगना भी ठीक नहीं था अतः कुछ सोचकर वे गंगा किनारे निराहार बैठ गये।

इस हेतु उन्होंने मन में संकल्प किया कि लोगों के पूछने पर चुप रहूँगा। राजा अमात्य को भेजेगा पर उससे भी बात नहीं करूँगा। इस हेतु मैं राजा से ही बात करूँगा।

सचमुच रास्ता चलते लोग आ-आकर उनसे इस तरह अनशन करने का कारण पूछते रहे पर वे मौन रहे। उन्हें मौन देख लोग रोते हुए चले जाते। जब राजा तक यह बात पहुँची तो उन्होंने अमात्य को साधु के निराहार रहने का कारण जानने भेजा। किन्तु बोधिसत्त्व ने उससे भी कुछ न कहा।

अन्ततः राजा स्वयं आया। सादर पूछा—मैंने तुम्हारे पास तुम्हारे अनशन का कारण जानने दूत भेजे थे, तुम मौन क्यों रहे? क्या तुम्हारा दुःख गोपनीय है?

इस पर उन्होंने निम्नलिखित गाथाएँ कही—

महाराज! अपना दुःख उसी को कहना चहिये जो उसे दूर कर सके, किसी और से नहीं।

शृंगालों और पक्षियों की वाणी समझ में आती है किन्तु मनुष्य की नहीं। जो जन पहले साधु मन से दूसरे को सखा या सम्बन्धी बनाता है पश्चात् वही शत्रु हो जाता है।

जो प्राणी असमय ही बिना किसी के पूछे अपने दःुख को कहता है उससे शत्रु प्रसन्न होते हैं और हितैषी दुःखी होते हैं।

यदि उचित समय हो और समान मनवाला वैसा मेधावी दुःख का कारण पूछता हो तो धीर पुरुष को चाहिए कि अर्थवान मधुरवाणी मुख से निकाले अर्थात् उसे

समझाकर मन की बात कहे। किन्तु यदि वह यह जाने कि न सामनेवाला स्वयं, और न ही दूसरा कोई अन्य, उसके दुःख को दूर कर सकता है तो यह सोचकर कि लोक-परम्परा सुख के लिए नहीं है, उसे चाहिए कि सत्य और लज्जा-भय का ध्यान रख उस दुःख को अकेला ही सहन करे।

आगे अपनी कथा बताते हुए तपस्वी के रूप में बैठे बोधिसत्त्व कहते हैं कि मैंने आचार्य-धन के लिए भिक्षाटन करते हुए सात निष्क एकत्रित किये थे जो नदी में बह गये। इसलिए मैं चिंतित हूँ, दुःखी हूँ। आपके आमात्य मेरा दुःख दूर करने में मुझे समर्थ नहीं लगे, अतः मैंने उनसे कुछ नहीं कहा। आप ऐसा कर सकते हैं, इसलिए मैं आपसे यह सब कह रहा हूँ।

तब बोधिसत्त्व की बातों से प्रसन्न हो राजा ने उन्हें समुचित धन देकर बिदा किया।

कथा-27

चुल्लसेट्ठि जातक (चुल्लसेठ की कथा)

यह कथा **चुल्लसेट्ठिजातक**[37] आलस का त्याग कर लगातार लक्ष्य की ओर बढ़ते रहने का सन्देश देती है।

वर्तमान कथा-एक सेठकन्या के दो बेटे थे। इनमें से बड़ा प्रव्रजित होता है। बाद में वह छोटे भाई चुल्लपंथक को भी प्रव्रजित कराता है। पर छोटे का संन्यास में मन नही लगता था। उसका मन यहाँ वहाँ भटकते रहता था। यह देख बड़ा भाई उससे नाराज रहने लगा। तब दुःखी हो छोटे ने संन्यास छोड़ने का मन बनाया।

जब बुद्ध को यह ज्ञात हुआ तो उन्होंने उसे बुलवाया। एक साफ कपड़ा दे सूर्य की ओर मुख करके बैठने कहा। कपड़ा इसलिए कि पसीना निकलने पर उस कपड़े से मुख पोंछते रहे। लड़के ने वैसा ही किया। उसने देखा कि थोड़ी ही देर में वह कपड़ा गन्दा हो गया। तब शास्ता ने उसे समझाया कि सभी संस्कार अनित्य होते हैं। अपने अन्दर के विकारों को दूर कर। राग, द्वेष और मोह यह सब रेणु हैं, प्रयासपूर्वक इन्हें दूर कर। ...और फिर उसने ऐसा ही किया।

आम्रवन में भिक्षुक जब इस बात की चर्चा करते हुए चुल्लपन्थक की प्रशंसा कर रहे थे तब शास्ता ने कहा कि चुल्लपन्थक ने इसी जन्म में मेरे कारण धर्म में महानता प्राप्त नहीं की है, पूर्व जन्म में भी मेरे कारण उसने भोगों में भी महानता प्राप्त की है।

अतीत कथा–तब वाराणसी में बोधिसत्त्व एक श्रेष्ठि परिवार में जन्मे थे। वयस्क होने पर वे चुल्लसेठ के नाम से प्रसिद्ध हुए। वे पण्डित थे, लक्षणों के ज्ञाता थे। एक बार गली में एक मृत चूहे को देखकर उन्होंने कहा कि कोई बुद्धिमान् व्यक्ति इस मृत

चूहे से भी जीविकोपार्जन का उपाय कर सकता है। एक दरिद्र बालक वहाँ खड़ा था। यह सुनकर उसने उस चूहे को उठाया और एक दुकान पर ले गया। वहाँ उसने उसे दुकानदार को बिल्ली के खाने के लिए एक **काकणी** (कार्षापण नामक उस समय प्रचलित ताँबे के सिक्के का आठवाँ भाग) में बेच दिया। उस पैसे का उसने गुड़ खरीदा और एक मटकी में पानी भर कर उस रास्ते पर जाकर बैठ गया जहाँ से जंगल से फूल लेकर माली आते थे। गरीब माली को वह गुड़ के साथ पानी देता तो वे उसे फूल देते। उन फूलों को बेचने से उसे कुछ ज्यादा पैसे मिले तो वह उन्हें और भी अधिक गुड़ पानी देने लगा। इस तरह उसके पास आठ कार्षापण इक्कठे हो गये।

एक दिन आँधी-पानी से बहुत से लकड़ियाँ और पत्ते राज्योद्यान में गिरे। माली के लिए अकेले उन्हें उठाना कठिन था,...फिर राजा भी वहाँ आनेवाले थे। माली ने अपनी समस्या दरिद्र बालक को बतायी। उसने झट कुछ साथी बच्चों को इकट्ठा किया, उन्हें गुड़ और पानी दिया और उनके साथ मिलकर जल्दी ही सारा कचरा उठवा दिया। माली से तो उसे नकद मिला ही, कचरे से भी उसने पैसे कमाये। हुआ यह कि जब वह कचरा एकत्रित कर रहा था उस समय एक कुम्हार लकड़ी ढूँढ़ते हुए वहाँ पहुँचा। बालक ने एकत्रित लकड़ियाँ कुम्हार को बेच दिया। इस तरह शीघ्र ही उसके पास सोलह कार्षापण एकत्रित हो गये। अब वह ज्यादा गुड़ और पानी की मटकियाँ रखने लगा। एक बार वहाँ से घास ले जा रहे कुछ घसियारे गुजरे। गुड़ पानी खा-पीकर उन्होंने पूछा–तुम्हें क्या दे बच्चे?

'मुझे घास की एक-एक पूली दे दो।'

'इतने से तुम्हारा क्या होगा?'...उन्होंने आश्चर्य से कहा।

'आपसे एक अनुरोध है। जब तक मेरा घास न बिके तब तक आप लोग अपना घास न बेचना।'

घसियारे उसकी बात मान गये। सबने उसे एक-एक पूली घास की दी। इसी बीच वहाँ घोड़े के व्यापारी आये। कहीं घास न मिलने पर उन्होंने उसके सारे पूले अच्छे दाम देकर खरीद लिए। इस तरह उसका धन बढ़ गया।

इसी तरह आगे बढ़ते हुए उसने अपनी मेहनत और प्रत्युन्नमति से अतुल धन कमाया।

फिर एक बार वह उसी चुल्लसेठ के पास धन लेकर गया और बताया कि यह धन मैंने मरे हुए चूहे कमाया है। सेठ ने आश्चर्य से पूछा–मुझे यह क्यों दे रहे हो?

तब उसने बताया कि आपके ही मुख से मैंने सुना था कि कोई चाहे तो मरे चूहे से भी धन कमा सकता है। बालक की बात से सेठ इतना प्रसन्न और प्रभावित हुआ कि उसे अपनी कन्या दे दी। इतना अच्छा दामाद उसे भला और कहाँ मिलता!

फिर उसने यह गाथा कही–

मेधावी व्यक्ति थोड़ी-सी भी आग को फूंककर बढ़ा लेने के समान थोड़े से भी मूलधन से अपने को उन्नत कर लेता है।

उल्लेखनीय है कि सोमदत्त भट्ट विरचित **कथासरित्सागर**[38] में भी यह कथा कुछ परिवर्तन के साथ आयी है। यहाँ अन्त में उल्लेख है कि सेठ से प्रेरित होकर मरे चूहे से व्यापार करनेवाला बालक जब स्वयं सेठ बन गया तो एक चांदी का चूहा बनवाकर सेठ के पास भेंट देने के लिए ले गया क्योंकि उसकी प्रेरणा से और उसके मरे चूहे से उसने धन कमाया था। यहाँ भी सारी बातें सुनकर सेठ उसकी ईमानदारी, बुद्धिमत्ता और लगन तथा मेहनत को देखकर इतना प्रसन्न होता है कि अपनी कन्या का उसके साथ विवाह कर अपने व्यापार में उसे भागीदार बना लेता है।

कथा-28

बब्बु जातक (चुहिया को सतानेवाले बिल्ले की कथा)

लालच के विषय में प्रसिद्ध उक्ति है, **'लालच बुरी बलाय'**। सचमुच लालच व्यक्ति पर बला के रूप में ही आती है। किन्तु व्यक्ति की लालच केवल उसे ही परेशानी में नहीं डालती, दूसरों को भी परेशान करती है। प्रस्तुत **बब्बु जातक**[39] कथा यही व्यावहारिक सन्देश देती है।

इसके साथ ही यह कथा तत्कालीन भिक्षुओं के मनस पर भी प्रकाश डालती है जो स्वादिष्ट भोजन की लालच में अपने भिक्षुधर्म को भूल जाते थे। आज भी ऐसे भिक्षुओं की कमी नहीं है। किन्तु बुद्ध ऐसे भिक्षुओं पर पैनी नजर रखते थे और उन्हें इस ओर से सचेत करते थे।

वर्तमान कथा-एक शादीशुदा कानी लड़की, जिसे सब काणा कहते थे, एक बार अपनी माता के घर आयी। कुछ दिनों बाद उसके पति ने उसे ससुराल आने हेतु दूत भिजवाये। तब गरीब माँ ने कुछ पुये बनाकर उसे बिदा करना चाहा किन्तु उसी समय एक भिक्षु आया। माँ ने सादर उसे कुछ पुये भिक्षा में दिये। यह देखकर दूसरा भिक्षु भी आ पहुँचा। उसे भी कुछ पुये दिये। फिर तीसरा और चौथा भिक्षु भी लालच में आ पहुँचा। काणा के साथ भेजने के लिए बनाये गये सारे पुये समाप्त हो गये। अब खाली हाथ माँ उसे कैसे भेजती? सो उसका जाना टल गया।

दूसरी बार पति ने फिर आने के लिए दूत भेजे पर इस बार भी यही हाल हुआ। जब यही बात तीसरी बार भी हुई तो नाराज पति ने दूसरा विवाह कर लिया। काणमाता यह सुनकर रोने लगी। शास्ता को जब सारी बात ज्ञात हुई तब वे स्वयं काणमाता के घर आये। उसे आश्वासन दे, धर्मकथा कह अपने विहार में गये। वहाँ उन्होंने सबको बताया कि चार

भिक्षुओं के कारण काणा और काणमाता पर कितना दुःख आ गया है। पूर्वजन्म में भी इन भिक्षुओं ने इसी तरह इसे दुःख दिया था।

अतीत कथा—तब काणमाता एक सेठानी थी। काशी में एक धन्ना सेठ की पत्नी थी। कालान्तर में दोनों निःसन्तान मर गये। सारा घर उजड़ गया। पर उनके पास अथाह गड़ा हुआ खजाना था। सेठानी मरी तो धन की लालसा में चुहिया बन उस खजाने के पास ही रहने लगी।

धीरे-धीरे सारा गाँव ही नष्ट हो गया। उस समय बोधिसत्त्व वहाँ पत्थर तराशने का काम करने आये। उन्हें देखकर उनसे प्रभावित हो चुहिया ने सोचा कि मेरा धन व्यर्थ ही पड़ा है। इस व्यक्ति को दूँगी तो यह मुझे मांस लाकर दिया करेगा। सो एक बार अपने मुख में खजाने में से एक कार्षापण(तांबे का सिक्का) दबाकर वह उनके पास गयी और बोली—तात ! इसे लेकर आप मांस खरीद कर लायें। आप स्वयं भी खाये और मुझे भी दें।

बोधिसत्त्व ने वैसा ही किया। चुहिया जीभर मांस खाकर अत्यन्त सन्तुष्ट हुई। फिर वह प्रतिदिन ऐसा ही करने लगी। चुहिया के मजे थे। पर अचानक वहाँ आये एक बिल्ले के रूप में उसपर मानों गाज गिरी। बिल्ले ने उसे मांस खाते-खाते ही दबोच लिया। इस पर चुहिया ने घिघयाते हुए कहा—मुझे न मारो। मुझे मारकर आपका केवल एक दिन पेट भरेगा पर मैं जीवित रही तो आपको रोज मांस मिलेगा।

बिल्ले को बात जंची सो उसने उसे छोड़ दिया। अब बोधिसत्त्व उसे जो मांस लाकर देते उसका आधा वह बिल्ले को देती। मांस आधा हो गया पर फिर भी चुहिया का काम मजे से चल रहा था। किन्तु यह विपत्ति जब नये-नये बिल्लों के रूप में दूसरी, तीसरी और चौथी बार आयी तो बेचारी चुहिया के भूखे मरने के दिन आ गये। चार हिस्से बिल्लों को खिलाने के बाद उसे जो मिलता उसमें वह भूखी रहने लगी।

उसे क्लान्त और कृश देख एक बार बोधिसत्त्व ने इसका कारण पूछा। चुहिया ने सारी कथा बतायी। तब बोधिसत्त्व ने उन बिल्लों से बचने का एक उपाय बताया। उन्होंने उसके लिए शुद्ध स्फटिक पत्थरों की गुफा बनायी और उसे सिखाया कि जब बिल्ले आये तो तुम इसमें घुसकर उन्हें जोर से डाँटना। वह तुम्हारा कुछ नहीं बिगाड़ सकेंगे। स्वयं मुँह की खाएँगे। सचमुच फिर तो बिल्ली तो जैसे शेर हो गयी! गुफा के बाहर खड़े बिल्ले ने जब मांस माँगा तो गुर्रा कर बोली—दुष्ट बिलार! क्या मैं तेरी नौकर हूँ कि मांस लाकर दूँ? जा अपने पुत्रों का मांस खा।

यह सुन उन बिल्लों ने कूद कर उस पर आक्रमण कर दिया किन्तु वह तो स्फटिक गुफा में थी। बिल्ले उससे टकराकर अपना माथा फोड़ बैठे और प्राण भी गँवा बैठे। अब चुहिया स्वतन्त्र थी। अब वह पूर्ववत बोधिसत्त्व को एक सिक्का दे उनसे मांस मँगवा कर खाने लगी।

शास्ता ने आगे बताया कि उस समय के चारों बिल्ले ही आज के चार भिक्षु है। काणमाता चुहिया है और पत्थर तराशनेवाला मैं ही था।

कथा-29

कुन्तिनी जातक (कुन्तिनी नामक बदला लेनेवाली पक्षी)

अपने बच्चों के प्रति ममता जैसे मनुष्यों में होती है, पशु-पक्षियों में भी होती है। बच्चों के मृत्यु पर वे भी दुःखी होते हैं। इस दुःख में क्रोध की भावना भी आ जाती है। जब वे यह जानते हैं कि उनके बच्चों की किसी ने हत्या की है और तब वे भी बदला लेते हैं। प्रस्तुत जातक कथा **कुन्तिनी जातक**[40] यही सन्देश देती है।

वर्तमान कथा-यहाँ वर्तमान कथा एक कुन्तिनी पक्षी की है जो एक राजा के महल में रहती थी। यह राजा के लिए दूत का काम करती थी। एक बार वह राजा का सन्देश लेकर कहीं दूसरे देश गयी। तब उसके छोटे-छोटे बच्चों को राजा के बच्चों ने मार डाला। इस पर वह अत्यन्त दुखी हुई। उसे राजा के बच्चों पर क्रोध भी आया। तब उसने राजा के बच्चों को शेर के सामने फेंककर अपने बच्चों के खून का बदला लिया और फिर हिमालय चली गयी।

अतीत कथा—यहाँ अतीत कथा वर्तमान कथा के समान ही है। अन्तर यह है कि यहाँ कुन्तिनी के स्थान पर क्रौंच पक्षी का नाम है। अपने बच्चों की राजकुमारों द्वारा की गई हत्या का बदला लेने के बाद वह चुपचाप राजमहल से नहीं जाता, वह राजा को बताकर जाता है।

जाते समय उसके और राजा के मध्य हुआ वार्तालाप दृष्टव्य है। यही इस जातक कथा की गाथा है।

क्रौंच-राजन्! तुम्हारे घर में मैं नित्य सत्कृत तथा पूजित होकर रहा। पत्र देकर तुमने मुझे दूर भेजा पर मेरे पुत्रों की तुम रक्षा नहीं कर सके। तुम्हारे कारण ही मुझमें असन्तोष पैदा हुआ है। अतः तुम ही मेरे जाने का कारण हुए। हन्त! अब मैं जा रहा हूँ।

राजा—जो समझता है कि बुरे कर्म के बदले में बुरा कर्म किया जा चुका है, उसका बैर शान्त हो जाता है। हे क्रौंच पक्षी! रह जा! मत जा!

क्रौंच—दोषी तथा जिसके प्रति दोष किया गया है, उसकी फिर मैत्री नहीं होती। राजन्! अब मेरा मन यहाँ रहने की आज्ञा नहीं देता। मैं जाता ही हूँ।

राजा—दोषी तथा जिसके प्रति दोष किया गया है, उनकी फिर मैत्री हो जाती है किन्तु धीर पुरुषों की, मूर्खों की नहीं। मत जा।

क्रौंच—ऐसा होने पर भी हे स्वामी! मैं यहाँ नहीं रह सकता।

और राजा को प्रणाम कर वह चले गया।

महाभारत में ऐसी ही कथा पूजनी नामक चिड़िया की मिलती है। यहाँ शान्तिपर्व में उल्लेख है कि राजा ब्रह्मदत्त की रानी और उनकी पालतू चिड़िया पूजनी ने एक ही दिन बच्चों को जन्म दिया था। चिड़िया अपने बच्चे के समान ही राजकुमार को भी प्यार करती थी। वह प्रतिदिन दूर गाँव से दो फल लाती थी। एक अपने बच्चे को और दूसरा राजकुमार

को खिलाती थी। इससे राजकुमार शीघ्र ही हृष्टपुष्ट हो गया। किन्तु वह कुछ दुष्ट प्रवृत्ति का था। एक बार चिड़िया की अनुपस्थिति में उसने उसके बच्चे को मसल कर मार डाला। यह देख चिड़िया के दुःख और क्रोध की सीमा नहीं रही। क्रोधित हो उसने अपनी चोंच से राजकुमार की दोनों आँखें फोड़ डाली। फिर ऊँचे स्थान में जाकर वहाँ से उसने राजा को अपने कृत्य के विषय में सब कुछ बताया और कहा कि राजकुमार ने जो पाप किया था उसका बदला उसे मिला है। पाप का बदला मिलता ही है। आज नही तो कल मिलता है। तत्काल मिलना अच्छा है। मैं अब जा रही हूँ।

राजा समझदार था। वह पूजनी पर क्रोधित नहीं हुआ बल्कि उसे रोकने का प्रयत्न करते हुए उसने कहा कि कुमार के अन्याय का बदला तुमने ले लिया है। अब दोनों के कार्य बराबर हो गये है अतः तू यहीं रह।

किन्तु पूजनी ने राजमहल में रहने के प्रलोभन को ठुकराते हुए कहा कि जिसका अपकार किया जाता है और जो अपकार करता है, उन दोनों में मेल नहीं हो सकता क्योंकि दोनों के मन में पुरानी बात खटकते रहती है...अतः मैं अब यहाँ नहीं रह सकती।

इस पर राजा पूजनी को फिर समझाता है कि अविश्वास करने से तो मनुष्य कभी अपने अभीष्ट पदार्थ को नहीं प्राप्त कर सकता। यदि मन में दूसरे पक्ष से सदा भय बना रहे तो जीव मृतकतुल्य हो जायेगा।

यह सुन पूजनी कुछ सुन्दर नीतिवचन कहती है–

किसी के दोनों पैरों में घाव हो और वह उनसे चले तो वह चाहे कितना भी बचाकर चले, उसके पैरों में पुनः घाव होगा ही।

जो जीव अपने रोगी नेत्रों से हवा की ओर रुख करके देखता है उसके नेत्रों की पीड़ा तो बढ़ेगी ही।

अपना जन्मस्थान भी यदि रोग या दुर्भिक्ष से पीड़ित हो तो आत्मरक्षा के लिए उसे छोड़ देना चाहिए।

फिर, बलवान के साथ युद्ध छेड़ना कदापि उचित नहीं है।

मैंने आपके पुत्र के साथ जो किया है उसे आप कभी नहीं भूल सकते। अतः मेरा यहाँ से जाना ही बेहतर है ...यह कहते हुए राजा को प्रणाम कर पूजनी दूर आकाश में उड़ गयी।[41]

कथा-30

जवसकुण जातक (चालाक कठफोड़वे की कथा)

अपने उपकारी के प्रति कृतज्ञता ऐसा गुण है जिसे हर मनुष्य को अपने भीतर विकसित करना चाहिए। किन्तु मानव की दुष्ट प्रवृत्ति ऐसा होने में बाधा डालती है।

देवदत्त की प्रवृत्ति ऐसी ही थी। हर योनि में वह बुद्ध के प्रति अकृतज्ञ ही रहा। यह कथा **जवसकुण जातक**[42] देवदत्त की तथा देवदत्त के समान अन्य जीवों की इसी प्रवृत्ति की ओर इंगित करती है। समझदार व्यक्ति को ऐसे दुष्टों से बचकर रहना चाहिए, यह कथा यही व्यावहारिक नीति सिखाती है।

वर्तामान कथा—जेतवन में विहार करते समय जब भिक्षुगण देवदत्त की इस प्रवृत्ति के विषय में चर्चा कर रहे थे तब शास्ता ने उन्हें यह अतीत कथा सुनायी।

अतीत कथा—तब बोधिसत्त्व हिमालय प्रदेश में कठफोड़वा पक्षी की योनि में पैदा हुए थे और देवदत्त सिंह योनि में था। एक बार सिंह के गले में एक हड्डी फँस गयी। इसके कारण उसे भयानक पीड़ा हो रही थी। तब हड्डी को निकालने उसने कठफोड़वा से विनती की। कठफोड़वा भला पक्षी था। वह सिंह की पीड़ा दूर करना चाहता था किन्तु उसे विश्वास नहीं था कि हड्डी निकल जाने के बाद वह सिंह का भोज्य नहीं बनेगा। अतः वह पूछता है कि बाद में तुम मुझे खा तो नहीं जाओगे? इस पर सिंह बोला—नहीं मित्र! मैं ऐसा नहीं करूँगा बल्कि हमेशा तुम्हारा उपकार मानूँगा। किन्तु कठफोड़वे को सिंह की बातों पर विश्वास नहीं हुआ। इसलिए वह अपनी शर्त पर हड्डी निकालने तैयार हुआ।

उसने पहले सिंह को करवट पर लिटाया। फिर एक लकड़ी सिंह के दोनों जबड़ों में फँसाई ताकि उसका मुख अच्छे से खुला रह सके। फिर चोंच से हड्डी निकालकर सिंह के मुँह से निकलते समय लकड़ी भी गिरा दी और तत्काल वृक्ष पर जा बैठा। इस तरह उसने सिंह बचाई और इस तरह उसपर एक बड़ा उपकार किया। इसके साथ ही अपनी जान की एहतियात भी बरती।

किन्तु बाद में क्या सिंह ने उसका उपकार माना? आइये देखते हैं।

एक दिन वह सिंह भैंसा मार कर खा रहा था। वृक्ष पर बैठे-बैठे कठफोड़वा बोला, हे वनराज! मैंने तुमपर उपकार किया था। कुछ मुझे भी दो।

सिंह के लिए छोटे से कठफोड़वे को थोड़ा सा मांस देना बड़ी बात नहीं थी...पर उस अकृतज्ञ ने उसे थोड़ा भी नहीं दिया। इतना ही नही, अकड़ते हुए बोला, 'मुझ जैसे मांसाहारी शिकारी के मुख से जिंदा निकल गये यही उपकार मानों।' इस पर कठफोड़वे ने दो गाथाएँ कही—

जो अकृतज्ञ है, जो उपकार के बदले में प्रत्युपकार नहीं कर सकता, जिसमें कृतज्ञता का भाव नहीं है, उसकी सेवा करना निरर्थक है।

जिसका साक्षात् उपकार करने पर भी मित्रधर्म की प्राप्ति नहीं होती उसके प्रति बिना असूया रखे उसके पास से शीघ्र दूर हो जाना चाहिए।

और वह वहाँ से उड़कर नये आशियाने की खोज में अन्यत्र चले गया।

कथा-31

अनभिरति जातक (अस्थिरचित्त से हानि)

किसी भी प्रकार के अध्ययन, मनन और स्मरण के लिए चित्त की स्थिरता पहली आवश्यक शर्त है। विद्यार्थियों को विद्यार्जन करते समय यह बात ध्यान में रखनी चाहिए। विद्यार्थी के साथ ही यह गुण शिक्षक में भी होना अत्यन्त आवश्यक है अन्यथा वह अपने शिष्यों को सही शिक्षा नहीं दे सकता है। इस कथा **अनभिरति जातक**[43] में बुद्ध एक अस्थिरचित्त जातक की कथा के माध्यम से यही सन्देश देते हैं।

वर्तमान कथा—यहाँ वर्तमानकथा एक ब्राह्मण कुमार की है जो बहुत से क्षत्रिय कुमारों तथा ब्राह्मण कुमारों को वेद पढ़ाता था। समय व्यतीत होने पर उसने गृहस्थी बसायी। पत्नी के आने के बाद उसकी चिन्ताएँ बढ़ गयी। अब उसे अतिरिक्त वस्त्र, अलंकार, दासदासी, गौ आदि की चिन्ता भी होने लगी...और वह अस्थिर चित्त हो गया। अब वह सही ढंग से विद्यार्थियों को मन्त्र नहीं पढ़ा पाता था क्योंकि उसे ही मन्त्र याद नहीं रहता था।

एक बार वह शास्ता से मिलने जेतवन गया। शास्ता के पूछने पर कि क्या तुम शिष्यों को ठीक से मन्त्रपाठ कराते हो, उसने स्वीकार किया कि गृहस्थी बसाने के बाद से ऐसा नहीं हो पा रहा है। अब मेरा चित्त स्थिर नहीं रहता है। इस पर शास्ता ने बताया कि पहले भी तुम्हारे साथ ऐसा ही हुआ था।

अतीत कथा—तब उस माणवक (मानव) ने एक आचार्य को अपना गुरु स्वीकार किया था जो वस्तुतः बोधिसत्त्व ही थे। उनसे उसने तक्षशिला में तीनों वेदों का अध्ययन किया। फिर वह उपाचार्य बना। उसके अनेक शिष्य हुए। वह अच्छा शिक्षक था पर अचानक उसमे परिवर्तन आ गया। अब उसे मन्त्रपाठ याद ही नहीं रहता था। जब उसे स्वयं याद नहीं रहता तो वह शिष्यों को क्या सिखाता?

उसके आचार्य को जब यह बात पता चली तो उन्होंने इस विषय में उससे पूछा। इस पर उसने अपनी भूल स्वीकार किया और शिकायत की कि जब से मैं गृहस्थ हुआ हूँ मुझे मन्त्र याद नहीं रहते। यह सुन आचार्य ने कहा—तात! अस्थिर चित्त होने से अभ्यस्त मन्त्रों का भी स्मरण नहीं होता जबकि स्थिर चित्त रहने से विस्मृति होती ही नहीं।...और उन्होंने दो गाथाएँ कही—

जिस प्रकार गँदले, मैले, पानी में सीपी, शंख, कंकड़, बालू तथा मछलियों का समूह दिखायी नहीं देते उसी प्रकार अस्थिर चित्त में आत्मार्थ और परार्थ का बोध नहीं होता।

जिस प्रकार निर्मल, साफ पानी में सीपी, शंख, कंकड़, बालू तथा मछलियों के समूह दिखायी देते उसी प्रकार स्थिर चित्त में आत्मार्थ और परार्थ का बोध होता है।

यहाँ उल्लेखनीय है कि महर्षि पंतजलि ने योग का उद्‌देश्य चित्तवृत्तियों का निरोध बताया है ताकि चित्त के शान्त होने से योग का उद्‌देश्य पूरा हो सके।

कथा-32

किम्पक्क जातक (आकर्षक फल में आसक्ति का दुष्परिणाम)

आकर्षक वस्तुएँ हमेशा सुफल दे, ऐसा नहीं होता है। बल्कि बिना सोचे-समझे ऊपरी रूपरंग का आकर्षण हमें बहकाकर गर्त में ही ले जाता है। यह कथा **किम्पक्क जातक**[44] यही व्यावहारिक सीख देती है। इसी बात को लोक में कहा जाता है—**हर चीज जो चमकती है सोना नहीं होती।**

वर्तमान कथा—जेतवन में विहार करते समय एक बार एक उपाध्याय एक भिक्षु को शास्ता के पास लेकर आये कि भिक्षा माँगते समय एक अलंकृत स्त्री को देखकर यह कामासक्त हो गया है। इस पर शास्ता ने उसे समझाया कि ऐसी आसक्ति भोग के समय तो सुखद लगती है किन्तु इनका परिणाम किम्पक्क फल के समान होता है। किम्पक्क ऐसा फल है जो वर्ण, रस, गन्ध से तो युक्त होता है अर्थात् दिखता सुन्दर है, रसीला होता है और गन्ध भी मोहक होती है किन्तु खाने पर यह आँतों के टुकड़े-टुकड़े कर प्राणों का नाश कर देता है। अनेक लोग पूर्व में लालचवश इसे खाकर मर गये या बीमार हुए हैं।

कहने का मतलब कि दिखने में जो वस्तु आकर्षक हो वह परिणाम भी अच्छा देगी ऐसा जरूरी नहीं। इसी सन्दर्भ में शास्ता एक अतीत कथा कहते हैं।

अतीत कथा—तब वाराणसी में एक श्रेष्ठि परिवार में जन्मे बोधिसत्त्व सार्थवाह के रूप में पाँच सौ गाड़ियों के साथ पूर्व से पश्चिम की ओर जा रहे थे। जब वे वनप्रान्त में प्रवेश कर रहे थे तब उन्होंने समस्त गाड़ीवानों को बुलाकर कहा—अब हम जिस प्रान्त में प्रवेश करने जा रहे हैं उसमें अनेक विषवृक्ष है। मेरे पूछे बिना तुम लोग ऐसे किसी फल को न खाना जिसे पहले न खाया हो। सबने हामी भरी और कारवाँ चल पड़ा।

कुछ दूर जाने पर एक आम के फल जैसा वृक्ष दिखा। सुन्दर रसभरे पीले-पीले आमों को देखकर सबका मन उन्हें खाने को ललचा गया। कुछ लोगों ने शीघ्रता से उसे तोड़ भी लिया। किन्तु आम जैसे होते हुए भी वह आम नहीं थे। सो कुछ लोगों ने उन फलों को रख लिया पर खाया नहीं...यह सोचकर कि अपने सार्थवाह से पूछकर खायेंगे। किन्तु कुछ लोगों को उसमें इतना आकर्षण दिखा कि वे अपने को रोक नहीं पाये और लालचवश उन्हें खा लिया।

फिर क्या था। थोड़ी ही देर में ऐसे लोग जमीन पर लोटकर चिल्लाने लगे। वह फल तो उनकी अन्तड़ियाँ फाड़े डाल रहा था! बोधिसत्त्व तक उनका रुदन पहुँचा तो वे शीघ्रता से वहाँ आये। सारा माजरा समझते उन्हें देर नहीं लगी। उन दुर्बुद्धियों पर क्रोध भी आया जिन्होंने मना करने के बावजूद किम्पक्क फल खाया था। किन्तु अभी पहला काम ऐसे लोगों को बचाना था जो बच सकते थे। अतः उन्होंने शीघ्र ही ऐसे लोगों को कुछ ओषधि पिला कर वमन करवाया...और इस तरह उनके प्राण बचाये। जो प्राण गँवा चुके थे उनका कुछ नहीं किया जा सकता था। यह कथा बताकर शास्ता ने उस कामुक भिक्षु से यह गाथा कही-

कामभोगों के दुष्परिणाम पर बिना विचारे उनका सेवन करनेवाले उसी तरह मारे जाते हैं जैसे किम्पक्क फल को खानेवाले मारे गये।

कथा-33

अपण्णक जातक (तर्कग्राह्य कहनेवाला जातक)

बुद्ध तर्कवादी थे। उन्होंने कभी अपना दर्शन अपने शिष्यों पर नहीं थोपा। वे शिष्यों से हमेशा तार्किक बनने अर्थात् तर्क के आधार पर सत्य ग्रहण करने को कहते थे। **'अप्प दीपो भव'** यह उनका प्रसिद्ध वाक्य है। प्रस्तुत कथा **अपण्णक जातक**[45] ऐसे ही यथार्थ कथन कहनेवाले जातक की है जो अतीत में एक सार्थवाह के रूप में वाराणसी में जन्मा बोधिसत्त्व ही था।

वर्तमान कथा—यहाँ वर्तमान कथा प्रारम्भ में बुद्ध की शरण लेनेवाले कुछ भिक्षुओं की है। बुद्ध के शिष्य अनाथपिण्डिक के साथ इन्होंने बुद्ध की शरण ली थी और उनसे उपदेश सुना करते थे किन्तु बुद्ध की अनुपस्थिति में वे दूसरे तैर्थिकों की शरण में चले गये।

बुद्ध के आने पर अनाथपिण्डिक पुनः उन्हें ले बुद्ध के पास आया। तब बुद्ध ने उन्हें समझाया कि बुद्ध, धर्म, और संघ ये तीन रत्न हैं। इनकी शरण लेनेवाले कभी नरक नहीं जाते। मृत्यूपरान्त वे देवलोक में जाते हैं। भयभीत मनुष्य पर्वत, वन, वृक्ष, उद्यान आदि देवताओं की शरण लेता है किन्तु इनकी शरण मंगलदायक नहीं होती। इन्हें ग्रहण करने पर सभी दुःखों से मुक्ति नहीं मिलती जबकि चारों आर्यसत्यों को भलीभाँति तार्किक दृष्टि से देखनेवाला मुक्ति की प्राप्ति करता है।

आगे बुद्ध बताते हैं कि पहले भी बिना तार्किक दृष्टि से चलकर इन्होंने दुःख उठाया है। तर्कहीन होने के कारण इनके प्राण तक चले गये थे। अनाथपिण्डिक के अनुरोध करने पर बुद्ध इन भिक्षुओं को अतीत कथा बताते हैं।

अतीत कथा—तब बोधिसत्त्व व्यापारी कुल में पैदा हुए थे। एक बार पाँच सौ गाड़ियों में सामान लदवा एक सार्थवाह के रूप में उन्होंने दूसरे देश व्यापार हेतु जाने की तैयारी की। वाराणसी में तभी एक अन्य व्यापारी भी उसी दिशा में पाँच सौ गाडियों के साथ सामान लेकर जाने की तैयारी कर रहा था। बोधिसत्त्व ने सोचा कि यदि यह मेरे साथ जायेगा तो हजार लोगों के और उनके बैलों के खाने-पीने की व्यवस्था ठीक से नहीं हो पायेगी, अतः उस अन्य व्यापारी के पास जाकर उन्होंने निवेदन किया कि हम आगे-पीछे चलते हैं। अब तुम तय करो कि आगे जाओगे कि हमारे पीछे आओगे।

तब यह सोचकर कि आगे-आगे चलने पर मेरे बैलों को तृण पर्याप्त मिलेगा, मेरे आदमियों को भी साफ सुथरा पानी मिलेगा और वस्तुओं का मूल्य भी हम इच्छानुसार

निर्धारित कर सकेंगे, उस मूर्ख व्यापारी ने कहा कि मैं आगे चलूँगा। बोधिसत्व राजी हो गये। मन-ही-मन उन्होंने हिसाब लगाया कि पीछे चलने के कितने लाभ हैं। यह विषम स्थानों को सम बनाते हुए चलेगा, इसके बैलों द्वारा पुरानी घास खा लिए जाने पर मेरे बैलों को नवांकुरित घास मिलेगी, इसके आदमियों द्वारा शाक हेतु पुराने पत्ते तोड़ लिए जाने पर हमें नये पत्ते मिलेंगे, पानी नहीं मिलने पर इसके द्वारा खोदकर पानी निकाला जायेगा तब उसके खोदे गढ़ों से हमें पानी मिल जायेगा...और सबसे कठिन काम है वस्तुओं का मूल्य निश्चित करना। इसके निश्चित किये गये मूल्यों पर हम आराम से अपनी वस्तुएँ बेचेंगे।

इस तरह उस मूर्ख व्यापारी का कारवाँ पहले आगे निकल गया। उस जंगल में कुछ यक्ष[46] रहते थे जो मनुष्यों को मार कर खाते थे। मनुष्यों के इस कारवाँ को दूर से आता देखकर उन यक्षों ने इन्हें मारने हेतु एक चाल चली। पहले तो उन्होंने केश और वस्त्र गीले किये फिर नील तथा श्वेत कमलों की माला धारण कर उनके सामने पहुँचे। अभिवादन कर मित्र कहते हुए परिचय बढ़ाने के लिए पूछा कि वे लोग कहाँ जा रहे हैं। यह जानकर की बेचने के लिए सामान ले जा रहे हैं उन्होंने फिर चालाकी से सभी गाड़ियों के सामान की जानकारी ली। अन्तिम भारी गाड़ी देखकर पूछा कि उसमें क्या है। इस पर व्यापारी ने बताया कि उसमें जल से भरे मटके हैं। पता नहीं राह में जल मिले या न मिले। इस पर यक्ष ने अपनापन दिखाते हुए कहा कि अरे हमें देखते नहीं हो आगे इतनी वृष्टि हो रही है कि हम गीले हो गये हैं। वहाँ सुन्दर जल से भरे कमलसरोवर भी है। हम वहीं से इन कमलों को लेकर आ रहे हैं। तुम व्यर्थ ही पानी ढो रहे हो इन मटकों को फेंक दो। सार्थवाह को बात ठीक लगी। उसने सारा पानी फिकवा दिया और फिर उसका कारवाँ आगे बढ़ गया। सरोवर की लालसा में वे आगे बढ़ते गये। किन्तु सरोवर तो नजर ही नहीं आ रहा था। अब पानी हो तो भोजन बने, भूख-प्यास मिटे।...किन्तु दूर-दूर पानी का कोई स्रोत नहीं था। अन्ततः सूर्यास्त होता देख वे एक स्थान पर रुके। बिना पानी के तृषित बैल और सारे लोग निढ़ाल हो गये। अन्त में किसी तरह वहीं रात बिताने रुक गये। बिना भोजन-पानी के भला शरीर में कितना दम होता। आधी रात को वे यक्ष आये और मजे से उनको मार कर, खा गये।

इधर मास भर बाद बोधिसत्त्व का कारवाँ निकला। उन्होंने पहले ही व्यापारियों को समझा दिया कि हमारे साथ जो पानी रखा है उसके एक बूंद का भी दुरुपयोग कोई नहीं करेगा। हम तभी अपना पानी फेकेंगे जब हमें अच्छा पानी कहीं मिलेगा।

फिर रास्ते में इनके सामने भी यक्ष वैसा ही रूपरंग बना कर उपस्थित हुए और मीठी-मीठी बातें करके इन्हें भी पानी फेंकने कहा। कुछ लोग इस हेतु तैयार हो गये किन्तु बोधिसत्त्व ने पानी फेंकने से मना किया। केवल 'बाद में सोचेंगे' कहा। थोड़ी दूर जाकर उन्होंने कारवाँ को रुकवाया। सबको एकत्रित करवाकर उनके सामने प्रश्न रखा—क्या आप लोगों ने कभी सुना है कि इस कान्तार में कोई कमलसरोवर है?

'आर्य नहीं! हमने तो यही सुना है कि यह निर्जल वनप्रान्त है।'

'वे कह रहे थे कि कुछ दूरी पर वर्षा हो रही है, पर क्या किसी को वर्षा की हवा प्रहार कर रही है?'

'नहीं आर्य।'

'क्या किसी को बादल का सिरा दिखायी दे रहा है?'

'नहीं आर्य।'

'क्या किसी के कान में बिजली की आवाज सुनायी दी?'

'नहीं आर्य।'

'क्या बादल गरजने की आवाज किसी ने सुनी?'

'नहीं, किसी ने भी नहीं सुनी आर्य।'

'इसका मतलब कि वे झूठे लोग थे! उनका मकसद हमें बिन पानी के निर्बल करना था ताक़ि हमें वे आसानी से खा सके। वे अवश्य ही यक्ष थे।'

सार्थवाह की बात सुन सारे लोग डर गये पर प्रसन्न भी हुए कि हमारे सार्थवाह ने तार्किक बुद्धि से सिद्ध कर दिया है कि वे हमसे पानी फिंकवा कर मारना चाह रहे थे।

सचमुच कुछ दूर जाने पर इस सच्चाई का प्रमाण भी मिला जहाँ पाँच सौ मनुष्यों की हड़्डियाँ पड़ी थी। पहले से सचेत होने के कारण य़क्षों ने भी इनसे लड़ने की हिम्मत नहीं की...और यह कारवाँ मजे से अपनी मंजिल तक पहुँच गया।

उपरोक्त कथा बताकर शास्ता ने यह गाथा कही-

कुछ लोग यथार्थ (तार्किक) बात कहते हैं कुछ दूसरे अयथार्थ। बुद्धिमान पुरुष जो यथार्थ है, उसे ग्रहण करें।

फल जातक में भी कुछ ऐसे ही तार्किक बात कहने की प्रशंसा है। यहाँ कारवाँ के लोगों को सरदार ने मना कर रखा था कोई भी फल उससे पूछे बिना न खाया जाये। जंगल पार कर कारवाँ जब ग्रामद्वार पर पहुँचा तो एक बिल्कुल आम के सदृश्य पके हुए सुन्दर फलों से लदे वृक्ष को देख लोगों को उसे खाने का लालच हुआ और वे फलों की ओर लपके किन्तु कुछ समझदार लोगों ने उन्हें रोकते हुए कहा कि सरदार से पूछकर ही खाना चाहिए। सो उन्होंने सरदार से पूछा। पर सरदार ने वृक्ष देखकर उन्हें फल खाने से मना किया, यह कहते हुए कि यह अवश्य विषफल है। लोगों के पूछने पर कि उसने कैसे जाना, सरदार ने तर्क देते हुए कहा कि पहली बात तो यह वृक्ष चढ़ने में दुष्कर नहीं है, दूसरी बात गाँव से दूर भी नहीं। यदि इसके फल खाने लायक होते तो अब तक सारे फल ग्रामीण खा चुके होते।

बात तर्कसंगत थी। तब फल के प्रति सबकी लालच समाप्त हो गयी और उन्होंने सरदार की प्रशंसा करते हुए कारवाँ को आगे बढ़ाया।

खण्ड-3

धर्म, अर्थ, शील और दान का महत्त्व बतानेवाली कथाएँ

कथा-34

धम्मजातक (अधर्म से धर्म की श्रेष्ठता)

इस संसार में प्रारम्भ से ही देखा गया है कि अधर्म प्रायः अकड़ता है, मद में चूर रहता है। धर्म से द्वेष रखते हुए उससे युद्ध करना चाहता है। इसके विपरीत धर्म नम्र होता है, क्षमाशील होता है। अधर्म पर धर्म की विजय प्रायः सभी धर्मग्रन्थों ने बतलायी है। यह कथा **धम्मजातक**[47] भी यही सन्देश देती है।

वर्तमान कथा—एक बार देवदत्त शास्ता के धर्मचक्र प्रहार के कारण रसातल में चला गया। भिक्षुओं में यह चर्चा चल रही थी तब शास्ता ने बताया कि पहले भी वह धर्मचक्र प्रहार के कारण रसातल में जा चुका है।

अतीत कथा—पूर्व समय में देवदत्त का नाम था अधर्म और बोधिसत्त्व का नाम था धर्म। धर्म दिव्य अंलकारों से सज कर दिव्य रथ पर आरूढ हो पूरे जम्बुद्वीप में परिभ्रमण करते हुए मनुष्यों को आकाश में स्थित हो मातृसेवा, पितृसेवा आदि दस कुशल धर्मों में प्रेरित करता था। इसके विपरीत अधर्म हिंसा करने का उपदेश देते हुए लोगों को अकुशल कर्मो में प्रेरित करता था।

एक बार दोनों के रथ आमने-सामने हो गये। दोनों की परिषद् में मार्ग देने को लेकर विवाद होने लगा। तब धर्म ने अधर्म से कहा—**मैं यशदायक, पुण्यदायक, श्रमण-ब्राह्मणों के द्वारा प्रशंसित तथा देवमनुष्यों द्वारा पूजित हूँ। मेरा मार्ग संगत है। मैं मार्ग देने योग्य हूँ अतः मुझे मार्ग दो।**

इस पर अधर्म ने अकड़ कर कहा—हे धर्म! मैं अधर्मयान पर आरूढ़ हूँ, निर्भय हूँ, बलवान हूँ। मैंने किसी को पहले मार्ग नहीं दिया। मैं किसलिए तुम्हें मार्ग दूं?

यह सुन धर्म ने शान्ति से कहा—**लोक में पहले धर्म प्रादुर्भूत हुआ फिर अधर्म। धर्म ही श्रेष्ठ है, सनातन है। हे कनिष्ठ! तुम ज्येष्ठ के लिए मार्ग छोड़ दो।**

न याचना के कारण और न ही उचित होने के कारण मेरे लिए योग्य है कि मैं मार्ग दूं। आज हम दोनों का युद्ध हो। जो विजयी होगा उसी का मार्ग होगा,...अधर्म बोला।

हे अधर्म! मैं चारों दिशाओं में फैला हुआ महाबलवान, अनंत यशस्वी, अतुलनीय, सभी गुणों से युक्त धर्म हूँ। मुझसे कैसे जीतोगे?...धर्म ने पूछा।

धर्म और भी अकड़ते हुए बोला—लोहे से सोना पिटता है सोने से लोहा नहीं। अधर्म ही आज धर्म को पीटेगा, जैसे लोहा दर्शनीय स्वर्ण को।

बोधिसत्त्व समझ गये कि यह अधर्म समझाने से नहीं समझेगा सो उन्होंने अपने स्वरूप अर्थात् धर्म में स्थित रहते हुए कहा—**हे अधर्म! यदि तुम्हारे लिए युद्ध बल है, तुम्हारे लिए न कोई ज्येष्ठ है न गौरव देने योग्य है, तो मैं तुम्हें अप्रिय की अपेक्षा प्रिय सदृश मार्ग देता हूँ और तुम्हारे दुर्वचनों को क्षमा करता हूँ।**

बोधिसत्त्व के यह कहते ही अधर्म रथ पर बैठा नहीं रह सका। वह नीचे सिर ऊपर पैर की स्थिति में नीचे गिरा और सीधे जाकर नरक में पहुँच गया।

इस तरह यह कथा धर्म की अधर्म पर विजय अर्थात् धार्मिक व्यक्ति की जय और अधार्मिक व्यक्ति की पराजय बताती है।

कथा-35

सम्भवजातक (धर्म और अर्थ की शिक्षा देनेवाला बालक सम्भव)

एक सच्चे राजा के लिए धार्मिक होना आवयश्क है किन्तु धार्मिक होने के क्या मायने है? आजकल के समान नहीं कि बहुसंख्यकों को रिझाने के उनके धर्म का कट्टरतापूर्वक प्रचार करो अथवा अल्पसंख्यकों को प्रसन्न करने के लिए उनके धर्मस्थलों पर जाकर मत्था टेको या उनका सा वेष बनाकर उनकी सभा में जाओ। वस्तुतः धर्म को जानना अत्यन्त कठिन है। इसके अतिरिक्त राजा को अर्थकुशल (उन्नति करने में कुशल) भी होना चाहिए। किन्तु इसे भी जानना सरल नहीं है। इसीलिए प्राचीनकाल में राजागण ज्ञानियों से इनका ज्ञान लेते रहते थे। **सम्भव जातक**[48] कथा यही दर्शाती है।

वर्तमान कथा— एक बार भिक्षुगण उपरोक्त विषय में बात कर रहे थे। तभी शास्ता वहाँ पहुँचे। तब शास्ता इस सन्दर्भ में 'सम्भव' नामक एक अर्थ-धर्म जानने वाले बालक की अतीतकथा बताते हैं जिसके पास अर्थ और धर्म की शिक्षा लेने कौरव्य नरेश युधिष्ठिर अपने पुरोहित को भेजता है।

अतीत कथा—एक बार इन्द्रप्रस्थ के कौरव्य राजा युधिष्ठिर ने धर्म और अर्थ क्या है, यह जानने सुचीरत नामक ब्राह्मण पुरोहित को बुलवाया जो अर्थ-धर्म का ज्ञाता था। समुचित आदर-सत्कार करके उसने पुरोहित से पूछा कि यद्यपि मुझे विशाल सामराज्य का आधिपत्य प्राप्त है पर मैं पूरी पृथ्वी को जीतना चाहता हूँ। किन्तु यह कार्य मैं धर्म से करना चाहता हूँ अधर्म से नहीं क्योंकि राजा का आचरण लोगों के लिए अनुकरणीय होता है। मैं ऐसे कार्य

करना चाहता हूँ जिससे मैं यहाँ भी आनन्दित रहूँ और भविष्य में भी आनन्दित रहूँ। इसलिए आप मुझे अर्थ और धर्म कहिये। इस पर सुचीरत ने कहा—**राजन्! अर्थ और धर्म क्या है यह बताना कठिन है। यह गंभीर प्रश्न है। केवल सर्वज्ञ बुद्ध ही यह बता सकते हैं। यह प्रश्न उनसे ही पूछा जाना चाहिए। उनके न रहने पर सर्वज्ञता की खोज में लगे बोधिसत्त्व से। आप जो जानना चाहते हैं उसका उत्तर वाराणसी निवासी महापण्डित विधुर (विदुर) के अतिरिक्त और कोई नहीं दे सकता।**

तब राजा ने पर्याप्त भेंट देकर सुचीरत को विदुर के पास भेजा। (उल्लेखनीय है कि यहाँ युधिष्ठिर का विदुर से कोई सम्बन्ध नहीं बताया गया है। महाभारत में विदुर युधिष्ठिर का चाचा बताया गया है। वैसे वहाँ भी विदुर को ज्ञानी शिरोमणि बताया गया है जिससे धृतराष्ट्र तक नीतिवचन सुना करते थे।) अस्तु, सुचीरत विदुर के पास पहुँचा और राजा द्वारा पूछे प्रश्न का उत्तर देने का आग्रह किया। इस पर कुछ देर मौन के बाद विदुर ने कहा—तुमने जो पूछा है उसका उत्तर देने का सामर्थ्य मुझमें नहीं है। मैं महासमुद्र को नहीं उखाड़ सकता। हां, मेरा पुत्र भद्रकार मेरी अपेक्षा अधिक ज्ञानी है। तुम उसके पास जाओ।

और तब पुरोहित भद्रकार के पास पहुँचा जो मित्र-मंडली में बैठा हुआ था। किन्तु भद्रकार ने भी इस प्रश्न का उत्तर देने में अपने को असमर्थ बतलाया। उसने स्पष्ट रूप से कहा कि मेरा चित्त इस समय व्याकुल है क्योंकि मैं आजकल परस्त्रीगमन करता हूँ। जैसे कोई मृग के मांस को छोड़कर गोह के पीछे जाये ऐसे ही मैं अपनी स्त्री को छोड़कर पराई स्त्री के पास जाता हूँ। मेरा संजय नाम का छोटा भाई है तुम उसके पास यह प्रश्न रखो। सम्भव है कि वह तुम्हें इसका उत्तर दे।

तब अविलंब पुरोहित संजय के पास गया। किन्तु संजय ने भी प्रश्नोत्तर देने में स्वयं को असमर्थ बताया। कहा—मैं प्रति संध्या गंगा पार कर परस्त्री के पास जाता हूँ जिससे मुझे सायं-प्रातः मानों मृत्यु निगलती है। इससे मेरा चित्त अति व्याकुल रहता है अतः मैं तुम्हारे प्रश्न का उत्तर नहीं दे पाऊंगा। हां, तुम मेरे सात वर्षीय भाई सम्भव से समाधान पा सकते हो।

पुरोहित को आश्चर्य हुआ कि ज्ञानी विदुर और उसके दो पण्डित पुत्र जिस प्रश्न का उत्तर नहीं दे सके उसका उत्तर सात वर्षीय बालक कैसे दे सकता है? संजय पुरोहित के मन की दुविधा समझ गया। उसने कहा-आप सम्भव से बात करके तो देखिये। **जैसे वेग से अच्छे घोड़े का, भार ढोने के सामर्थ्य से अच्छे बैल का, दुहने से अच्छी गाय का पता चलता है, इसी प्रकार वार्तालाप से पण्डित का।**

सम्भव का इस प्रकार गुणगान करने से प्रभावित हो पुरोहित ने संजय से सम्भव का पता पूछा। इस पर उसने हाथ का इशारा कर कहा कि वह जो स्वर्णवर्ण महल के द्वार पर एक लड़की के साथ खेल रहा है, वही सम्भव है।

उस समय सम्भव अपना उत्तरीय उतार कर बालू हाथ में लिए खेल रहा था। पुरोहित उसके पास पहुँचा। जब पुरोहित ने उससे अपने आने का प्रयोजन बताया तो उसने हाथ

की बालू फेंक दी और उत्तरीय पहन कर पुरोहित से कहा कि जिस प्रकार बुद्ध कहते हैं वैसा ही मैं उत्तर दूंगा और जिस तरह तुम्हारा राजा इसे समझ जाये उसी तरह कहूँगा। इसके आगे तुम्हारा राजा तदनुसार आचरण करता है या नहीं, यह वही जाने।

फिर तो जैसे चमत्कार हुआ। सम्भव ने अपनी गली में खड़े होकर जो उपदेश इन्द्रप्रस्थ के राजा के लिए सुचीरत को दिया उसे न केवल वाराणसी के राजा ने अपने महल में सुना, सारी वाराणसी की जनता ने भी सुना। सम्भव ने कहा—**हे सुचीरत! युधिष्ठिर को चाहिए कि आज का काम आज ही करें, कल न करें। राजा को चाहिए कि वह अचेतन मूढ़ की तरह कुमार्गगामी न हो। सीमा का उल्लंघन न करें। अधर्म का आचरण न करें। अतीर्थ में न उतरे और अनर्थ से युक्त न हो।**

जो क्षत्रिय इन बातों के अनुसार चलता है वह शुक्लपक्षीय चन्द्रमा के समान वृद्धि को प्राप्त होता है । वह अपने सम्बन्धियों का प्रिय होता है, मित्रों में प्रकाशित होता है और शरीरान्त होने पर स्वर्ग की प्राप्ति करता है।

आगे सम्भव दो गाथाएँ कहता है—

अज्जेव किच्चमातप्पं को जंना मरणं सुवेति अर्थात् आज ही कृत्य करने का प्रयास करे कौन जाने कल मरण हो।

अप्पमादो अमतपदं पमादो मच्चुनो पदन्ति अर्थात् अप्रमाद अमृत पद है प्रमाद मृत्यु पद है।

सम्भव के उत्तर से सन्तुष्ट होकर सुचीरत ने हजारों निकषों से सम्भव की पूजा की और सोने की तख्ती पर सिंदूर से सम्भव से उसके वचन लिखवाया। फिर इन्द्रप्रस्थ नगर लौटकर उसे राजा को भेंट दिया। इन वचनों के अनुसार आचरण करके राजा स्वर्गगामी हुआ। वाराणसी के राजा ने भी ऐसा ही किया।

इस कथा में राजा के जो कर्त्तव्य बताये गये हैं वह वस्तुतः सभी व्यक्तियों के लिए करणीय है। हर व्यक्ति के लिए ये अर्थ और धर्म के अनुशासक हैं। इसके अतिरिक्त यहाँ यह भी बताया गया है कि पण्डित होने के लिए बहुश्रुत होना पर्याप्त नहीं है। पराई स्त्री में मन लगाने वाले का चित्त उसे इस पदवी से गिरा देता है।

कथा-36

अत्थस्सद्वार जातक (अर्थ याने उन्नति का द्वार)

जीवन में अर्थ (उन्नति) प्राप्त करना हर मनुष्य चाहता है। किन्तु उन्नति का पैमाना और उसे प्राप्ति का उपाय क्या है यह बताना सहज नहीं है। दरअसल यह प्रश्न प्रारम्भ से जिज्ञासुओं को मथते रहा है। आज बड़े-बड़े सक्सेस गुरुओं का बोलबाला है जो युवाओं को सक्सेस मन्त्र तरह-तरह से देते रहते हैं। यहाँ सक्सेस का अर्थ धन और समाज में प्रभावशाली स्थान बनाना होता है। इनमें से अधिकांशतः वे लोग होते हैं जो स्वयं सक्सेस हेतु किसी भी तरह का गलत मार्ग अपनाने से नहीं चूकते तथा अपने भाषणों

में भी यह कहने से परहेज नहीं करते कि उन्नति हेतु साधन की पवित्रता का कोई नहीं महत्त्व है। उन्नति का रास्ता बतानेवाली उनकी किताबें, वीडियो एवं भाषण खूब प्रसिद्ध होते हैं।

वैसे प्राचीनकाल में भी युवक उन्नति का मार्ग जानने उत्सुक रहते थे, गुरुओं के पास यह जानने पहुँचते थे किन्तु गुरु उन्हें जो उन्नति का मार्ग बताते थे वह आज के गुरुओं के बताये मार्ग से कितना भिन्न था, यह कथा इस पर भी प्रकाश डालती है।

यह कथा **अत्थस्सद्वार जातक**[49] 'अर्थ का द्वार' अर्थात् उन्नति का रास्ता क्या है और इसे बताना कितना कठिन है, यह बताती है।

वर्तमान कथा-एक बार श्रावस्ती के एक श्रेष्ठिपुत्र ने पिता से पूछा कि अर्थ (उन्नति)का द्वार क्या है? पिता को उत्तर नहीं मालूम था सो वह उसे शास्ता के पास ले गया। बालक की जिज्ञासा शास्ता के समक्ष रखने पर उन्होंने कहा—पिछले जन्म में भी इसने मुझसे यह प्रश्न किया था। तब मैंने उसका उत्तर भी दिया था। पर जन्मान्तर की बात होने से यह भूल गया है। (वैसे हम इसी जन्म में बहुत बार सुनने के बाद भी ऐसी बातें भूल जाते हैं।)

बालक द्वारा याचना करने पर शास्ता ने उसके पूर्व जन्म की कथा कही।

अतीत कथा-पूर्वजन्म में यह वाराणसी के महासेठ का पुत्र था। महासेठ स्वयं बोधिसत्त्व थे। पिता द्वारा यही प्रश्न पूछने पर उन्होंने यह गाथा कही थी-

सर्वप्रथम आरोग्य नामक परमलाभ की इच्छा करें।

इसके अतिरिक्त शील, ज्ञानवृद्धों से उपदेश ग्रहण, बहुश्रुतता, धर्मानुकूल आचरण एवं अनासक्ति, यह छह भी अर्थ (उन्नति) के प्रमुख द्वार है।

सामान्यतया हम आरोग्य का अर्थ शारीरिक स्वास्थ्य से लेते हैं किन्तु यहाँ आगे स्पष्ट किया गया है कि आरोग्य का अर्थ केवल शरीर का स्वस्थ होना नहीं है वरन् मन का भी स्वस्थ होना है।

रोगग्रस्त शरीर होने पर न तो अप्राप्त लाभ प्राप्त किया जा सकता है और न प्राप्त लाभ का उपभोग किया जा सकता है क्योंकि रोगग्रस्त शरीर से न तो हम जो कुछ हमारे पास प्राप्त है उसका उपभोग कर सकते हैं और न ही नई प्राप्ति कर सकते हैं।

इसी तरह चित्त के अस्वस्थ होने पर अर्थात् क्लेश से पीड़ित होने पर या विकारग्रस्त मन होने पर न अप्राप्त ध्यान आदि का लाभ प्राप्त किया जा सकता है और न प्राप्त ध्यान के फल का भोग किया जा सकता है।

स्पष्ट है कि शरीर और चित्त के स्वस्थ रहने पर अप्राप्तलाभ भी प्राप्त होता है और प्राप्तलाभ भी सार्थक होता है। इस कारण आरोग्य परमलाभ है। मनुष्य को सर्वप्रथम इसकी इच्छा करनी चाहिए। उन्नति का यह मुख्य द्वार है। इसके अतिरिक्त शीलादि को भी यहाँ उन्नति का द्वार बताया गया है।

शास्ता से यह सुनकर सेठपुत्र को अपने प्रश्न का उत्तर मिल गया और वह उसी के अनुसार चलने लगा।

महाभारत में भी स्वास्थ्य का महत्त्व अनेक स्थानों पर बताया गया है। जैसे, एक स्थान पर यक्ष युधिष्ठिर से पूछता है कि मानवजीवन में सबसे बड़ा लाभ क्या है? इस पर वह कहता है, 'स्वास्थ्य मानव जीवन का परम लाभ है।' उल्लेखनीय है कि युधिष्ठिर चारों भाइयों और माँ के साथ दुर्योधन के अत्याचार के कारण छद्मवेष में वन-वन भटक रहे थे। किन्तु राज्य की प्राप्ति या धन को मानवजीवन का सबसे बड़ा लाभ वे नहीं कहते वरन् स्वास्थ्य को सबसे बड़ा लाभ कहते हैं क्योंकि व्यक्ति स्वस्थ हो तो सब कुछ पुनः प्राप्त कर सकता है।

कथा-37
सीलवीमंस जातक (शील का विचार करनेवाला पुरोहित)

बौद्धधर्म में शील को अत्यन्त महत्त्व दिया गया है। वैसे केवल बौद्ध दर्शन में ही नहीं सभी उच्च धर्मों में शील (सदाचरण) की प्रशंसा की गयी है। अनेक जातक कथाओं में शील का महत्त्व बताया गया है। यह कथा **सीलवीमंस जातक**[50] भी यही सन्देश देती है।

कोशलराज के दरबार में एक ब्राह्मण पण्डित पंचशीलवान[51] था और तीनों वेदों में पारगंत भी था। राजा उसका विशेष सम्मान करता था। एक बार उसके मन में विचार आया कि मेरा सम्मान राजा किस कारण करता है? मेरे शील के कारण या गोत्र एवं ज्ञान के कारण?

इस बात की परीक्षा लेने के लिए उसने एक चाल चली। एक बार वह सुनार की दुकान में गया। दुकानदार उसकी पण्डिताई एवं राजदरबार में उसके प्रभाव को अच्छे से जानता था सो उसने उसका खूब सत्कार किया। थोड़ी देर बाद पण्डित वहाँ से चले गया पर जाते समय उसने सुनार का एक सोने का सिक्का उठा लाया। सुनार ने यह देख लिया, पर उसके प्रभाव और चरित्र के कारण चुप रहा।

दूसरे दिन पण्डित फिर आया। इस बार दुकानदार ने ज्यादा खातिरदारी नहीं की पर कुछ कहा भी नहीं । इस बार जाते समय वह सुनार के दो सिक्के उठा कर ले गया। सुनार उसके रुतबे के कारण फिर चुप रहा।

तीसरे दिन पण्डित पुनः आया और जाते समय फिर सुनार के सिक्के उठाने लगा। इस बार सुनार चुप नहीं रह सका। उसने उसे रंगे हाथ पकड़ लिया। खूब खरी-खोटी सुनाते हुए भीड़ के सामने उसकी सारी करतूत कही। सबने सुनार को कहा कि पण्डित को राजा के पास ले जाना चाहिए ...और इस तरह भीड़ उसे 'चोर-चोर' कहती भीड़ जुलूस के रूप में राजा के पास ले गयी।

रास्ते भर वह मौन रहा किन्तु अचानक में एक सपेरा देखकर वह मौन नहीं रह सका जो एक सर्प को गले में लपेटे हुए था। अचानक वह बोल पड़ा-

ऐसा मत करो अन्यथा यह तुम्हें काट लेगा।

नहीं, यह ऐसा नहीं करेगा,...यह सदाचारी है, तुम्हारे समान चोर नहीं......सपेरे का उत्तर था।

यह सुनकर पण्डित नाराज नहीं हुआ बल्कि मन ही मन प्रसन्न हो सोचने लगा-अच्छी बात है कि एक सपेरा भी सदाचार का अर्थ समझता है!...पर राजा समझता है या नहीं यह जानना अधिक महत्त्वपूर्ण था।

अस्तु, जुलूस पण्डित को राजदरबार ले गया। सुनार ने सबके सामने राजा से पण्डित की सारी करतूत कही और राजा से प्रार्थना की कि इसे समुचित दंड दिया दें।

यह सब देख राजा अत्यन्त क्रोधित हुआ और पण्डित को राजदंड देने की घोषणा की,... पर फिर उससे पूछा—आखिर तुमने ऐसा क्यों किया? तुम्हारे पास धन की कमी तो न थी।

इस पर पण्डित ने कहा—मैं चोर नहीं हूँ। मैं केवल यह देखना चाहता था कि आप मुझे मेरे ज्ञान के कारण प्रेम करते हैं या शील के कारण। मुझे प्रसन्नता है कि शील के कारण। यह राज्य अवश्य सुरक्षित है।

फिर उसने एक गाथा कही-

शील ही कल्याणकर है, लोक में शील से बढ़कर कुछ नहीं है। देखो! वह विषैला सर्प भी शीलवान मानकर मारा नहीं जाता। आगे वह कहता है—**शरीर, वाणी तथा मन से सदाचार का उल्लंघन न करना ही शील है। यही सब गुणों का दाता है।**

वह पण्डित बोधिसत्त्व था। इस घटना के बाद राजा ने पण्डित का बहुत सम्मान किया। राजदंड से तो उसे मुक्त किया ही ससम्मान उसे पुनः दरबार में आते रहने कहा किन्तु वह नहीं रुका,...प्रव्रज्या ले हिमालय चले गया। (यहाँ उल्लेखनीय है कि इस जातककथा में वर्तमानकथा तथा अतीतकथा में केवल [illegible] अन्तर है कि वर्तमानकथा में भीड़ के साथ पुरोहित सीधे राजा के पास ले जाता बताया गया है जबकि अतीतकथा में सांप को देखने वाली घटना है।)

कथा-38

साधुसील जातक (सच्चरित्र दामाद)

कन्या के लिए सही दामाद ढूंढना आज भी एक बड़ी समस्या है और पहले भी थी। शायद यह शाश्वत समस्या है। पिता समझ नहीं पाता कि दामाद में कौन से गुणों पर प्रथम दृष्टि रखी जाये। यदि कन्याओं से इस विषय में पूछा जाये तो अनुभवहीनता के कारण अलग-अलग गुण अपने भावी पति में देखती है पर पिता को किस पर अधिक ध्यान देना चाहिए, यह उसके लिए बड़ी समस्या होती है। ऐसे ही एक पिता के मनोभावों को बतानेवाली यह कथा **साधुसील जातक**[52] शास्ता ने जेतवन में विहार करते समय एक ब्राह्मण के विषय में कही थी। आज भी यह उतनी ही प्रासंगिक है।

वर्तमान कथा—यहाँ वर्तमानकथा एक ब्राह्मण की है जिसकी चार पुत्रियां थीं। चारों विवाह योग्य थीं। ब्राह्मण समझदार था। विवाह हेतु उसकी कन्याएँ कैसा वर चाहती हैं, उसने यह जानने का प्रयास किया। उसे आश्चर्य हुआ कि चारों की पसन्द अलग-अलग थी। एक की पसन्द सुन्दर शरीर वाला वर था तो दूसरी को बड़ी आयु वाला पसन्द था। तीसरी को उच्चवर्ण का दूल्हा अच्छा लगता था तो चौथी सदाचारी वर चाहती थी।

ब्राह्मण सोच में पड़ गया...इन चारों में से किस प्रकार का पति वास्तव में उसकी कन्याओं के योग्य वर होगा?...कैसा वर मैं इनके लिए खोजूं? बहुत सोचने पर भी जब वह कुछ निश्चित नहीं कर सका तो सम्यक सम्बुद्ध (शास्ता) के पास पहुँचा। उसकी समस्या सुन शास्ता ने बताया कि पूर्वजन्म में भी तुम इस प्रश्न से परेशान थे, पर तुम उस बात को भूल चुके हो।

अतीत कथा—तब शास्ता ने उसकी अतीतकथा बतायी कि वाराणसी में ब्राह्मण कुल में जन्में तुम यही समस्या बोधिसत्त्व के पास लेकर गये थे जो तुम्हारे आचार्य थे। तब तुमने पूछा था किसे मैं अपनी कन्याएँ दूं, **सरीरदव्यं** अर्थात् शारीरिक सौंदर्य से युक्त को, **वद्धव्यं** याने जिसमें ज्येष्ठपन है उसको, **सुजच्चं** उत्तम जाति वाले को या **साधुसीलियं** याने सदाचारी को?

इस पर आचार्य ने एक गाथा कही थी-

रूप सम्पत्ति आदि नश्वर है, अतः हमें ठीक नहीं लगती। हमें तो शीलवान ही अच्छा लगता है। शरीर की अपनी विशेषता है, ज्येष्ठ को नमस्कार होता है, सुजात की भी विशेषता है लेकिन सचरित्रता की बात ही और है।

आगे बुद्ध कहते हैं, शीलवान शरीर-सौंदर्य आदि से रहित होने पर भी पूज्य होता है।...और तब तुमने आचार्य की बात सुनकर शीलवानों को ही दामाद बनाया था।

यह सुन ब्राह्मण की आँखें खुल गयीं। पूर्वजन्म के समान इस जन्म में भी उसने शीलवानों को ही दामाद बनाने का निर्णय लिया।

कथा-39

सीलवीमंसन जातक (शीलवान को अपनी कन्या देनेवाला गुरु)

दामाद के लिए शील को सर्वश्रेष्ठ गुण बतानेवाली एक अन्य कथा **सीलवीमंस जातक**[53] है।

आधुनिक युग के माता-पिता की इस सन्दर्भ में सोच से हम तुलना कर सकते हैं जो दामाद में केवल धनवान होने के गुण को सर्वाधिक महत्त्व देते हैं जिसके कारण कई बार उनकी कन्या दुःख के गर्त में जा गिरती है।

वर्तमान कथा—जेतवन के 500 भिक्षुओं के मन में आधी रात को कामभावना उत्पन्न हुई। शास्ता छहो पहर अपने भिक्षुओं का वैसे ही ध्यान रखते थे जैसे एक आँख वाला अपनी एक आँख की, एक पुत्र वाला अपने एक पुत्र की और चमरी गाय अपनी पूंछ की रक्षा करती है। भिक्षुओं के मन की भावना जान कर उन्होंने सबको बुलवाया और कहा कि अतीत में पण्डितों कि कोई भी स्थान गुप्त नहीं होता, सोचकर पाप नहीं किया, अतः तुम लोग पाप से बचो।

शास्ता किस पण्डित की बात कह रहे हैं यह जिज्ञासा होने पर सबके आग्रह पर उन्होंने यह अतीतकथा सुनायी।

अतीत कथा—तब बोधिसत्त्व वाराणसी में एक ब्राह्मणकुल में पैदा हुए थे। बड़े होने पर वे वाराणसी के एक प्रसिद्ध आचार्य के पास विद्या सिखने गये। अन्य 500 विद्यार्थियों के साथ वे विद्या ग्रहण करने लगे। उनके आचार्य की एक आयुप्राप्त कन्या थी जिसका विवाह वे अपने योग्यतम् शिष्य से करना चाहते थे। किन्तु इतने शिष्यों में किसे योग्यतम् जान कर अपना जामाता बनाये, यह तय करना कठिन था। वस्तुतः योग्यतम् की परख कठिन होती है। यह कोई धनुर्विद्या की परीक्षा तो थी नहीं कि कहीं निशाना लगवा कर वे अपनी कन्या उसे दे दे। न ही रूप,रंग या धन उनकी नजरों में योग्यता की कौसटी थी। आचार्य की योग्यतम् की परीक्षा थी शिष्य का सर्वाधिक शीलवान होना।तब विद्यार्थियों के शील की परीक्षा लेने के लिए उन्होंने सबको बुलाकर कहा कि मैं अपनी कन्या का विवाह करना चाहता हूँ। इसके लिए एक शर्त है। जो शिष्य अपने घर से अपने सम्बन्धियों की नजरें बचाकर, गुप्त रूप से अधिकतम् वस्त्रालंकार लेकर आयेगा, उसे ही मैं इसे दूंगा।

फिर क्या था। कन्या के सौंदर्य से अभिभूत शिष्यगण रोज घर से चुरा-चुरा कर वस्त्रालंकार लाने लगे। गुरु सबको अलग-अलग रखते जाते। सभी शिष्यों ने कुछ न कुछ लाया पर एक शिष्य ऐसा था जो एकदम शान्त बैठा था। उसने कभी कुछ नहीं लाया। क्या उसके घर कुछ नहीं था? गुरु ने उससे इस तरह शान्त बैठने का कारण पूछा। इस पर उसने कहा– आप किसी के देखते हुए लाई गयी वस्तु को ग्रहण नहीं करते किन्तु मुझे तो ऐसा कोई गुप्त स्थान नहीं दिखायी देता जहाँ कोई नहीं देखता हो।

और फिर उसने गाथाएँ कही-

पाप कर्म करनेवाले के लिए ऐसा कोई स्थान नहीं है जहाँ कोई न हो। मूर्ख जन ऐसे स्थान को जहाँ वन्यप्राणी रहते हैं, गुप्तस्थान मानते हैं किन्तु मैं किसी स्थान को गुप्त स्थान नहीं देखता। कोई स्थान गुप्त स्थान नहीं है। कोई स्थान शून्य नहीं है। जहाँ और कोई नहीं दिखायी देता वहाँ मैं स्वयं तो होता हूँ।

शिष्य की बातों से प्रसन्न हो आचार्य ने सबके सामने उसके शील की प्रशंसा करते हुए बताया कि मैंने तुम सबकी परीक्षा लेने के लिए ही तुम्हें घर से चुरा कर वस्त्रालंकार लाने कहा था। तुम सबने कन्या के लिए चोरी की किन्तु इस शिष्य ने ऐसा करने से

इन्कार कर अपने शील का परिचय दिया है। अतः यह योग्यतम् है। मैं इसे ही अपनी कन्या देता हूँ। आचार्य का यह शिष्य वास्तव में बोधिसत्त्व था।

कथा-40

सीलानिसंस जातक (शीलवान के निकट रहने का लाभ)

श्रद्धा और भक्ति में बड़ा बल कहा जाता है। कहते हैं कि व्यक्ति इष्ट का नाम लेकर पानी पर भी चल सकता और अंगारों पर भी दौड़ सकता है। अंगारों पर दौड़ने की बात तो प्रायः देखी जाती है किन्तु पानी पर चलने की बात नजर नहीं आती है, यद्यपि कथाओं में इसके प्रमाण अनेकानेक स्थानों में देखे जाते हैं। बाइबिल में भी कहा गया है कि ईसा नदी को वैसे ही पार कर लेते थे जैसे वह भूमि में चल रहे हो। **सीलानिसंस जातक**[54] में भी वर्तमान कथा ऐसे ही श्रद्धावान की है।

वर्तमान कथा—एक उपासक शास्ता के पास जेतवन जाना चाहता था किन्तु उसे नदी पार करके जाना था जबकि नदी पर कोई नाव नहीं थी। सारे नाविक पहले ही बुद्ध का उपदेश सुनने जेतवन जा चुके थे। तब वह पानी पर बुद्ध का नाम लेते हुए ऐसे चल पड़ा मानों पृथ्वी पर चल रहा हो। कुछ दूर चलने पर अचानक बीच में एक बड़ी लहर को देखकर उसकी बुद्धभक्ति मंद पड़ने लगी...और उसके पांव पानी मे डूबने लगे। पर फिर उसने अपनी बुद्धभक्ति दृढ किया...और फिर पूर्ववत् चलते हुए नदी पार कर बुद्ध के पास जा पहुँचा। जाने पर जब शास्ता ने पूछा कि उसे आने में कष्ट तो नहीं हुआ तो उसने अपने आने की सारी कथा कही। इस पर शास्ता ने बताया कि यह कोई नई बात नहीं है, बुद्ध के गुणों का स्मरण कर पूर्व में भी उपासकों ने रक्षा प्राप्त की है...और उन्होंने यह कथा सुनायी।

अतीत कथा—पूर्व समय में एक आर्य श्रावक[55] नौका पर कहीं जाने निकला। उसी समय एक नाई भी उस नाव पर चढ़ा। उसे छोड़ने आयी उसकी पत्नी ने श्रावक को देख उससे विनती की कि आप इसका ध्यान रखना। इसके सुखदुःख का भार आपको सौंपती हूँ। श्रावक ने पत्नी की विनती स्वीकार की।

अस्तु, सात दिन तक यात्रा अच्छे से सम्पन्न हुई पर आठवें दिन अचानक समद्र में नौका टूट गयी। तब दोनों एक तख्ते से चिपके हुए एक द्वीप में पहुँचे। द्वीप में वह नाई पक्षियों को मार कर खाता और श्रावक को भी परोसता पर श्रावक उन्हें खाने से इन्कार कर देता।उस बियावन में उसका सहारा बुद्ध की शिक्षा, त्रिरत्न(त्रिशिक्षा)[56], का स्मरण ही था। उसके इस स्मरण से प्रसन्न हो द्वीप का नागराज स्वयं नौका बन कर आया। नौका को चलाने वाला समुद्रदेव था।

समुद्रदेव ने आवाज लगायी कि क्या कोई जम्बूद्वीप जानेवाला है? इस पर श्रावक ने कहा कि हम जाना चाहते हैं। समुद्रदेव ने उसे नौका में बैठने कहा किन्तु जब उसके साथ नाई भी नौका में चढने लगा तो समुद्रदेव ने उसे चढ़ाने से मना किया, यह कहते हुए कि यह शीलवान नहीं है अतः इसे हम नहीं ले जा सकते। इस पर श्रावक बोला कि मैं अपने दान और शील द्वारा अर्जित पुण्य में इसे भागीदार बनाता हूँ। इसकी पत्नी ने चलते समय इसे मुझे सौंपा था। मैं इसे लिए बिना नहीं जा सकता।[57] अतः इसे भी साथ ले चलिए।

इस पर समुद्रदेवता ने उसे भी नाव पर चढ़ाया और दोनों को सकुशल उनके देश वाराणसी में पहुँचा दिया।

यहाँ देवता ने दो गाथाएँ कही-

श्रद्धा, शील और त्याग के इस फल को देखो। नाग नौका का रूप बना कर श्रद्धावान को वहन करता है ।

सत्पुरुष के साथ ही रहना चाहिए। उनके साथ ही मैत्री करना चाहिए। सत्पुरुष के साथ रहनेवाला नाई कल्याण को प्राप्त हुआ।

कथा-41

तेलपत्त जातक (तेल से भरा पात्र ले जानेवाला एकाग्रचित्त जातक)

किसी भी कार्य की सफलता की पहली शर्त होती है उस कार्य में तल्लीनता और यह तल्लीनता तभी सम्भव हो पाती है जब व्यक्ति कोई लक्ष्य निर्धारित कर उस दिशा में दृढ़ संकल्प के साथ आगे बढ़ता है। किसी भी क्षेत्र में लक्ष्य के प्रति पूरा-पूरा ध्यान ही व्यक्ति को सही समय पर लक्ष्य तक पहुँचाता है अन्यथा मार्ग में विचलन के अनेक अवसर उसे भटकाकर कहाँ से कहाँ पहुँचा देंगे, यह वह भी नहीं जानता। यह कथा **तेलपत्त जातक**[58] इस पर सुन्दर प्रकाश डालती है।

वर्तमान कथा-सुंभ राष्ट्र के वनप्रांत में घूमते हुए एक बार शास्ता भिक्षुओं को एक ऐसी कल्पना करने कहते हैं जहाँ एक सर्वसुन्दरी जनपदकल्याणी (नगरवधू) नृत्यगीत करते बाजार में चल रही हो। ऐसे में स्वाभाविक है कि उसके पीछे दीवानों के समान भीड़ उसके रूपगुण की प्रशंसा करते हुए चलने लगेगी। शास्ता यहाँ साधुओं से पूछते हैं कि ऐसी स्थिति में कोई युवक क्या उस नृत्यांगना को बिना देखे वहाँ से निकल सकता है?

उत्तर होगा, नहीं निकल सकता। उत्तर सही था। पर बुद्ध साधुओं को यहाँ एक कल्पना करने कहते हैं... यदि वह युवक जीवित रहने की इच्छा रखता हो और उसके हाथों

में तेल से लबालब भरा पात्र देकर कहा जाये कि उस युवती के पास से गुजरते वक्त तेल की एक बूंद भी नहीं गिरनी चाहिए...यदि गिरी तो ध्यान रखना, तुम्हारे पीछे-पीछे तलवार लेकर कोई जल्लाद चल रहा है...सर कलम होते देर न लगेगी! तब भी वह युवक क्या नृत्यांगना को देखते हुए उस तेलपात्र को असावधान होकर ले जायेगा?

इस काल्पनिक प्रश्न पर भिक्षुओं ने कहा—नहीं भंते!

तब बुद्ध ने समझाया कि तेल से भरा पात्र कायानुस्मृति अर्थात् काया की नश्वरता के निरन्तर ज्ञान का दूसरा नाम है। कायानुस्मृति की भावना करनेवाला विपश्यना, अन्तर्दृष्टि में रत,योगाभ्यासी व्यक्ति है। जनपदकल्याणी हमें आकर्षित करनेवाली सांसारिक वस्तुएँ हैं जो अपने सौंदर्य से हमें बारम्बार अपनी ओर खींचती रहती हैं। कायानुस्मृति रखने वाला व्यक्ति ऐसे सांसारिक आकर्षण से अप्रभावित रहता है।

यह एक बड़ी साधना है। फिर भी बुद्ध तेल को बिना गिराये तेल से भरा पात्र ले जाने के काम को बहुत बड़ा नहीं बताते। वे कहते हैं कि अतीत में बिना किसी तलवार के भय के बोधिसत्त्व ने इस प्रकार का काम किया है।

अतीत कथा—तब बोधिसत्त्व वाराणसी के राजकुमार थे। सौ भाइयों में सबसे छोटे थे। जानते थे कि कुल का राज्य उन्हें नहीं मिलेगा। पर वे धर्मपूर्वक राज्य करना चाहते थे अतः उन्होंने प्रत्येकबुद्ध[59] से इस सम्बन्ध में पूछा। उन्होंने स्पष्ट कहा कि यह राज्य तुम्हें नहीं मिलेगा पर यहाँ से एक सौ बीस योजन दूर गंधार देश के तक्षशिला नगर में यदि तुम आज से सातवें दिन पहुँचो तो वहाँ के राजा बन सकते हो।

आगे 'प्रत्येकबुद्ध' राजकुमार को चेतावनी देते हैं कि वहाँ पहुँचना बहुत कठिन है। मार्ग में बीहड़ वन है। जो रास्ता तुम्हें वहाँ समय पर पहुंचा सकता है वहाँ यक्षिणियां[60] तरह-तरह का सुन्दर रूप धारण कर नृत्य संगीत करती हुई सुन्दर प्रासाद बना कर रहती हैं। बड़ी मधुर वाणी में वे राहगीरों को आमंत्रित कर उन्हें अपने जाल में फँसा कर खा जाती हैं। यदि इन्द्रियों पर नियंत्रण रख सको तो इस मार्ग से सकुशल निकलकर तुम सातवें दिन तक्षशिला पहुँच कर वहाँ का राज्य पा सकते हो।

इस पर बोधिसत्त्व ने कहा—आपसे उपदेश ग्रहण करने के बाद क्या मैं उनकी ओर देखूंगा भी? मैं अवश्य समय पर तक्षशिला पहुँचूंगा।...और उसी समय उन्होंने तक्षशिला जाने का मन बना लिया।

इस यात्रा के विषय में बोधिसत्त्व ने अपने पाँच साथियों को बताया। हालाकि बोधिसत्त्व अकेले ही इस यात्रा पर जाना चाहते थे किन्तु उनके मना करने के बावजूद, यक्षिणियों की सारी कथा सुनने के बाद भी वे उनके साथ हो लिए। किन्तु, जैसा कि 'प्रत्येकबुद्ध' ने बताया था, यक्षिणियों का मायाजाल प्रबल था। पाँचों उसके आकर्षण से स्वयं को नहीं बचा सके पर बोधिसत्त्व निरन्तर उनकी ओर देखे बिना तेल से भरे पात्र को लिए व्यक्ति के समान ध्यानयोग करते हुए चलते रहे।

यक्षिणियों ने उनपर मायाजाल न फेंका हो, ऐसी बात नहीं। एक यक्षिणी ने तो जिद ही पकड़ ली थी कि इसे अपने चंगुल में करूँगी ही। इसीलिए वह एक विवाहित

कुलवधू का रूप धर उनके पीछे-पीछे चलने लगी। मार्ग में जब लोग पूछते कि यह तेरा कौन है तो वह कहती कि मेरा पति है। इस पर लोग बोधिसत्त्व से कहते कि इस फूल सी बालिका को थकाते हुए अपने पीछे-पीछे क्यों ले जा रहे हो? साथ-साथ क्यों नहीं चलते? इसके उत्तर में जब वे कहते कि यह मेरी भार्या नहीं, यक्षिणी है, मेरे पाँच साथियों को खा चुकी है, तब लोग आपस में बात करते हुए चले जाते कि जब पुरुष क्रोधित होता है तो इसी तरह अपनी पत्नी को यक्षिणी भी बनाता है, प्रेतिनी भी बनाता है।

चलो किसी तरह तक्षशिला आ गया। नगरद्वार पर पहुँचकर बोधिसत्त्व एक शाला में जा बैठे। वह यक्षिणी बाहर ही खड़ी रही। इसी बीच राजा वहाँ से गुजरा। उसे अकेली देख राजा ने उसपर अनुरक्त हो उसका परिचय जानने सेवकों को भेजा। सेवकों से उसने कहा कि मेरा भर्ता शाला में बैठा है पर बोधिसत्त्व ने फिर इन्कार किया कि मैं इसका पति नहीं हूँ। यह तो यक्षिणी है। मेरे पाँच साथियों को खा चुकी है।

सेवकों ने राजा से यह बात निवेदित की पर राजा उस पर ऐसा मोहित था कि उसे अपने महल ले आया और उसे अपनी महिषी बन जाने कहा। यक्षिणी के लिए भला इससे अच्छा क्या हो सकता था? वह तैयार हो गयी।...और फिर पहली रात में ही राजा का भक्षण कर भाग गयी। दूसरे दिन लोगों ने जब राजा के स्थान पर उसकी हड़्डियां देखी और उस यक्षिणी को अनुपस्थित पाया तो सारा माजरा समझ गये। तब सबने मिलकर विचार किया कि जिस आदमी ने अपने पीछे-पीछे चली आ रही सुन्दरी की ओर आँख उठाकर भी नहीं देखा वह बहुत ही धैर्यवान तथा ज्ञानवान है। यही हमारा राजा बनने योग्य है...और फिर वे बोधिसत्त्व के पास गये...आग्रहपूर्वक उन्हें अपना राजा बनाया।

यहाँ शास्ता यह गाथा कहते हैं—

जिस प्रकार किनारे तक भरे पात्र को कोई सावधानी पूर्वक लेकर चले उसी प्रकार निर्वाण की इच्छा करनेवाले को चाहिए कि अपने चित्त की रक्षा करें। कठिनाई से निग्रह किये जा सकने वाले शीघ्रगामी, स्वेच्छा से गतिमान चित्त का दमन करना अच्छा है।

दमन किया गया हुआ चित्त सुख देनेवाला होता है। इसलिए मनुष्य को चाहिए कि दुष्करता से दिखायी देनेवाले अत्यन्त निपुण इच्छानुसार गमनशील चित्त की रक्षा करें।

संभाल कर रखा गया चित्त सुख देनेवाला होता है। जिसका चित्त आसक्तिरहित है, स्थित है, उस जागरूक व्यक्ति के लिए कहीं भय नहीं है। मेधावी पुरुष चंचल चित्त को उसी प्रकार सीधा करता है जैसे बाण बनाने वाला बाण को।

कथा-42

सिवि जातक (सिवी नामक नेत्रदान करनेवाला राजा)

नेत्रदान का महत्त्व आजकल सभी समझने लगे है और अनेक लोग मरणोपरांत नेत्रदान करने भी लगे हैं। यद्यपि मरणोपरांत नेत्रदान करना कोई बहुत बहादुरी की बात नहीं है किन्तु दुःख की बात है कि इस वैज्ञानिक युग में भी हमारे देश में तरह-तरह अन्धविश्वास के चलते, या कहे कि परोपकारिता की भावना के अभाव में, नेत्रदान करनेवाले नगण्य ही कहे जाएँगे।

उल्लेखनीय है कि अंगदान कर दूसरों का जीवन बचाने वाली गाथाएँ हमारे प्राचीन धर्मग्रन्थों में कम नहीं है। महाभारत में कर्ण द्वारा अपने कवच और कुंडल का दान तथा राजा शिबि द्वारा कबूतर को बचाने हेतु अपने शरीर का मांस देने की कथा से हम सभी परिचित है किन्तु राजा शिबिकुमार के नेत्रदान की एक अल्पज्ञात कथा **सिवि जातक**[61] में मिलती है जिसमें वे जीवितावस्था में ही एक अंधे याचक को अपनी दोनों आँखें दान कर देते हैं।

वर्तमान कथा—यहाँ वर्तमान कथा कोशल देश के एक राजा की है जो लाखों के वस्त्रदान करने के बाद भी असन्तुष्ट था। भिक्षुकगण एक बार जेतवन में राजा की प्रशंसा कर रहे थे तब शास्ता ने बताया कि बाहरी वस्तु का दान देना आसान है किन्तु पूर्व में ऐसे भी राजा हुए हैं जिन्होंने आगत याचक को अपनी आँखें निकाल कर दे दी। इसी सन्दर्भ में शास्ता राजा शिबिकुमार की अतीतकथा बताते हैं।

अतीत कथा— पूर्व समय में शिबि नामक राज्य में शिबि नामक राजा शासन करता था। बोधिसत्त्व ने उसके महल में जन्म लिया। तब उसका नाम शिबिकुमार रखा गया। पिता के मरने पर वह राजा बना। उसने अपने राज्य में छह स्थानों पर दानशालाएँ बना रखी थी जहाँ जाकर वह प्रतिदिन जरूरतमंदों को दान दिया करता था। दानी के रूप में उसकी ख्याति चारों ओर फैल गयी थी। किन्तु इससे उसे सन्तोष नहीं था। वह सोचता था,...ये तो बाहरी वस्तुएँ हैं...इनका दान किया तो क्या दान किया? कोई मेरी निजी वस्तु माँगे और मैं उसे दूं तभी मुझे सन्तोष होगा। क्या अच्छा हो कि आज कोई मेरा हृदय माँगें और मैं स्वयं छुरिका से अपनी छाती चीर कर हृदय निकाल कर दूं... या कोई नेत्र माँगे तो मैं ताड़ का गूदा निकालने की तरह उसे आँखें निकाल कर दे दूं! यही सोचते-सोचते राजा एक दिन दानशाला पहुँचा।

राजा के मन में आयी बात बहुत बड़ी थी। क्या राजा सचमुच ऐसा कर सकता है? तब इन्द्र उसकी परीक्षा लेने के लिए एक अंधे ब्राह्मण का वेष धारण कर उसके पास याचक बन कर पहुँचा और राजा से बोला—राजन! आपके पास दो आँखें हैं मेरे पास एक भी नहीं है। आप बड़े दानी है। क्या आप मुझे एक आँख दे सकेंगे? यह सर्वश्रेष्ठ दान होगा। इस दान को लोग अत्यन्त कठिन मानते हैं।

राजा चमत्कृत था। अभी-अभी उसके मन में अंगदान करने का विचार आया और यह अंधा ब्राह्मण उसके पास आँख माँगने आ गया! राजा चकित था पर प्रसन्न था। प्रसन्नमुद्रा में ही उसने कहा—हे ब्राह्मण ! तुम मेरी एक आँख माँगते हो, मैं तुम्हें अपनी दोनों आँखें देता हूँ! आज से तुम अंधे नहीं रहोगे।

राजा का यह संकल्प सुनकर वहाँ खड़े अमात्यगण एवं प्रजाजन रोने-कलपने लगे...इस ब्राह्मण को आप चाहे जितना धन दे दें पर अपनी आँखें न दें। आँखें न होने से आप कैसे राज्य कर पाएँगे? पर राजा न माना। उसने तीन गाथाएँ कही-

जो दूंगा कहने के बाद नहीं देता है, वह मृत्यु को प्राप्त होता है।

जो दूंगा कहकर न देने की इच्छा करता है, वह यम के पास पहुँचता है।

और जो माँगे, वह न देकर जो न माँगे वह देना चाहता है, वह पापी से भी पापीतर होता है।

अतः मैं तो वही दूंगा जिसे इस ब्राह्मण ने माँगा है और मैंने देने कहा है।

इस पर आमात्यों ने पूछा—हे राजा! आखिर आप किस पुण्य की अभिलाषा से ऐसा दान कर रहे हैं? आयु, वर्ण, सुख, बल, सभी कुछ तो आपके पास है? क्या परलोक के सुख की आशा में शिबि का यह श्रेष्ठ राजा अपनी आँखें दे रहा है?

मैं न किसी भौतिक लाभ और न ही परलोक के सुख के लिए ऐसा कर रहा हूँ। यह सत्पुरुषों का धर्म है इसलिए ऐसा करना चाहता हूँ। न मुझे अपने दोनों चक्षुओं से द्वेष है और न ही ऐसा है कि मै स्वयं को अप्रिय लगता हूँ। मैं बुद्धत्व की प्राप्ति करना चाहता हूँ इसलिए मैं यह दान करूँगा।

फिर राजा ने दृढ़ संकल्प करते हुए अपने वैद्य सीवक से कहा कि शीघ्र ही ऐसा करो जिससे मेरी आँखें इस ब्राह्मण की आँखों को रौशन करने लगे।

तब कांपते हाथों से स्वयं आंसुओं में डूबे सीवक ने राजा की एक आँख में कुछ औषधि डाला। इससे राजा को भयानक वेदना हुई पर वह निश्चल बने रहा। आँख पलटने लगी। सीवक ने फिर राजा से कहा कि अब भी समय है...मैं आपकी आँख को पूर्ववत् कर सकता हूँ पर राजा नहीं माना। उसने सीवक से अपना कार्य जारी रखने कहा। सीवक ने पुनः राजा की आँख में औषधि डाली। इससे उसकी आँख खोल में से निकल कर नसरूपी सूत से लटकने लगी। सीवक ने पुनः राजा से निवेदन किया कि आपकी आँख को पूर्ववत करने का सामर्थ्य मुझमें अब भी है,...आप मुझे आज्ञा तो दीजिये। पर रक्त से सना, वेदना से तड़फता राजा फिर भी नहीं माना। रानियों ने और आमात्यों ने उसके चरणों में सिर रखकर सीवक को रोक लेने की विनती की पर राजा तब भी नहीं माना।

फिर राज़ा ने एक दुष्कर कार्य किया। नस से लटकती हुई अपनी आँख को स्वयं ही अपने शस्त्र से काटकर राजा ने उसे अपने दाहिने हाथ में रखा और उस ब्राह्मण को बुलवाकर उसका दान दिया...जिसे अपनी आँखों में लगाते ही ब्राह्मण की दृष्टि आ गयी!

यह देख अपने दान को सफल मान राजा की वेदना जाती रही। वह प्रसन्न था। पर अभी उसका दान पूरा नहीं हुआ था। अपनी दूसरी आँख देने का संकल्प भी वह कर चुका था अतः पुनः भयानक वेदना सहते हुए उसने वैद्य से अपनी दूसरी आँख भी निकलवाई और ब्राह्मण को दान में दी।

और फिर, मुझ अंधे को राज्य से क्या काम, कहते हुए वह अपने विशाल साम्राज्य का त्याग कर, परिजनों को रोता छोड़, केवल एक सेवक को अन्तिम यात्रा पर जाने के लिए अपने साथ ले वन की ओर चल पड़ा।

राजा का यह त्याग देख इन्द्र को लज्जा आयी, सो वह राजा के पास पहुँचा। बताया कि मैं ही अंधे ब्राह्मण के रूप में तुम्हारी परीक्षा लेने आया था। पर तुम राज्य छोड़कर क्यों जा रहे हो?

राजा के कहने पर कि अब अंधा होने के बाद मैं राज्य का क्या करूँगा, शक्र उसे दृष्टि वापस देना चाहता है। इस पर राजा कहता है कि मुझे किसी अन्य उपाय से दृष्टि मत दीजिये। मेरे दान के फलस्वरूप यदि यह मिले तो मैं ले सकता हूँ। इस पर शक्र कहता है कि ऐसा ही होगा। दान केवल परलोक के लिए नहीं दिया जाता, इस लोक में भी उसका फल मिलता है। तुम्हारे सत्कर्म के कारण तुम्हारी दृष्टि स्वयं ही लौट आयेगी।

आगे शक्र कहता है—मैं अपनी ओर से तुम्हें दिव्य नेत्र देता हूँ जिसके कारण तुम दीवार के पार या पर्वत के पार भी देख सकोगे।...सचमुच क्षण भर में ही यह चमत्कार घटित हो गया। तब राजा अपने शिबि देश लौटा...इसलिए नहीं कि उसे भोगों की कामना थी बल्कि इसलिए कि वह अपनी प्रजा को नेत्रदान का महत्त्व बताना चाहता था।

शिबि राजा की दानशीलता का उल्लेख महाभारत, रामायण तथा कथासरितसागर में भी मिलता है। **कथासरितसागर** में उल्लेख है कि एक बार राजा शिबि की परीक्षा लेने के लिए इन्द्रदेव बाज के रुप में कबूतररूपधारी धर्म का पीछा करते हुए शिबि के राजदरबार में पहुँचा। बाज से प्राण बचाते हुए कबूतर सीधे शिबि की गोद में चले गया। राजा समझ गया कि इसने प्राणरक्षा के लिए उसकी शरण ली है अतः उसने उसे शरण देने का संकल्प लिया।

तभी बाज बोला—यह मेरा भक्ष्य है। मैं भूखा हूँ, यदि इसे नहीं खाऊंगा तो मेरे प्राण निकल जाएँगे। इस प्रकार मेरी हिंसा करके तुम कौन सा धर्म प्राप्त करोंगे ? अतः कृपया कबूतर को छोड़ दीजिये।

इस पर राजा ने कहा—यह मेरी शरण आया है, मैं इसे नहीं छोड़ सकता। मैं इसके बदले इतना ही दूसरा मांस तुम्हें देता हूँ।

बाज-यदि ऐसी बात है तो अपना मांस मुझे दे दो।

तब राजा ने प्रसन्न हो तराजू मंगवाया और एक पलड़े पर कबूतर को रख कर दूसरे पर अपना मांस अपने हाथों से काट कर चढ़ाया। किन्तु आश्चर्य! कबूतर का पलड़ा थोड़ा भी नहीं हिला। जैसे-जैसे राजा अपना मांस काट कर डालता वह मानों और भारी होते जाता। अन्ततः राजा स्वयं पलड़े पर जा बैठा। उसी क्षण कबूतर और बाज अपने असली रूप में प्रगट हुए और राजा की प्रशंसा करते हुए उसे पहले के समान अक्षत कर चले गये।[62]

महाभारत में इसके आगे की कथा में राजा और भी कठिन परीक्षा देता है और उसमें पास भी होता है जब साक्षात् विधाता उसकी परीक्षा लेने के लिए उसके पास आकर उसके पुत्र को खाने की इच्छा करते हैं। राजा बिना किसी क्रोध व दुख के इसके लिए तैयार हो जाता है।[63] **वाल्मीकि रामायण** में राजा शिबि का उदाहरण देते हुए राम कहते हैं कि शिबि ने कबूतर जैसे पक्षी को शरण दी तो में विभीषण को कैसे ठुकरा सकता हूँ?

खण्ड-4

मैत्रीभाव को महत्त्व देनेवाली कथाएँ

43 मंस जातक (मांस बेचने वाले का मैत्री भाव)

44 कुसनालि जातक (कुश से मैत्री करनेवाला वृक्ष)

45 मित्तामित जातक (मित्र और अमित्र की पहचान)

46 महाउक्कुस जातक (उक्ककुस पक्षी से मैत्री का लाभ)

47 गुणजातक (उपकारी के प्रति मित्रता की भावना रखना)

48 असम्पदान जातक-(मैत्री में कृतज्ञता का महत्त्व)

कथा-43

मंस जातक (मैत्री भाव का महत्त्व)

बुद्ध ने मैत्री भाव को अत्यन्त महत्त्व दिया है। मैत्री भाव से प्रसन्न हो व्यक्ति दूसरे पर अपना सर्वस्व लुटाने भी तैयार हो जाता है। अतः भिक्षा माँगते समय भी इसी भाव से मीठी वाणी में माँगना चाहिए। प्रेम से माँगने पर ज्यादा मिलता है। प्रस्तुत कथा **मंस जातक**[64] यही सन्देश देती है।

वर्तमान कथा-जेतवन में कुछ भिक्षुओं को सरस भोजन चाहिए था क्योंकि उन्हें स्निग्ध जुलाब दिया गया था। वे स्वयं अपने लिए भिक्षा माँगने नहीं जा सकते थे अतः उनके लिए कुछ सेवक सरस भोजन की भिक्षा माँगने भेजे गये किन्तु उन्हें किसी ने सरस भोजन नहीं दिया। तब स्थविर उन्हें लेकर पुनः भिक्षा माँगने गये। अब की बार सरस भोजन बहुतायत से प्राप्त हुआ। बुद्ध को जब यह ज्ञात हुआ तो उन्होंने बताया कि चमत्कार कोमल प्रियवचनों का है। पूर्व में भी ऐसे वचनों से पण्डितों ने मनचाहा भोज्य पाया है।

अतीत कथा—एक बार एक शिकारी एक गाड़ी में रखकर मांस के विक्रय हेतु जा रहा था। चार सेठपुत्रों ने उससे मांस माँगने सोची। माँगने पर चारों को शिकारी ने मांस दिया किन्तु चारों को अलग-अलग प्रकार का मांस दिया। भेद का यह कारण उनके माँगने का तरीका था। पहला सेठपुत्र बोला—अरे शिकारी! मुझे मांस का एक टुकड़ा दो। इस पर उसने उसे मांस का एक कठोर खण्ड दिया... और कहा भी-तुम्हारी वाणी कठोर है अतः तुम्हें कठोर मांस-खण्ड दिया है।

फिर कुछ देर बार दूसरा सेठपुत्र उसके पास जाकर बोला—बड़े भाई! मांस का एक खण्ड दो ना।

इस पर शिकारी बोला—तुमने भाई कह कर मांस माँगा है। भाई अंग होता है अतः मैं तुम्हें मांस के अंग का खण्ड देता हूँ।

इसके बाद तीसरे ने शिकारी से 'तात' कहते हुए मांस की माँग की। उसपर और भी प्रसन्न होते हुए शिकारी ने कहा—पिता हृदय सदृश्य होता है। जब पुत्र तात कहता है तो पिता का हृदय कांप उठता है। अतः मैं तुम्हें हृदय का मांस पिंड देता हूँ।

अन्त में चौथे ने शिकारी से कहा—मित्र! क्या तुम मुझे मांस का एक खण्ड दोगे?

इस पर शिकारी ने गद्गद् होते हुए कहा—एक खण्ड क्या, मैं पूरी गाड़ी तुम्हारे घर लिए चलता हूँ। चाहे जितना उपभोग करो।

आगे वह गाथा कहता है—

जिसका गाँव में कोई अच्छा मित्र नहीं उसके लिए वह गाँव जंगल समान होता है।

तुम्हारी वाणी सर्वस्व के समान है अतः मैं सारा मांस तुम्हें देता हूँ।

शिकारी के इस सम्मान को सेठपुत्र ने भी पूरा महत्त्व दिया। फिर वह सारे जीवन उस शिकारी के साथ अभिन्न मित्रभाव से रहा।

कथा-44

कुसनालि जातक (कुश से मैत्री करनेवाला वृक्ष)

मित्रता करते समय छोटे-बड़े का भाव नहीं रखना चाहिए। यह सन्देश देनेवाली यह सुन्दर **कुसनालि जातक**[65] कथा शास्ता तब कहते हैं जब उनका एक धनी शिष्य एक निर्धन से मित्रता करने के कारण आलोचना का पात्र बनता है।

वर्तमान कथा—महाधनी सेठ अनाथपिंडिक का एक मित्र अत्यन्त गरीब था। इस पर उसके धन्ना सेठ मित्रों ने उसे ताना दिया कि अपने से छोटे व्यक्ति को मित्र क्यों बनाते हो? पर उसका कहना था कि मित्रता किसी से भी की जा सकती है। इतना ही नहीं, अपने उस मित्र को अनाथपिंडिक ने सम्पत्ति की रक्षा के लिए भी नियुक्त किया। इससे उसकी सम्पत्ति में वृद्धि भी पर्याप्त हुई। शास्ता को जब यह ज्ञात हुआ तो उन्होंने अनाथपिंडिक से कहा कि तुमने उस गरीब से मित्रता कर श्रेष्ठ कर्म ही किया है। मित्र कभी तुच्छ नहीं होते। मित्रधर्म की रक्षा करने का सामर्थ्य ही मित्रता का प्रमाण है। मित्रता अपने समान, अपने से श्रेष्ठ से और अपने से हीन से भी करनी चाहिए। पूर्व में भी तुमने ऐसा ही किया था और लाभ में रहे थे।

अतीत कथा—तब बोधिसत्त्व वाराणसी के राजा के उद्यान में एक कुश सदृश घास के समूह में देवतारूप में उत्पन्न हुए थे। उसी उपवन में एक सीधे तने वाला चारों ओर पत्तों से घिरा अतिविशाल मंगल वृक्ष था जो राजा को अत्यन्त प्रिय था। इसे राजा ने 'रुचमंगल' नाम दिया था। इसमें एक प्रतापी देवराज पैदा हुआ था। इस देवराज की आसपास के वृक्षों से तो मित्रता थी ही, तुच्छ दिखने वाले घाससमूह के देवता से भी मित्रता हो गयी थी।

एक बार राजा का एकखंबे के महल (एक खंबे से बना महल) का खंबा फटने लगा। महल के गिर जाने के भय से राजा ने बढ़इयों को बुलाकर आज्ञा दी कि कहीं से मजबूत वृक्ष का खंबा बनाकर इसे स्थिर करें। किन्तु उन्हें कहीं ऐसा वृक्ष नहीं मिला। राजा के पूछने पर कि क्या कहीं भी ऐसा वृक्ष तुम्हें नहीं दिखा, बढ़इयों ने कहा कि एक वृक्ष है, पर वह आपके उपवन का मंगलवृक्ष है। उसे काटने के विषय में आपसे बात करने का साहस हममें नहीं है।

इस पर राजा ने उसे काटने की आज्ञा बढ़इयों को दे दी। यह सुनकर बढ़ई उसके पास गये। वृक्ष को बलि अर्पित की...और यह कह कर चले कि राजा के महल की रक्षा के लिए हम राजा की आज्ञा से कल तुम्हें काटने आएँगे।

सारी बात सुनकर वृक्षदेव रोने लगा। मित्रवृक्षों ने भी उसके कटने की बात सुनकर उसके साथ रोना प्रारम्भ कर दिया। तब घास के देव ने भी यह सुना। छोटा था तो क्या हुआ, मित्रधर्म उसे आता था। उसने रूचवृक्ष को आश्वासन देते हुए कहा कि रोओ मत, मैं अवश्य कल तुम्हारी रक्षा करूँगा। मैं कल कुछ न कुछ उपाय करूँगा। तुम शान्त हो जाओ।

दूसरे दिन घासदेव एक गिरगिट का रूप धारण कर उसकी जड़ में छिप गया और बढ़इयों के आने पर उसपर ऐसे चढ़ा मानों वह कोई खोखला वृक्ष हो। उसे ऐसा करते देख बढ़इयों ने आपस में विमर्श किया कि यह वृक्ष तो खोखला है तभी तो गिरगिट इसके भीतर से निकला है...और उन्होंने उसे काटने का विचार छोड़ दिया।

तब मंगलवृक्षदेव ने कुशदेव को धन्यवाद दिया और मित्रवृक्षों से कहा, देखो, तुम लोग इतने बड़े देव होकर भी मेरी सहायता नहीं कर सके जबकि इस नन्हें घासदेवता ने मुझे जीवनदान दिया है। फिर उसने यह गाथा कही-

मित्रता अपने समान, अपने से श्रेष्ठ से और अपने से हीन से भी करनी चाहिए। जैसे कुशघास ने मुझ वृक्ष का उपकार किया है वैसे ही वे भी याने हीन मित्र भी विपत्ति आ पड़ने पर उपकार करते हैं।

कथा-45

मित्तामित जातक (मित्र और अमित्र की पहचान बतानेवाली कथा)

इस संसार में प्रायः हर व्यक्ति के दोस्त और दुश्मन दोनों होते हैं किन्तु कई बार वह इन्हें पहचानने में भूल करता है। जिसे वह दोस्त समझता है वह उसकी पीठ पर छुरा घोपता है और जिसे वह दुश्मन समझता है वह उसका उपकार करता है। जाहिर है इसका व्यक्ति को नुकसान उठाना पड़ता है। अतः यह बहुत आवश्यक है कि हम दोनों में अन्तर ठीक से समझे। यह कथा **मित्तामित जातक**[66] सुन्दर ढंग से इस पर प्रकाश डालती है।

वर्तमान कथा—वर्तमानकथा कोशल नरेश पर उपकार करनेवाले अमात्य के विषय में हैं। इस नरेश का अमात्य उस पर बहुत उपकार करता था। यह देख राजा उस पर बहुत प्रसन्न रहता था। किन्तु अन्य अमात्यों को यह बात खटकती थी अतः उन्होंने राजा से कहा कि यह अमात्य आपका अहितचिन्तक है। इसे दूर ही रखें। तब राजा ने उसकी परीक्षा ली किन्तु उसे कोई दोष नहीं दिखायी दिया। पर अन्य अमात्य उसकी चुगली करते रहे।

अन्त में राजा ने तथागत के सामने समस्या रखते हुए उनसे मित्र एवं अमित्र का लक्षण पूछा। इस पर उन्होंने यह अतीतकथा सुनायी जब पण्डितों ने मित्र और अमित्र के लक्षण बताये थे।

अतीत कथा—पूर्व समय में वाराणसी के शासक ब्रह्मदत्त के दरबार में एक आमात्य राजा का हितैषी था किन्तु अन्य आमात्य द्वेषवश उसके विरुद्ध राजा के कान भरते हैं। तब उन्होंने बोधिसत्त्व से पूछा—बुद्धिमान लोग किस प्रकार के कर्म करनेवाले को देखकर या सुनकर अमित्र या मित्र समझे? इस पर उन्होंने इन पाँच गाथाओं में पहले शत्रु के 16 लक्षण बताये।

अमित्र आपको देखकर खिल नहीं पड़ता, आपका अभिनंदन नहीं करता, आँखों में नहीं देखता।

प्रतिकूल बर्ताव करता है, शत्रुओं की संगत में रहता है, मित्रों की संगत नहीं करता।

प्रशंसा करनेवालों को रोकता है, निन्दा करनेवालों की प्रशंसा करता है।

आपसे बात नहीं करता, गुप्तबात की रक्षा नहीं करता। हानि पहुँचने पर प्रसन्न होता है, वृद्धि होने पर प्रसन्न नहीं होता।

बढ़िया भोजन मिलने पर याद नहीं करता, उसे यह भावना नहीं आती कि उसे भी इसमें से दे दूं।

अन्त में बोधिसत्त्व कहते हैं—**येहि अमित्तं जानेयूय दिस्वा सुत्वा पण्डितोति** अर्थात् ये ही अमित्र के लक्षण हैं। इन्हें ही देखकर पण्डितजन शत्रु को जान ले।

इस गाथा में मित्र के लक्षण भी पूछे गये हैं। यहाँ बोधिसत्त्व बताते हैं कि शत्रु के लक्षण के विपरीत लक्षण मित्र के हैं। जैसे-

विदेश गये आपकी वह याद करता है, आने पर आँखों में देखकर आपका अभिनंदन करता है ।

आपसे प्रेम करता है और वाणी से प्रसन्नता प्रगट करता है।

आपके मित्र की संगति में रहता है अमित्र की संगत नहीं करता है। निन्दा करनेवाले को रोकता है,

प्रशंसा करनेवालों की स्वयं भी प्रशंसा करता है।

आपसे बात करता, गुप्त बात की रक्षा करता है। हानि पहुँचने पर दुःखी होता है, वृद्धि होने पर प्रसन्न होता है।

बढ़िया भोजन मिलने पर याद करता है, उसे यह भावना आती कि उसे भी इसमें से दे दूं।

आगे बोधिसत्त्व कहते हैं– **'येहि मित्तंजानेयूय दिस्वा सुत्वा पण्डितोति '** अर्थात् ये ही मित्र के लक्षण हैं। इन्हें ही देखकर पण्डितजन मित्र को जान ले।

कोशलनरेश को शत्रु और मित्र की पहचान के लिए शास्ता द्वारा बताये गये उपरोक्त लक्षण आज भी प्रासंगिक है। निश्चय ही हम भी इन लक्षणों से अपने मित्र या अमित्र की पहचान कर सकते हैं।

कथा-46
महाउक्कुस जातक (महाउक्ककुस पक्षी से मैत्री के लाभ)

मनुष्य एक सामाजिक प्राणी है। समाज में रहते हुए मित्र बनाने के अपने लाभ है। मित्र न केवल सुख देते है वरन् दुःख के दिनों में विपत्ति से भी रक्षा करते हैं। बौद्ध दर्शन में मैत्री भाव को अत्यन्त महत्त्व दिया गया है। यह **महाउक्कुस जातक**[67] भी इस भाव के लाभ दर्शाती है।

वर्तमान कथा–एक युवक ने एक लड़की पसन्द की। अपने एक परिचित को उसने शादी निश्चित करने उसके घर भेजा। लड़की ने पहला प्रश्न पूछा–क्या समय पड़ने पर काम आने वाला उसका कोई मित्र या सहायक है?

'नहीं है।'

'तो उससे कहना पहले मित्र बनाओ।'

लड़की की यह इच्छा सुन उस युवक ने प्रयासपूर्वक पहले नगर के चार द्वारपालों से मैत्री स्थापित की। फिर क्रमशः नगररक्षक, गणक, महामात्य, सेनापति और उपराजा से भी मैत्री-सम्बन्ध स्थापति किये। धीरे-धीरे उसने राजा से भी मैत्री कर ली। वह यहाँ ही नहीं रुका, उसने स्थविरों, आनन्द, यहाँ तक कि शास्ता का भी दिल जीत लिया और उनसे भी मैत्री की। वह नगर में मित्रगंधक के नाम से प्रसिद्ध हो गया। इस तरह चारों ओर वह बहुत प्रतिष्ठित हुआ।

तब राजा ने स्वयं धूमधाम से उसका विवाह उसी कन्या से करवाया। राजा से लेकर सभी मित्रों ने उसे तरह-तरह से उपहार दिये। इतने उपहार पा कर पत्नी प्रसन्न थी पर वह समझदार थी। जिसने उपहार दिया उन्हें भी कुछ देना चाहिए, सोचकर उसने पति की सहमति से लोगों को उपहार दिये...और यह उपहार उसने स्वयं प्राप्त उपहारों में से ही दूसरों को सावधानीपूर्वक बांट दिये। जैसे, राजा का उपहार उपराजा को, उपराजा का उपहार सेनापति को -आदि आदि। ...और इस तरह उसने सारे नगरवासियों को

मैत्री-बन्धन में बांध लिया। बौद्ध भिक्षुओं को भी उसने महादान देकर प्रसन्न किया। उसकी कथा सुनकर शास्ता ने बताया कि पूर्वजन्म में भी यह स्त्री पशु होने पर भी मैत्री सम्बन्ध बनाने में प्रवीण थी। आगे शास्ता ने उसकी यह अतीतकथा सुनायी।

अतीत कथा-तब वह स्त्री चीलनी की योनि में पैदा हुई थी। एक बार एक चील ने उससे गृहस्थी बसाने कहा तो उसने पूछा—क्या तुम्हारा कोई मित्र है?

'नहीं है', चील ने उत्तर दिया।

'तो पहले मित्र बनाओ, ताकि वे विपत्ति में काम आ सके।'

तब चील ने तीन जीवों से प्रयासपूर्वक मैत्री की। पक्षीराज उक्कुस (बाज) से, सिंह से और कछुवे से ।

शीघ्र ही चील को मैत्रीलाभ मिला। एक दिन कुछ पक्षी-भक्षी लोग रात के समय चील के घोसलें में उसके बच्चों को आहार बनाने मशाल लेकर चढ़ने लगे। बेचारा चील! क्या कर सकता था। तब चीलनी ने उसे मित्रों की याद दिलाई। सबसे पहले उसने उक्कुस को जाकर सारी बात बतायी। उक्कुस ने पंखों और चोंच में पानी भरकर मशाल को गिला कर दिया। ऐसा उसने बार-बार किया। किन्तु करते-करते वह थक गया। तब चील ने उसे विश्राम करने कहा हालाकि उक्कुस यह कहते हुए अपने काम में लगे रहा कि भले प्राण चले जाये पर तुम्हारे बच्चों को बचाऊंगा।

इसी बीच कछुवे को भी चील पर आयी विपत्ति की खबर लगी। तब कछुवा जानबूझकर पानी से निकल कर उन शिकारियों के सामने आया। उसे देख शिकारी चील को छोड़ उसे भोजन बनाने हेतु दौड़े। लताएँ और रस्सी ले उसे बांधा दिया। किन्तु कछुवे ने चालाकी से उन्हें खींच कर गहरे पानी में डूबो दिया। पर किसी तरह वे उससे निकलने में सफल रहे।

इसी बीच चील सिंह के पास सहायता हेतु पहुंचा। सिंह के आते ही उसकी गर्जना सुन सारे शिकारी वहाँ से प्राण बचा कि भाग गये। ......और इस तरह चील मित्रों की सहायता से अपने बच्चों की रक्षा करने में सफल रहा।

कथा-47

गुणजातक (उपकारी के प्रति मित्रता की भावना)

प्रत्येक वस्तु का सदुपयोग सम्भव है भले ही वह कचरा ही क्यों न हो। आज पर्यावरण की रक्षा के लिए यह अत्यन्त आवश्यक हो गया है लोग पुरानी वस्तुओं को सड़क के कूड़े में न फेंके या जलाकर वातावरण को प्रदूषित न करें बल्कि उनका पुनरोपयोग करें। यह कथा **गुणजातक**[68] इस बात की सुन्दर शिक्षा देती है। इसके साथ ही उपकारी के प्रति

कृतज्ञता की भावना रखते हुए उसे मित्र बनाने और मैत्रीधर्म निभाने का पाठ भी यह कथा पढ़ाती है। कथा का मुख्य उद्देश्य यही पाठ है।

वर्तमान कथा–एक बार कोशलनरेश के महल में आनन्द स्थविर का धर्मोपदेश चल रहा था। उस समय राजा के लिए मंहगे हजार वस्त्र लाये गये। राजा ने उनमें से पाँच सौ वस्त्र अपनी रानियों को दे दिये। किन्तु रानियों ने स्वयं न पहन अपने वस्त्र आनन्द स्थविर को दे दिये। राजा ने रानियों को पुराने ही वस्त्रों में आते देख पूछा कि तुमने नये वस्त्र क्यों नहीं पहने? इस पर रानियों ने कहा कि वे तो हमने आनन्द स्थविर को दे दिये। इस पर राजा ने आश्चर्य से पूछा–क्या आनन्द भिक्षु ने सब ले लिए? 'सम्यक सम्बुद्ध' (शास्ता) ने तो केवल तीन चीवरों को रखने की आज्ञा दी है? आनन्द क्या उनका व्यापार करेंगे?...मन ही मन क्रोधित हो इन्हीं विचारों के साथ राजा आनन्द के पास पहुँचे और मन की बात कह भी दी।

इस पर आनन्द ने कहा कि शास्ता ने अवश्य तीन ही चीवरों का उपयोग करने की आज्ञा दी है किन्तु ग्रहण करने का निषेध नहीं किया है। इसलिए मैने उन भिक्षुओं के लिए, जिनके चीवर फट गये है, रानियों के दिये वस्त्र ग्रहण किये हैं।

पर फिर भिक्षु पुराने चीवरों का क्या करेंगे?...राजा ने कुछ अधीरता से पूछा।

पुराने चीवर का उत्तरसाटक (ओढ़ने का वस्त्र) बना लेंगे।...और पुराने उत्तरसाटक का क्या उपयोग होगा?...उनसे अन्तरवासक (अंदर पहनने के वस्त्र) बना लेंगे।... और पुराने अन्तरवासक का क्या करेंगे?...उससे बिछावन बना लेंगे। फिर पुराने बिछौने का क्या होगा?...उनसे पैरपोछ बना लेंगे।...और पुराने पैरपोछ क्या काम आएँगे ? उन्हें कूटकर मिट्टी में मिलाकर शयनासन के स्थान पर मिट्टी का लेप करेंगे। इस पर राजा ने आश्चर्य से कहा–भंते! आपको दिया हुआ वस्त्र तो पांव झाड़ने का कपड़ा बनने के बाद भी फेंका नहीं जा सकता । इस पर आनन्द ने नम्रता से कहा–हां महाराज! दान में दिया गया वस्त्र फेंका नहीं जा सकता। किसी न किसी तरह उपयोग में लाया ही जाता है।

आनन्द की बातों से राजा इतना प्रसन्न हुआ कि घर पर रखे शेष पाँच सौ वस्त्रों को मंगवा कर उन्हें भी आनन्द को दे दिये। तब आनन्द ने पहले मिले पाँच सौ वस्त्र उन भिक्षुओं मे बांट दिये ज़िनके वस्त्र जीर्ण हो गये थे। किन्तु बाद में आये पाँच सौ वस्त्र उस एक युवा भिक्षु को दे दिये जो उनकी अत्यन्त सेवा करता था। यह पूछने पर कि क्या यह पक्षपात नहीं है, आनन्द ने बताया कि यह मेरी सर्वाधिक सेवा करता है। सेवा का प्रत्युपकार करना धर्म है। इसीलिए मैंने ऐसा किया है। प्राचीन पण्डितों ने भी ऐसा किसा है। इस सन्दर्भ में शास्ता एक अतीतकथा बताते हैं।

अतीत कथा–पूर्व समय में बोधिसत्त्व का जन्म सिंह योनि में हुआ था। एक बार शिकार करने छलांग लगाते समय सिंह एक दलदल में गिर गया। उसके चारों पैर ऊपर और धड़ नीचे था। वहाँ से निकलना उसके लिए एक तरह से असम्भव हो गया। उसने अनेक पशुओं को सहायता के लिए पुकारा किन्तु कोई नहीं आया। तब एक शृंगाल को

उसने आवाज दी। शृंगाल भी उससे भयभीत था किन्तु किसी तरह एक शर्त रखकर वह उसे निकालने तैयार हुआ। उसने दलदल से निकलने के बाद उसके प्राण न लेने की सिंह से शपथ दिलवाई। सिंह ने यह शपथ तो ली ही, साथ ही यह भी कहा कि मैं तुम्हारा उपकार कभी न भूलूंगा...तुम्हारी हमेशा सहायता करूँगा...और फिर किसी तरह शृंगाल ने उसे बाहर निकाला।

तब दलदल से बाहर निकलते ही सिंह ने एक भैंसे को मार कर उसका शिकार किया। पहले उसने सियार को भरपूर खाने दिया फिर स्वयं खाया। इतना ही नहीं, बचा मांस लेकर उसके साथ उसके परिवार के पास पहुँचा और उसके परिवार को अपनी गुफा के पास रहने आमंत्रित किया ताकि हमेशा उसकी सहायता कर सके।...और ऐसा वह बराबर करने लगा।

किन्तु सिंहनी को सिंह का इस तरह सियार परिवार से प्रेम करना अच्छा नहीं लगता था अतः उसने सियारिन को वहाँ से भगाने के लिए उसे धमकाना प्रारम्भ किया। तब सियारिन से सियार से कहा कि अब हमें यहाँ से चले जाना चाहिए। किसी के पास अधिक दिन रहने वाले अप्रिय हो जाते है। यह सुन सियार ने सिंह से गाथा कही-

बलवानों का स्वभाव होता है कि वह जब चाहता है भगा देता है। कई बार शरणस्थल से ही भय पैदा होता है अतः हमें यहाँ से जाने हेतु अनुमति दें।

सियार के इस प्रस्ताव से सिंह का आश्चर्य हुआ। भला ऐसी क्या बात हो गयी? फिर सियारिन को सिंहनी द्वारा धमकाने की बात जानकर सिंह ने सिंहनी से कहा कि इस सियार ने मेरी जीवन रक्षा की है अतः तुम्हें इसके परिवार से बुरा व्यवहार नहीं करना चाहिए। यहाँ सिंह एक गाथा कहता है—

यदि मित्र दुर्बल है किन्तु मित्र के कर्त्तव्य को पूरा करता है तो वही सम्बन्धी है, वही बंधु है। अतः हे सिंहनी! तू मेरे प्राणरक्षक सियार का अपमान मत कर।

यह सुन सिंहनी ने सियार परिवार से क्षमा माँगी और उसे साथ प्रेम से रखने का आश्वासन देकर कहीं और जाने से रोक लिया।

कथा-48

असम्पदान जातक (मैत्री में कृतज्ञता का महत्त्व)

मित्र के उपकार को भूलने वाले मित्र कृतघ्न होते हैं। ऐसे लोगों को अन्ततः अपने किये का फल भुगतना पड़ता है। महाभारत में द्रुपद और द्रोणाचार्य की कथा बताती है कि जब तक द्रुपद द्रोणाचार्य के पिता का शिष्य था तब तक उनकी खूब खुशामद करता था किन्तु राजा बनने के बाद जब मुसीबत के समय में द्रोणाचार्य मित्र के पास आये तो

उसने न केवल सहायता से इन्कार किया वरन् उनका अपमान भी किया था। उसी का नतीजा था कि द्रोणाचार्य ने अर्जुन से युद्ध करवा कर उनको बंदी बनवाया था और उसके राज्य के मालिक बन बैठे थे। वैसे **असम्पदान जातक**[69] की अतीतकथा कृतघ्न मित्र को भी क्षमा करने की शिक्षा देती है। **महाभारत** में भी द्रुपद को बंदी बनाने के बाद द्रोणाचार्य बचपन की मैत्री को याद करते हुए न केवल द्रुपद को बेड़ियों से स्वतन्त्र करते हैं वरन् उसे आधा राज्य भी लौटाते हैं।

वर्तमान कथा-प्रस्तुत जातककथा भी एक अकृतज्ञ मित्र की है। वर्तमान कथा देवदत्त की है जो तथागत का अपकार कर बार-बार क्षमा पाने के बाद भी उनका अहित करने से नहीं चूकता था। भिक्षुओं में उसपर बातचीत होती सुन शास्ता बताते हैं कि पहले भी वह ऐसा ही अकृतज्ञ था। किन्तु अतीत में बोधिसत्त्व ने मित्र धर्म का पालन करते हुए उसके द्वारा दिये गये असम्पदान अर्थात व्यर्थ के भूसे को भी केवल इसलिए स्वीकार किया कि मैत्री सम्बन्ध किसी तरह बने रहे।

अतीत कथा-पूर्वकाल में वाराणसी और मगध(राजगृह) में दो सेठ थे। दोनों में मैत्री-सम्बन्ध थे। तब बोधिसत्त्व ने मगध के संख सेठ के रूप में जन्म लिया था। एक बार वाराणसी के सेठ पीलिय पर ऐसी विपदा आयी कि उसका सारा धन-वैभव समाप्त हो गया। ऐसी घड़ी में अपनी स्त्री को ले दीन-हीन अवस्था में वह सेठ पैदल ही राजगृह अपने मित्र के पास पहुँचा। इस विपत्ति की घड़ी में मित्र ने मित्र को मान दिया, अपना आधा धन दिया ताकि वह अपना व्यापार पुनः प्रारम्भ कर सके। आधे धन के साथ उसने अपने आधे दास भी मित्र को दिये।

इससे वाराणसी के सेठ को बहुत बड़ा सहारा और बल मिला। कुछ ही समय में वह पूर्ववत् धन्नासेठ बन गया।

इधर वैसी ही मुसीबत एक बार राजगृह के सेठ संख पर आयी। ऐसे समय उसे अपने मित्र की याद आना स्वाभाविक था। आखिर आधा धन दिया था उसने अपने मित्र को! सो पत्नी को लेकर वह भी पैदल ही वाराणसी पहुँचा। किन्तु इस तरह पैदल पत्नी को सेठ के घर ले जाना उसे अच्छा नहीं लगा इसलिए उसने पत्नी को एक धर्मशाला में ठहराया और आश्वासन दिया कि थोड़े समय की बात है, मेरा मित्र मेरी विपदा सुनेगा तो अवश्य तुम्हें लिवा लाने के लिए पालकी भेजेगा। तब तुम ठाठ से आना।

फिर वह बड़ी आशा और विश्वास से पीलिय सेठ के द्वार पहुँचा। सेवक से खबर भिजवाई कि राजगृह से तुम्हारा मित्र सेठ संख आया है। थोड़ी ही देर में पीलिय सेठ ने उसे भीतर तो बुलवाया पर अस्वागत के स्पष्ट लक्षण उसके व्यवहार में थे। उसने न तो संखसेठ को आसन दिया न स्वागत के लिए उठ कर खड़े हुआ। बैठे-बैठे ही उसकी विपदा सुनी। पूछा—यहाँ क्यों आये हो?

भाषा में स्पष्ट रुष्टता भांप कर संख सेठ ने कहा—तुम्हें देखने आया हूँ।

यहाँ कहाँ ठहरे हो?

अभी तो कहीं नहीं...सेठानी को एक शाला में बैठा कर आया हूँ।

अब मेरे पास तो तुम्हारे लिए स्थान नहीं है। तुम्हें मैं कुछ दिये देता हूँ, उसे पकाकर खाकर चले जाओ।

और उस अकृष्न ने उसके सामने ही दास को आज्ञा दी कि इसे तूंबा भर भूसा दे दो।

संख सेठ के लिए यह अत्यन्त अपमानजनक था। जिस मित्र को उसने आधी संपदा दे दी थी उसके घर से उसे तूंबा भर भूसा मिल रहा था! किन्तु सेठ ने कुछ नहीं कहा। सेवक जब भूसा लाया तो यह सोचकर उसने अपने पल्ले में बांधकर ग्रहण कर लिया कि यदि मैं इसे न ग्रहण करूँ तो मैत्रीभाव समाप्त होते है।

धर्मशाला पहुँचकर जब उसने सेठानी को सारी बतायी तो वह रोने लगी। कहा भी कि आपने इस भूसे को लिया क्यों? क्या आपकी संपदा का मूल्य यही है?

इस पर सेठ कहता है कि अपने मन के मैत्रीभाव को बनाये रखने के लिए मैंने इसे ग्रहण किया। आगे वह गाथा कहता है–

सामान्य वस्तु (असम्पदान)स्वीकार न करने से मूर्खजन के मित्र, मित्र नहीं रहते। इसलिए मैं यह भूसा ले आया हूँ। मेरा मैत्री-सम्बन्ध न टूटे। यह शाश्वत बना रहे।

कठिन मुसीबत की घड़ी थी। कहाँ जाएँ वे? ऐसे में देवदूत सा एक दास वहाँ पहुँचा। सेठ का पुराना सेवक था। यह वही था जिसे संखसेठ ने अपने मित्र को उसके मुसीबत के समय में दिया था। अपने पुराने मालिक को पहचानने में उसे देर नहीं लगी। सेठ की इस विपदगाथा को सुन वह रो पड़ा। साग्रह घर ले गया। बनते तक मालिक की सेवा की। फिर अपने ही समान अन्य दासों को यह सूचना दी। सबने मालिक के दुःख में दुःख जताया।

पर इतने से वे नहीं रुके। सेठ को न्याय दिलाने का संकल्प ले वे राजद्वार पहुँचे और वहाँ कोलाहल करने लगे। राजा तक यह बात पहुँची तो उन्होंने दोनों सेठों को बुलवाया। सच्चाई पता लगवाई। अब पीलिय सेठ के पास सच कबूलने के सिवाय चारा नहीं था।

राजा न्यायी था। उसने फैसला किया कि पीलिय सेठ का सारा धन संखसेठ को दे दिया जाये। किन्तु संख सेठ ने हाथ जोड़कर राजा से आग्रह किया कि मुझे पराया धन नहीं चाहिए। कृपया मुझे वही धन दिलवा दीजिये जिसे मैंने इस सेठ को दिया था।

और तब राजा ने ऐसा ही किया।

खण्ड-5

बलिप्रथा, प्राणिवध एवं अन्धविश्वासों का विरोध करनेवाली कथाएँ

49 दुम्मेध जातक (बलि-प्रथा रोकने वाला राजा)

50 मतकभत्त जातक (मृतक-भोज में बलि का विरोध)

51 अट्ठसद्द जातक (आठ पशुओं का दर्द समझने वाले बोधिसत्त्व)

52 निग्रोध मृग जातक-(निग्रोध मृग द्वारा राजा को अहिंसा की शिक्षा)

53 नंगुट्ठ जातक (अग्निदेव को बलि देने का निषेध)

54 नक्खत्त जातक-(नक्षत्र देख कर शुभकार्य करने का परिणाम)

55 वेदब्भजातक (वैदर्भ मन्त्र से धनवृष्टि कर स्वयं नष्ट होने वाला गुरु)

56 महामंगल जातक (महामंगल बतानेवाली कथा)

57 मंगल जातक (मंगल-अमंगल का अन्धविश्वास)

58 असिलक्खण जातक (छींक का शुभअशुभ से असम्बन्ध)

कथा-49

दुम्मेध जातक (बलि-प्रथा रोकने वाला राजा)

हमारे देश में अपनी किसी कामना की पूर्ति के लिए देवताओं को पशुओं की बलि देने की प्रथा प्राचीन काल से रही है। हमारे देश में ही नहीं प्राचीनकाल में अनेकानेक देशों में बलि देना धार्मिक मान्यता रही है और दुःखद सत्य यह है कि आज भी यह जीवित है। बुद्ध ने हमेशा इसका विरोध किया। जातक कथाओं में से कई कथाएँ इसी विषय को लेकर है।

ऐसी ही एक कथा **दुम्मेध जातक**[70] है जो बलि देनेवालों को दुर्बुद्धि कहती है।

वर्तमान कथा—यह कथा बुद्ध ने जेतवन में विहार करते समय लोकोपकार हेतु शिष्यों से कही थी।

अतीत कथा—यहाँ अतीतकथा वाराणसी के एक राजकुमार ब्रह्दत्तकुमार की है। बोधिसत्त्व ने ही तब कुमार के रूप में जन्म लिया था। उस समय वाराणसी में अनेक देवभक्त थे जो देवताओं को तरह-तरह के पशुओं, जैसे, भेड़, बकरी, मुर्गे, सुअर आदि की बलि दिया करते थे। राजकुमार को यह अच्छा नहीं लगता था। प्राणियों का वध उन्हें सालता था। इसे वे अधर्म मानते थे पर इसे बंद करवाने वे पिता से कुछ नहीं कह सकते थे। तब उन्होंने मन में संकल्प किया कि जब वे राजा बनेंगे, किसी न किसी उपाय से बलिप्रथा को प्रतिबंधित करेंगे...और इस हेतु उन्होंने पिता के जीवनकाल में ही तैयारी प्रारम्भ कर दी।

राज्य में वे प्रायः रथ पर घूमने जाते और जहाँ देखते की किसी वृक्ष के नीचे भीड़ में लोग देवता की पूजा-अर्चना कर बलि दे रहे हैं, वे वहाँ रुक जाते। पर किसी से कहते कुछ नहीं। देवता को प्रणाम कर एक सच्चे भक्त के समान उसकी पुष्पादि से पूजा कर, जल से अभिषेक कर लौट आते। लोग भी उनकी भक्ति से प्रभावित होते।

फिर वह समय भी आया जब कुमार वाराणसी के राजा बने। उन्हें अपना संकल्प याद था। इस हेतु उन्होंने अपने आमात्यों, ब्राह्मणों तथा वाराणसी के गृहपतियों को एकत्रित करवाया और सबके सामने प्रश्न रखा- क्या आप लोग जानते हैं कि मुझे राज्य क्यों मिला?

देव नहीं जानते, उत्तर मिला।

क्या तुम लोगों ने मुझे अक्सर वृक्षों के नीचे देवताओं की पूजा आराधना करते नहीं देखा?

देखा है देव।

तो सुनो। मैं देवताओं से एक प्रार्थना किया करता था, वह यह कि यदि मैं राजा बना तो तुम्हारे लिए बलिकर्म करूँगा।

राजा की बात सुन लोग प्रसन्न हो गये। तो हमारा नया राजा स्वयं बलिकर्म करेगा। किन्तु थोड़ी ही देर में उनकी प्रसन्नता जाती रही जब उन्होंने राजा ने आगे जो कहा, वह सुना। राजा ने कहा—देखो, मैंने देवताओं से प्रार्थना की थी कि जब मैं राजा बनूंगा तो अपने राज्य के उन लोगों की बलि दूंगा जो हिंसा आदि दुःशील दुष्कर्मों में लगे रहते हैं। जो शील का पालन नहीं करते। अब नगरवासी यह जान ले कि मैं आगे से ऐसे कर्मों में लगे सहस्त्र लोगों की बलि देवताओं को चढ़ाने वाला हूँ। हमारे देश में ऐसे दुम्मेध (दुर्बुद्धि) लोगों की कमी कहाँ है? सो आप लोग ऐसे लोगों का पता लगाकर उनको पकड़वाएँ।

अमात्यों और राजपुरुषों ने राजा की बातों पर अवश्य सिर हिलाया क्योंकि उन्हें ऐसा करना ही था। अच्छा देव, भी कहा...और उसी दिन राज्यभर में मुनादी करवा दी कि जो भी हिंसादि दुःशील कर्म करते पाया जायेगा उसकी बलि राजा स्वयं देगा। राजा को ऐसे सहस्त्र लोगों की आवश्यकता है।

आश्चर्य! जिस राज्य में नित्य ही देवताओं को बलि दी जाती थी, इस मुनादी के बाद ऐसा एक भी व्यक्ति राजपुरुषों को नहीं मिला। राजपुरुष भयभीत थे कि अब राजा जाने क्या करेगा! पर राजा मन ही मन प्रसन्न था, उसका संकल्प जो पूरा हो रहा था। उसे किसी पुरुष की बलि तो देनी नहीं थी, उसका उद्देश्य तो मात्र अपने राज्य के लोगों को बलि देने से विरत करना था, जिसमें वह सफल हो रहा था।

यह सुन्दर कथा बताती है कि राजा चाहे तो बिना प्रजा को असन्तुष्ट करे भी राज्य में ऐसा परिवर्तन ला सकता है जिसे वह मूल्यवान समझता है। इसे ही कहते हैं सांप भी मर गया और लाठी भी नहीं टूटी।

कथा-50

मतकभत्त जातक (मृतक-भोज में बलि का विरोध)

मृत पितरों का श्राद्ध करने की प्रथा हमारे देश में बहुत पुरानी है। इस जातक कथा के अनुसार पहले लोग इस श्राद्ध में पशुबलि देकर उसका मांस भी खाते थे। किन्तु इसका विरोध भी समय समय-पर विद्वदजन करते थे। प्रस्तुत **मतकभत्त जातक**[71] ऐसा ही विरोध दर्ज करने की कथा है।

वर्तमान कथा—एक बार कुछ भिक्षुओं ने शास्ता से पूछा—भंते! क्या पशुओं की प्राणहानि कर पितरों का श्राद्ध करनेवालों की उन्नति हो सकती है? इस पर शास्ता ने कहा—ऐसा कदापि नहीं हो सकता। पूर्व में भी पण्डितों ने इसके दुष्परिणाम बतलाकर सम्पूर्ण जंबुद्वीपवासियों को इस कुप्रथा से मुक्त कराया था। किन्तु विस्मरण के कारण लोग अभी भी ऐसा अकल्याणकारी कार्य करते हैं।

अतीत कथा-एक बार एक त्रिवेदज्ञ ब्राह्मण ने श्राद्धकर्म करने के विचार से बलि देने हेतु एक भेड़ा मंगवाया और अपने शिष्यों को सौंपते हुए कहा कि नदी में स्नान करा कर इसके गले में माला पहनाकर इसे सजाकर ले आओ।

शिष्यों ने ऐसा ही किया। किन्तु ऐसा करते समय एक चमत्कार हुआ। वह भेड़ा पहले तो जोर से हंसा फिर जोर से रोया। शिष्यों ने इसका कारण पूछा तो बोला कि मुझे अपने आचार्य के पास ले चलो, उनके सामने ही कहूँगा।

भारी जिज्ञासा के साथ शिष्य उसे आचार्य के पास ले गये। आचार्य के पूछने पर उसने अपने पूर्वजन्म की स्मृति के आधार पर बताया कि पहले मैं भी तुम्हारे ही समान मन्त्रध्यानी ब्राह्मण था। एक बार मैंने भी एक भेड़ा मारकर श्राद्ध किया था किन्तु उस एक भेड़े को मारने के कारण एक कम पाँच सौ योनियों में अपना सिर कटवा चुका हूँ। यह मेरा पाँच सौवां और अन्तिम जन्म है। आज मैं इस दुःख से मुक्त हो जाऊंगा, यही सोचकर मैं हंसा था।

और रोया क्यों?

रोया तो श्रीमान मैं आपके लिए था। यह सोचकर कि मुझे मरवा कर यह ब्राह्मण बेचारा अब मेरे ही समान पाँच सौ जन्मों में अपना सीस कटवाते हुए भटकेगा। तुम्हारे प्रति करुणा के कारण मैं रो पड़ा था।

यह सुन ब्राह्मण घबरा गया। झट अपने शिष्यों से बोल पड़ा कि इस भेड़े को छोड़ दो। न मैं इसकी बलि दूंगा न किसी अन्य को देने दूंगा। इसकी रक्षा मैं करूँगा। शिष्यों ने भी घबरा कर तत्काल भेड़े को मुक्त कर दिया।

किन्तु उस भेड़े की जिंदगी का तो वह आखिरी दिन तय था, सो छूटने पर जैसे ही वह चारा खाने एक पत्थर के पास गया, बिजली गिरी और वह वहीं मर गया।

उस समय वहाँ वृक्ष देवता के रूप में उपस्थिति बोधिसत्त्व ने एक गाथा कही-

यदि प्राणी इस बात को समझ ले कि जाति अर्थात् जन्म लेना दुःख है तो एक प्राणी दूसरे प्राणी का वध न करे। प्राणघात करनेवाले को चिंतित रहना पड़ता है।

इस प्रकार बोधिसत्त्व ने उस ब्राह्मण तथा उसके शिष्यों को शील में प्रतिष्ठित किया।

बलिप्रथा का विरोध करने वाली एक और कथा **आयाचितभत्त जातक**[72] है।

यहाँ **वर्तमानकथा** में बताया गया है कि उस समय मनुष्य व्यापार के लिए जाते समय देवताओं को प्राणियों की बलि दिया करते थे, इस प्रार्थना के साथ कि सफल होकर लौटे तो और भी प्राणियों की बलि देंगे। यदि सफल होकर लौटते तो, देवकृपा से यह हुआ, सोचकर प्राणियों की बलि देते। यह देख एक बार भिक्षुओं ने शास्ता से पूछा कि क्या इससे कोई अर्थसिद्धि होती है?

इस पर शास्ता एक **अतीतकथा** कहते हैं। एक बार एक कुटुम्बी ने व्यापार के लिए जाते समय ग्रामद्वार पर खड़े न्योग्रध वृक्ष से कहा कि सफल होकर लौटा तो इतने प्राणियों की बलि दूंगा...और इस तरह प्रतिज्ञा से मुक्त होऊंगा। इस पर वृक्ष देवता ने तने पर खड़े होकर गाथा कही-

यदि मुक्त होना है तो पुनर्जन्म से मुक्त हो। तू तो मुक्त होने का प्रयास करता हुआ और भी आबद्ध होता है। धीर जन इस प्रकार मुक्त नहीं होते।

मूर्ख का मुक्ति हेतु प्रयत्न उसके लिये और भी बन्धनकारी होता है।

कथा-51

अट्ठसद्द जातक (आठ पशुओं का दर्द समझने वाले बोधिसत्त्व)

यह सच है कि प्राचीन भारत में यज्ञ में पशुबलि दी जाती थी किन्तु उसी काल में ऐसे यज्ञों का विरोध भी होता था। बौद्ध, जैन एवं एवं महाभारत आदि अनेक हिंदू ग्रन्थों में भी इनका विरोध देखा जा सकता है। वस्तुतः उस काल में भी ऐसे लोग थे पशुओं का दर्द समझते थे। बौद्ध जातक कथाओं में अनेक कथाएँ यज्ञ में बलिप्रथा का विरोध करती है। प्रस्तुत **अट्ठसद्द जातक**[73] कथा इस विषय पर सुन्दर प्रकाश डालती है।

वर्तमान कथा—एक बार कोशलनरेश ने अर्धरात्रि में कुछ भयानक शब्द सुने। भयभीत होकर वह शास्ता के पास पहुँचकर बोला, ये पशु ऐसा स्वर क्यों निकाल रहे हैं? कहीं ये मेरे लिए विपत्तिकारक तो नहीं है? अब मेरा क्या होगा?

इस पर शास्ता ने कहा कि आप डरे नहीं, पूर्व में भी राजाओं ने इस प्रकार के शब्द सुने हैं। पहले तो पण्डितों के बहकावे में वे निरीह पशुओं की बलि देने तैयार हुए थे किन्तु बाद में इससे विरत हुए। आगे शास्ता ऐसे ही एक राजा की अतीतकथा बताते हैं।

अतीत कथा—तब वाराणसी नृप ब्रह्मदत्त के राज्य में बोधिसत्त्व ब्राह्मणकुल में पैदा हुए थे। तक्षशिला से शिल्प सीख कर जब वे लौट कर अपने राज्य आये तो पिता की अकूत दौलत देख कर उन्हें धन से वितृष्णा हो गयी ...और उन्होंने सारा धन दान कर दिया। हिमालय में प्रव्रज्या ग्रहण कर वे ध्यान करने लगे। एक बार वाराणसी के उद्यान में वे कुछ समय के लिए रहने आये।

इन्हीं दिनों वाराणसी नरेश को अर्धरात्रि के समय एक के बाद एक आठ पशुओं के विचित्र शब्द सुनायी दिये। वे डर गये। दूसरे दिन ब्राह्मणों को बुलाकर उन्होंने इनका अर्थ पूछा। ब्राह्मण बोले—ये आपके लिए बुरे लक्षण हैं। आप सब चतुष्पदों का यज्ञ करें।...राजा ने हामी भरी और ब्राह्मण प्रसन्न हो तत्काल यज्ञ की तैयारी करने लगे।

पर एक ब्राह्मण के शिष्य को यह पसन्द नहीं आया। उसने अपने गुरु से कहा भी कि इससे बहुत से प्राणियों का केवल नाश होगा, लाभ कुछ नहीं होगा। इस पर पण्डितों ने उसे डांट कर चुप करा दिया कि इससे राजा को न सही, हमें तो लाभ होगा। विभिन्न पशुओं का मांस खाने मिलेगा।

यह सुन शिष्य उस समय गुरु के भय से चुप हो गया किन्तु ऐसे श्रमण की खोज में लग गया जो राजा को इस कर्म से रोक सके। तभी उसे राजोद्यान में संन्यासी के रुप में

बैठे बोधिसत्त्व दिखे। सारी बात बता कर उसने उनसे निवेदन किया कि राजा को इस कर्म से रोकें।

किन्तु मेरे कहने से राजा क्यों रुकेंगे? वे मुझे नहीं जानते न मैं उन्हें जानता हूँ। .. .संन्यासी ने आश्चर्य प्रगट करते हुए कहा।

यह सुन शिष्य ने पूछा, क्या आप पशु-पक्षियों की बोली समझते हैं? पशु अवश्य कुछ कहना चाह रहे होंगे। आप राजा को उनका सही अर्थ बता सकते हैं।

इस पर पुनः बोधिसत्त्व ने कहा—मैं माथे पर सिंग बांध कर तो नहीं घूम सकता। हां, यदि राजा यहाँ आकर मुझसे पूछेंगे तो मैं उन्हें बताऊंगा।

काम कठिन था पर वह शिष्य किसी तरह राजा को बोधिसत्त्व के पास ले आया।

तब उन आठ पशुओं की बोली के अर्थ बोधिसत्त्व ने राजा को क्रमशः बताये।

पहली आवाज एक **बगुले** की थी । यह राजा के पुराने बाग के तालाब से आयी थी। यह दर्दभरी थी। यह वस्तुतः बगुले की भूख के कारण थी। उसका भाव था कि मेरे इस पैतृक आवास तालाब में पहले कितनी मछलियां रहती थीं, अब यह सूख चला है। अब मुझे केवल मेढ़क से काम चलाना पड़ता है। बोधिसत्त्व ने राजा से कहा...अच्छा हो कि आप उस पुष्करिणी को साफ करा कर स्वच्छ पानी से भरवा दें ताकि मछलियां वहाँ ठीक से पनप सके और बगुला समुचित आहार पा सके।

दूसरी आवाज एक **कौवी** की थी। यह अपने घोंसले को नष्ट किये जाने के कारण रो रही थी। इससे घोसले में स्थित अंडें भी नष्ट हो रहे थे...आपका हाथीवान हाथी ले जाते समय प्रायः इसके घोंसले को अपने अंकुश से नष्ट कर देता है।.... उसे ऐसा करने से रोके तो यह रोना बंद कर देगी, बोधिसत्त्व ने राजा से कहा।

तींसरा स्वर एक **घुण-कीट** का था जिसने लकड़ी का सार भाग खा लिया था। अब न उसे खाने के लिए वहाँ कुछ है और न ही वह उसमें से निकल पा रहा है, अतः रोते रहता है। ....आप बढ़ई द्वारा शीघ्र उसे वहाँ से मुक्त कराएँ, बोधिसत्त्व ने राजा को निर्देश दिया।

चौथी रोनही आवाज राजभवन में पली एक **कोयल** की थी। वह राजभवन में नहीं रहना चाहती थी। वह तो अपने साथियों के साथ अपने वनखण्ड में कुहकते हुए अत्यन्त प्रसन्न थी।...वहीं जाने के लिए वह विलाप करती है। उसे महल से मुक्त कर दीजीये।

पाँचवी आवाज राजमहल में पालित एक **मृग** की थी। कामासक्त वह मृग अपनी मृगी के लिए व्याकुल हो रोता था। ...इसे भी आप जहाँ से लाया गया है वहाँ भिजवा दीजिये।

छठा स्वर महल में पालित **बन्दर** का था जो पूर्व में हिमालय प्रदेश में बन्दरों का सेनापति था। वह अपनी बन्दरी के साथ मजे से वहाँ विचरण करता था।...उसे भी आप वापस हिमालय भिजवा दीजिये।

सातवां स्वर महल में पल रहे **किन्नर**[74] का था जिसकी किन्नरी ने उसे पर्वत से उतरने मना किया था पर वह नहीं माना और पकड़ा गया। उसी का स्मरण कर वह रोते रहता।... इसे भी आप मुक्त कर दीजिये।

आठवां स्वर उपरोक्त स्वरों से बिल्कुल अलग था...यह न किसी पशु का था न ही किसी प्रकार के विलापजन्य आह का था। यह था एक **'प्रत्येक-बुद्ध'**[75] का स्वर, जो राजा के उद्यान में परिनिवृत होने हेतु 'उदान' (प्रीतिवाक्य) कहते हुए उतरे थे और अब एक शालवृक्ष तले परिनिर्वाण को प्राप्त हुए हैं।...आप जाकर उनका संस्कार करें एवं जिन पशुओं को बलि हेतु लाया गया है उन्हें भी मुक्त करें।

तब राजा ने बोधिसत्त्व के प्रति कृतज्ञता ज्ञापित करते हुए उनके बताये अनुसार कृत्य किया।... और फिर बोधिसत्त्व राजा को अप्रमादी रहने का उपदेश देकर तप हेतु हिमालय चले गये।

उपरोक्त कथा के समान पशुयज्ञ का विरोध करनेवाली एक अन्य कथा **लोहकुंभी जातक** है। यहाँ कथा है कि एक बार कोशलनरेश ने रात में चार नारकीय प्राणियों के शब्द सुने। एक ने **दु** दूसरे ने **स** तीसरे ने **न** और चौथे ने **सो** उच्चारित किया।

ब्राह्मणों से इसका अर्थ पूछने पर उन्होंने राजा को डराया कि इससे आपको हानि है पर हम सर्वचतुष्क यज्ञ करके इसका निवारण कर सकते हैं। इस हेतु बलि देने चार हाथी, चार बैल, चार मनुष्य, चार तीतर तथा इसी क्रम में चार-चार प्राणी मंगवाने एवं यज्ञकुंड तैयार करने कहा। दूसरे दिन राजा ने यह बात रानी से कही । रानी समझदार थी। उसने सम्यक् सम्बुद्ध शास्ता से सलाह लेने कहा।

तब शास्ता ने राजा को बताया कि यह नारकीय प्राणियों के शब्द है। पहले भी राजाओं ने ऐसे शब्द सुने थे और ब्राह्मणों ने पशुयज्ञ करने कहा था किन्तु पण्डितों ने ऐसा करने से मना किया था। यहाँ शास्ता **अतीतकथा** बताते हैं कि तब भी प्रव्रजित बोधिसत्त्व ने राजा को बताया था कि यह स्वर चार पूर्वजन्म के व्यभिचारियों का है जो हजारों सालों से लोहकुंभी नरक की यातना भुगत रहे हैं। ये कुछ कहना चाहते हैं पर कह नहीं पाते। क्या कहना चाहते हैं? राजा के पूछने पर बोधिसत्त्व ने बताया-

पहला 'दु' शब्द द्वारा कहना चाहता है कि पास होने पर भी जो नहीं दिया यह जीवन बुरा जीवन रहा। भोगों के होने पर भी अपने लिए द्वीप नहीं बनाया।

दूसरा, जिसने 'स' कहा, वह पूछना चाहता है कि इस प्रकार नरक में पूरे साठ हजार वर्ष तक बने रहने का अन्त कब होगा?

तीसरा 'न' कहने वाला कहना चाहता है कि अन्त नहीं होगा मित्र! अन्त दिखायी नहीं देता। उस समय मेरा और तुम्हारा पाप विशेष रहा है।

चौथे 'सो' कहने वाले के मन की बात थी-यहाँ से जाने पर मैं निश्चय ही मनुष्य देह प्राप्त करने पर सदाचारी बनूंगा और कुशल कर्म करूँगा।

अन्त में बोधिसत्त्व राजा से कहते हैं कि आपसे इन्हें कोई भय नहीं है। आप कोई यज्ञ मत कराइये बल्कि यज्ञ हेतु लाये गये सब प्राणियों को मुक्त कराइये। इसी में आपका कल्याण है।

तब राजा ने ऐसा ही किया।

कथा-52

निग्रोध मृग जातक (निग्रोध मृग द्वारा राजा को अहिंसा की शिक्षा)

आपत्‌ग्रस्त व्यक्ति को शरण देना भारतीय संस्कृति रही है। हमारे प्राचीन साहित्य में अनेकों ऐसे उदाहरण है जहाँ लोग शरणागत की रक्षा किसी भी मूल्य पर करने तत्पर रहे हैं। यह कथा भी इसी उच्चमूल्य का संपोषण करती है।

निग्रोध मृग जातक[76] नामक इस कथा में वर्तमानकथा ऐसी महिला की है जो पहले देवदत्त के भिक्षुणी संघ में भिक्षुणी बनती है किन्तु गर्भवती होने के कारण वहाँ से निकाल दिये जाने के बाद शास्ता के संघ में शरण पाती है। अतीतकथा में बताया गया है कि देवदत्त द्वारा निकाले जाने पर शास्ता पूर्वजन्म में भी उसे शरण दे चुके थे। दूसरे के लिए प्राणोत्सर्ग तक करने की यह सुन्दर कथा है।

वर्तमान कथा– एक बार राजगृह की एक सेठ-कन्या ने पिता से प्रव्रजित होने की आज्ञा माँगी। इस पर पिता ने दुःखी होकर कहा कि तू मेरी अकेली कन्या है मैं तुझे प्रव्रजित होने नहीं दूंगा। तब वह सोचने लगी कि विवाह के बाद स्वामी को मनाकर प्रव्रजित होऊंगी।

विवाह के बाद वह शीलवती रहकर पति की सेवा करते हुए गृहस्थधर्म का पालन करने लगी किन्तु अन्य महिलाओं के समान उसे सजने-संवरने का कोई शौक नहीं था। नगर में एक बार उत्सव में जाने हेतु सभी नागरिक तैयार होने लगे। पति ने इसे भी चलने हेतु श्रृंगार करने कहा। तब उसने मना करते हुए कहा कि बत्तीस प्रकार की गंदगियों से भरे शरीर को अलंकृत करने में मुझे कोई रुचि नहीं है। माता-पिता के संयोग से उत्पन्न यह शरीर कोई देवनिर्मित शरीर तो है नहीं, न ही अमृत औषधियों से पूर्ण है। गंदगी में पैदा हुआ यह शरीर नश्वर धर्म वाला, तृष्णा से आक्रांत, शोक का मूल, सब रोगों का आलय, श्मशान का यात्री है। यह हड्डी और नसों का संयोग है जिसके ऊपर त्वचा और मांस का लेप है और उस पर चर्माच्छादन है। इसलिए इसका यथार्थ रूप नहीं दिखता। यह आंतों, आमाशय, यकृत, उदर, हृदय, थूक, पसीना, पित्त, चर्बी आदि से पूर्ण है। आँख, कान, नाक आदि से भी मैल निकलते रहता है। यदि किसी तरह इस शरीर के अंदर का हिस्सा बाहर आ जाये तो निश्चित है कि डंडा लेकर कुत्तों और कौव्वों का हटना पड़े।

पत्नी की बातें सुन पति समझ गया कि पत्नी को भोगों में कोई रुचि नहीं है। अतः उसने पूछा कि क्या तुम प्रव्रज्या लेना चाहती हो? पत्नी द्वारा 'हां' कहने पर वह उसे सादर देवदत्त के भिक्षुणी संघ में प्रव्रजित कर आया।

सेठ-कन्या अपनी कामना पूरी होने पर प्रसन्न थी। किन्तु कुछ ही दिनों में उसकी खुशी काफूर हो गयी जब उसे स्वयं में गर्भ के लक्षण दिखने लगे। अन्य भिक्षुणियां इस विषय में उससे पूछताछ करने लगी। इस पर उसने घबराते हुए कहा कि मैं नहीं जानती कि यह क्या है पर मेरा शील परिपूर्ण है।

तब भिक्षुणियां उसे देवदत्त के पास लेकर आयी और उससे सारी बात बता कर पूछा कि अब क्या किया जाये। इस पर देवदत्त ने बुद्धभाव से रहित हो, बिना करुणा, शान्ति, मैत्रीभाव के कह दिया कि लोग मुझ पर आरोप लगाएँगे अतः इसे अप्रव्रजित कर आश्रम से निकाल दिया जाए।

तब वह दुखयारी कुछ भिक्षुणियों से विनती कर उनके साथ वहाँ से शास्ता के पास जेतवन पहुँची। शास्ता सत्यता जान गये फिर भी संघ पर कोई आरोप नहीं लगे इसलिए उन्होंने राजा प्रसेनजित तथा प्रसिद्ध महाकुलों एवं परिषद के समक्ष यह मामला रखा। वहाँ उन्होंने सबके सामने महाउपासिका विशाखा से कहा वे यथार्थ का पता लगाये कि इस युवती को प्रव्रज्या के पूर्व गर्भ ठहरा है या पश्चात्।

विशाखा कुछ भिक्षुणियों के साथ उसे एकांत में ले गयी और उसके हाथ, पैर, नाभि, उदर आदि देखकर, मास-दिवसों का मेल बैठाकर इस निर्णय पर पहुँचीं कि युवती को प्रव्रजित होने के पूर्व ही गर्भ ठहरा है। यह सुन शास्ता ने सबके समक्ष उसे शुद्ध घोषित करते हुए अपने भिक्षुणी विहार में सादर स्थान दिया। समय पर उसने एक पुत्र को जन्म दिया।

एक बार मगधनरेश भिक्षुणीसंघ के पास से गुजर रहा था तो बच्चे के रोने का शब्द सुनकर उसे आश्चर्य हुआ कि यहाँ बच्चा कैसे है। इस पर आमात्य ने बताया कि यह उसी तरुण भिक्षुणी का पुत्र है जिसे शास्ता ने आपके समक्ष शुद्ध घोषित किया था। तब राजा उस भिक्षुणी के पास स्वयं पहुँचा। उसे कहा—भिक्षुणियों के लिए बच्चों का पालन-पोषण कठिन होता है अतः तुम इसे मुझे दे दो, मैं यह कार्य करूँगा।...और फिर राजकुमारों के समान उसने बच्चे का पालन किया। उसका नाम काश्यप रखा। किन्तु पूर्वजन्म के संस्कार थे, सो सात वर्ष की उम्र में ही वह प्रव्रजित हो गया। बाद में यही 'कुमार काश्यप' के नाम से प्रसिद्ध बौद्ध स्थविर के रूप में जाना गया।

यह कथा सुनाते हुए शास्ता ने कहा कि पूर्वजन्म में भी देवदत्त ऐसा ही अकरुण था।

अतीत कथा-तब बोधिसत्त्व ने मृग योनि में जन्म लिया था। उस समय मृग का वर्ण सुवर्ण का था। आँखें मणियों के सदृश्य चमकीली तथा सिंग रजत-वर्ण के और मुख रक्तवर्ण के दुशाले के समान था। उसका नाम निग्रोध मृगराज था। वह पाँच सौ मृगों का राजा था। दूसरी ओर एक अन्य मृग पाँच सौ मृगों पर राज करता हुआ रहता था। वह भी स्वर्णिम वर्ण का था।

उस समय बनारस का राजा मृगों का वध करने में आसक्त था। बिना मृग-मांस के वह भोजन ही नहीं करता था। प्रतिदिन वह मनुष्यों को काम से हटा कर मृगया के लिए ले जाता था। राजा का तो इससे मनोरंजन होता था किन्तु लोगों के काम रुक जाते थे। सो एक बार लोगों ने दोनों स्वर्णिम मृगों को उनके-उनके झुंड-सहित किसीं तरह घेर लिया और उन्हें राजा के उद्यान में कैद कर् लिया। फिर राजा के पास जाकर निवेदन किया कि अब हमें जंगल जाने की आवश्यकता नहीं है। आप चाहे तो उद्यान में ही मृग का आखेट कर सकते हैं। राजा को भी यह उचित लगा। उद्यान में सैकड़ों हिरणों को देख वह प्रसन्न हुआ। किन्तु स्वर्णिम वर्ण के हिरणों से प्रभावित हो उसने उन्हें अभय दिया।

अब वह प्रतिदिन धनुष-बाण ले आखेट हेतु बाग में जाता। बेचारे हिरण उसके बाण से घायल होने के भय से इधर-उधर भागते रहते। कोई घायल होकर तड़फते तो कोई दम तोड़ देते। ऐसे मरे हिरण राजा के रसोई का भोज्य बनते।

तब एक बार हिरणों ने स्वर्णमृग के रूप में जन्में बोधिसत्त्व को निवेदन किया कि इस तरह तो बहुत से मृग घायल हो जाते हैं। जब मरना निश्चित ही है तो क्यों न हम स्वयं एक-एक कर बलिवेदी पर चले जाया करें।

बोधिसत्त्व को यह बात उचित लगी । उन्होंने दूसरे झुंड के प्रमुख स्वर्णमृग, जो देवदत्त था, को बुलाकर सलाह की कि दोनों झुंडों में से एक-एक मृग प्रतिदिन बलिवेदी पर चले जाया करे ताकि उसे तथा अन्यों को राजा के तीरों का दर्द सहना न पड़े। देवदत्त इस पर राजी हो गया।

एक बार देवदत्त के झुंड में एक गर्भिणी हिरणी की पारी आयी। उसने नायक से निवेदन किया कि आज मेरे स्थान पर किसी अन्य को भेज दें। पुत्र हो जाने पर हम दो जन पारी-पारी से जाएँगें किन्तु देवदत्त ने उसकी एक न सुनी। उसे ही जाने का आदेश दिया। तब वह दूसरे झुंड में निग्रोधमृग के पास पहुँची। अब अन्य किसको वह उस गर्भिणी के स्थान पर जाने का आदेश देता सो वह स्वयं ही उस उसके स्थान पर बलिवेदी के स्थान पर पहुँच गया। किन्तु दोनों स्वर्णमृगों को राजा ने अभय दिया था अतः निग्रोधमृग को रसोइया नहीं काट सकता था । उसने राजा से सारी बाते निवेदित की। तब राजा ने स्वयं आकर स्वर्णमृग की प्रशंसा की तथा उसे और गर्भिणी को अभयदान दिया। किन्तु निग्रोधमृग इससे प्रसन्न नहीं था। वह कहता है कि हम दोनों को तो अभय दिया पर शेष क्या करेंगे?

इस पर राजा ने कहा, 'उद्यान के सभी मृगों को अभय देता हूँ।'

'पर उद्यान के बाहर के मृगों का क्या होगा?'

'उन्हें भी अभय देता हूँ।'

'किन्तु शेष चतुष्पादों का क्या होगा?'

'उन्हें भी अभय दिया।'

'पर पक्षियों तथा जलचर जीवों का क्या होगा?'

'उन्हें भी अभय देता हूँ।'

इस तरह निग्रोधमृग सबके प्रति करुणाभाव के कारण सभी पशुपक्षियों तथा अन्य सभी जलचर जीवों के लिए भी राजा से अभय पाता है।

कथा-53

नंगुट्ठ जातक (अग्निदेव को बलि देने का निषेध)

तपस्या को लेकर प्रारम्भिक काल से लोगों में नासमझी रही है। कुछ लोग केवल शरीर को कष्ट देते हुए कठोर शारीरिक तप करते थे और स्वयं को धार्मिक समझते थे। इसी

तरह मनोवांछित फल की प्राप्ति हेतु निर्दोष पशुओं की बलि देकर अग्निदेव को प्रसन्न करना भी सामान्य रहा है। किन्तु बुद्ध ऐसे लोगों का विरोध करते थे। इस कथा **नंगुट्ठ जातक**[77] में ऐसे यज्ञकर्ताओं पर तीखा व्यंग है।

वर्तमान कथा—उस समय जेतवन के पीछे आजीवक साधु तरह-तरह से कठोर तप किया करते थे। कोई उकड़ू बैठता तो कोई चिमगादड़व्रत ले उलटा लटका रहता। कोई कांटों पर सोता तो कोई पंचाग्नितप करता। भिक्षुओं ने जब इनके विषय में शास्ता से पूछा तो उन्होंने बताया कि यह मिथ्यातप है...न इससे कल्याण होता है न उन्नति होती है। पूर्व समय में भी पण्डितों ने इसमें कल्याण देखा था किन्तु बाद में उन्हें अपनी भूल समझ में आयी।

एक अन्य कथा **उद्दालक जातक**[78] में भी उद्दालक नामक एक ढोंगी तपस्वी का उल्लेख है जो कुछ ढोगी शिष्यों के साथ लोगों से दान ऐंठते हुए रहता था।

एक बार राजा उससे मिलने गया। राजा के आने की बात सुनकर उसने पहले ही शिष्यों से कहा कि चिमगादड़व्रत का पालन करो, कुछ उकडू बैठो, कुछ पुस्तकें पढ़ते रहो। राजा आया, सबको तप करते देख अत्यन्त प्रसन्न हुआ किन्तु उसके पुरोहित को यह पसन्द नहीं आया। उसने राजा से एक गाथा कही-**यदि बहुश्रुत व्यक्ति धर्माचरण न करें और पापकर्म करें तो वह पाप का भागी होगा। सहस्त्र वेदज्ञ भी बिना आचरण के अपने वेदज्ञान से मुक्त नहीं होता।** पुरोहित के कहने का अभिप्राय था कि ये तपस्वी धर्माचरण नहीं कर रहे हैं अतः ये कभी मुक्त नहीं होंगे। यद्यपि वह ढोंगी तपस्वी पुरोहित का पुत्र था और वह पुरोहित को इस बात का इशारा भी करता है किन्तु पुरोहित फिर भी राजा से कहता है कि ब्राह्मण लोभी नहीं होता। लोभवश ढोंग करनेवाले अपने पुत्र को पुरोहित ने तपस्वी नहीं माना। राजा से कहा कि उसे तथा अन्य तपस्वियों को गृहस्थ बना कर सेवा में रखें...और राजा ने वैसा ही किया।

अतीत कथा-तब बोधिसत्त्व उदीच्य ब्राह्मणकुल में पैदा हुए थे। सोलह वर्ष की आयु में पिता ने कहा—पुत्र तेरे जन्म के दिन से हमने आग रखी है। यदि गृहस्थ होना चाहता है तो तीनों वेद सीख, यदि ब्रह्मलोक जाना चाहता है तो आग लेकर वन जा। वहाँ अग्नि की पूजा कर महाब्रह्म को प्रसन्न कर ब्रह्मलोक गमन कर।

मुझे गृहस्थी नहीं करनी है, मैं तो अग्निपूजा करूँगा, कहते हुए बोधिसत्त्व आग ले वन में गये और वहाँ अग्निपूजा करते हुए रहने लगे। एक बार उन्हें एक बैल मिला। अग्निदेव को गोमांस खिलाऊंगा, कहते हुए वह उसे ले आये किन्तु फिर विचार आया कि मेरे पास नमक तो नहीं है...और वे पास के गाँव से नमक लाने चले गये।

जाते समय बैल को यज्ञाग्नि के निकट ही बांध गये। लौटकर देखा तो वहाँ बैल के स्थान पर केवल उसकी कुछ हड्डियां और पूंछ पड़ी थी! वह समझ गये कि चोरों ने मजे से उनके बैल को मार कर उसका मांस उनकी ही अग्नि में भून कर खाया है। तब उसके मन में आया कि यह भी क्या अग्निदेव है जो अपनी ही वस्तु की रक्षा नहीं कर सके? यह मेरी क्या रक्षा करेंगे? तब पूंछ आदि को अग्नि में फेंक उन्होंने यह गाथा कही-

हे अग्निदेव ! यह ही पर्याप्त समझे कि मैं आपकी पूजा पूंछ से कर रहा हूं। आपको बैल का मांस मिलना था किन्तु वह तो चोर ले गये। अब अपनी वस्तु सुरक्षित रखने में असमर्थ आप इस पूंछ को ही ग्रहण करें।

और तब अग्नि को पानी से बुझाकर ऋषिप्रव्रज्या के अनुसार प्रव्रजित हो वे ब्रह्मलोक को परायण हुए।

कथा-54

नक्खत्त जातक (नक्षत्र देख कर कार्य करने का परिणाम)

हमारे देश में प्राचीन काल से ही यह की धारणा रही है कि नक्षत्रों की गति का व्यक्ति के जीवन पर अच्छा या बुरा प्रभाव पड़ता है। इसीलिए कभी नक्षत्रों का योग शुभ तो कभी अशुभ कहा जाता है। किन्तु नक्षत्रों की गति का किस व्यक्ति पर क्या प्रभाव पड़ता है यह जानना सहज नहीं है। इसे बिना समझे ही लोग इसके चक्कर में फँस कर पहले भी ठगे जाते थे आज भी ठगे जाते हैं। इसीलिए कहा जाता है कि शुभकार्य में देर नहीं करनी चाहिए। मन में शुद्धि हो तो हर दिन शुभ होता है। कोई अशुभ नक्षत्र नहीं हेाता। प्रस्तुत कथा **नक्खत्त जातक**[79] ऐसे ही एक व्यक्ति की कथा है जो इस पचड़े में फँस कर न केवल अपने पुत्र के विवाह से हाथ धोता है वरन् मार भी खाता है।

वर्तमान कथा—श्रावस्ती के एक व्यक्ति ने अन्य गाँव जाकर अपने पुत्र के विवाह हेतु एक कन्या को वाग्दान दिया। किस दिन बारात आयेगी, यह भी निश्चित कर लिया गया। कन्या पक्ष उसी हिसाब से शादी की तैयारी करने लगा।

इधर अपने गाँव पहुँचे उस व्यक्ति ने भी शादी की तैयारी प्रारम्भ कर दी। अचानक एक नक्षत्रों के जानकार व्यक्ति से उसने पूछा, अमुक दिन मैं अपने पुत्र की बारात लेकर अमुक गाँव जानेवाला हूँ। क्या नक्षत्र अच्छा है? इस पर वह व्यक्ति मन ही मन क्रुद्ध हो गया। पूरी तैयारी कर ली अब पूछता है कि क्या नक्षत्र अच्छा है! तब उसे सबक सिखाने के लिए वह बोला, बिल्कुल अच्छा नहीं है। यह तो अशुभ नक्षत्र है। शादी करोगे तो महाविनाश होगा। एक दिन बाद अवश्य शुभ नक्षत्र है।

अब उस व्यक्ति का भयभीत होना स्वाभाविक था। वह उस दिन बारात लेकर नहीं गया। इधर कन्या पक्ष सारी तैयार कर बारात के आने की राह देख रहा था। देखते-देखते विवाह का समय बीतने लगा। बारातियों को न आते देख कन्या पक्ष नाराज हो गया। उन्होंने निर्णय किया कि आज ही कन्या की शादी होगी भले ही वर दूसरा क्यों न हो...और तब उन्होंने उसी गाँव के एक युवक से वह कन्या ब्याह दी।

दूसरे दिन वह व्यक्ति अपने पुत्र की बारात लेकर गाजे-बाजे के साथ कन्या के द्वार पर पहुँचा पर वहाँ तो कोई तैयारी नहीं थी। कन्या के पिता से उसने कहा कि मैं बारात लेकर आया हूँ, तुम्हारी कन्या कहाँ है ? ब्याह नहीं करना है क्या?

इस पर पिता ने उसे खूब खरी-खोटी सुनायी। जब उसने शुभ नक्षत्र का हवाला दिया तो और भी भड़कते हुए वह बोला, 'नक्षत्र का क्या प्रयोजन? क्या कन्या का मिलना ही शुभनक्षत्र नहीं है? तुम श्रावस्ती के गृहस्थ पापी हो। तुमने मेरा अनादर किया है। तुम समय पर नहीं आये तो मैंने अपनी कन्या अन्य को ब्याह दी। अब जैसे आये हो वैसे ही चले जाओ।'

फिर तो दोनों पक्ष में जमकर मारपीट हुई और उस तथाकथित शुभ नक्षत्र में वरपक्ष को मार खाकर लौटना पड़ा।

अतीत कथा—शास्ता को जब यह बात पता चली तो उन्होंने कहा कि पूर्व जन्म में भी इसने ऐसा ही किया था। और उन्होंने यह गाथा कही-

नक्षत्र देखते रहने वाले मूर्ख आदमी का काम नष्ट हो जाता है। कार्य की सिद्धि ही शुभकार्य का नक्षत्र है। तारे क्या करेंगे?

कथा-55

वेदब्भजातक (वैदर्भ मन्त्र से धनवृष्टि कर स्वयं नष्ट होने वाला गुरु)

सामान्यतया तो गुरु को शिष्य कोई आज्ञा नहीं देता किन्तु कभी-कभी कठिन परिस्थिति में गुरु को भी शिष्य की बात माननी चाहिए अन्यथा इसका नुकसान उन्हें उठाना पड़ता है। **वेदब्भजातक**[80] यही सन्देश देनेवाली सुन्दर कथा है। साथ ही यह मन्त्रविद्या का महत्त्व और उसका सही उपयोग कब करना चाहिए, यह भी बताती है।

वर्तमान कथा—जेतवन में विहार करते समय शास्ता के सामने एक ऐसा भिक्षु लाया गया जो किसी की बात नहीं सुनता था। इस पर शास्ता ने उससे कहा कि अभी नहीं, तुम पूर्व जन्म में भी अवज्ञाकारी थे। इसका दुष्परिणाम यह हुआ कि तुम्हारे तलवार से दो तुकड़े किये गये और तुम्हारे कारण सहस्त्रों जनों को प्राणहानि हुई ।

आगे शास्ता उसकी अतीतकथा बताते हैं ।

अतीत कथा—पूर्व समय में यह एक ब्राह्मण के रूप में वाराणसी में जन्मा था जो वैदर्भ मन्त्र जानता था। यह महामूल्यवान मन्त्र था। खास नक्षत्र में इसका जप करने से

धन की वर्षा होती थी। उस समय बोधिसत्त्व इस ब्राह्मण के पास विद्या सीख रहे थे। एक दिन किसी काम से दोनों गुरु-शिष्य जंगल पार कर कहीं जा रहे थे। अचानक रास्ते में वे 500 चोरों के समूह से टकरा गये। ये पेसनक चोर थे। पेसनक चोर वे होते थे जो यदि दो व्यक्तियों को पकड़ते और उनके पास धन नहीं होता तो दोनों में से एक को धन लाने के लिए भेजते थे। प्रेषक होने के कारण वे पेसनक चोर कहलाते थे। बड़ी चालाकी से ये दो में से एक को भेजना निश्चित करते थे। जैसे, वन में यदि पिता-पुत्र को पकड़ते तो पिता को भेजते कि धन लेकर आ तब पुत्र को ले जाना। वे जानते थे कि पिता पुत्र के लिए अवश्य धन लेकर आयेगा भले ही पुत्र पिता के लिए न लाये। इसी तरह मां-बेटी को पकड़ते तो माँ को भेजते, दो भाइयों को पकड़ते तो बड़े भाई को भेजते, गुरु-शिष्य को पकड़ने पर शिष्य को भेजते थे। सो उन्होंने वेदर्भमन्त्र जानने वाले गुरु के साथ जब बोधिसत्त्व शिष्य को पकड़ा तो बोधिसत्त्व से कहा कि तुम जाकर धन लेकर आओ तब तुम्हारे शिष्य को छोड़ेंगे।

तब बोधिसत्त्व ने गुरु को प्रणाम कर कहा कि आप भयभीत न होना, मैं एक दो दिन में किसी तरह धन का प्रबंध कर अवश्य आऊंगा। गुरु को चुपचाप यह भी सिखाया कि आप किसी भी परिस्थिति में वैदर्भमन्त्र का प्रयोग कर धन मत बरसाना अन्यथा कष्ट में पड़ेंगे।

इधर सूर्यास्त होने पर चोरों ने आचार्य को अच्छी तरह रस्सी से बांध दिया और स्वयं वहीं पहरा देने लगे। उसी समय पूर्व दिशा में परिपूर्ण चन्द्रमंडल उदित हआ। आसमान में दूर-दूर तक तारा मंडल भी बिखरा हुआ था। किन्तु पाँच सौ चोरों के सामने हाथ-पैर बंधे उस ब्राह्मण को आकाश मंडल का यह सौंदर्य कहीं भी नहीं लुभा रहा था। हां, तारा मंडल के नक्षत्रों को देखकर एक लोभ अवश्य उनके मन में जन्म लेने लगा कि आज जो नक्षत्रों की स्थिति है उसमें यदि मैं वैदर्भ मन्त्रों का उच्चारण करूँ तो निश्चय ही धन बरसेगा। तब ये चोर अवश्य मुझे छोड़ देंगे। शिष्य पता नहीं कब लौटे, लौटे न लौटे! ...और फिर अधिक विचार किये बिना ब्राह्मण ने मन्त्रजाप करना प्रारम्भ किया। देखते ही देखते आकाश से धन की वर्षा होने लगी। चोरों ने ऐसा चमत्कार और ऐसी धनवृष्टि कभी नहीं देखी थी। चोरों ने जल्दी-जल्दी वह धन समेटा, गठरी बनायी और उसे लेकर किसी आशंका से भाग खड़े हुए। बेचारे अकेले आचार्य जंगल में कहाँ जाते, सो वे भी बदहवास से उनके पीछे भागने लगे।

जैसी चोरों को आशंका थी, उनसे भी बड़े पाँच सौ चोर उनके रास्ते में आ गये और उन्हें घेर लिया। विनम्रता से उन्होंने पूछा—क्या चाहिए?

धन चाहिए।

धन है तो, पर इतना ही धन लेकर क्या करोगे? यह जो पीछे-पीछे ब्राह्मण दौड़ा आ रहा है इसे पकड़ो। यह तुम्हें प्रचुर धन देगा क्योंकि यह मन्त्र द्वारा धनवृष्टि करना जानता है। हमें भी इसी ने धनवृष्टि कर धन दिया हैं।

तब चोरों ने ब्राह्मण से पूछा कि सच में तुमने धनवृष्टि कर इन्हें धन दिया है? ब्राह्मण से इन्कार करते नहीं बना। तब चोरों ने अपने अन्य चोर-भाइयों को छोड़ कर जाने दिया और ब्राह्मण को पकड़ लिया।

किन्तु ब्राह्मण के लिए यूं सहज नहीं था धनवृष्टि करना।... 'मैं धनवृष्टि कर सकता हूँ पर तुम्हें एक वर्ष इंतजार करना होगा, कारण की धनवृष्टि एक विशेष नक्षत्र में ही सम्भव है जो बीती रात जा चुका है।' यह सुनना था कि चोरों ने तलवार से उस ब्राह्मण के दो टुकड़े कर दिये और पहले के पाँच सौ चोरों के पीछे दौड़ पड़े।

वे चोर अभी ज्यादा दूर नहीं जा पाये थे सो थोड़ी देर में ही मिल गये ...और फिर धन के लिए दोनों ओर से मारकाट प्रारम्भ हो गयी। हर कोई एक दूसरे से लड़ने लगा। देखते ही देखते खून की नदियां बहने लगी। अन्त में केवल दो शेष रह गये। तब दोनों के मन में विचार आया कि यदि हम एक दूसरे को मार डालेंगे तो यह धन व्यर्थ चला जायेगा अतः दोनों ने मूक समझौता कर तलवार फेंक दी और दोनों मित्र बन एक दूसरे के घाव को सहलाने लगे। चलो आधा-आधा बांट लेते है, दोनों में सहमति बनी।

किन्तु इतने देर तक चले युद्ध के बाद दोनों के पेट कुलबुला रहे थे, अतः एक ने दूसरे से कहा कि भाई मैं धन की रक्षा करते बैठा हूँ, तुम कहीं आसपास जाकर भोजन की व्यवस्था करो...और दूसरा निःसंकोच भोजन लेने चले गया।

पर पापी दिमाग अधिक देर तक शान्त नहीं रह सकता। इधर धन की रखवाली में बैठे चोर के मन में विचार आया कि मैं छिप कर तलवार लेकर बैठ जाता हूँ। जैसे ही वह चोर भोजन लेकर आयेगा मैं उसे मार डालूंगा... तब सारा धन मेरा हो जायेगा। उधर भोजन लेने गये चोर ने सोचा कि यदि मैं भोजन में विष मिला कर उसे खिला दूं तो सारा धन मेरा हो जायेगा, और दोनों ने वैसा ही किया।

पहले ने असावधान देखकर भोजन लेकर आये चोर के सिर को धड़ से अलग कर दिया किन्तु उसका लाया भोजन खाने पर स्वयं मर गया।

इधर दो दिन बाद धन लेकर लौटे बोधिसत्त्व सारा नजारा देखकर समझ गये कि उनके जाने के बाद क्या हुआ होगा। आचार्य के लिए वे दुःखी हुए। सोचा, काश आचार्य ने उनकी बात मानी होती! पर अब कुछ नहीं किया जा सकता था। फिर उनके दो टुकड़ों को जोड़कर उनका दाहसंस्कार किया और यह गाथा कही-

जो अनुचित मार्ग से धन चाहता है वह विनाश को प्राप्त होता है।

कथा-56

महामंगल जातक (महामंगल बतानेवाली कथा)

हम भारतीय प्रायः शकुन अपशकुन, मंगल अमंगल को लेकर बड़े चैतन्य होते हैं। बिल्ली ने रास्ता काट लिया या चलते समय छींक आ गयी तो झट चौंक जाते हैं कि पता

नहीं क्या अमंगल होगा! वैसे हम हमेशा मंगलचिंह देखने का प्रयास करते हैं, जैसे, पानी से भरा घट ले जाता कोई दिख गया तो प्रसन्न हो जाते हैं कि आज काम बनेगा। प्राचीन काल में भी लोग यही करते थे किन्तु शास्ता ऐसे विचारों को नापसन्द करते थे क्योंकि इससे अन्धविश्वास पनपते हैं। इसलिए जातक कथाओं में इनका विरोध दिखता है। यह कथा **महामंगल जातक**[81] भी मंगल क्या है, इस पर अत्यन्त सुन्दर प्रकाश डालती है।

वर्तमान कथा—एक बार कुछ व्यक्ति बातचीत कर रहे थे तभी एक व्यक्ति यह कहते हुए उठ कर जाता है कि उसे मंगलक्रिया करनी है। मंगलक्रिया से अनजान वहाँ बैठा एक नया व्यक्ति अन्य लोगों से पूछता है कि यह क्या होती है? इस पर एक कहता है, प्रातः उठकर सर्वश्वेत बैल को देखना, गर्भिणी स्त्री देखना, पूर्णघट देखना, या गाय का नूतन घी आदि देखना मंगलक्रिया है। किन्तु दूसरा कहता है कि देखना नहीं, मंगल शब्द सुनना मंगलक्रिया है। जैसे पूर्ण, बढ़, भोजनकर आदि शब्द सुनना मंगल है। कोई अन्य कहता है कि सूंघना, चखना, स्पर्शकरना मंगल होता है। जैसे, प्रातः उठकर पृथ्वी का स्पर्श करना, गीले गोबर या हरे तृण को छूना, सोने चांदी या रोहित मछली को छूना, नये वस्त्र छूना आदि मंगलस्पर्श है।

इन सबसे अनजान वह नया व्यक्ति चकरा गया कि मंगल आखिर है क्या? तब शास्ता के पास जाकर उसने यही प्रश्न उनसे किया। इसपर शास्ता ने उसे यह अतीतकथा सुनायी।

अतीत कथा—पूर्व समय में ब्राह्मणकुल में उत्पन्न बोधिसत्त्व के सामने यही प्रश्न उनके शिष्यों ने रखा। दरअसल उनके शिष्य एक बार वाराणसी गये थे तब वहाँ के लोगों में इसी प्रश्न की विवेचना हो रही थी। वर्तमान कथा के समान मंगलक्रिया के सम्बन्ध में कोई कुछ कहता था तो कोई कुछ। तब वे राजा के पास समाधान हेतु गये किन्तु राजा भी पशोपेश में था। तब राजा स्वयं बोधिसत्त्व के शिष्यों के पास इस प्रश्न के समाधान हेतु राजोद्यान पहुँचा जहाँ ये शिष्य ठहरे हुए थे। किन्तु बेचारे शिष्य भी इस प्रश्न का उत्तर देने में असमर्थ थे। उन्होंने स्वीकार किया कि हमारे गुरु ही इसका उत्तर दे सकते हैं। तब राजा ने उनसे निवेदन किया कि अपने गुरु से इसका उत्तर पूछ कर आओ... ...और वे वापस हिमालय पहुँचे। गुरु के सामने अपना प्रश्न रखा। तब गुरु ने मंगल के अनेको रुप बताते हुए निम्नलिखित गाथाएँ कही-

1.सभी देवता, पितर तथा सभी प्राणियों के प्रति जिसकी मैत्री भावना है वही उसके लिए मंगल है, इस मंगल द्वारा ही वह रक्षित होता है।

2. जो सारे लोक के प्रति नम्र है, जो स्त्री, पुरुष और बच्चों के भी अप्रिय वचनों को सह लेता है, जो किसी से कलह नहीं करता, उसकी यह सहनशीलता ही उसका मंगल है, इस मंगल द्वारा ही वह रक्षित होता है 3. जो विद्या, कुल, धन या जन्म के अभिमान से मित्रों का अनादर नहीं करता, जो प्रज्ञावान है, जो समय पड़ने पर स्मृतिवान है, उसका मित्रों का यह अनादर न करना मंगल है, इस मंगल द्वारा ही वह रक्षित होता है।

4. जिसकी पत्नी समान आयु वाली है, समान मन की है, अनुवर्तिनी है, धर्मकामी है, बन्ध्या नहीं है, कुलीन सदाचारी और पतिव्रता है, यह स्त्रियों के विषय में उसका मंगल है, इस मंगल द्वारा ही वह रक्षित होता है।

5. यशस्वी राजा जिसके विषय में यह जानता है कि यह पवित्र, पराक्रमी, द्वैतभाव से रहित तथा मेरा सहृदय है, यह उसका मंगल है, इस मंगल द्वारा ही वह रक्षित होता है।

6. श्रद्धावान, प्रसन्नचित्त, सन्तुष्ट मन से अन्न, पान, माला, गंध आदि का जो दान करता है, यह स्वर्ग सम्बन्धी उसका मंगल है, यही मंगल उसकी रक्षा करता है।

7. वयोवृद्ध, सम्यक् चर्या से पूजित, सत्पुरुष, बहुश्रुत, शीलवान, ऋषिगण जिस आर्य धर्म से पवित्र होते है, वह अर्हतों का मंगल है, इसी से उनकी रक्षा होती है।

इस प्रकार मंगल के विषय में उपरोक्त गाथाएँ कहने के बाद बोधिसत्त्व अन्त में मंगलों की स्तुति करते हुए यह अन्तिम गाथा कहते हैं—

ये ही लोक में वास्तविक मंगल हैं। विज्ञपुरुषों द्वारा प्रशंसित इन्द्रियों को सुख देनेवाले प्रज्ञावान् को चाहिए कि इन्हीं का पालन करें। अन्य जो मंगल है उनमें कुछ सत्य नहीं है।

कथा-57

मंगल जातक (मंगल-अमंगल का अन्धविश्वास)

हमारा मंगल-अमंगल का अन्धविश्वास केवल क्रिया कलापों से ही नहीं, विभिन्न वस्तुओं से भी जुड़ा रहता है। इससे दूर रहने की शिक्षा देनेवाली यह कथा **मंगल जातक**[82] है।

वर्तमान कथा—तब राजगृह में शकुनों में विश्वास करनेवाला एक प्रसिद्ध ब्राह्मण रहता था। एक बार उसके कपड़ों को चूहों ने काट डाला। इसपर उसके मन में आया कि चूहों ने कपड़े कुतरे हैं अतः अब इन्हें पहनना अवश्य अमंगलकारी होगा। तब उसने अपने पुत्र से कहा—तात! जाकर इसे श्मशान में फेंक आओ। तुम स्वयं यह कार्य करना क्योंकि यदि हमने सेवकों के द्वारा इसे फिकवाया तो सम्भव है कि लोभवश सेवक इसे न फेंककर अपने लिए रख ले। और हां...तुम भी इन्हें हाथ से न छूना। इसे किसी लकड़ी पर लटका कर ले जाना गया।

पुत्र पिता का आज्ञाकारी बेटा था सो जैसा पिता ने कहा वैसे ही वस्त्रों को ले वह श्मशान पहुँचा। वह उन्हें फेंकने जा ही रहा था कि स्वयं शास्ता वहाँ पहुंच गये।

वस्तुतः सिद्धिबल से शास्ता ने सारी बातें जान ली थी। पुत्र को शिक्षा देने के लिए शास्ता उसके सामने श्मशान में आये और उससे वहाँ आने का कारण पूछा। पुत्र ने सारी

बातें साफ-साफ बतायी। तब शास्ता ने उससे कहा कि अच्छा फेंक दे। किन्तु जैसे ही पुत्र ने उन्हें फेंका, शास्ता ने उन्हें उठा लिया यह कहते हुए कि अब यह मेरे हैं...और फिर पुत्र के कहते रहने पर भी कि ये वस्त्र अमंगलकारी हैं इन्हें मत हाथ लगाओ, शास्ता उन्हें लेकर वेलवन की ओर चल पड़े।

यह देख पुत्र घबरा गया। तत्काल वह पिता के पास पहुँचा। जो-जो हुआ बताया। सब सुन पिता भी घबरा गया। उन अमाँगलिक वस्त्रों को पहन कर यदि गौतम नष्ट हुए तो हमारी बहुत निन्दा होगी...यह सोचकर वह तत्काल बहुत से अच्छे वस्त्र लेकर विहार में पहुंचा कि इन्हें देकर गौतम से अमाँगलिक वस्त्र वापस लूंगा। किन्तु उसके लाख कहने पर भी शास्ता ने नये वस्त्र लेकर उन पुराने वस्त्रों को लौटाने से यह कहते हुए इन्कार किया कि कोई वस्तु अमाँगलिक नहीं होती। हम संन्यासियों के लिए तो चीथड़े ही योग्य वस्त्र हैं।

फिर शास्ता ने उसे बताया कि पूर्वजन्म में भी तू ऐसा ही था। प्रार्थना किये जाने पर शास्ता ने उसकी अतीतकथा इस प्रकार कही।

अतीत कथा—तब राजगृह में एक धार्मिक राजा राज्य करता था। बोधिसत्त्व ने उसके राज्य में एक ब्राह्मण कुल में जन्म लिया था। प्रव्रज्या ग्रहण के बाद एक बार वे राजगृह आये। यहाँ भी इसी ब्राह्मण ने शकुन का विचार कर चूहों द्वारा कुतरे गये वस्त्रों को फेंकने हेतु श्मशान में अपने पुत्र को भेजा। तब बोधिसत्त्व ने उन्हें ग्रहण किया और ब्राह्मण द्वारा आशंका प्रगट करने पर यह गाथा कही-

जिसके अमंगल, उत्पात, स्वप्न, तथा लक्षण यह सब नष्ट हो गये हैं वह इन मंगल दोषों को लांघ जानेवाला, इन द्वन्द्व धर्मों को जीत लेने वाला होता है। वह फिर इस संसार में जन्म नहीं लेता।

तब बोधिसत्त्व के उपदेश से पिता-पुत्र दोनों को सद्बुद्धि आ गयी थी।

कथा-58

असिलक्खण जातक (छींक का शुभअशुभ से असम्बन्ध)

छींक आना एक स्वाभाविक क्रिया है किन्तु अन्धविश्वासी इसमें भी शुभाशुभ देखते हैं। यह कथा **असिलक्खण जातक**[83] इसका निषेध करती है। इसके साथ ही प्राचीन भारत में भी लोग रिश्वत लेकर गलत आदमियों के पक्ष में निर्णय करते थे, इसे भी यह कथा उजागर करती है। इस कथा से अंग-भंग होने पर कैसे प्लास्टिक सर्जरी की जाती थी, इस पर भी प्रकाश पड़ता है, यद्यपि यहाँ यह सर्जरी एक तरह से मजाक के रूप में प्रस्तुत हुई है।

वर्तमान कथा—कोशलनरेश के दरबार में एक 'असिलक्षण' नामक दरबारी था। उसे यह नाम इसलिए मिला था क्योंकि वह सूंघकर असि याने तलवार के लक्षण बताता था कि यह माँगलिक है या नहीं। राजा इसी के कहने पर तलवार लिया करता था। किन्तु यह कोई सच्चा 'असिलक्षणज्ञ' नहीं था। दरअसल यह व्यक्ति लोहारों से रिश्वत लिया करता था। जो रिश्वत देता उसकी तलवार को अच्छा बताता था।

धीरे-धीरे सब लोहारों को यह बात पता चल गयी। तब कुछ लोहारों ने उस पर नाराज हो बदला लेने के लिए तलवार की धार पर मिर्च का लेप कर दिया। अब जैसे ही उस 'असिलक्षण' दरबारी ने तलवार को सूंघा, उसे जोर से छींक आ गयी। इससे उसकी नाक के दो तुकड़े हो गये।

यहाँ आगे उल्लेख है कि राजा ने बाद में उस व्यक्ति को वैद्य के पास भेजकर उसकी नई नाक लगवाई ...पर यह उसकी प्लास्टिक सर्जरी नहीं कही जा सकती क्योंकि यह नाक लाख की बनी थी जो एक बार धूप में खड़े रहने के कारण पिघल कर गिर गयी!

तब कुछ भिक्षुओं ने शास्ता से पूछा कि छींक आने को लेकर कुछ लोग कहते हैं कि भला होगा कुछ लोग कहते हैं कि बुरा होगा। पर हम जानना चाहते हैं कि सच क्या है?

इस पर शास्ता कहते हैं कि छींक आने का ऐसा कोई अच्छा या बुरा परिणाम नहीं होता। असिलक्षण के लिए छींक आना बुरा हुआ क्योंकि इससे उसकी नाक कट गयी किन्तु अतीत में एक राजकुमार को छींक के कारण ही राजकुमारी प्राप्त हुई थी। आगे शास्ता उस राजकुमार की अतीतकथा सुनाते हैं।

अतीत कथा—तब वाराणसी-नृप का कोई पुत्र नहीं था केवल एक कन्या थी। पुत्र न होने के कारण उसने अपने भांजे को पुत्रवत पाला और फिर घोषित किया कि मैं इसे ही अपना दामाद बनाऊंगा। किन्तु बाद मे वह मुकर गया, यह सोचकर कि कन्या को अन्य राजा को दूंगा तो उससे मैत्री-सम्बन्ध बढ़ेगे। किन्तु अब राजकुमारी और कुमार एक दूसरे से प्रेम करने लगे थे। अतः दोनों ने भाग कर विवाह करने हेतु एक चाल चली। कुमार ने पहले तो राजकुमारी को भूत पकड़े जाने का ढोंग करने कहा। फिर एक कूटनी को राजकुमारी का भूत उतारने के बहाने से राजकुमारी के साथ आधी रात को श्मशान बुलवाया। उसके साथ अनेक सिपाही भी आये।

इनके आने के पूर्व वह कुमार हाथ में मिर्च लिए मुर्दा बन श्मशान में लेट गया। सीखी-पढ़ी कूटनी ने राजकुमारी का भूत उतारने के बहाने जैसे ही उसे मुर्दा बने राजकुमार के पास लिटाया, मुर्दा राजकुमार मिर्च सूघकर जोर से छींकने लगा। इससे वह कूटनी 'भूत है भूत है' कहते हुए चिल्लाती हुए भागी। उसे भागते देख राजकुमारी के अंगरक्षक भी भयभीत हो भाग गये...और इस तरह राजकुमार को राजकुमारी मिल गयी।

यहाँ उस राजकुमार के लिए छींक का आना शुभ हुआ।

खण्ड-6

पारिवारिक एवं सामाजिक स्थिति पर प्रकाश डालनेवाली कथाएँ

59 सालिकेदार जातक (वृद्ध माता-पिता के लिए शालि ले जानेवाला तोता)
60 मातिपोसक जातक (माता की सेवा करनेवाला हाथी)
61 कच्चानि जातक (कात्यायनी नामक सास पर बहू का अत्याचार)
62 तक्कल जातक (पुत्र का पिता के प्रति दुर्व्यवहार)
63 अंब जातक 1 (विवाह योग्य कन्या के मन की झांकी)
64 उछंग जातक (सहोदर के प्रति प्रेम)
65 पुटभत्त जातक (पोटली का भात अकेले खाने वाला स्वार्थी पति)
66 भल्लाटिय जातक (पत्नी के प्रति प्रेमिल बना भल्लाटिय राजा)

कथा-59

सालिकेदार जातक (वृद्ध माता-पिता के लिए शालि ले जानेवाला तोता)

भारतीय धर्मों में संन्यास को आदर दिया गया है। किन्तु सामान्यतया हिंदू धर्म में चार आश्रमों को मान्यता देते हुए ब्रह्मचर्य, गृहस्थ और वानप्रस्थ के बाद संन्यास आश्रम में प्रवेश की बात कही गयी है। बौद्धधर्म में इस तरह की व्यवस्था का कोई प्रावधान नहीं है। स्वयं बुद्ध ने गृहस्थाश्रम में रहते हुए ही संन्यास लिया था। अनेकों युवकों ने उनसे प्रेरित होकर घर-परिवार छोड़ प्रव्रज्या ग्रहण की थी। पत्नी और बच्चों के लिए तो नहीं पर हां, वृद्ध माता-पिता को असहाय छोड़कर संन्यास लेने वालों को जातक कथाओं में प्रशंसा नहीं है। बल्कि माता-पिता की सेवा करनेवालों की प्रशंसा है। यहाँ तक कि यदि कोई संन्यासी होते हुए भी माता-पिता की सेवा करता है तो उसकी प्रशंसा है। प्रस्तुत कथा **सालिकेदार जातक**[84] भी माता-पिता की सेवा को महत्त्व देनेवाली कथा है। यहाँ एक पक्षी तक को माता-पिता की सेवा करते बताया गया है। मनुष्य तो मनुष्य शास्ता पशु-पक्षियों द्वारा माता-पिता की सेवा करने की प्रशंसा करते हैं।

वर्तमान कथा—वर्तमान कथा एक ऐसे भिक्षु की है जो एक गृहस्थ-दंपत्ति की सेवा करता था। शास्ता को जब अन्य भिक्षुओं से यह बात पता चली कि यह गृहस्थों का पालन-पोषण करता है तो उन्होंने उसे बुलाकर पूछा कि क्या तुम गृहस्थों का पालनपोषण करते हो? उसके हां कहने पर बुद्ध ने पुनः पूछा कि वे तुम्हारे क्या लगते हैं, मेरे माता-पिता हैं, कहने पर शास्ता ने बताया कि पहले भी यह ऐसा ही था। तब यह पक्षी योनि में था।

अतीत कथा-तब राजगृह में मगधराज राज्य करता था। उस नगर में एक ब्राह्मण-गाँव था। यहाँ के एक ब्राह्मण ने उधार लेकर धान बोंया। उसने खेत की रखवाली के लिए एक मजदूर रखा जो खेत में ही कुटिया बना कर रहता था। एक बार तोतों की एक मंडली उस खेत में उतरकर धान खाने लगी। अब तोते भला कितना खाते, इसलिए उसने भी बहुत परवाह नहीं की, हां अपनी ओर से उन्हें उड़ाने का प्रयत्न

अवश्य करता किन्तु उसकी नाराजगी इन तोते के सरदार पर थी जो अपेक्षाकृत विशाल था। स्वयं तो वह अच्छे से खाता ही था, अपनी चोंच में भरकर अनेक बालियां भी ले जाता था। यह देख खेत का रखवाला परेशान होने लगा। ...ऐसे में तो उसका मालिक कम धान होने के कारण उसे ही चोर समझेगा! अतः एक दिन जाकर उसने मालिक से सब कुछ बताया। तब मालिक ने शुकराज को किसी तरह जाल में कैद करने का आदेश दिया।

मजदूर ने वैसा ही किया। शुकराज को लेकर वह मजदूर मालिक के पास पहुँचा। तब मालिक ने स्नेहपूर्वक शुकराज को जाल से मुक्त कर अपनी गोद में बैठाया और पूछा-तुम खाने के बाद धान लेकर क्यों जाते हो? क्या तुम्हारा अतिउदर है? कहाँ धान रखते हो? तुम सच-सच बताओगे तो तुम्हें मुक्त कर दूंगा।

इस पर शुकराज ने गाथा कही-

न मेरा तुमसे कोई बैर है न मेरा कोई कोठा है। मैं तो ऋण से मुक्त होता हूँ और ऋण देता हूँ । यही मेरा कोष-संग्रह है।

शुकराज की बात मालिक के समझ में बिल्कुल नहीं आयी। उसने इसके मायने पूछे। इस पर शुकराज ने बताया कि मैं यह धान अपने बच्चों और बूढ़े मां-बाप के लिए ले जाता हूँ। इसके द्वारा मैं बच्चों को ऋण देता हूँ ताकि बड़े होने पर वे मेरा पोषण करें। वृद्ध माता-पिता ने मुझे पाला था अतः अब उन्हें धान देकर मैं उनका ऋण चुकाता हूँ। यही मेरा कोष है।

शुकराज से यह सुभाषित सुन ब्राह्मण ने कहा—तुम पक्षी हो पर धार्मिक हो। कुछ मनुष्यों में भी यह धर्म नहीं है। तुम्हारा दर्शन मुझे प्रिय है। तुम जा सकते हो। पर मिलते रहना।

तब प्रसन्न हो शुकराज ने उसे माता-पिता की सेवा करने का उपदेश देकर वहाँ से प्रस्थान किया।

कथा-60

मातिपोसक जातक (माता की सेवा करनेवाला हाथी)

यह कथा **मातिपोसक जातक**[85] माता की सेवा करनेवाले एक हाथी की है।

वर्तमान कथा— यहाँ वर्तमान कथा एक ऐसे साधु की है जिसकी शिकायत लेकर अन्य भिक्षु शास्ता के पास आये कि यह संन्यासी होकर अपने माता-पिता की सेवा करता है। यह सुन शास्ता कहते हैं कि इस पर क्रोध मत करो। पूर्वजन्म में पशुयोनि में उत्पन्न होने पर भी यह ऐसा ही था। एक बार इसने माता से बिछड़ने पर राजभोग अस्वीकार कर दिया था। इसने तब तक भोजन नहीं किया जब तक कि माता को देख नहीं लिया।

अतीत कथा—बोधिसत्त्व तब हिमालय में हाथी योनि में उत्पन्न हुए थे। श्वेतवर्ण का यह हाथी-शिशु बड़ा होकर हाथियों का राजा हुआ। उन्हें सुरक्षा प्रदान करते हुए उनके साथ ही रहता था। उसकी माता अंधी थी अतः वह उसके लिए हाथियों के द्वारा मीठे फल भेजा करता था। किन्तु जिन हाथियों के द्वारा वह फल भेजता था वे माता को कम फल देते थे। अधिक फल स्वयं खा जाते थे। जब उसे यह ज्ञात हुआ तो वह स्वयं माता की सेवा करने अन्य हाथियों को छोड़ उसके साथ रहने लगा।

एक बार जंगल में माता के लिए फल लाते समय उसे एक रोता हुआ व्यक्ति दिखा। वस्तुतः रास्ता फटक जाने के कारण वह रो रहा था। तब उस पर दया कर हाथी ने उसे अपनी पीठ में बैठाकर जंगल से बाहर निकलने में मदद की। किन्तु आदमी के मन में पाप था सो रास्ते में वह चिंह बनाते हुए वह लौटा। फिर वह सीधे काशिराज के पास गया और उसे बताया कि मैंने जंगल में एक श्वेतहाथी देखा है। अगर आप महावत आदि की व्यवस्था करें तो मैं उसे पकड़वा सकता हूँ।

श्वेतहाथी राजा का मंगलहाथी होता है। यह राजा के लिए अमूल्य होता है। राजा के पास पहले से एक श्वेतहाथी था किन्तु वह मरण को प्राप्त हो रहा था। सो राजा के लिए अन्य श्वेतहाथी मिलना सौभाग्य की बात थी। अतः राजा ने तत्काल बहुत सा धन देकर तथा महावत आदि की सारी सुविधा उपलब्ध करा कर उस मनुष्य को श्वेतहाथी लाने जंगल भेजा...और नये मंगलहाथी की अगवानी के लिए सारे नगर को सजवाया।

इधर माता की सेवा में लगा श्वेतहाथी जंगल में विचित्र ध्वनि सुनकर चौकन्ना हो गया। थोड़ी ही देर में उस शठ को अन्य हाथियों और महावतों के साथ देख वह समझ गया कि इस लालची मनुष्य ने धन की लालच में मुझे पकड़वाने के लिए इन्हें लाया है। श्वेतहाथी में बहुत बल था। वह चाहता तो सबको पराजित कर सकता था किन्तु उसने धैर्य से काम लिया। अनावश्यक हिंसा वह नहीं करना चाहता था। अतः उसने स्वयं को पकड़वा दिया...और चुपचाप राजा के समक्ष जा खड़े हुआ।

हाथी को इतना शान्त देख राजा अत्यन्त प्रसन्न हुआ। उसने उसकी बहुत आवभगत की। तरह-तरह का भोजन उसके सामने रखा किन्तु उसने कुछ भी नहीं खाया। राजा के बार-बार आग्रह करने पर उसने बताया कि मेरी भूखी-प्यासी अंधी माता जंगल में मेरा स्मरण करते हुए रो रही होगी। अवश्य वह इधर-उधर टकराती हुई भटक रही होगी। उसे खिलाये बिना मैं कैसे भोजन कर सकता हूँ? मैं ही उसका एकमात्र सहारा था।

श्वेत हाथी की यह मातृभक्ति देख राजा को अतीव प्रसन्नता हुई। उसने तत्काल सेवकों को आज्ञा दी की इस मातिपोसक हाथी (माता का पोषण करनेवाला हाथी)को तत्काल मुक्त करो ताकि वह जंगल में जाकर अपनी माँ की सेवा कर सके।

और इस तरह अपने शील और मातृभक्ति के कारण श्वेतहाथी मुक्त हुआ।

कथा-61

कच्चानि जातक (कात्यायनी नामक सास पर बहू का अत्याचार)

मनुष्य एक सामाजिक प्राणी है। समाज में वह प्रायः एक परिवार में रहता है। परिवार में अनेक तरह के रिश्तों में वह बंधा होता है। ये रिश्ते उसे एक तरह का सुरक्षा कवच देते हैं। किन्तु कई बार पारिवारिक रिश्तों में खटास के चलते या कहे कि स्वार्थवश ये रिश्ते बोझ बन जाते हैं...और तब परिवार का सबल सदस्य दुर्बल पर अत्याचार करता है। रिश्तों का यह बोझ सास-बहू के रिश्तों में प्रायः देखने मिलता है। सास-बहू के बीच तनातनी कोई आज की समस्या नहीं है। प्राचीनकाल में भी ऐसा होता था। जातक कथाओं में ऐसी ही अत्याचारी बहू की कथा **कच्चानि जातक**[86] मिलती है। कथा मुख्यरूप से यह बताने के लिए है कि इसका दुष्परिणाम क्या होता है।

वर्तमान कथा— यहाँ वर्तमान कथा श्रावस्ती के एक सदाचारी तरुण की है जो अपनी वृद्ध विधवा बीमार माता कच्चानि (कात्यायनी) को देवी मानते हुए उसकी सेवा करते हुए रहता था। बार-बार माँ के कहने पर कि तू मेरी सेवा के लिए बहू ले आ, वह यह कहते हुए तैयार नहीं होता कि मेरे समान कौन दूसरा तुम्हारी सेवा करेगा। आखिर में थक कर उस वृद्धा ने अपने बिरादरी की एक लड़की को घर में रख लिया।

बेटे को माँ की सेवा करते देख वह लड़की भी उसकी सेवा जतन से करने लगी। यह देख बेटा उसकी ओर आकर्षित हुआ और उसने उससे विवाह कर लिया। अब वह जो भी अच्छे भोज्य लाता उसे भी देता। बहू ने इसका मतलब निकाला कि अब बेटा माँ को नहीं, उसे प्यार करता है, अतः उसने सास पर अत्याचार करना प्रारम्भ किया।

अपने को सुरक्षित रखने के लिए पहले तो वह पति से कहने लगी कि तुम्हारे जाने पर माँ मुझे गालियां देती है। पति सीधा था। पत्नी की बातों का उसने कोई उत्तर नहीं दिया। पति को चुप देख उसने सास को तंग करना शुरू किया। कभी सास की खटिया को झूठमूठ ही पीटती कि खटमल निकाल रही हूँ, और जब सास कहती कि बहू खटिया में तो बहुत खटमल है, तब पति से कहती कि मैंने तो खटिया को पीटा था, तुमने आवाज सुनी थी ना? देखो यह बुढिया मुझे झूठा ठहरा रही है। जानबूझकर बहू सास के खाने में कभी ज्यादा नमक डालती, या फिर उसे अलोना ही रखती। माँ शिकायत करती तो पति से कहती कि देखो माँ कैसे झूठ बोलती है। उसे मेरा बनाया खाना इन्हें पसन्द ही नहीं आता है। कभी नहाने के लिए सास को एकदम ठंडा तो कभी एकदम गरम पानी देती। जानबूझकर घर में गंदगी फैला देती और पति के सामने सास को कोसती हुए कहती कि कौन इस गंदे घर में रहेगा। मैं रोज-रोज की किट-किट से तंग आ चुकी हूँ। इससे तो अच्छा है कि मैं मायके चली जाऊं।

आखिर एक दिन पति ने उसे कह ही दिया कि जाओ मायके चली जाओ...तुम तरुणी हो, तुम कहीं भी रह सकती हो, पर मेरी बूढ़ी विधवा माँ कहाँ रहेगी? तब उस औरत को भय लगा कि मायके में अवश्य मुझे विधवा के समान रहना होगा। मेरी कौन इज्जत

करेगा।...और उसका मन बदल गया। पहले की तरह वह सास की सेवा करते हुए रहने लगी। पर कहानी अभी समाप्त नहीं हुई। आगे की कथा तरुण के पूर्व जन्म की है।

उपरोक्त सारी बातें एक बार उस तरुण ने जेतवन में पधारे शास्ता (गौतम बुद्ध) से कही। इस पर शास्ता ने कहा कि इस जन्म में तुमने पत्नी की बात नहीं मान कर अच्छा किया है किन्तु पूर्व जन्म में तुमने ऐसी दृढता नहीं दिखायी थी। ...और उन्होंने उसके पूर्व जन्म की कथा बतायी। यहाँ तक वर्तमान कथा है।

अतीत कथा—पूर्व जन्म में भी वह युवक मातृभक्त था तथा उसकी पत्नी ऐसी ही लड़ाका स्त्री थी किन्तु तब उसने पत्नी की बातों में आकर माँ को घर से निकाल दिया था। माँ किसी तरह मजदूरी कर अपना पेट भरती थी। इधर सास के जाने के बाद पहले से ही खुश बहू की खुशी और बढ़ गयी जब उसने पुत्र को जन्म दिया। सबसे कहते फिरने लगी, उस अमंगली के घर में रहते तक मुझे गर्भ ही न रहा, अब देखो मुझे बेटा हुआ है!

जब सास ने यह बात सुनी तो दुःखी हो धर्म को कोसने लगी। अवश्य ही धर्म मर गया है...अन्यथा मुझे घर से निकालने वाले आज सुख से न जीते! अब मैं धर्म का श्राद्ध करूँगी। यह निश्चय कर वह पिसे तिल, चांवल, हांडी आदि लेकर श्मशान गयी और तीन खोपडियों का चूल्हा बनाकर उसमें आग लगाकर तिल चांवल धोने लगी।

तभी शक्र(इन्द्र) ब्राह्मण के भेष में वहाँ पहुँचा। बोला—अम्मा! श्मशान में तो कुछ पकाया नहीं जाता, यह तुम क्या पका रही हो?

इस पर उसने कहा—मैं यहाँ किसी का श्राद्ध करने तिलोदन पका रही हूँ। शक्र के पूछने पर कि किसका श्राद्ध कर रही हो, वृद्धा ने कहा, 'किसी असमर्थ का।' शक्र ने आश्चर्य से फिर पूछा, 'किस असमर्थ का अम्मा?' इस पर अम्मा ने तल्खी से कहा, 'धर्म का। धर्म मर चुका है। मेरे पास इसका दृढ़ प्रमाण है। जो पापी होते हैं, वे ही सुखी है। मेरी बहू बंध्या थी, पर देखो, मुझे इतना तंग करने के बाद भी वह पुत्रवती होकर फूली नहीं समा रही है! उसके कहने से पुत्र ने मुझे घर से निकाल दिया। आज वह सारे कुल की प्रधान है और मैं अकेली अनाथ हूँ।'

इस पर शक्र ने उसे आश्वासन दिया कि धर्म अभी मरा नहीं है। मैं तुम्हारे लिए ही यहाँ आया हूँ। देखो, अभी तुम्हारे पुत्र को उसके पुत्र सहित भस्म कर देता हूँ।

यह सुन वृद्धा को हर्षित होना चाहिए था किन्तु वह सन्न रह गयी। झट खोपड़ियों से बने चूल्हे की आग बुझा कर खड़ी हो शक्र से विनती करने लगी कि ऐसा न करें।..कृपया मेरे पुत्र को परिवार सहित सुख से जीने दे। मेरा क्या है... जिंदगी के कुछ दिन और बचे हैं। कैसे भी जी लूंगी।

यह सुनकर शक्र ने प्रसन्न हो वृद्धा से कहा कि तुमने धर्म का त्याग न कर अच्छा किया है। मैं तुम्हारे पुत्र को क्षमा करता हूँ पर शीघ्र ही उसे अपनी भूल का अहसास होगा।

सचमुच शीघ्र ही विधवा का वह बेटा बहू के साथ आकर, क्षमा माँग कर अपने साथ उसे घर ले गया।

कथा-62
तक्कल जातक (पुत्र का पिता के प्रति दुर्व्यवहार)

कच्चानि जातक के समान ही यह कथा **तक्कल जातक**[87] भी पारिवारिक कडुवाहट का दृश्य प्रस्तुत करती है। यह दृश्य आज भी भारतीय परिवारों में देखा जा सकता है। यहाँ शास्ता बड़े सुन्दर ढंग से ऐसे पुत्रों को सचेत करते हैं कि पिता के प्रति दुर्व्यवहार का क्या परिणाम हो सकता है।

वर्तमान कथा-यहाँ पूर्वकथा कच्चानि जातक के समान ही है। अन्तर केवल यह है कि यहाँ पत्नी के मर जाने पर एक वृद्ध अपने पुत्र को अपनी सेवा करते देख उससे आग्रह करता है कि विवाह कर ले ताकि बहू मेरी सेवा करे और तू अन्य काम कर सके। किन्तु यहाँ भी पुत्र कहता है कि बहू न तुम्हें सुख देगी न मुझे अतः ऐसा न कहे। पर पिता नहीं मानता। बहू ले आता है। यहाँ भी बहू श्वसुर से कुछ समय बाद बुरा व्यवहार करने लगती है और पति से उसकी लगातार शिकायत करती है। एक दिन वह जब स्पष्ट कहती है कि इस घर में या तो तुम्हारे पिता रहेंगे या मैं रहूँगी, तब वह भी स्पष्ट कह देता है कि मेरे पिता कहीं नहीं जाएँगे। वे वृद्ध हैं कहाँ जाएँगे। तुम युवा हो कहीं भी रह सकती हो। इस पर पत्नी घर से निकाले जाने से भयभीत हो क्षमा माँगती है और ठीक से श्वसुर की सेवा करने लगती है। शास्ता को जब यह बात पता चली तो उन्होंने युवक की प्रशंसा करते हुए कहा कि तुमने पूर्वजन्म के मेरे उपदेश को स्मरण रखा है इसीलिए पिता को नहीं निकाला।

पूर्वजन्म की कथा जानने उत्सुक युवक को यह अतीत कथा कहते हैं।

अतीत कथा–यहाँ प्रारम्भ की कथा वर्तमानकथा के समान ही है। यहाँ भी बहू श्वसुर को तरह-तरह से परेशान करती है और दोष श्वसुर को देकर पति को उसे घर से निकाल-बाहर करने प्रेरित करती है। पुत्र जब कहता है कि इसे कैसे निकाल-बाहर करूँ, तब वह कहती है कि यह इतना रोगी है कि थोड़े समय बाद मर जायेगा। अतः तुम अभी ही इसे मरा मानकर श्मशान में ले जाकर दफना दो।....युवक के डरने पर वह उपाय भी बताती है कि रात में ऊंची आवाज में तुम कहना, ताकि पड़ोसी भी सुन ले, कि कल अमुक ग्राम के देनदार से पैसा लेने पिताजी को लेकर जाना है। इनके बिना वह पैसे नहीं देगा।.... और प्रातः इसे बैलगाड़ी में ले जाकर श्मशान में दफना देना।

युवक न चाहते हुए भी इस हेतु तैयार हो गया। पत्नी ने कुदाली, फावड़ा आदि गाड़ी में रखकर रात में ही तैयारी कर दी और वह युवक सूर्योदय के पूर्व ही पिता को गाड़ी में डाल चल पड़ा। सुनसान जगह देख उसने गाड़ी रोकी और कुदाली फावड़ा लेकर गड्डा खोदने लगा। फिर जैसे ही वह पिता को दफनाने के लिए गाड़ी से निकालने गया उसने देखा उसका पुत्र भी गाड़ी से निकल आया है। दरअसल उसका सात वर्षीय मेधावी पुंत्र सारी बातें समझ रहा था। माँ का स्वभाव वह जानता था अतः दादा को बचाने चुपचाप

वह बैलगाड़ी में बैठ गया था। यहाँ उतरकर वह पूछता है,' पिताजी यह तुम क्या कर रहे हो?' इस पर पिता को सच बताना पड़ा। 'तुम्हारे दादा अत्यन्त रोगी और कमजोर हो गये हैं। उनका जीवन व्यर्थ है अतः यह अच्छा होगा कि उन्हें मुक्ति दे दी जाये।'

यह सुनकर बालक ने केवल इतना कहा कि कितना पापपूर्ण और भयानक संकल्प है आपका...और कुदाली-फावडा लेकर वह एक दूसरा गड्डा खोद्ने लगा। इस पर पिता ने पूछा कि यह क्या कर रहे हो, तो उसने उत्तर दिया,' तात! यह जो कुल में नई परम्परा का आपने प्रारम्भ किया है उसका पालन मुझे भी तो करना है। मैं भविष्य में आपके वृद्ध होने पर आपके लिए यह खोद रहा हूँ।

यह सुन दंग रह गये पिता ने कहा, 'पुत्र! यह क्या कह रहे हो? तुम मेरे औरस पुत्र होकर ऐसा कह रहे हो?'... वह युवक क्षण भर को भूल गया था कि जिसे जीवित ही दफनाने के लिए उसने अभी-अभी तैयारी की, उसका वह भी तो औरस पुत्र है!

पिता की बात सुन पुत्र कहता है कि मैं आपका पुत्र हूँ इसीलिए तो यह कह रहा हूँ। मैं आपका हित चाहता हूँ। मैं पापकर्म करते हुए आपको रोकना उचित समझता हूँ। आगे वह एक गाथा कहता है–

जो पापी निर्दोष माता-पिता की हत्या करता है वह मरने पर असंदिग्ध रूप से नर्क जाता है । इसके विपरीत जो अन्न-पान से माता-पिता की सेवा करता है वह निश्चित रूप से सुगति को प्राप्त होता है।

यह सुन युवक की आँखें खुल गयी । तब वह पिता को लेकर वापस घर आया। घर आकर उसे इस कठोर कर्म में लगाने वाली पत्नी को उसने पुत्र के कहने पर घर से निकाल दिया । किन्तु फिर बाद में पत्नी के क्षमा माँगने पर उसने पुत्र के कहने पर ही उसे फिर घर में स्थान दिया।

कथा-63

अंब जातक-1 (विवाह योग्य कन्या के मन की झांकी)

हर देश और काल के समाज में कन्याओं के मन में पति को लेकर कुछ धारणाएँ, कुछ इच्छाएँ रही है। यह जानना रोचक है कि सदियों पूर्व हमारे देश की कन्याओं के मन में इस विषय को लेकर क्या चलता था। यह कथा **अंब जातक**[88] इसका सुन्दर चित्र खींचती है। वैसे मुख्यतः यह कथा उस दुष्ट तपस्वी की भर्त्सना करती है जो तपस्या पर ध्यान देना छोड़ व्यापार करते थे और निर्दोष लोगों को सताते थे।

वर्तमान कथा-यहाँ वर्तमान कथा आम्रकुंज के रक्षक एक साधु की है जो आम की रखवाली करता था तथा आम बेचा भी करता था। अधिक लाभ की लालसा में वह आम

चुराने का आरोप लगाते हुए निर्दोष लोगों को तंग भी किया करता था। एक बार उसने चार सेठकन्याओं को आम-चोर बनाया और उनसे आम चोरी न करने की कसम खिलवा कर उन्हें अपमानित किया। शास्ता को पता चलने पर उन्होंने कहा कि ऐसा वह पूर्वजन्म में भी कर चुका है।

अतीत कथा-बोधिसत्त्व तब शक्रत्व को प्राप्त हुए थे। एक बार उन्होंने देखा कि एक दुष्ट तपस्वी आम की रखवाली कर उन्हें बेचता है। उसे धमकाने उन्होंने उसके कुछ आम जानबूझकर गिरा दिये। इसी समय चार सेठकन्याएँ घूमती हुई वहाँ आयीं। उस तपस्वी ने उनपर दोष लगाया कि तुम लोगों ने ही चोरी की नियत से यह कृत्य किया है। चारों घबरा गयीं। बहुत कहा कि हमने यह नहीं किया है पर वह उनपर ही इल्जाम लगाते रहा। तब चारों ने कसमें खाई।

पहली ने कहा—जो सफेद बालों को काले करता हो,[89] जो सफेद बालों को चिमटी से उखाड़ने का कष्ट सहता हो, जिसने तुम्हारे आम चुराये उसे ऐसा पति मिले।

दूसरी बोली—बीस, पच्चीस या उनतीस वर्ष की होने पर ही उसे पति मिले, जिसने तुम्हारे आम चुराये हो।

तीसरी ने शपथ ली-जिसने आपके आम चुराये हो, वह अभिसारिका बनकर पियामिलन हेतु लंबी दूरी तक अकेले जाये किन्तु जिस स्थान पर संकेत किया गया हो वहाँ उसे पति न मिले।

चौथी की कसम थी-जिसने आपके आम चुराये हो वह अलंकृत हो, अच्छे वस्त्र पहने हो, माला धारण कर चंदन का लेप लगायी हुई हो पर उसे अकेली शैय्या पर सोना पड़े।

सचमुच चारों की कसमें बहुत कठोर थी। कौन कन्या भला तुच्छ आम के लिए ऐसी झूठी कसम खाएगी! तपस्वी समझ गया कि आम की चोरी इनका काम नहीं है, अतः उसने उन्हें छोड़ दिया।

पर भला आम के लिए कन्याओं से ऐसी कसमें खिलाना एक तपस्वी को शोभा देता है? बोधिसत्त्व वहाँ अप्रगट रूप से उपस्थित थे। तब उन्होंने भैरवरूप धारण किया और तपस्वी को वहाँ से भगाया।

कथा-64

उच्छंग जातक (सहोदर के प्रति प्रेम)

पारिवारिक जीवन में खून के रिश्ते अनमोल होते हैं। विशेषकर एक माता-पिता की सन्तान में रिश्तों का बन्धन कहीं अधिक दृढ होता है। यहाँ सहोदर भाई की दुर्लभता बतानेवाली कथा **उच्छंग जातक**[90] प्रस्तुत है जिसे शास्ता ने एक ग्रामीण स्त्री के सम्बन्ध में जेतवन में कही थी।

वर्तमान कथा—कोशलदेश में एक स्त्री 'मुझे वस्त्र दो' 'मुझे वस्त्र दो' कहती हुई रोते हुए शहर में घूम रही थी। कुछ लोग उसे वस्त्र देने आगे आये किन्तु लोगों द्वारा वस्त्र देने पर ले नहीं रही थी। यह सुन राजा ने उसे बुलवा कर कारण पूछा। इस पर उसने बताया कि मैं स्वामी रूपी वस्त्र चाहती हूँ। आपके सैनिकों ने मेरे घर के सभी मर्दों को बिना सबूत के चोर बनाकर पकड़ लिया है। स्त्री की चादर उसका स्वामी ही है। बिना उसके हजार का वस्त्र पहनने पर भी वह निर्वस्त्र ही है।

आगे वह गाथा कहती है—**बिना पानी के नदी नग्न होती है, बिना राजा के राष्ट्र नग्न होता है, विधवा स्त्री भी नग्न होती है भले ही उसके दस भाई क्यों न हो।**

यह सुन राजा ने उससे पूछा—जिन्हें हमारे सैनिकों ने पकड़ा है, वे रिश्ते में तेरे क्या लगते हैं?

'एक मेरा भाई है, दूसरा पति और तीसरा पुत्र है।'

'अच्छा इन तीनों में से किसी एक को मैं मुक्त करता हूँ। बता किसे मुक्त करूँ?'

'क्या तीनों को मुक्त नहीं कर सकते?'

'नहीं कर सकता।'

इस पर वह स्त्री, जो अभी तक स्वामी को वस्त्र कहते हुए उसके अभाव में स्वयं को नग्न कह रही थी, कुछ सोचकर कहती है—राजन् मेरे भाई को मुक्त कर दें।

इस पर राजा ने आश्चर्य से पूछा—पति या पुत्र को क्यों नहीं?

क्योंकि जीवित रही तो मुझे स्वामी मिल जायेगा, उच्छंग (गोद) में पुत्र भी मिल जायेगा किन्तु माता-पिता के मर जाने से सहोदर भाई का मिलना दुर्लभ है।

तब स्त्री की बातों से द्रवित हो राजा तीनों को मुक्त कर देता है।

अतीत कथा—यहाँ अतीतकथा वर्तमानकथा के समान ही है। यहाँ स्त्री बड़ी सहजता से कहती है कि मेरा पुत्र तो मेरे पल्ले में है। जैसे जंगल जाकर पल्ला करके शाक चुनकर पल्ले में डालने से शाक सुलभ होता है वैसे ही स्त्री के लिए पुत्र भी है। मार्ग में अकेली जाती हुई स्त्री के लिए पति भी सुलभ है किन्तु माता-पिता के न रहने पर सहोदर भ्राता मिलना दुर्लभ है। मैं ऐसा कोई देश नहीं देखती जहाँ मैं सहोदर को प्राप्त कर सकूं।

यहाँ भी राजा द्रवित होकर तीनों को मुक्त कर देता है।

सहोदर भाई का महत्त्व **वाल्मीकि रामायण** में भी गाया गया है। राम-रावण युद्ध में मेघनाद द्वारा लगे शक्तिबाण से लक्ष्मण को मृत्यु के निकट पहुँचता देख विलाप करते हुए राम कहते हैं-प्रत्येक देश में स्त्रियां मिल सकती हैं, देश-देश में जाति-भाई उपलब्ध हो सकते हैं किन्तु मुझे ऐसा कोई देश नहीं दिखायी देता जहाँ सहोदर भाई मिल सके[91] । **रामचरितमानस** में भी इस प्रसंग में तुलसी के राम कहते हैं—

सुत बित नारि भवन परिवारा। होहिं जाहिं जग बारहिं बारा।।
अस बिचारि जियं जागहु ताता। मिलइ न जगत सहोदर भ्राता।।[92]

मानस,लं.कां. 61.4

कथा-65

पुटभत्त जातक (पोटली का भात अकेले खाने वाला स्वार्थी पति)

सामान्यतया प्राचीन भारतीय साहित्य में पति चाहे जैसा भी हो, पत्नी को तन-मन-धन से उसकी सेवा करने की ही सीख दी है। अनेक बौद्ध जातक कथाओं में भी ऐसा ही है किन्तु यहाँ एक कथा ऐसी भी है जहाँ बुद्ध एक रानी को अपने स्वार्थी पति का त्याग कर नये सिरे से जिंदगी बिताने का उपदेश देते हैं। **पुटभत्त जातक**[93] यही कथा है।

वर्तमान कथा—श्रावस्ती निवासी एक गृहस्थ एक बार कर्ज में इतना डूब गया कि उसे खाने के भी लाले पड़ने लगे। तब उसने घर छोड़कर परदेश जाने का विचार किया। पत्नी ने भी उसके साथ चलने का अनुरोध किया। भूखे-प्यासे दोनों जब जंगल से होकर गुजर रहे थे तब मार्ग में उनकी यह हालत देख किसी सज्जन ने उन्हें भात की पोटली देते हुए कहा कि तुम दोनों इससे भूख मिटा लो। किन्तु वह गृहस्थ अकेला ही चुपचाप सारा भात खा गया और बाद में पत्नी से बोला कि उस व्यक्ति ने तो खाली पोटली दी थी।

पत्नी पति के झूठ को समझ गयी। दुखी भी हुई। किन्तु चुप रही। जेतवन जाने पर शास्ता ने महिला से पूछा—क्या तुम्हारा पति हितैषी है ? क्या वह तुम्हारे प्रति स्नेह रखता है ? इस पर उस दुखीयारी ने कह दिया कि बिल्कुल नहीं रखता। आज ही रास्ते में सारा भात खाने के बाद इसने मुझसे झूठ कहा कि देनेवाले ने खाली पोटली दी थी। इस पर शास्ता ने कहा—मैं जानता हूँ कि यह ऐसा ही है। पर तुम इसकी हितैषिणी हो तथा इसके प्रति प्रेम रखती हो। पूर्व जन्म में भी ये ऐसा ही था पर पण्डितों द्वारा तुम्हारे गुण बताने पर यह बदल गया था।

अतीत कथा—आगे बुद्ध उसे पूर्व जन्म की कथा बताते हुए कहते है कि तब यह राजपुत्र था और तुम इसकी पत्नी थी। किन्तु षडयंत्री होने के कारण पिता द्वारा इसे देशनिकाला दिया गया था। तब यह दूर स्थान में तुम्हारे साथ एक झोपड़ी में रहता था।

पिता के मरने के बाद राज्य को हस्तगत करने जब यह लौट रहा था तब भी रास्ते में किसी के द्वारा पोटली भर भात दिये जाने पर इसने अकेले खाकर झूठ कहा कि पोटली

खाली थी। राजा बनने के बाद उसने तुम्हें पटरानी अवश्य बनाया किन्तु भी इसकी आदत नहीं बदली। यह न तुम्हें किसी प्रकार का आदर देता था न सुख-सुविधा। इसी कारण तुम न किसी को दान दे पाती थी न किसी की सेवा कर पाती थी।

एक बार बोधिसत्त्व तुम्हारे पास आये और कहा कि क्या तुम्हें बुजुर्गों की वस्त्र-भात आदि देकर सेवा नहीं करना चाहिए? तब तुमने कहा कि राजा मुझे ही कुछ नहीं देता तो मैं कहाँ से दूं? तब बोधिसत्त्व ने राजा के सामने ही तुमसे कहा कि राजा को अप्रिय होने पर यहाँ उसके साथ क्यों रहती हो? संसार में अप्रिय के साथ रहना अत्यन्त दुखदायी होता है। तुम्हारे यहाँ रहने से राजा को भी अप्रिय के साथ रहने का दुःख होगा। प्राणी मिलने वाले के साथ मिलते हैं न मिलने वाले के साथ नहीं मिलते। तुम्हें तो दूसरे स्थान पर चले जाना चाहिए। संसार असीम है। इतना कह उन्होंने निम्न गाथाएँ कही-

झुकने वाले के सामने झुकें। संगति करनेवाले के साथ संगति करें।

जो अपने काम आता है उसका काम करें। अनर्थ चाहने वाले का अर्थ न करें।

छोड़ने वाले को छोड़ दे। ऐसे जन से स्नेह न करें।

जिसका हृदय विमुख हो गया हो उससे संगति न करें।

जिस प्रकार पक्षी वृक्ष को फल रहित जानकर दूसरे वृक्ष को ढूँढ़ते हैं उसी प्रकार दूसरे को ढूँढ़ें।

संसार बहुत बड़ा है। तुम्हें स्नेह करनेवाला एक न एक दिन मिल जायेगा।

बोधिसत्त्व की बातें सुन राजा की आँखें खुली और उसने अपनी रानी से क्षमा माँगते हुए उसको समुचित आदर और ऐश्वर्य दे कर सम्मानित किया।

इसी तरह की कथा **सुच्चज जातक**[94] में भी है।

यहाँ **वर्तमानकथा** है कि एक बार एक व्यापारी कर्जा वसूल करने पत्नी के साथ गया। रास्ते में पत्नी ने कहा कि यदि यह पर्वत स्वर्णमय हो जाये तो क्या तुम मुझे इसमें से कुछ दोगे? इस पर पति ने कहा कि तुम कौन हो? मैं कुछ नहीं दूंगा। बेचारी पत्नी मन ही मन उसे कठोरहृदय कहते हुए चलने लगी। राह में जेतवन में शास्ता को जब उसने यह बताया तो उन्होंने पूर्व जन्म की कथा कही।

अतीत कथा-तब वह व्यक्ति वाराणसी का राजकुमार था। राजा को भय था कि राजकुमार उसे मारकर राज्य को हथिया लेगा अतः उसने उसे देशनिकाला दे दिया। राजाज्ञा से राजकुमार भार्या समेत प्रत्यन्त गाँव में रहने लगा। राजा की मृत्यु के बाद राज्यग्रहण करने दोनों वाराणसी लौटे तो रास्ते में पत्नी ने पर्वत के स्वर्ण पर्वत बन जानेवाली बात कही। यहाँ भी पति ने कुछ देने से मना कर दिया। एक बार बोधिसत्त्व के आने पर रानी ने उन्हें बताया

की राजा उसे कुछ नहीं देता है। जो सरलता से दिया जा सकता अर्थात् वाणी से पर्वत का त्याग, वह भी इसने नहीं किया। पुट्टभात जातक में राजा अपनी करणी पर शर्मिंदा होता है किन्तु यहाँ वह कहता है-**जो करे वही कहे, जो न करे वह न कहे। न करते हुए केवल कहने वाले को पण्डितजन पहचान लेते हैं।**

यहाँ रानी राजा को नमस्कार करती है कि तुम सत्य और धर्म में स्थित हो, मेरा मन भी सत्य में ही रमण करता है। यहाँ बोधिसत्त्व रानी से कहते हैं कि **जो स्त्री दरिद्र पति के साथ दरिद्र बन कर रहती है और धनी होने पर धनवान बनकर रहती है, वही श्रेष्ठ भार्या है।** फिर उन्होंने राजा को रानी के गुणों का स्मरण कराते हुए उसका सम्मान करने कहा।

कथा-66

भल्लाटिय जातक (पत्नी के प्रति प्रेमिल बना भल्लाटिय राजा)

यह पति-पत्नी के मध्य प्रेम का महत्त्व बतानेवाली सुन्दर जातक कथा है। यहाँ एक राजा एक किन्नरी और किन्नरी से प्रेम का पाठ पढ़ता है। उल्लेखनीय है जातक कथाओं में पति-पत्नी में प्रगाढ़ प्रेम सम्बन्ध बतानेवाली कथाएँ कम ही है। किन्नर और किन्नरी का प्रेम अवश्य कुछ कथाओं में आया है। उनमें से एक यह **भल्लाटिय जातक**[95] है।

वर्तमान कथा-वर्तमान कथा है कि एक राजा का अपनी पत्नी मल्लिका देवी से किसी बात पर विवाद हो गया अतः राजा क्रोध में उसकी ओर पीठ कर सोया। रानी दुःखी हुई। वह शास्ता की भक्त थी अतः उसने मन ही मन उन्हें यह कहते हुए याद किया कि आप नहीं जानते कि राजा मुझपर क्रुद्ध है अन्यथा उन्हें समझाने अवश्य आते।

शास्ता से कोई बात छिपी नहीं थी। दूसरे दिन ही वे महल पहुँच गये। राजा को अकेले ही अगवानी करते देख पूछा—क्या बात है राजन्! मल्लिका देवी दिखायी नहीं दे रही हैं?

राजा ने कुछ रुखाई से कहा—वह अपने सुख में इतनी मगन है कि उसे सब कुछ विस्मृत हो गया है।

इस पर शास्ता ने रानी को बुलवाकर राजा के सामने उन दोनों के पूर्वजन्म की कथा सुनायी जब किन्नर योनि में उन्होंने जन्म लिया था।...एक रात तुम दोनों को एक दूसरे से अलग रहना पड़ा था तब सात वर्ष तक तुम दोनों उसका मातम मनाते रहे थे....और आज ऐसी बेरुखी!

यह सुन राजा को आश्चर्य हुआ। राजा की उत्सुकता देख शास्ता ने उनके पूर्वजन्म की घटना बतायी।

अतीत कथा—तब बोधिसत्त्व वाराणसी नरेश भल्लाटिय के रूप में जन्मे थे। राजा शिकार का बड़ा शौकीन था। एक बार हिरण का शिकार करने वह शिकारी कुत्तों के साथ हिमालय की ओर गया। वहाँ उसने एक विचित्र दृश्य देखा। हिमालय की वादियों में एक निर्मल जल वाली नदी बह रही थी जिसकी रजत सी बालुका के किनारे लगे अतिसुन्दर फलों और फूलों के वृक्षों के नीचे दो किन्नर परस्पर आलिंगनरत थे। दोनों विलाप कर रहे थे। राजा ने उनके करीब जाकर उनसे उनका परिचय और विलाप का कारण पूछा।

इस पर किन्नरी बोली—पशु हमें मनुष्य के समान समझते हैं। किन्तु शिकारी हमें किन्नर कहते हैं।

पर तुम रो क्यों रहे हो? क्या तुम्हारा धन नष्ट हो गया है अथवा माता या पिता का निधन हो गया है? इस वन प्रदेश में किस बात का स्मरण कर तुम रो रहे हो?

ऐसा कुछ नहीं हुआ। हम इसलिए रो रहे हैं क्योंकि एक रात हमें अनिच्छापूर्वक पृथक रहना पड़ा था। उस रात का अनुताप हमें आज भी रुलाता है। हम डरते है कि कहीं वह रात फिर न आये।

पर ऐसा क्यों हुआ?

हुआ यह कि एक सुहानी सांझ मैं अपने प्रिय के लिए सलल, कर्णिका, अंकोलक, ओथिक आदि के फूल चुन रही थी ताकि उसकी माला अपने प्रियतम को पहनाऊं। मैंने शाल के सुपुष्पित फूल चुनकर ढेर लगाये ताकि उसका बिछौना बनाकर हम उसपर विहार करेंगे। मैं श्वेतचंदन और लालचंदन पीसती रही ताकि मेरा स्वामी उसका अंग-लेपन करेगा आर मैं उसके अंग-लिप्त होकर उसे प्राप्त करूँगी। मैं अपने स्वप्न में इतनी मग्न थी कि मैं देख ही नहीं पाई कि कब नदी में बाढ़ आ गयी! क्षण भर को नदी का पानी मेरे सारे चुने हुए फूल बहा कर ले गया...पर इससे बड़ा दुःख यह था कि मेरा प्रियतम नदी के दूसरे किनारे था। नदी में इतना पानी था कि हम उसे पार नहीं कर सकते थे। अतः सारी रात हम दोनों नदी के दोनों किनारे पर एक दूसरे देखते हुए आहें भरते रोते रहे। हमारी वह रात बड़ी कठिनाई से बीती। किसी तरह सूर्योदय हुआ। जब नदी का पानी उतरा तब हम एक दूसरे से मिले। एक दूसरे से आलिंगन बद्ध हो हम तब से ही कभी रोते हैं तो कभी हंसते हैं। हम उस रात का दर्द भूल नहीं पाते।

उनकी कथा सुन राजा चमत्कृत था। पशु के से ये प्राणी एक दूसरे को इतना प्रेम करते हैं कि एक रात के बिछोह का दर्द उन्हें अभी तक साल रहा है !...और एक वह है कि केवल हिरण के मांस के लोभ में जंगल-जंगल भटक रहा है! ...और फिर दूसरे ही क्षण राजा वहाँ से अपने महल की ओर चल पड़ा।

शास्ता से अपने अतीत की यह कथा सुन राजा को स्वयं पर अनुताप हुआ और वह अपनी रानी मल्लिका देवी के साथ सौहार्द से रहने लगा। रानी ने भी राजा को प्रेम से स्वीकारा। यहाँ राजा और रानी एक-एक गाथा कहते है।

राजा-**जीवन संक्षिप्त है। जंगल में विचरना जीवन को निष्फल करना है।**

रानी बुद्ध के प्रति-**मैं आपके नाना प्रकार के अर्थकर प्रवचनों को प्रसन्नतापूर्वक सुनती हूँ। इससे मेरी व्यथा दूर होगी ही। हे मेरे सुखदायक श्रमण! आप चिरकाल तक जीवित रहें।**

खण्ड-7

दासों और चाण्डालों की स्थिति पर प्रकाश डालनेवाली कथाएँ

67 कटाहक जातक(कटाहक नामक दास की कथा)

68 कट्ठहारि जातक (लकड़ी बीनने वाली कन्या की कथा)

69 चित्त संभूत जातक (चित्त और संभूत नामक दो चाण्डाल युवक)

70 अम्ब जातक-2 (मन्त्रबल से आम के फल पैदा करनेवाला चाण्डाल)

71 छव जातक (राजा को उपदेश देनेवाला चाण्डाल)

72 उपसाहलक जातक (मृत्यु के बाद भी चाण्डाल से घृणा)

कथा-67

कटाहक जातक(कटाहक नामक दास की कथा)

प्राचीन काल में दासप्रथा केवल हमारे देश में ही नहीं, पूरी दुनियां में प्रचलित रही है। जातक कथाओं में इनका भी उल्लेख है। **कटाहक जातक**[96] ऐसी ही कथा है। यद्यपि यहाँ दास-प्रथा की निन्दा नहीं है, पर हां दासों के प्रति कुछ हद तक सहानुभूति अवश्य है। इस कथा में तत्कालीन समाज में दासों की स्थिति तथा स्वामी और दास की मानसिक स्थिति पर भी प्रकाश पड़ता है।

वर्तमान कथा—जेतवन में विहार करते समय एक शेखी बघारने वाले भिक्षु के विषय में सुनकर शास्ता बताते हैं कि पूर्व में भी यह ऐसा ही था। इसी सन्दर्भ में शास्ता उसकी अतीतकथा बताते हैं जब वह कटाहक नामक एक दास था पर स्वामी को धोखा देकर दूसरे देश जाकर शेखी बघारते हुए छलपूर्वक स्वामीपुत्र बन गया था।

अतीत कथा—तब बोधिसत्त्व वाराणसी में सेठ के रूप में थे। जिस दिन सेठ को पुत्र की प्राप्ति हुई उसी दिन उसकी दासी को भी पुत्र हुआ जिसका नाम कटाहक रखा गया। दोनों साथ-साथ बढ़े। सेठ अपने पुत्र को पढ़ाता तो वह दासीपुत्र भी साथ आ बैठता, इस तरह वह भी पढ़ना-लिखना सीख गया। बड़े होने पर कटाहक सुगठित शरीर वाला भाषाकुशल और वचनकुशल युवक बना। उसकी योग्यता देख सेठ उससे दास का काम नहीं लेता था। उसने उसे घर का भंडारिक (कोषाध्यक्ष) बना दिया।

कटाहक प्रसन्न था पर उसे हमेशा भय बना रहता था कि कहीं कोई चूक होने से सेठ मुझे दास का लक्षण चिंहित कर[97] प्रताडित न करें। पुनः दास कहलाने का उसमें इतना डर समा गया कि एक दिन वह घर छोड़कर भाग गया।

भागकर वह नजदीक के देश के महासेठ के घर पहुँचा। भागते समय उसने चालाकी से काम लिया। भागने के पूर्व उसने किसी तरह धोखा देकर सेठ की मुहर लगा पत्र बना लिया जिसका आशय था कि यह मेरा पुत्र है इसे अपनी कन्या दे वहीं बसा ले, मैं बाद में आऊंगा।

यह पत्र उसने महासेठ के सामने प्रस्तुत किया।

बातचीत के कुशल, पढ़ा-लिखा और आकर्षक व्यक्तित्व का स्वामी होने से सेठ को उस पर तनिक भी शंका नहीं हुई। उसने प्रसन्नतापूर्वक अपनी कन्या उसे दे दी।

इधर कटाहक के जाने के बाद वाराणसी के महासेठ ने अपने आदमियों को उसे ढूँढ़ने चारों ओर भेजा। कुछ समय बाद उसका पता चल गया। तब उसे सबक सिखाने के लिए वह सेठ राजा से आज्ञा ले कुछ आदमियों के साथ उसके निवास की ओर गया। कटहाक को किसी तरह पता चल गया कि स्वामी आ रहे हैं। उसने लोगों से कहना प्रारम्भ किया कि मेरे पिता आ रहे हैं। मैं तो पिता का खूब आदर करता हूँ। पिता की दास के समान सेवा करता हूँ।

शीघ्र ही वह सेठ की अगवानी के लिए बहुत सी भेंट लेकर आगे बढ़कर गया। कोई और वहाँ पहुँचता इसके पूर्व ही स्वामी के चरणों में गिरकर सारी बात बताते हुए उसने क्षमायाचना की। कहा, आप चाहे जितना धन मुझसे माँगे, मैं आपको दूंगा, बस मुझे क्षमा करें, सबके सामने आप मुझे कलंकित न करें।

अब महासेठ ने तो उसे पुत्रवत् ही पाला था, सो क्षमा कर दिया।

किन्तु यह देखना भी आवश्यक था कि कहीं दास से मालिक बने उसमें किसी तरह का अभिमान तो नहीं आ गया है। अतः वह सेठ उसके साथ उसकी कोठी में गया। यहाँ सबके सामने भी कटाहक ने दास की भांति ही उसकी सेवा की। वैसे वह पहले ही कह चुका था कि हमारे यहाँ पुत्र पिता की स्वयं ही सेवा करते हैं। इस तरह उसने अच्छे पुत्र का नाटक किया जो उसके बचने के लिए आवश्यक था।

यह तो खैर नाटक था किन्तु कटाहक का स्वभाव वास्तव में कितना परिवर्तित हुआ है, महासेठ के लिए यह देखना बाकी था। सो उसने एकांत में अपनी बहू को अपने सिर की जुएँ निकालने के बहाने बुलाया और धीरे से पूछा, 'क्या मेरा पुत्र सुख-दुःख में तुम्हारा साथ देता है?' बहू ने कहा, 'और तो सब ठीक है पर भोजन की हमेशा निन्दा करता है। हमेशा कहते रहता है कि यह कैसा खाना बनाया है? क्या ऐसा ही यवागु (एक भोज्य) बनाते है? अन्य लोगों से भी वह कहते रहता है कि तुम लोग ठेठ ग्रामीण हो, न कपड़ो पर इस्त्री करना जानते हो न सुगंधित पदार्थों को पीसना और न ही फूलों को गूंथना जानते हो।'

तब महासेठ ने उसे पति का मुख बंद करने के लिए एक मन्त्र दिया। कहा, जब भी पति किसी बात की निन्दा करे, उसके सामने खड़े होकर कहना,'दूसरे देश में जाकर वह बहुत बकता है। फिर आकर कोई उसे दोष न दे। कटाहक को जो भोग मिल रहा है उसका उपभोग कर। इस बार स्वामी की अगवानी करके दास की भांति सेवा करने के कारण वह बच गया अन्यथा कोड़ों से ताड़ित होने के कारण उसकी पीठ की चमड़ी उधेड़ दी जाती और उसके शरीर पर दास का लक्षणचिंह दागा जाता। यदि वह आगे अनाचार करेगा तो स्वामी उसे ताड़ित करेगा। '

सेठ की भोली-भाली पुत्री इस सबका अर्थ नहीं जानती थी। जैसा ससुर ने कहा वैसा ही उसने पति के सामने दुहरा दिया। यह सुन कटाहक एकदम सचेत हो गया। फिर उसने पत्नी को कभी भोजन के लिए अपमानित नहीं किया।

इसी से मिलती जुलती एक अन्य कथा **कलण्डुक जातक**[98] है। यहाँ भी कटाहक जातक के समान ही कलण्डुक नामक दास धोखा देकर एक सेठकन्या से विवाह कर लेता है। यह भी उसपर अत्याचार करता है। यहाँ उसे ढूँढ़ते हुए सेठ का एक पालित तोता उसके पास पहुँचता है। कलण्डुक को अपनी पत्नी के साथ बुरा व्यवहार करते देख वह वृक्ष पर से ही उसे डराता है कि अपनी पत्नी के साथ ठीक से व्यवहार कर वर्ना उसकी पोल खुल जायेगी। उसे देखकर कंडलुक उसे मारने हेतु कपटपूर्वक अपने पास प्रेम से बुलाता है किन्तु तोता उसकी मंशा समझ जाता है। वह वापस वाराणसी के महासेठ के पास जाकर सारी बातें बताता है। तब वह सेठ राजाज्ञा से कलण्डुक को वापस बुलवाकर दास बनाकर रखता है।

यह कथा दासों की स्थिति पर तो प्रकाश डालती ही है यह भी बताती है कि उच्चपद प्राप्ति के बाद व्यक्ति उसकी गरिमा की रक्षा नहीं कर सकने पर अन्ततः कष्ट ही भोगता है।

दासों की स्थिति पर यदि हम हिंदू प्राचीन ग्रन्थों में देखें तो दो तरह की स्थिति दिखायी देती है। अपने विद्या विनय के कारण वे सम्मानित भी होते हैं पर लोग उन्हें इस हेतु अपमानित भी करते थे। वैसे यह स्थिति विशेष व्यक्तियों के सन्दर्भ में कही गयी है सामान्यतया दास अर्थात खरीदे हुए गुलाम मालिक की दया पर ही निर्भर करते थे।

महाभारत के विदुर दासी-पुत्र थे। किन्तु अपनी विद्वता एवं विवेक के कारण हमेशा प्रशंसित हुए। व्यास के वे प्रिय पुत्र थे। विदुर-नीति आज भी नीतिशास्त्र में प्रशंसित है। धृतरराष्ट्र जब भी परेशान होते, विदुर को बुलाकर उससे नीतिवचन सुना करते थे। पाण्डवों के तो वे बड़े सहायक थे, अतः उनके लिए सम्मानीय थे ही, कृष्ण, भीष्म आदि भी उनका सम्मान करते थे। एक दुर्योधन और उसकी मंडली भर उनका अपमान करने का अवसर नहीं चूकते थे। दुर्योधन तो भरी सभा में उन्हें दासीपुत्र तक कहता था। इससे दो बातें स्पष्ट होती है,

एक यह कि समाज में विवेक-बुद्धि दासीपुत्र को भी उच्चस्थान दिला सकती थी दूसरी यह कि फिर भी लोग ऐसे लोगों को दासीपुत्र होने का दंश देने में संकोच नहीं करते थे।

छांदोग्य उपनिषद में एक बालक की कथा आती है जो गुरु के पास शिक्षा लेने जाता है और जब गुरु उसके गोत्र के विषय में पूछते हैं तो स्पष्ट शब्दों में कहता है कि मैं नहीं जानता कि मेरा पिता कौन है। मेरी माता बताया कि वह दूसरों के घरों में दासी का काम करती थी तभी मैं उत्पन्न हुआ था। बालक की सत्यवादिता से गुरु अत्यन्त प्रसन्न होते हैं और उसे सत्यकाम जाबाल का नाम देते हैं।

श्रीमद्भागवत् में देवर्षि नारद स्वयं को पूर्वजन्म में दासीपुत्र बताते हैं। महाभारत के रचयिता कृष्णद्वैपायन व्यास से वे अपना पूर्वजन्म बताते हुए कहते हैं कि मैं तब वेदवादी ब्राह्मणों की दासी का पुत्र था। बचपन से ही माँ ने एक ब्राह्मण की सेवा में नियुक्त कर दिया था। मैं स्वभाव में शीलवान एवं विनयी था। अत वे मुझे प्रेम से भगवान की तरह-तरह की कथाएँ सुनाया करते थे। इस तरह भगवान की लगन मुझमे लगी। मुनि एक बार चले गये। माँ भी सांप के डसने से मर गयी। तब पाँच वर्ष का मैं दासीपुत्र उत्तर दिशा की ओर चल पड़ा। भगवान का ध्यान करते हुए एक बार वन में बैठा था तो भगवान प्रगट हुए। बड़ी शान्ति और शीतलता लगी। तब भगवान ने कहा कि अगले शरीर में तुम मुझे प्राप्त करोगे। फिर वैसा ही हुआ। ब्रह्मा के मानस पुत्र के रुप में जन्में नारद देवर्षि बने।[99]

कथा-68

कट्ठहारि जातक (लकड़ी बीनने वाली कन्या की कथा)

जातक कथाओं के अनुसार तत्कालीन समाज में दासों की स्थिति तो दयनीय थी ही, दासी से उत्पन्न राजा की कन्या भी ओछी नजरों से देखी जाती थी। राजा स्वयं उसके साथ भेदभाव करते थे। इतना ही नहीं ऐसी कन्या का धोखे से किसी राजा से विवाह हो जाता था तो वह राजा भी उससे निम्नस्तर का व्यवहार करता था । उसके पुत्र को भी राज्य में उचित भाग नहीं मिलता था। किन्तु शास्ता ने इसका विरोध किया। वर्तमान कथा में यही रेखांकन है।

शास्ता द्वारा जेतवन में कही गयी **कट्ठहारि जातक**[100] कथा की अतीतकथा पर महाभारत के दुष्यंत और शकुंतला की प्रसिद्ध कथा का प्रभाव स्पष्ट दिखायी देता है।

वर्तमान कथा-यहाँ वर्तमान कथा है कि कोशल का राजा शाक्यराज की कन्या से विवाह करना चाहता था। किन्तु शाक्यराज उसे हीन समझता था अतः अपनी कन्या नहीं देना चाहता था। पर अनावश्यक खूनखराबा न हो इसलिए वह एक चाल चलता है। वह वासभखत्तिया नामक अपनी एक कन्या उसे विवाह में देता है किन्तु वह उसकी एक दासी से उत्पन्न कन्या थी।

प्रारम्भ में कोशलनरेश पत्नी के साथ बड़े आनन्द से रहता है किन्तु जब उसे सत्यता ज्ञात होती है तो वह न केवल पत्नी का वरन् उससे उत्पन्न अपने पुत्र का भी बहिष्कार कर देता है और पुत्र को राज्याधिकार से भी वंचित कर देता है। दोनों महल में ही दासों सा जीवन व्यतीत करते हैं।

शास्ता को जब यह ज्ञात होता है तो वे कोशल नरेश के महल में पहुँचते हैं और राजा से कहते हैं कि वासभखत्तिया राजपुत्री थी अतः क्षत्रियकन्या हुई। उसका विवाह तुमसे हुआ था, अब उसका पुत्र भी क्षत्रिय पुत्र ही कहलायेगा। अतः उसे उसका अधिकार मिलना चाहिए। इसी प्रसंग में शास्ता अतीत की कथा बताते है कि पूर्व में एक राजा ने एक लकड़हारिन से मुहूर्त भर के लिए सहवास किया पर जब उसे पुत्र हुआ तो माता के निम्नकुल के बाद भी राजा ने उसे राजगद्दी दी।

अतीत कथा—पूर्व में वाराणसी नरेश ब्रह्मदत्त ने उद्यान में फूलों के मध्य गाना गाते घूमती हुई एक कन्या को देखा जो सूखी लकड़ियां बीन रही थी। उससे आकृष्ट हो राजा ने उससे सहवास किया...और उसी समय बोधिसत्त्व ने उसके गर्भ में प्रवेश किया। कन्या के बताने पर कि मैं गर्भवती हो चुकी हूँ, राजा ने उसे अपनी अंगूठी यह कहते हुए दी कि यदि तुम्हें पुत्री हो तो इसे बेचकर इससे बच्ची का भरणपोषण करना और यदि पुत्र हो तो अंगूठी के साथ मेरे पास लाना।

समय पर कन्या ने पुत्र को जन्म दिया जो माँ के पास ही रहकर बड़ा होने लगा। वह प्रसन्न रहता था। हृष्टपुष्ट था इसलिए अन्य साथियों पर वह भारी पड़ता था। तब वे उसे ताना देते हुए कहते कि देखो तो यह पितृविहीन है और हमें मारता है। इस पर एक बार उसने अपनी माँ से पिता का नाम पूछा। यह जानकर कि वह वाराणसी नरेश का पुत्र है वह राजा के पास जाने की जिद करने लगा।

तब वह स्त्री उसे राजा के पास ले गयी और प्रणाम कर कहा—'राजन्! यह आपका पुत्र है इसे स्वीकार करें।' किन्तु लज्जावश राजा ने उसकी बात से इन्कार किया। तब उसने राजा की अंगूठी सौपते हुए कहा कि इसे तो आप पहचानते होंगे? राजा ने उससे भी इन्कार किया।

वह स्त्री भद्र महिला थी। पुत्र के तथा सारी प्रजा के सामने लज्जित होने पर उसने शपथपूर्वक कहा कि यह राजा का ही पुत्र है। पर केवल शपश लेने से कोई उसकी बात पर विश्वास नहीं कर लेगा यह बात वह जानती थी, अतः उसने शपथ के साथ ही सत्यक्रिया की। यह उसके सत्य और पुण्य की परीक्षा थी। उसने अपने पुत्र को आकाश में उछालते हुए शपथ ली कि यदि यह राजा का ही पुत्र है तो भूमि पर न गिरे, आकाश में ही स्थिर हो जाये...और सचमुच वैसा ही हुआ।

पुत्र बोधिसत्त्व ने आकाश से ही राजा से कहा—मैं आपका ही पुत्र हूँ। आप तो औरों का पालन करते हैं फिर अपने पुत्र की बात ही क्या है।

राजा अचंभित था, लज्जित भी था। इसके बाद वह अपने पुत्र को अस्वीकार नहीं कर सकता था। तब राजा ने उसे हाथ फैला कर बुलाया-आ पुत्र! मैं तेरा पालन करूँगा।

राजा के इस कृत्य का साथ वहाँ उपस्थित अमात्यों ने भी आकाश की ओर हाथ उठाकर दिया।

आकाश से पुत्र सीधे राजा के हाथों में पहुँचा। तब राजा ने उसे न केवल स्वीकार किया वरन् उपराजा भी बनाया। साथ ही उसकी माँ को पटरानी बनाया।

यहाँ उल्लेखनीय है कि जातक कथाओं में सत्यक्रिया कर अपनी पवित्रता और निष्कपटता का प्रमाण देने का उल्लेख अन्य कथाओं में भी है।

इस कथा में वैवाहिक सम्बन्धों में ऊंच-नीच तथा गरीब-अमीर के भेदभाव का विरोध स्पष्ट दिखता है।

कथा-69

चित्त संभूत जातक (चित्त और संभूत नामक दो चाण्डाल युवक)

प्राचीन भारत में समाज में चाण्डालों को बड़ी हिराकत की नजरों से देखा जाता था। वे न केवल अछूत वरन् अदर्शननीय भी समझे जाते थे। जातक कथाओं में इनको लेकर भी कुछ कथाएँ है। **चित्त संभूत जातक**[101] उस काल में इनकी स्थिति पर प्रकाश डालनेवाली कथा है।

वर्तमान कथा—शास्ता के भिक्षुसंघ में दो भिक्षुओं में अत्यन्त घनिष्ट मित्रता थी। दोनों हमेशा साथ-साथ ही रहते थे। एक बार जब अन्य भिक्षु उनकी इस मित्रता पर चर्चा कर रहे थे तब शास्ता ने बताया कि आज ही नहीं, ये पूर्वजन्मों में भी एक दूसरे के मित्र रहे हैं।

अतीत कथा—तब बोधिसत्त्व ने अवंति के एक चाण्डाल[102] परिवार में जन्म लिया था। उनका नाम चित्त था। उसी समय उनकी मौसी का भी लड़का हुआ जिसका नाम संभूत रखा गया। दोनों ने कोई शिल्प सीखा जिसे वे नगर के दो द्वारों पर प्रदर्शित कर रहे थे। उस नगर में दो दुष्ट कन्याएँ थी जो एक दिन उद्यानक्रीडा के लिए बहुत सा खाद्यपदार्थ लेकर घर से निकली। इनकी नजर जब चित्त और संभूत पर पड़ी तो उन्होंने वहाँ एकत्रित लोगों से पूछा कि ये कौन हैं? यह जानकर कि वे दोनों चाण्डाल-पुत्र हैं, उन्होंने घृणा से मुख बनाया और सुगंधित जल से आँखें धोई। उन्हें कोसा कि आज अदर्शनीय को देख लिया। तब इन कन्याओं के साथ आये लोगों ने चित्त और संभूत को बहुत पीटा, यह कहते हुए कि इन दुष्टों के कारण आज हमें मिलने वाला मुफ्त का स्वादिष्ट भोज्य और सुरा नहीं मिलेगा।

होश में आने पर दोनों भाई बहुत देर तक एक दूसरे से गले लगकर रोते रहे। फिर दोनों ने संकल्प किया कि अब हम चाण्डालकर्म नहीं करेंगे। अपनी जाति छिपाकर तक्षशिला जाएँगे और वहाँ शिल्प सीखेंगे।

फिर दोनों ने ऐसा ही किया। एक प्रसिद्ध आचार्य के धर्मशिष्य बनकर उनसे विद्याग्रहण की।

किन्तु शीघ्र ही उनकी जाति का भेद अन्य शिष्यों पर खुल गया। हुआ यह कि एक दिन किसी ग्रामवासी ने आचार्य तथा शिष्यों को मंगलपाठ करने हेतु आमंत्रित

किया। किन्हीं कारणों से आचार्य नहीं जा सके सो उन्होंने चित्त से कहा कि तुम सबको साथ लेकर जाओ। मंगलपाठ करना तथा अपना हिस्सा ग्रहण कर मेरा हिस्सा ले आना।

मंगलपाठ के बाद उस ग्रामवासी ने सबको खीर परोसी। बस यहीं पर संभूत से चूक हो गयी। खीर अत्यन्त गर्म थी। संभूत ने उसे एकदम से मुख में डाल लिया जिससे उसका मुख जल गया। घबराहट में उसने चित्त की ओर देखते हुए कहा कि खीर से मेरा मुख जल गया है...इस पर चित्त ने भी घबरा कर कहा—किसी तरह खीर को निगल जा निगल जा।

बस फिर क्या था...वहाँ तो सारे शिष्य खाते-खाते खड़े हो गये...गुस्से में भड़कने लगे कि अरे ये दोनों तो चाण्डाल हैं, इनके साथ रहकर हम तो भ्रष्ट हो गये! इन्हें तो पकड़ कर पीटना चाहिए।

और फिर अन्य शिष्यों ने ऐसा ही किया। किन्तु खीर गर्म है या खीर निगल जा ...इसमें ऐसा क्या था कि दोनों की जाति सबको पता चल गयी? वस्तुतः जल्दी में दोनों ने अपनी चाण्डाल भाषा में यह वार्तालाप किया था जिससे उनका चाण्डाल होने का भेद खुला था।

अस्तु, भारी पिटाई के बाद एक सत्पुरुष ने उन्हें छुड़ाया और कहा कि यह तुम्हारा नहीं तुम्हारी जाति का दोष है, जाओ कहीं प्रव्रजित होकर जिओ।

फिर वे दोनों जंगल चले गये और वहाँ ऋषियों की प्रव्रज्या के ढंग पर प्रव्रजित होकर रहने लगे। अगले जन्म में दोनों मृग हुए। यहाँ भी वे साथ-साथ ही रहते थे। एक बार सिर से सिर, सींग से सींग मिलाकर चर रहे थे तब एक शिकारी के एक ही बाण से दोनों मारे गये। फिर दोनों ने पक्षी की योनि में जन्म लिया। यहाँ भी वही हुआ। दोनों ने एक साथ जन्म लिया और एक साथ मारे गये।

इसके बाद की गाथा कुछ अलग रही। एक ब्राह्मण के घर जन्मा और दूसरा क्षत्रिय के घर। बड़े होकर एक ने प्रव्रज्या ग्रहण की तो दूसरे ने राजसिंहासन। पर पूर्व जन्म की मित्रता का उन्हें स्मरण था। चूँकि चित्त युवा होते ही प्रव्रज्या ग्रहण कर हिमालय चले गया था और संभूत राजकार्य में व्यस्त हो गया था अतः वे एक दूसरे से नहीं मिल पाये।

वर्षों बाद एक दिन चित्त मित्र के राज्य में पहुँचा। दोनों एक दूसरे से मिले। एक दूसरे का हालचाल पूछा। चित्त की तापसी वेशभूषा तथा कमजोर शरीर देख संभूत राजा को उसपर दया आयी अतः उसने कहा कि तुम मेरे साथ चलो। मैं तुम्हारे लिए भवन बनवाऊं। अनेक नारियां और दास तुम्हारी सेवा में रहेंगे। हम दोनों साथ साथ राज्य करेंगे।

इस पर संभूत ने कहा कि मुझे कुछ नहीं चाहिए। मैं बन्धन से मुक्त हूँ। फिर, मैं अच्छे से जानता हूँ कि मृत्यु मुझे नहीं भूलेगी। जब मृत्यु सिर पर हो तो क्या आनन्द, क्या क्रीड़ा, क्या सम्पत्ति!

हे राजन्! चाण्डाल योनि मनुष्यों में निकृष्टतम् है। हम अपने पापकर्मों के कारण उस योनि में उत्पन्न हुए थे। फिर मृग, बाज की योनि में आये। आज ब्राह्मण और क्षत्रिय

की योनि में है। अल्प आयु भी प्राणी को मृत्यु के पास ले जाती है। जरा-प्राप्त के लिए तो रक्षा का कोई उपाय नहीं है। हे पाँचाल! मेरा यह कहना मान, ऐसे कर्म मत कर जिससे नरक में उत्पत्ति हो।

चित्त ने संभूत से भी राज्यशासन छोड़ प्रव्रज्या ग्रहण करने कहा। चित्त की बात ठीक है यह राजा समझ रहा था किन्तु राज्य का मोह उससे नहीं छूटा। वह कहता भी है–**जिस तरह दलदल में फँसा हाथी स्थल दिखायी देने पर भी वहाँ नहीं जा सकता, उसी प्रकार कामभोगों के दलदल में फँसा मैं भी भिक्षुमार्ग को ग्रहण नहीं कर सकता। जिस प्रकार माता पिता पुत्र के सुख की कामना से उसका अनुशासन करते हैं उसी तरह भंते, आप भी मुझे उपदेश दें ताकि मैं राज्य करते हुए भी सुखी रह सकूं।**

तब चित्त ने राजा से कहा कि तुम यदि कामभोगों को नहीं छोड़ सकते और राज्य ही करना चाहते हो तो धर्मपूर्वक राज्य करना। अनेक नारियों से घिरे होने पर जब तुम्हें राजमद सवार हो जाये तो इस गाथा को मन में दुहराना तथा परिषद के सामने बोलना-

खुले आकाश के नीचे सोने वाला प्राणी, चलती फिरती माता द्वारा दूध पिलाया गया प्राणी, कुत्तों से घिरा हुआ प्राणी आज राजा कहा जाता है।[103]

इस तरह राजा को उपदेश दे चित्त वापस अपने स्थान हिमालय चले गया। किन्तु चित्त की बातें राजा के कानों में गूंजती रही...और थोड़े समय बाद ही उसने अपने पुत्र को राज्य सौंप, प्रव्रज्या ग्रहण कर मित्र की राह पकड़ी।

मातंग जातक में भी ऐसी ही मातंग नामक चाण्डाल की कथा है। किन्तु यहाँ वह 'मातंग पण्डित' के नाम से प्रसिद्ध हुआ। वैसे यहाँ भी एक श्रेष्ठिकन्या चाण्डाल को देखकर क्रोधित हो सुगंधित जल से आँखें धोती है और चली जाती है जिससे उसके साथ आये लोग गुस्से में यह कहते हुए उसे पिटते हैं कि इसके कारण हमारी मुफ्त की शराब और भोजन व्यर्थ गया पर यहाँ चाण्डाल शान्त नहीं रहता, वह वहीं अनशन पर बैठ जाता है, यह कहते हुए कि मैं तब तक अन्नजल नहीं ग्रहण करूँगा जब तक कि वह कन्या मुझे पत्नी रूप में नहीं मिलेगी। सात दिन के अनशन के बाद घबराये कन्या के घर वाले उस कन्या को स्वयं मातंग पण्डित के पास पहुँचा देते हैं। आगे की कथा है कि एक जाति अभिमानी ब्राह्मण जब मातंग का अपमान करता है तो वह सूर्योदय रोक लेता है और सूर्य को वह तभी छोड़ता है जब वह ब्राह्मण आकर उससे क्षमा माँगता है।

कथा-70

अम्ब जातक-2 (मन्त्रबल से आम के फल पैदा करनेवाला चाण्डाल)

गुरु के प्रति आदर भारतीय परम्परा रही है। जिससे भी हम कुछ सीखते हैं उसके प्रति मन मे कृतज्ञता रखना तो चाहिए ही, यदि कोई पूछे कि किससे सीखा तो सादर

उसका नाम भी बताना चाहिए, चाहे वह शिक्षक छोटा हो, गरीब हो या निम्न जाति का चाण्डाल ही क्यों न हो। यह कथा **अम्ब जातक**[104] यही शिक्षा देती है।

वर्तमान कथा—देवदत्त की गौतम बुद्ध से प्रारम्भ से स्पृहा थी। उसने उनसे शिक्षा ली किन्तु बराबर कहते रहता था कि मैं ही बुद्ध हूँ। श्रमण गौतम न मेरे आचार्य है न उपाध्याय। अन्ततः वह नरकगामी हुआ। एक दिन भिक्षुगण जब यह बात कर रहे थे तब शास्ता ने उन्हें बताया कि पहले भी ऐसा ही था।

अतीत कथा—तब ब्रह्मदत्त वाराणसी का राजा था। एक बार अविहातरोग (प्लेग) से पुरोहित कुल नष्ट हो गया। किसी तरह एक पुत्र बचकर तक्षशिला पहुँचा और वहीं वेद तथा अन्य शिल्प सीखकर देशभ्रमण हेतु निकला।

घूमते-घूमते वह वाराणसी के ही एक ग्राम पहुंचा। वहाँ उसने एक विचित्र दृश्य देखा। एक चाण्डाल युवक ने अरण्य में एक सूखे आम्रवृक्ष के सामने खड़े होकर कोई मन्त्र पढा और वृक्ष पर पानी के छींटें दिये। तभी आम्रवृक्ष के पुराने पत्ते झड़ गये और उसमें नये पत्ते लग गये...और देखते ही देखते उसमें सुन्दर रसभरे आम भी फल गये! उस चाण्डाल युवक ने उन्हें तोड़ा और यथेच्छा खा, घर के लिए झोले में अलग रखकर, शेष आमों को बाजार में जाकर बेचने हेतु निकला। असमय के आमों से पर्याप्त धन अर्जित करना स्वाभाविक था। यह सब देखकर वह ब्राह्मणकुमार मन्त्र प्राप्त करने की कामना से चाण्डाल की अनुपस्थिति में ही उसके घर पहुँच गया और बिन माँगे ही सेवक के रूप में सेवा देने लगा।

बोधिसत्त्व उसकी मंशा समझ गये अतः उसके अनुनय पर भी उसे मन्त्र नहीं सिखाया पर उनकी पत्नी ने दयार्थ हो उनसे ब्राह्मणकुमार को मन्त्र देने की प्रार्थना की। तब वे इस शर्त पर देने तैयार हुए कि कोई तुम्हारे गुरु का नाम पूछे तो यह बताने में शर्माना नहीं कि वे चाण्डाल हैं।

धन-प्राप्ति की लालसा में ब्राह्मण कुमार ने यह बात तुरन्त स्वीकार कर ली और फिर इस आश्चर्यकारी मन्त्र से असमय ढेरों आम प्राप्त कर राजदरबार पहुँचा। आम चखकर राजा ने प्रसन्न होकर उसे पर्याप्त धन दिया और इस असमय आम के फलने का रहस्य पूछा। अब राजा राजा था, उसे सच-सच बताना पड़ा कि एक मन्त्र के द्वारा मैंने यह चमत्कार किया है। किन्तु जब राजा ने उससे मन्त्र सिखाने वाले गुरु का नाम पूछा तो लज्जावश उसने झूठ बोला कि तक्षशिला के एक ब्राह्मण मेरे गुरु हैं।...बस यह कहते ही उसे मन्त्र का विस्मरण हो गया। पर यह बात उसे तब पता चली जब दूसरे दिन राजा ने पुनः मन्त्रबल से वैसे ही आम उसके उद्यान के आम्रवृक्ष में लगाने कहा। किन्तु लाख कोशिश के बाद भी वह उस मन्त्र को दोहरा नहीं सका। जाने विस्मृति के किस गर्त में वह खो गया था। इधर आम की लालसा में बैठे राजा ने उससे जब पूछा कि क्या बात है, आम क्यों नहीं आ रहे हैं वृक्ष में, तब भयवश उसने पुनः झूठ बोला कि अभी नक्षत्रयोग और मुहूर्त नहीं आया है। उसकी कृपा होगी तो प्रचुर आम लगेंगे।

इस बार राजा समझ गया कि यह झूठ बोल रहा है। कुछ कड़ाई से उसने पूछा कि पहले तो तुमने नक्षत्र और मुहूर्त की बात नहीं कही थी, अब क्यों कह रहे हो? सच-सच बताओ, क्या बात है। तब रोते हुए उसने सच बात कह ही दी। इस पर राजा ने उसे फटकारते हुए यह गाथा कही-

अरण्डी अथवा कोई भी वृक्ष हो, जिस वृक्ष से भी मधुवेषक को मधु मिल जाता है, वही उसके लिए उत्तम वृक्ष होता है। इसी प्रकार ब्राह्मण, क्षत्रिय, वैश्य अथवा चाण्डाल, जिस मनुष्य से किसी को धर्म का ज्ञान मिले वही उसके लिए उत्तम नर है। ......फिर राजा ने सिपाहियों को आज्ञा दी कि इस दुष्ट ने अतिमान करते हुए एक उत्तम अर्थ को नष्ट कर डाला है अतः इसे मारते हुए देश से निकाल बाहर करो।

तब रोता कलपता वह पुनः चाण्डाल आचार्य के पास पहुंचा और सारा किस्सा बताते हुए उससे पुनः मन्त्र सिखाने की प्रार्थना की किन्तु आचार्य ने यह कहते हुए मना कर दिया कि जो दुर्लभ मन्त्र मैंने तुम्हें दिया था उसे तुमने झूठ बोलकर नष्ट कर दिया है, अब मैं तुम अकृतज्ञ पर वैसी कृपा फिर नहीं कर सकता, तुम यहाँ से चले जाओ।

कथा- 71

छवजातक (राजा को उपदेश देनेवाला चाण्डाल)

विद्वान चाण्डाल को महत्त्व देनेवाली एक अन्य कथा **छवजातक**[105] भी है। यहाँ चाण्डाल की विद्वता की प्रशंसा तो है ही, इस बात की शिक्षा भी है कि गुरु को शिक्षा कैसे देनी चाहिए और शिष्य को कैसे ग्रहण करनी चाहिए।

वर्तमान कथा— एक बार शास्ता को पता चला कि कुछ भिक्षु नीचे आसन पर बैठकर ऊंचे आसन पर बैठे भिक्षुओं को शिक्षा देते हैं। तब उन्होंने उन्हें बुलाकर कहा कि ऐसा करना तो मेरे धर्म का अपमान करना है। पुराने पण्डितों ने भी इसकी निन्दा की है।...और शास्ता यह अतीत कथा कहते हैं।

अतीत कथा—तब बोधिसत्त्व ने चाण्डाल परिवार में जन्म लिया था। युवा होने पर उनका विवाह हुआ। एक बार उनकी पत्नी ने उनसे राजा के बगीचे का आम खाने की इच्छा की। चूँकि पत्नी गर्भवती थी, यह उसकी दोहद इच्छा थी, अतः इसे पूरी करने हेतु उन्हें चोरी से राजा के बगीचे में आम लेने जाना पड़ा। वह सूर्योदय के पूर्व जाते है ताकि अंधेरे में ही लौट सके किन्तु उसी समय राजा के आ जाने से वह पत्तों में छिप जाते हैं। छिप कर वह आराम से अपने प्राण बचा सकते थे किन्तु नीचे वह कुछ ऐसा नजारा वे देखते हैं कि उनसे रहा नहीं जाता...और यह जानते हुए भी कि चोरी की नियत से राजा के आम के बगीचे में प्रवेश जघन्य अपराध है, वह नीचे उतर आते हैं। इतना ही नहीं, वह राजा और पुरोहित के बीच चल रहे वार्तालाप में खलल भी डालते हैं।

वस्तुतः वृक्ष में छिपे-छिपे वह देखते हैं कि राजा अपने पुरोहित के साथ वहाँ आया, वहाँ रखे ऊंचे आसन पर बैठा। दूसरी ओर उसके साथ आया पुरोहित वहाँ रखे नीचे आसन पर बैठा.....और फिर पुरोहित राजा को कुछ मन्त्र सिखाने लगा। यह उल्टी गंगा बहती देख कर ही वे नीचे उतरे थे। निर्भीक हो वह कहते हैं, मैं अपनी स्त्री की दोहद पूरी करने आम की चोरी करने आया था, इस तरह मैं तो नष्ट हुआ ही हूँ, आप दोनों भी नष्ट हुए हैं। राजा मूर्ख है और पुरोहित मृत है।

चकित हुआ राजा इस पहेली का अर्थ पूछता है। तब वह यह गाथा कहते हैं–

हम लोग अधर्म और अधर्म को नहीं देख रहे हैं। नीचे आसन पर बैठकर मन्त्र सिखाना और ऊंचे आसन पर बैठ कर सीखना यह दोनों ही अधर्म है।

इस पर पुरोहित कहता है कि मैं इस राजा का दिया सुस्वादु भोजन ग्रहण करता हूँ अतः पहले ही मैं ऋषियों के धर्म का पालन नहीं कर रहा हूँ।

तब चाण्डाल के रूप में खड़े बोधिसत्त्व उसे कहते हैं- **संसार विस्तृत है। दूसरे भी प्राणी भोजन पकाते है। ऐसा न हो कि तुम्हारा आचरण तुम्हें वैसे ही फोड़ दे जैसे कि पत्थर घड़े को। उस सम्पत्ति और यश को धिक्कार है जो अधर्माचरण से प्राप्त होता है। तुम कहीं और जा सकते थे।**

यह सुन पुरोहित तो उसकी ओर आँखें फाड़कर देखता रह गया किन्तु राजा की आँखें खुल गयी। उसके इस धार्मिक भाव पर प्रसन्न हो राजा ने पूछा– तुम्हारी जाति क्या है?

देव! मैं चाण्डाल हूँ।

भो! यदि तुम उच्चवर्ण के होते तो मैं तुम्हें राजा बनाता। पर कोई बात नहीं । अब से मैं दिन का राजा होऊंगा और तुम रात के राजा रहोगे। तुम्हें मै नगर कोतवाल बनाता हूँ...यह कहते हुए राजा ने अपने गले की फूलों की माला उतार कर उसके गले में डाल कर उसका सम्मान किया।

कथा-72

उपसाहलक जातक (मृत्यु के बाद भी चाण्डाल से घृणा)

मानव अपने अन्तिम संस्कार के प्रति प्रायः भावना से भरा होता है। वह विधि-विधान से अपना अन्तिम संस्कार हो, इसकी कामना करता है। कई बार इस हेतु वह अपने परिवार को निर्देश भी देता है। किन्तु यह सोचना कि जहाँ हमारा अन्तिम संस्कार किया जाये उस स्थान पर पहले किसी का अन्तिम संस्कार न किया गया हो, क्या ज्ञान की कमी नहीं है? प्रस्तुत कथा **उपसाहलक जातक**[106] यही सन्देश देती है।

वर्तमान कथा–उपसाहलक नामक एक धनी वृद्ध ब्राह्मण ने अपने पुत्र से कहा कि मेरी मृत्यु के बाद तुम मुझे वहाँ जलाना जहाँ कोई चाण्डाल न जलाया गया हो। फिर उसने

कहा—ऐसा करना मुझे ऐसे स्थान पर जलाना जहाँ पहले कोई न जलाया गया हो।

पर ऐसा स्थान कहाँ होगा? पुत्र सोच में पड़ गया। बोला—तात! मैं तो ऐसा कोई स्थान नहीं जानता। अच्छा हो कि आप स्वयं मुझे वह स्थान दिखा दे।

तब वह ब्राह्मण नगर से निकलकर पुत्र को गृधकूट पर्वत के ऊपर ले गया और तीन शिखरों के बीच के सुनसान स्थान को दिखाते हुए बोला—यहाँ अवश्य कोई चाण्डाल नहीं जलाया गया है। तुम तो मुझे यहीं जलाना।...और फिर वह पुत्र के साथ नीचे उतरने लगा।

रास्ते में शास्ता बैठे थे। उनको देखकर दोनों पितापुत्र ने उन्हें प्रणाम किया। जब बुद्ध ने उनसे यहाँ आने क़ा कारण पूछा तो दोनों ने कुछ नहीं छिपाया। सच-सच बता दिया। यह सुन बुद्ध बोले, जरा मैं भी तो वह स्थान देखूं जिसे तुमने अपने अन्तिम संस्कार के लिए पसन्द किया है...और पिता-पुत्र के साथ वे उस स्थान पर पहुँच गये। स्थान देखकर उन्होंने पुत्र से कहा कि तुम्हारे पिता अभी ही नहीं, पूर्व जन्म में भी ऐसे ही श्मशान की शुद्धि के विषय में सावधान थे। फिर उन्होंने पुत्र के आग्रह पर पिता की अतीतकथा बतायी।

अतीत कथा—यहाँ अतीतकथा वर्तमान कथा के समान ही है। पूर्वजन्म में भी इस ब्राह्मण का नाम उपसाहलक था और यही उसका पुत्र था। तब भी उसने पुत्र को मृत्युपूर्व सचेत किया था कि उसे ऐसे स्थान पर जलाना जहाँ कोई और न जलाया गया हो। किन्तु अचानक राह में मिले बोधिसत्त्व पुत्र से कहते हैं कि संसार में वास्तव में ऐसा कोई स्थान नहीं है जहाँ कोई न कोई न जलाया गया हो, जहाँ श्मशान न बना हो। ...तुम्हारे पिता स्वयं चौदह हजार बार इसी स्थान पर जलाये गये हैं। आगे वे दो गाथाएँ कहते हैं—

लोक में ऐसा कोई स्थान नहीं जहाँ कोई न मरा हो।

जिसमें सत्य, धर्म, अहिंसा, संयम है, वह लोक में अवश्य नहीं मरता।

(यहाँ 'नहीं मरता' का तात्पर्य है कि वह लोक में अमर हो जाता है, लोक उसे सदा याद रखता है।)

इस प्रकार पितापुत्र को धर्मोपदेश दे बोधिसत्त्व ब्रह्मलोकगामी हुए।

खण्ड-8

स्त्रियों का चरित्रचित्रण करनेवाली कथाएँ

73 चूलपदुम जातक (पद्‌मकुमार की चरित्रहीन पत्नी)

74 कुणाल जातक (कुणाल पक्षी की कथा)

75 असातमंतजातक (असाध्वी स्त्री मन्त्र)

76 अंडभूतजातक (जन्म के पूर्व से ही स्त्री की सुरक्षा करनेवाला पुरोहित)

77 मणिचोर जातक (पति को मणिचोरी के इल्जाम से बचाने वाली साध्वी)

कथा-73

चूलपदुम जातक (पद्मकुमार की चरित्रहीन पत्नी की कथा)

अनेक जातक कथाओं में स्त्रियों का वर्णन मिलता है। स्त्रियों के चरित्रचित्रण में एक बात यहाँ स्पष्ट दिखायी देती है कि यहाँ स्त्री की निन्दा अधिक है प्रशंसा कम है। वस्तुतः स्त्रियों के मोहजाल से बचने के लिए ये कथाएँ कही गयी है। इस कथा **चूलपदुम जातक**[107] का विषय भी यही है।

वर्तमान कथा—एक कामभावना से ग्रस्त उद्विग्नचित भिक्षु को अन्य भिक्षुगण शास्ता के पास लाते हैं तब शास्ता बताते हैं कि स्त्री अकृत, मित्रद्रोही और कठोर होती है। प्राचीन काल में अपनी जांघ का रक्त देकर भी लोग उनका चित्त नहीं जीत सके। और इसी सन्दर्भ में वे एक अतीतकथा कहते हैं।

अतीत कथा— वैसे यह कथा अत्यन्त घृणित है। कथा है कि वाराणसी नृप ब्रह्मदत्त के सात पुत्र थे। बोधिसत्त्व सबसे बड़े थे। नाम था पद्मकुमार। एक बार राजा अपने पुत्रों को ठाठ से रहते देख सन्देहग्रस्त हुआ कि कहीं ये राज्य के लोभ मे उसका वध न कर दें, अतः उसने सातों को देशनिकाला दे दिया। सभी रोते-रोते अपनी अपनी पत्नियों के साथ वन के पार जाने लगे। रास्ते में भूख-प्यास से व्याकुल वे परेशान हो गये। तब उन्होंने एक-एक कर अपनी-अपनी स्त्रियों को मार कर उनका भक्षण कर अपनी भूख मिटाई।

अन्त में पद्मकुमार की पारी आयी तो पत्नीप्रेम के कारण उन्हें अपनी भार्या को मारते न बना। इस दिन के लिए ही उन्होंने अपने हिस्से का मांस अब तक बचा कर रखा था। तब अपने मांस का हिस्सा उन्होंने अपने भाइयों को सौंपा...और चुपचाप अंधेरे में पत्नी के साथ वहाँ से भाग गये। पत्नी के चल न सकने पर कांधें में बिठाकर वे उसे ले गये। उसके प्यासी होने पर उन्होंने अपने जांघ का रक्त निकालकर उसे पिलाया।

अन्ततः वे दूर गंगा नदी के किनारे पहुँच गये। गंगा की मोड़ पर आश्रम बना कर वे सुख से रहने लगे। किन्तु उनका सुख अधिक दिन नहीं रहा। उनके जीवन में एक पुरूष आया, पुरूष भी ऐसा जिसके हाथ-पैर कटे थे। वह दरअसल एक चोर था जिसे

राजाज्ञा से काट कर बोरे में भरकर गंगा में बहा दिया गया था। पद्मकुमार ने उसकी करुण पुकार सुनी तो नदी में कूदकर उसे बचाया, उसकी मरहम पट्टी की,उसे अपने आश्रम में जगह दी, किन्तु कुछ ही दिनों में वही व्यक्ति उनकी पत्नी का प्रेमी बन गया...और स्वयं पत्नी ने एक दिन मौका देखकर उनसे छुटकारा पाने के लिए उन्हें एक प्रताप से ढकेल दिया।

किन्तु किस्मत से पद्मकुमार न केवल प्राणहानि से बचे वरन् अपने पिता का राज्य भी प्राप्त किया। इधर उनकी स्त्री उस लुंजे को टोकरी में रख कंधे पर बिठा कर बस्तियों में जा भिक्षा माँगकर अपना और लुंजे का पोषण करते रही। लोगों को वह उसे अपना पति बताती तो लोग उसके पतिव्रता धर्म की प्रशंसा करते हुए उसे और भी अधिक भिक्षा देते। किन्तु अन्ततः उसका भेद सब पर खुल गया। वाराणसी में राजा की दानशीलता की प्रशंसा सुन जब वह भिक्षा लेने गयी उसके पास गयी तो राजा (जो उसका पूर्व पति था) ने उसे पहचान लिया और आमात्यों को उसकी करतूत बताते हुए उस लुंजे को मृत्युदंड दिया तथा स्त्री के नाक-कान कटवा कर उसे राज्य से निष्कासित किया।

उल्लेखनीय है कि ऐसी ही कथा सोमदेव भट्ट के **कथासरित्सागर**[108] में भी है। यहाँ उल्लेख है कि बोधिसत्त्व के अंश से उत्पन्न एक बनिये का पुत्र घर से निकाल दिया गया। तब वह पत्नी के साथ मरुस्थल के रास्ते पर चल पड़ा। रास्ते में उसने अपनी स्त्री को अपने रक्त और मांस से जिलाया पर उसने उसे धोखा दिया। एक लुंजे आदमी के लिए पति को मारने का प्रयत्न किया किन्तु अन्ततः उसे अपनी करणी की सजा मिली।

कथा-74

कुणाल जातक (कुणाल पक्षी की चरित्रहीन पक्षिणी)

अनेक जातकों के समान इस जातक में स्त्री की कामभावना को अदम्य बताया गया है जो अनेक पुरुषों से सम्बन्ध बनाने के बाद भी शान्त नहीं होती। महाभारत में पाँच पाण्डवों से विवाह करनेवाली द्रौपदी को सती कहा गया है । उसकी कामभावना को लेकर महाभारत में कोई टिप्पणी नहीं है किन्तु यहाँ कण्हा नामक राजकन्या को पाँच पाण्डवों से विवाह के बाद भी असन्तुष्ट बताया गया है। वैसे इस कथा का शीर्षक **कुणाल जातक**[109] कुणाल नामक पक्षिणी पर है जो व्यभिचारिणी है।

वर्तमान कथा-वर्तमान कथा यहाँ पानी को लेकर दो राज्यों, कपिलवस्तु तथा कोलिय के बीच बहने वाली रोहिनी नदी पर बने बांध के पानी को लेकर प्रारम्भ होती है। नदी के दोनों किनारे पर रहने वाले किसान एक बार आपस में बैठ कर चर्चा कर रहे थे कि दोनों के लिए पानी पर्याप्त नहीं होगा अतः अच्छा होगा कि एक ही इसके पानी से खेती

करे। पर वह एक कौन होगा, इस पर उनमें विवाद हुआ। जाहिर है दोनों ही अपने लिए ही पानी चाहते थे। अतः दोनों में विवाद बढ़ने लगा। यह विवाद इतना बढ़ा कि दोनों के कामगर एक दूसरे पर गंदे से गंदा कीचड़ उछालने लगे। कोलिय बोले—तुम कपिलवस्तुवासी कुत्ते और गीदड़ की तरह अपनी बहनों से सम्बन्ध बनाते हो, तुम हमारा क्या कर लोगे? इस पर शाक्यों ने कहा—तुम कोढ़ी के बच्चे हो। अनाथों के समान कोल वृक्ष में रहने वाले तुम हमारा क्या मुकाबला करोगे?

कामगरों से यह बात जब अमात्यों तक पहुँची तो दोनों ओर के अमात्यों ने इसे अपने-अपने राजाओं से कहा...और देखते ही देखते युद्ध के साज सजने लगे। बुद्ध उस समय श्रावस्ती के विहार में थे। उन तक जब यह बात पहुँची तो वे उनको कलह से बचाने वे उनके बीच पहुँचें।

बुद्ध का प्रभाव ऐसा था कि उनके पहुँचते ही कपिलवस्तु के सैनिकों ने अपने हथियार नीचे रख दिये। उधर कोलियों ने भी ऐसा ही किया। तब शास्ता उनके सामने बालुकातट पर बिछे बुद्धासन पर बैठ गये। उस समय उनके शरीर से बुद्ध रश्मियां निकल रही थीं। उन्होंने दोनों पक्षों से पूछा कि क्या क्षत्रिय के रक्त का मूल्य पानी के मूल्य से अधिक है? दोनों ने सिर झुका कर स्वीकार किया कि ऐसा नहीं है।

तब बुद्ध ने कहा कि फिर क्यों पानी के लिए अपने युवाओं का रक्त बहाते हो? दोनों शर्मिंदा हुए और युद्ध से विरक्त हो गये। फिर शास्ता ने उन दोनों पक्ष के युवकों से उनके भिक्षुसंघ में आने हेतु कहा। दोनों ही पक्ष के लोगों ने सोचा कि यदि शास्ता न आते तो उनके कितने ही युवा मारे जाते ...सो दोनों ने ढाई-ढाई सौ युवकों को प्रव्रजित कराया।

किन्तु इन युवकों के मन में वास्तव में वैराग्य की भावना नहीं थी। शास्ता के गौरव के कारण वे प्रव्रजित हो गये थे किन्तु उनकी कामभावना बनी हुई थी। दूसरी ओर उनकी पत्नियां भी उनके लिए विकल हो लौट आने का सन्देश भेजती रहती थी। तब शास्ता उन्हें हिमालय ले जाकर कुछ अतीतकथा बताते हैं जिसका मुख्य सार यह था कि स्त्रियां चंचलबुद्धि की तथा असती होती हैं, अतः उनके लिए वैराग्यभावना मत छोड़ो।

अतीत कथा—पहली कथा महाभारत की द्रौपदी के समान पाँच पतियों वाली कण्हा नामक काशिराज की कन्या की कथा है जिसके विवाह के लिए पिता काशिराज ने स्वयंबर का आयोजन किया था। किन्तु इसके स्वयंबर आयोजन का कारण और तरीका तथा परिणाम महाभारत की कथा से एकदम भिन्न है।

इस कथा में कण्हा के दो पिता थे। उसका औरस पिता कोशलराज था जबकि काशीराज धर्मपिता था। वस्तुतः कण्हा जब माँ के पेट में ही थी तब कोशलराज को काशीराज ने युद्ध में पराजित कर उसका वध कर दिया था। राज्य के साथ ही उसकी गर्भवती पत्नी को भी उसने हस्तगत कर लिया था। पत्नी को तो उसने पटरानी बनाया ही, उसकी पुत्री को भी अपनाया क्योंकि उसकी अपनी कोई सन्तान नहीं थी। इतना ही

नहीं, पुत्री होने पर रानी को जो चाहे माँग लेने का वर भी दिया। क्या माँगू, समझ नहीं पाने के कारण रानी ने वर को भविष्य के लिए सुरक्षित रख लिया।

फिर कन्या के युवा होने पर रानी ने उससे पूछा कि राजा से क्या वर माँगू तो उसने स्वयं के लिए स्वयंबर की माँग की......और इस तरह काशीराज ने स्वयंबर का आयोजन किया।

तब वरमाला लेकर कण्हा उत्तरगवाक्ष में स्थित हुई जहाँ से एक के बाद एक राजकुमार गुजरने लगे। कण्हा को एक भी पसन्द नहीं आया। अन्त में पाँच कुमार एक साथ निकले। अर्जुन, नकुल, भीमसेन, युधिष्ठिर, सहदेव। ये पाँचों भाई थे, पांडुराज के पुत्र थे। ये आचार्य से शिल्प सीख कर देशचरित्र एवं लोक-चरित्र समझने विचरण कर रहे थे। कण्हा उन पाँचों पर अनुरक्त हो गयी। इन सबसे एक साथ विवाह करने के लिए उसने पाँचों पर वरमाला फेंकी और इस तरह स्वेच्छा से पाँचों की पत्नी बन गयी।

अस्तु, एक महिला के लिए पाँच पतियों को सन्तुष्ट करना कठिन होता होगा किन्तु यहाँ कण्हा स्वयं पाँचों से सम्बन्ध के बाद भी असन्तुष्ट रहती है। वह उनकी अनुपस्थिति में लंगड़े, लूले, कुबड़े परिचारक से सम्बन्ध बनाती है। अन्ततः जब पाँचों पर इसका राज खुला तो वे उसे छोड़ स्त्रीनिन्दा करते हुए प्रव्रज्या ग्रहण कर वन चले जाते हैं।

स्पष्ट है कि इस कथा का मुख्य उद्देश्य स्त्री को कामुक एवं चरित्रहीन बताना है ताकि पति उससे घृणा कर प्रव्रज्या ग्रहण करें अथवा प्रव्रजित हो तो अपनी साधना में दृढ रहे।

स्त्री को चरित्रहीन बतानेवाली इसी जातककथा में आगे और भी कथाएँ है। यहाँ तक कि पक्षियों में भी स्त्री पक्षी (कुणाल) को अन्य पक्षी से सम्बन्ध बनाने पर चरित्रहीन, पापी, चंडालिन कहा गया है। किन्तु पुरुष पक्षी कुणाल की हजारों पक्षिणियां होने पर भी उसकी निन्दा नहीं है।

यहाँ स्त्रीनिन्दा के एक से एक वाक्य है, जो अपने आप में निंदनीय कहे जा सकते हैं, जैसे-

सभी स्त्रियां नदी की तरह सर्वभक्षिणी होती है, सभी स्त्रियां नदी की तरह सभी को बहा ले जाने होती हैं, सभी स्त्रियां कांटों की झाड़ी होती है।

सभी स्त्रियां धन के लिए धनिकों के पीछे चली जाती है। जिस प्रकार पृथ्वी सभी में समान भाव से अनुरक्त रहती है, जैसे वसुन्धरा उत्तम, अधम, सभी का आधार है, उसी प्रकार ये स्त्रियां है। इन पर विश्वास न करें।

जैसे रक्त्मांस-भोजी कठोर-हृदय सिंह दूसरों की हिंसा में रत रहता है, जबरदस्ती पकड़ कर उन्हें अपना ग्रास बना लेता है वैसे ही ये स्त्रियां हैं। निश्चय ही इनका यथार्थ नाम न वेश्या है, न रानी है न गणिका है और न बंधकी है। इनका असली नाम तो वधिका है।

ये शराबी की तरह प्रलाप करती हैं, वणिक की भांति बात करती है, सांप की तरह जिव्हा वाली होती है, पाताल की तरह कठिनाइयों से भरी जानेवाली होती है, राक्षसी की तरह कठिनाई से सन्तुष्ट होने वाली होती है, यम के समान ले जानेवाली होती है, दीपशिखा के समान सब कुछ भक्षण करनेवाली होती है, हवा की तरह चाहे जहाँ जानेवाली होती हैं, विष वृक्ष के समान नित्य फल देनेवाली होती हैं।

अतः पण्डित को चाहिए कि भले ही सिर पर तलवार लिए आदमी से बात कर ले, भले ही क्रोधित पिशाच से बात कर ले, भले ही भयानक सर्प के पास चला जाये किन्तु अकेला वह अकेली स्त्री से कदापि बात न करे।

यहाँ एक बात अच्छी है कि प्रायः सभी कथाओं में स्त्रियों को उनके पाप के लिए दंड नहीं दिया गया है... किन्तु इसे हम अच्छा नहीं कह सकते कि यहाँ क्षमा इस भावना से की गयी है कि स्त्रियों की प्रवृत्ति ही बहुपतिगामी होती है, अतः वे क्षमा की पात्र है।

कथा-75

असातमंत जातक (असाध्वी स्त्री मन्त्र)

यह कथा **असातमंत जातक**[110] भी स्त्री को चरित्रहीन बताती है। यहाँ एक स्त्री ही अपने पुत्र को स्त्रियों से दूर रखने हेतु आचार्य के पास स्त्रीचरित्र सीखने भेजती है।

वर्तमान कथा—जेतवन में विहार करते समय एक आसक्तचित्त भिक्षु से शास्ता कहते हैं कि स्त्रियां असाध्वी, पापी और निकृष्ट होती हैं। तू इस प्रकार की स्त्री के प्रति क्यों आसक्त हुआ? इसी सन्दर्भ में शास्ता यह अतीतकथा कहते है।

अतीत कथा—तब बोधिसत्त्व ने गंधार देश के तक्षशिला में स्थित ब्राह्मण कुल में जन्म लिया था। वे तीनों वेदों तथा सब शिल्पों का ज्ञान प्राप्त कर तक्षशिला में आचार्य बने। उस काल में एक ब्राह्मणपुत्र वाराणसी से उनके पास शिल्प सीखने आया और समुचित शिक्षा ग्रहण कर वापस अपने घर लौट कर गया। घर में माँ ने पूछा—पुत्र क्या तूने असातमंत सीखा? नहीं, कहने पर माँ ने उसे पुनः आचार्य के पास यह मन्त्र सीखने भेजा।

तब तक आचार्य अपनी 105 वर्ष की वृद्धा माँ को लेकर वन चले गये थे। वहीं वे उनकी सेवा करते थे। यह जानकर शिष्य भी वन पहुँच गया और आचार्य से 'असातमंत' सिखाने की प्रार्थना की।

इस पर गुरु ने एक शर्त रखी। वह यह कि तुम मेरी माँ की सेवा करो, उसके हाथ पैर और शरीर दबाते रहना और उसके वर्ण तथा शरीर की प्रशंसा करते हुए कहना कि जब आज ऐसा शरीर है तो युवावस्था में कैसा होगा? इस पर माँ जो कहे उसे बिना लज्जा और भय के मुझे कहना। तभी तुम्हें असातमन्त्र की प्राप्ति होगी अन्यथा नहीं।

मन्त्र सीखने के इच्छुक शिष्य ने आचार्य की बात स्वीकार की। पुत्र भाव से वह गुरुमाता की सेवा करने लगा। माँ का शरीर दबाते हुए गुरु के निर्देशानुसार वह कहता-मां, वृद्ध होने पर आपका ऐसा शरीर है तो जवानी में कैसा होगा?

बार-बार शिष्य के यह कहने पर माँ को शिष्य की बातों में कामासक्ति की बू आयी पर वह इससे क्रोधित नहीं हुई बल्कि स्वयं भी कामासक्त हो बोली—क्या मेरे साथ रमण करेगा? इस पर शिष्य ने कहा—मैं चाहूँ तो भी नहीं कर सकता। आचार्य का डर है।

उसे मार डाल।

मैं नहीं, तू मार।

कामासक्त माँ इस हेतु तैयार हो गयी। तब आचार्य ने स्वयं ही एक लकड़ी का आचार्य बना उसे लिटा दिया और शिष्य से कहा कि माँ के हाथ में एक कुल्हाडी दे।

शिष्य ने वैसा ही किया। शिष्य चकित रह गया जब सचमुच वृद्धा ने पुत्र को मारने हेतु कुल्हाडी से प्रहार किया...किन्तु तत्क्षण वह समझ गयी कि यह काठ का पुतला है, उसका पुत्र नहीं है।

अपने इस कृत्य का परिणाम जानकर वृद्धा के प्राण तत्क्षण निकल गये।

तब आचार्य ने कहा—यही 'असातमंत' है। स्त्रियां असाध्वी होती हैं।

फिर शिष्य घर लौट आया। आकर उसने माँ से कहा कि मैंने मन्त्र सीख लिया है। अब मैं गृहस्थी नहीं करूँगा। प्रव्रजित होऊंगा। ...मां यही चाहती थी और बेटा प्रव्रजित हो गया।

कथा-76

अंडभूतजातक (जन्म के पूर्व से ही स्त्री की सुरक्षा करनेवाला पुरोहित)

इस कथा **अंडभूतजातक**[111] में भी स्त्री-निन्दा ही है। यहाँ अति तक पहुँच कर कहा गया है कि स्त्रियों का चरित्र अरक्षणीय होता है चाहे गर्भ से ही अर्थात् अंडे की अवस्था से ही उसकी रक्षा क्यों न की जाये।

वर्तमान कथा—जेतवन में विहार करते समय एक आसक्तचित्त भिक्षु को शास्ता स्त्रियों के दुष्चरित्र होने की यह अतीतकथा बताते हैं।

अतीत कथा—तब बोधिसत्त्व ने वाराणसी नृप के रूप में जन्म लिया था। वह धर्मपूर्वक शासन करता था किन्तु स्त्रियों को वह दुष्चरित्र समझता था। इस विषय में वह इतना निश्चित था कि अपने पुरोहित के साथ जुआ खेलते समय पासे डालने के पूर्व वह कहता था-

सब्बा नदी वंकगता सब्बे कट्ठमया वना। सब्बित्थियो करे पापं लभमाना निवातकेति।। अर्थात् सभी नदी टेढ़ी है, सभी वनों में लकड़ी है। अवसर मिलने पर सभी स्त्रियां पापकर्म करती हैं...ऐसा कहते हुए संयोग से हर बार वह जीतता था।

अपनी लगातार हार से दुःखी पुरोहित ने संकल्प लिया कि मैं इस बात को झूठ सिद्ध करूँगा। इस हेतु वह सोचता है कि मैं गर्भ से ही किसी कन्या की रक्षा करूँगा फिर उससे विवाह कर उसे इतना सुरक्षित रखूंगा कि वह बेवफा हो ही नहीं सकेगी। किन्तु यह कैसे सम्भव था? पहली बात तो गर्भ में उसे कैसे पता चलता कि किसी गर्भवती को कन्या ही होगी। दूसरी बात, गर्भस्थ कन्या की माँ उसे कहाँ मिलेगी? पर पुरोहित धुन का पक्का था। कुछ काल पश्चात् उसे ऐसी मनचाही स्त्री मिल गयी।

वस्तुतः वह पुरोहित अंकविद्या में निपुण था। किसी एक गरीब गर्भवती स्त्री को देखकर उसने अनुमान लगा लिया कि इसके गर्भ में कन्या भ्रूण है सो उसने उसे व्यय देकर अपने घर रखा और कन्या होने पर उसे समुचित धन दे वापस भिजवा दिया तथा सुरक्षित हाथों में उसका पालनपोषण करने लगा।

विवाह योग्य होने पर पुरोहित ने उससे विवाह भी कर लिया। वधू को पूरी तरह अपनी वशवर्ती जान पुरोहित राजा के पास जुआ खेलने पहुँचा। अब जैसे ही राजा ने पासा फेंकते वक्त कहा कि सभी नदी टेढ़ी है, सभी वनों में लकड़ी है, अवसर मिलने पर सभी स्त्रियां पापकर्म करती हैं...पुरोहित ने भी अपना पासा फेंकते समय कहा– मेरी माणविका (पत्नी) के अतिरिक्त।

आश्चर्य! इस बार वह जीत गया। फिर तो राजा के हारने और पुरोहित के जीतने का सिलसिला चल पड़ा। जैसे ही राजा अपना राग...सभी नदी तेढ़ी है...अलापता पुरोहित झट कहता, मेरी माणविका के अतिरिक्त। राजा चकित था। मन में विचार किया कि अवश्य इसकी माणविका एकपुरुष वाली होगी...और उसने उसके सतीत्व को भंग करवाने का संकल्प लिया।

इसके लिए उसने एक अपने युवा सेवक को धन देकर लगाया। पुरोहित का घर सात तलों और सात द्वारों वाला था। सभी द्वारों पर स्त्रियों का पहरा था। उसके घर पहुँचना सम्भव नहीं था सो उस युवक ने राजा के दिये पैसों से तरह-तरह की सुंगधियां खरीदी और पुरोहित के घर के सामने दुकान खोलकर बैठ गया। फिर एक वृद्धा दासी को माँ बनाकर उसका पुत्र बन गया । तन-मन-धन से वह उस वृद्धा की सेवा कर उसे प्रसन्न करता और पुरोहित की पत्नी के भेद लेता।

एक दिन वह अस्वस्थ होने का बहाना कर वह लेटे रहा। वृद्धा द्वारा बहुत पूछने पर उसने कहा कि तुम्हारी मालकिन के सौंदर्य की प्रशंसा सुन मैं उसके प्रति आसक्त हो गया हूँ, मुझे जीवित देखना चाहती हो तो उससे मिलवाने का रास्ता निकालो। काम कठिन था पर वृद्धा ने हामी भरी। मालकिन को अपने पुत्र की प्रशंसा कर उसकी अधीरता की बात कही और शीघ्र ही कूटनी के अपने दायित्व में सफल हो गयी।

राजा ने सेवक को कार्य में सफल हुआ जान पुरोहित को पुनः जुआ खेलने बुलवाया। अब पुरोहित के चौंकने, हारने तथा शर्मिंदा होने की पारी थी। राजा ने तंज कसते हुए कहा कि तुम्हारी माणविका का सतीत्व भ्रष्ट हो चुका है पुरोहित। सच तो यही है कि स्त्री को चाहे गोद में उठा कर घूमो, वह एक पुरुष से कभी सन्तुष्ट नहीं हो सकती।

पुरोहित पहले ही जला बैठा था। जले पर नमक पड़ने से वह और भी तमतमा उठा। सीधे घर जा कर अपनी माणविका से पूछा कि क्या तूने पापकर्म किया है? इस पर उसने भोलेपन से उत्तर दिया कि यह झूठ है । तुम्हें विश्वास न हो कि मैंने तुम्हें छोड़कर किसी अन्य पुरुष का हस्तस्पर्श किया है तो मैं सत्यक्रिया कर अग्नि में प्रवेश करने तैयार हूँ।

ब्राह्मण ने उसी समय काष्ठ एकत्रित करवाया और पत्नी को अग्निप्रवेश की आज्ञा दी। इसी बीच माणविका ने वृद्धा दासी को सीखा-पढ़ा कर अपने जार को बुलवा लिया। अब जैसे ही अग्नि प्रज्वलित हुई, उसके जार ने सबके सामने उसका हाथ पकड़ लिया, यह कहते हुए कि देखो तो कितना दुष्ट पुरोहित है, अपनी माणविका को अग्नि में जलाना चाहता है!

बस फिर क्या था। माणविका को बहाना मिल गया। जार का हाथ झटककर वह जोर से चिल्ला उठी-इस आदमी ने मेरा हस्तस्पर्श कर लिया है। अब मेरी सच्चक्रिया सफल नहीं होगी। मैं अग्निप्रवेश नहीं करूँगी।

अब इतने लोगों के सामने पुरोहित क्या कहता। किन्तु सच्चाई वह जान गया था अतः उसने अपनी पत्नी को मारपीट कर घर से निकाल दिया।

कथा-77

मणिचोर जातक (पति को मणिचोरी के इल्जाम से बचाने वाली साध्वी पत्नी)

अभी तक हमने स्त्रियों के चरित्र सम्बन्धी जितनी कथाओं का उल्लेख किया है सभी दुष्चरित्र स्त्रियों को लेकर है। किन्तु जातककथाओं में साध्वी स्त्रियों की कथाएँ न हो ऐसी बात नहीं है। हालाकि तुलनात्मक दृष्टि से देखा जाये तो चरित्रहीन स्त्रियों की कथाएँ अधिक है। गिनी चुनी साध्वी स्त्रियों की कथाओं में **संबुला जातक** महत्त्वपूर्ण है। इसमें **सीता के समान** रानी की कथा है जो कोढ़ग्रस्त होने पर पति के साथ वन जाकर उसकी **सेवा** करती है (खण्ड 13 **महाकाव्यों का प्रभाव दर्शाने कथाएँ** में देखिये **संबुला जातक)** । सीता के समान ही चरित्र पर लांछन लगने पर वह सच्चक्रिया कर अपनी सच्चरित्रता का प्रमाण भी देती है। ऐसी ही सच्चक्रिया पूर्व उद्धृत कथा **कट्ठहारी जातक** में एक महिला तब करती है जब राजा उससे उत्पन्न अपने बच्चे को मानने से इन्कार करता है।

इसके अतिरिक्त प्रस्तुत कथा **मणिचोर जातक**[112] में भी साध्वी स्त्री अपने चरित्रबल से इन्द्र तक को उसकी रक्षा के लिए पृथ्वी लोक पर आने मजबूर करती है। सत्ता के मद में चूर होकर जब कोई किसी साध्वी के साथ अत्याचार करना चाहता है तो उसकी आह बड़े से बड़े व्यक्ति को खाक में मिला देती है। यह कथा **मणिचोर जातक** यही सन्देश देती है।

इसी तरह स्वयं बुद्ध और यशोधरा के प्रणय की कथा **चंद्र किन्नरी जातक** में भी मृतप्राय होते पति को बचाने साध्वी किन्नरी इन्द्र को मजबूर करती है। इसका उल्लेख प्रारम्भ में ही है।

वर्तमान कथा—देवदत्त शास्ता को नीचा दिखाने या उनका वध करने का हमेशा ही प्रयास करता था। ऐसे ही एक प्रयास के विषय में वेलुवन विहार में बैठे भिक्षुगण चर्चा कर रहे थे। तभी शास्ता वहाँ पहुँचे। सारी बात सुनकर उन्होंने कहा कि वह पहले भी ऐसा कर चुका है।

अतीत कथा-पूर्वसमय में वाराणसी के समीप गाँव में बोधिसत्त्व श्रेष्ठि कुल में पैदा हुए। जैसे वे योग्य थे वैसे ही उन्हें पत्नी भी मिली थी। दोनों प्रेम से रह रहे थे। एक बार पत्नी को लेकर वे उसके मायके जा रहे थे। वे बैलगाड़ी हांक रहे थे और पत्नी पीछे बैठी हुई थी। अचानक वहाँ से राजा की सवारी निकली। गाड़ी में बैठी महिला के अप्रतिम सौंदर्य को देखकर राजा कामविव्हल हो गया। सेवकों से कहा कि पता करो यह महिला कौन है, विवाहिता है या कुमारी है।

यह जानकर भी कि वह विवाहिता है और गाड़ी चलाने वाला ही उसका पति है, राजा अपनी कामभावना को नहीं रोक पाया। विवाहिता को पाने के लिए उसने एक घृणित उपाय अपनाया। उसने अपने सेवक को अपना कीमती चूड़ामणि देते हुए कहा कि इसे चुपचाप बैलगाड़ी में डाल दो। सेवक ने स्वामी की आज्ञा का पालन किया।

फिर राजा ने घोषणा करवाई कि उनका चूड़ामणि चोरी हो गया है....स्पष्ट है कि वह श्रेष्ठि की गाड़ी में मिला। तब तो गुस्सांये राजा ने श्रेष्ठि का सिर कलम करने की तत्काल आज्ञा दी।

सेठ बेचारे अपने को निर्दोष कहते रहे पर जल्लाद उन्हें बेंत से पीटते हुए नगर के बाहर ले गये। तब उनकी पत्नी रोते हुए उनके पीछे चलने लगी। रोते हुए उसने यह गाथा कही-

असंयमी दुस्साहसिक दुष्कर्मी को रोकने वाले न देवता हैं न लोकपाल हैं। ऐसे अवसरों पर निश्चय ही वे प्रवास पर चले जाते हैं। किन्तु ऐसा करने से उन्हें पुण्य नहीं प्राप्त होगा।

उस सदाचारिणी के इस प्रकार रोने से शक्र का सिंहासन गर्म होने लगा। तब वह इस अन्याय को रोकने के लिए पृथ्वीलोक में आया। उस समय राजा सजधज कर हाथी

पर सवार होकर घूम रहा था। शक्र ने अपने प्रताप से राजा को हाथी से उतार कर वधस्थल पर लिटा दिया और बोधिसत्त्व को राजा का श्रृंगार पहना कर हाथी पर बैठा दिया।

जल्लाद यह रहस्य नहीं जान सके और उन्होंने शव के रूप में लेटे राजा का सिर कलम कर दिया। बाद में लोगों को सन्न होते देख शक्र ने आकाश से कहा कि यह अधार्मिक राजा था अतः मारा गया। अब यह श्रेष्ठि ही तुम्हारा राजा होगा और उसकी पत्नी राजमहिषी होगी। आगे शक्र ने एक गाथा कही-

यदि राजा अधार्मिक होता है तो वर्षा असमय पर होती है समय पर नहीं होती। अकालभय तथा शस्त्रभय बना रहता है। ऐसा राजा स्वर्ग-स्थान से गिरता है। निश्चय ही वह इस अपराध के कारण मारा जाता है।

तब सारी प्रजा ने हर्षपूर्वक नये राजा का नमन किया।

खण्ड-9

पत्नी-प्रेमी की भर्त्सना करनेवाली कथाएँ

78 अस्सक जातक (मृत पत्नी के प्रति राजा अस्सक का मोह)
79 काक जातक (कौव्वी की मृत्यु पर विलाप करनेवाला कौव्वा)
80 खरपुत्त जातक (पत्नीप्रेमी राजा को शिक्षा देनेवाला बकरा)
81 पुप्फरत्त जातक (पत्नी-प्रेमी भिक्षु)
82 दसण्णक जातक(दसार्णकनरेश का पत्नी-मोह)
83 सुरुचि जातक (एकपत्नी में अनुरक्त राजा सुरुचि)

कथा-78

अस्सक जातक (मृत पत्नी के प्रति राजा अस्सक का मोह)

प्रायः मनुष्य पारिवारिक रिश्तों के स्नेह की छांव में सुखपूर्वक जिंदगी बिताता है। प्रिय का साथ सबको अच्छा लगता है। किन्तु जब प्रिय से वियोग होता है तो जिंदगी जैसे बिखर जाती है। जीवन बेजान हो जाता है। किन्तु हमारे मृत सम्बन्धी मृत्यु के बाद हमारे लिए भी क्या उतने ही विकल रहते हैं?

मृत्यु जीवन का एक अनिवार्य सत्य है। जातक कथाओं में यह सत्य अनेकानेक बार प्रगट हुआ है। प्रस्तुत कथा **अस्सक जातक**[113] भी यही सत्य प्रगट करती है। यहाँ बुद्ध बताते हैं कि मृत्यु के बाद हमारे प्रियजन हमें भूलकर अपनी नई जिंदगी में मगन हो जाते हैं अतः जो चले गये उनके लिए विलाप व्यर्थ है।

वैसे यह कथा पत्नीप्रेमियों को सावधान करने के लिए कही गयी है जो पत्नियों के मोह में पड़कर जीवन के सत्य के प्रति असावधान रहते है। आगे इस अध्याय में इसी विषय पर अन्य कथाएँ भी हैं।

वर्तमान कथा-श्रावस्ती का एक भिक्षु अपनी मृत पत्नी को भूला नहीं पा रहा था। तब शास्ता ने उसे उसके पूर्वजन्म की कथा बतायी जब वह ऐसे ही पत्नीवियोग में उत्कंठित रहता था जबकि पत्नी उसे भूला कर नये जीवन में प्रसन्न थी।

अतीत कथा-पूर्व काल में काशी में एक नगर था पाटली, जहाँ का शासक पूर्वजन्म में यही भिक्षु था। उस समय उसका नाम था अस्सक। उब्बरी नाम की उसकी पटरानी अत्यन्त सुन्दर, विनीत और प्रेमिल थी। अचानक हुई उसकी मृत्यु से राजा इतना शोकाकुल हुआ कि उसने उसके मृत शरीर को तेल की कढ़ाई में लिटाकर अपने पलंग के नीचे रखवा लिया और पलंग पर बिना खाये-पिये रोते हुए लेट गया। सबने समझाया कि ऐसा न करे। चाहे हम कितना कलपे मृत व्यक्ति कभी वापस नही आता। किन्तु राजा नहीं माना। सात दिन निकल गये। राजा वैसे ही शोकमग्न पड़ा रहा। तभी उस नगर के उद्यान में बोधिसत्त्व पहुँचे। एक माणवक (व्यक्ति) ने जब उनसे राजा को दुःखमुक्त

करने कहा तो उन्होंने कहा कि अपने राजा को यहाँ लेकर आओ...मैं उनकी मृत पत्नी से बात करवा कर उन्हें दुःखमुक्त करूँगा।

मृत पत्नी से बात करने मिलेगा यह सोच राजा झट से बोधिसत्त्व के पास पहुँचा। राजा के आने पर बोधिसत्त्व ने बताया कि तुम्हारी रानी इसी उद्यान में है, मैं तुम्हारी उससे बात करवा सकता हूँ। राजा हर्ष से खिल उठा। हालाकि वहाँ दूर तक उसे अपनी प्रिया की परछाई भी नहीं दिख रही थी फिर भी भिक्षु के प्रति आशापूर्ण दृष्टि से उसने देखा। पर काश! राजा ऐसा नहीं करता...क्योंकि उसकी प्रिया की ओर जब बोधिसत्त्व ने संकेत किया तो राजा का हृदय दुःख से मानों फट गया।

वह भिक्षु तो एक गोबर-कीट को उसकी रानी बता रहे थे जो एक अन्य गोबर-कीट के पीछे भाग रही थी! शायद और कोई ऐसा कहता तो राजा उसका सिर कलम करवा देता पर स्वर्णवर्ण के बोधिसत्त्व का तेज इतना था कि राजा केवल अविश्वास से उनकी ओर देख सका।

तब बोधिसत्त्व ने ही कहा—विश्वास नहीं हो रहा हो तो तुम्हें इससे बात करवाता हूँ......और उन्होंने कीट से पूछा—पूर्वजन्म में तेरा क्या नाम था? कीट ने कहा—मैं राजा अस्सक की रानी उब्बरी थी। बोधिसत्त्व ने पुनः पूछा—इस समय तुम्हें यह गोबर का कीट प्रिय है या राजा अस्सक? इस पर कीट ने कहा—भंते! वह मेरा पूर्व जन्म था। उस समय मैं राजा के साथ अत्यन्त प्रसन्न थी। लेकिन इस समय वह मेरा कौन होता है? अब तो मैं राजा अस्सक को मारकर उसकी गर्दन के रक्त से अपनी स्वामी गोबरकीट के पैरों को धो सकती हूँ।... यह कहते हुए उसने निम्न गाथा कही-

परस्पर एक दूसरे की कामना करते हुए अपने प्रिय पति राजा अस्सक के साथ मैंने इस प्रदेश में विचरण किया। किन्तु नये सुख-दुःख से पुराना सुख-दुःख ढक जाता है। इसलिए अब राजा की अपेक्षा यह कीड़ा ही मेरे लिए अधिक प्रिय है।

यह सब देखसुन कर राजा के हृदय पर क्या बीत रही होगी, हम अनुमान कर सकते हैं। यह देख राजा दुःखी था पर उसका शोक कम हो गया। तब उसने महल में जाकर रानी के शव को अपने कक्ष से निकलवाया और दूसरी स्त्री को पटरानी बनाकर पूर्ववत रहने लगा।

कथा-78

काक जातक (कौव्वी की मृत्यु पर विलाप करनेवाला कौव्वा)

संन्यासी बनने के बाद भी मनुष्य के मन में कई बार गृहस्थ जीवन की, अपने प्रिय जनों की, याद आना अस्वाभाविक नहीं है। किन्तु एक बार गृहस्थजीवन छोड़ने के बाद, निर्वाण प्राप्ति के उद्‌देश्य से संन्यासी जीवन स्वीकार किया तो उसे मन से स्वीकार करते हुए पूर्व जीवन को भूलना ही बेहतर होता है। यह कथा **काक जातक**[114] ऐसा न करनेवालों की दुर्गति का बखान करती है।

वर्तमान कथा—यहाँ वर्तमानकथा एक ऐसे जातक की है जो प्रव्रज्या ग्रहण करने के बाद भी मृत पत्नी की याद में विलाप करते रहता था। मजे की बात यह है कि चूँकि उसकी पत्नी अच्छा भोजन अन्य भिक्षुओं को भी कराती थी अतः वे भी साथ में रोते थे। जब शास्ता को यह बात पता चली तो उन्होंने बताया कि पूर्व जन्म में भी ये ऐसे ही थे।

अतीत कथा- तब बोधिसत्त्व समुद्र-देवता होकर पैदा हुए थे। समुद्र किनारे एक कौआ और कव्वी प्रेम से रहते थे। एक बार वहाँ आकर किसी ने मांस, खीर और मदिरा की बलि चढ़ाई और वहाँ से चला गया। तब कौए ने कव्वी के साथ भरपेट मांस और खीर खाई और भरपूर मदिरापान किया। फिर दोनों समुद्र-क्रीड़ा करने लगे। सुरा का नशा उनपर इतना चढ़ा कि खेलते-खेलते उन्हें ध्यान ही नहीं रहा कि समुद्र की एक विशाल तरंग उनकी ओर बढ़ रही है ...और वे उसमें बहने लगे। कौआ तो खैर किसी तरह बच निकला पर कौवी समुद्र स्थित किसी जीव के उदर में समा कर लुप्त हो गयी। यह देख कौआ उच्चस्वर से रोने लगा। उसे रोते देख चारों ओर कौव्वे जमा हो गये और उससे रोने का कारण पूछा। उसने बताया कि इस समुद्र ने मेरी प्यारी को अपने में समा लिया है. ..अब मैं क्या करूँ ?

तब सब कौव्वों ने कहा कि तुम रोओ मत। इस समुद्र का क्या सामर्थ्य ? हम अभी इसे खाली कर तुम्हारी प्रिया को इसके पेट से निकालते हैं ...और उन्होंने मिलकर मुंह में पानी भर-भर कर समुद्र उलीचना प्रारम्भ किया किन्तु समुद्र का जल तो एक रत्ती भी कम होने का नाम नहीं ले रहा था। समुद्र के नमकीन पानी के कारण उनका मुख सूख जाता तो वे एक ओर जाकर विश्राम कर लेते फिर अपने काम में लग जाते। किन्तु कोई फायदा नहीं हुआ। तब सब कहने लगे-समुद्र के नमकीन पानी के कारण हमारा मुख बार-बार सूखता है, दाढ़े भी थक चली है। ......और वे सब समुद्र के किनारे जा बैठे।

इस पर वह कौव्वा अपनी कव्वी के गुणों को याद कर कि वह कितनी सुन्दर थी, उसकी गोल गोल आँखें थी, कितना मधुर बोलती थी, देखो तो यह समुद्र उसे खा गया. ..कहते हुए जोर-जोर से पुनः रोने लगा।

उसे रोते देख अन्य कौव्वे भी उसके सुर में सुर मिला कर रोने लगे। तब समुद्र-देवता ने अपना भयानक रूप दिखाकर उन सबको वहाँ से भगाया।

कथा-79

खरपुत्त जातक (पत्नी-प्रेमी राजा को शिक्षा देनेवाला बकरा)

जातक कथाओं में पशुपक्षी आदि मनुष्येतर जीवों और मनुष्यों को आपस में बात करते अनेक कथाओं में बताया गया है। केवल जातक कथाओं में ही नहीं, अन्य

साहित्यिक ग्रन्थों या लोककथाओं में भी इस तरह की कथाएँ दिखायी देती है। इन्हें हम काल्पनिक मान कर चलते हैं। किन्तु यहाँ हम यह कहकर कथा को खारिज नहीं कर देते कि हम कहाँ पशुओं की भाषा समझते हैं, न ही वे हमारी भाषा समझते हैं, अतः इन झूठी कथाओं को क्या पढ़े।

वैसे मनुष्य क्या बोलते हैं यह जिज्ञासा शायद ही पशुओं में होती हो किन्तु पशु क्या बोलते हैं, यह जिज्ञासा मानवमन में प्रारम्भिक काल से रही है। ऊपरी तौर से उनकी हरकतों एवं हावभाव से हम उनके मनतव्य को समझ सकते हैं...विशेषकर पशुओं के मालिक या पशुप्रेमी जल्दी यह समझ जाते हैं। किन्तु जैसे हम मनुष्य एक दूसरे की भाषा समझते हैं, न समझने पर सीखकर ठीक वैसा ही अर्थ समझने की योग्यता रखते हैं, ऐसी बात पशुओं की बोली के साथ दिखायी नहीं देती। हां, प्राचीन साहित्य में पशुबोली समझने और सीखने-सिखाने वाले कथानक मिलते हैं। किन्तु यहाँ यह विद्या गोपनीय कही गयी है।

जातक कथाओं में **खरपुत्त जातक**[115] ऐसे ही पशुबोली समझने वाले राजा की कथा है। किन्तु यही इसकी विशेषता नहीं थी। यह राजा पत्नी-प्रेमी भी था...इतना की पत्नी की जिद के आगे स्वयं आग में जल मरने तैयार हो गया थ।

वर्तमान कथा—वैसे वर्तमान कथा यहाँ एक ऐसे भिक्षु की है जो अपनी पूर्वपत्नी को याद करते हुए उद्विग्न रहता था। तब शास्ता उसे उसके पूर्व जन्म की कथा बताते हुए कहते हैं कि पहले भी तुम ऐसे ही पत्नी-प्रेमी थे। तुम्हें स्मरण नहीं कि तब तुम पत्नी-प्रेम के कारण आग में गिरकर मर रहे थे किन्तु पण्डितों ने तुम्हें बचा लिया था। आगे की कथा इसी व्यक्ति के पूर्वजन्म की है।

अतीत कथा—तब वाराणसी में सेनक राजा नामक राजा राज्य करता था। उस समय बोधिसत्त्व शक्र के रूप में थे। एक बार वाराणसी नरेश को उसके मित्र नागराज ने एक ऐसा मन्त्र दिया जिससे वह पशुबोली समझ सकता था। पर नागराज ने इसे सिखाते समय यह शर्त भी रखी थी यह मन्त्र किसी को न बताना। यदि किसी को बताओगे तो आग में जल कर मरना होगा।

राजा ने शर्त स्वीकार करते हुए मन्त्र ग्रहण किया। अब वह चींटियों तक की बात भी समझ सकता था। एक दिन भोजन करते वक्त पुये का एक तुकड़ा, छोटी सी खांड और मधु की एक बूंद राजा की थाली से नीचे गिर गयी। झट वहाँ एक चींटी पहुंची और चिल्लाने लगी-राजा के तल्ले पर शहद की मटकी फूट गयी है, खांड और पुओं की गाड़ी पलट गयी है, आओ दौड़ो!

उसकी बात सुनकर राजा को हँसी आ गयी। यह देख रानी सोच में पड़ गयी कि राजा भला क्यों हंसा! थोड़ी देर में राजा पलंग पर नहा कर लेटा तो एक मक्खी उसके पैरों के पास आयी। तभी एक मक्खा मक्खी के पास आया और बोला—आ रमण करें। इस पर वह बोली—थोड़ा धैर्य रखो। अभी दासगण राजा के लिए सुगंधियां लाएँगे। उनका

लेप करते समय अवश्य कुछ सुगंधित चूर्ण गिरेगा। तब मैं उसमें लोट कर सुगंधित शरीर वाली हो जाऊंगी...फिर राजा की पीठ पर लेटकर हम रमण करेंगे।

यह सुन राजा को पुनः हँसी आ गयी। राजा को अकारण हंसते देख रानी फिर सोच में पड़ गयी कि यह क्यों हंसा? आखिर नहीं रहा गया तो उसने पूछ ही लिया, आप क्यों हंस रहे थे? इस पर राजा ने टालते हुए कहा कि इससे तुम्हें क्या मतलब? किन्तु रानी हठ करती ही रही सो राजा ने कारण बता दिया।

इसके बाद रानी का दूसरा हठ प्रारम्भ हुआ, 'मुझे भी वह मन्त्र दीजिये जिससे अन्य जीवों की बोली मैं भी समझ सकूं।' राजा ने कहा भी कि तुम्हें मन्त्र देने पर मुझे आग में प्रविष्ट होना होगा पर रानी जिद करती ही रही। अन्ततः पत्नीप्रेम में डूबे राजा ने सोचा कि इसे मन्त्र दे ही देता हूँ...इसके बाद मैं आग में प्रविष्ट हो जाऊंगा।

इसी समय शक्र ने राजा के मन का विचार जान कर उस पर तरस खाते हुए सोचा कि यह मूर्ख स्त्री के कारण स्वयं जल कर मरने जा रहा है। मैं इसके प्राण बचाऊंगा।

इधर दूसरे दिन रानी को मन्त्र देने के लिए तथा तत्पश्चात आग में जलने हेतु राजा एक रथ में रानी के साथ बैठा और उस स्थान की ओर चल पड़ा जहाँ उसने अग्निकुंड बनवा कर रखा था। तब बकरे के रूप में शक्र राजा के रथ के घोड़े से वार्तालाप करते हुए उसके समानान्तर चलने लगा। पहले उसने अश्व से कहा कि तुम बड़े मूर्ख हो जो समर्थ होते हुए भी रस्सियों से बंधे हो, नीचे मुख किये भागते हो। जब मुक्त रहते हो तब भाग क्यों नहीं जाते?...और तुमसे मूर्ख तो यह राजा है जिसे तुम ढो रहे हो।

यह सुन अश्व ने कहा—भाई मैं तो मूर्ख हूँ पर राजा को क्यों मूर्ख कहा?

यह ऐसा मूर्ख है कि इसने एक उत्तम वस्तु को प्राप्त किया है किन्तु आज यह उसे अपनी प्रिया को दे देने जा रहा है, यह जानते हुए कि इससे उसकी स्वयं की मृत्यु होगी और प्रिया भी उसकी न रहेगी। इसी कार्य के लिए तो राजा तुम्हें ले जा रहा है।

राजा बकरे और अश्व का वार्तालाप समझ रहा था। अपनी मूर्खता की बात उसे भी समझ में आयी। उसने तुरन्त रथ रुकवाया। बकरे से उसका परिचय पूछा। बकरे ने बताया कि मैं शक्र हूँ, तुम्हें मृत्यु के मुख बचाने आया हूँ।

पर अब मैं क्या करूँ? मैंने रानी को मन्त्र देने का वचन दिया है। इसी हेतु मैं जा रहा हूँ।

तब शक्र ने ही एक उपाय बताया। वह यह कि निर्धारित स्थान पर जाकर रानी से कहना कि शिल्प सीखने के लिए तुम्हें कुछ तैयारी करनी है।...जल्लाद तुम्हारी पीठ पर सौ कोड़े लगाएँगे, और हां, ध्यान रखना तुम्हारे मुख से कोई आवाज नहीं निकलनी चाहिए।

मन्त्र सीखने की उत्सुक रानी इस हेतु तैयार हो गयी किन्तु दो तीन चाबुक खाने के बाद ही चिल्ला पड़ी और विनती करने लगी कि मुझे मन्त्र नहीं चाहिए, चाबुक रोक

दो। पर राजा ने तब तक नहीं रुकवाया जब तक कि रानी की पीठ की चमड़ी नहीं उधड़ गयी। यहाँ शक्र सुन्दर गाथा कहते हैं–

प्राणी के लिए अपने आपसे प्रियतर और कुछ नहीं है।
एक प्रिय वस्तु के लिए अपना विनाश करना उचित नहीं है।
उचित उपाय से प्रिय वस्तु की प्राप्ति बाद में भी हो सकती है।

अस्तु, पशु-पक्षियों की बोली समझने की कथा **वाल्मीकि रामायण** में भी मिलती है। यहाँ कैकेयी के प्रसंग में उल्लेख है कि कैकयी के पिता केकयनरेश अश्वपति को एक साधु की कृपा से पक्षियों की भाषा समझने की विद्या प्राप्त हुई थी किन्तु शर्त थी कि वह इसे गुप्त रखेगा। यहाँ भी उल्लेख है कि एक बार अश्वपति ने रात्रि में दो पक्षियों का वार्तालाप सुना। उनका अभिप्राय समझ कर उसे हँसी आ गयी। तब राजा को अकारण हंसते हुए देख कैकेयी की माँ ने जिद कर पति से हंसने का कारण पूछा। किन्तु वचनबद्ध राजा ने जब उसे बताने से इन्कार किया तो वह आत्महत्या करने की धमकी देने लगी। तब राजा फिर उसी साधु से मिले। इस पर साधु ने उनसे रानी को कुछ न बताने कहा और ऐसी जिद्दी रानी को महल से बाहर निकाल देने की सलाह दी। राजा ने ऐसा ही किया।[116]

कथा-80
पुप्फरत्त जातक (पत्नी-प्रेमी भिक्षु)

यह कथा **पुप्फरत्त जातक**[117] भी उस पत्नी-प्रेमी की है जो पूर्वजन्म के रिश्तों का स्मरण बना रहने के कारण पूर्वजन्म की पत्नी के वियोग में दुःखी रहता था।

वर्तमान कथा–एक बार एक भिक्षु को उद्विग्नचित्त देखकर शास्ता ने उससे कारण पूछा तो उसने बताया कि अपनी पूर्व जन्म की पत्नी की याद कर मैं उद्विग्नचित्त हूँ। इस पर शास्ता ने कहा कि उसने तो तुम्हारा अनर्थ किया है। उसने तुम्हें चोरी करने उकसाया था जिसके कारण तुम्हें सूली पर लटकना पड़ा था। उसके कारण ही तुम नरकगामी हुए हो...फिर भी उसके लिए रोते हो?

फिर शास्ता ने उसके पूर्वजन्म की कथा कही।

अतीत कथा–तब बोधिसत्त्व आकाश-स्थित देवता हुए थे। वाराणसी में कार्तिक मास की रात्रि का उत्सव मनाने की तैयारी चल रही थी। सारे नगर को देवनगर की भांति सजाया जा रहा था। सभी नगरवासी उत्सव मनाने के लिए सजधज रहे थे।

उस नगर में तब एक दरिद्र व्यक्ति रहता था। उसके पास केवल एक मोटा कपड़ा था। उसने उसे अच्छे से धोया, उस पर इस्त्री की, अच्छे से चुन्नट डाली। उसे ऐसा करते देख उसकी पत्नी ने कहा–स्वामी! मेरी इच्छा है कि मैं केसर के रंग में अपने वस्त्र को रंग कर तुम्हारे गले लगकर इस उत्सव में विचरण करते हुए इसका आनन्द लूं।

इस पर उसने कहा—भद्रे! हम गरीब आदमी हैं, केसर कहाँ से लाएँगे?

यह सुन पत्नी ने रुठते हुए कहा—मुझे तो केसर चाहिए ही। उसके बिना उत्सव में क्या आनन्द आयेगा? मै नहीं जाऊंगी। तुम वहाँ अन्य स्त्री के साथ विचरण कर लेना।

बेचारा गरीब सोच में पड़ गया। भला केसर वह कहाँ से लाये! तब पत्नी ने ही सुझाव दिया,'क्या राजा के केसरबाग में बहुत सा केसर नहीं है?'

राजा का केसरबाग? पागल हो गयी हो क्या? राजा के केसर बाग से मैं कैसे केसर ला सकता हूँ!

रात के अंधेरे में क्या नहीं किया जा सकता? मुझसे प्रेम करते हो तो इतना तो कर ही सकते हो।

सचमुच वह गरीब अपनी पत्नी से बहुत प्रेम करता था। अपनी केसरिया पत्नी के साथ मेले में घूमने की कल्पना से उत्साहित होकर वह चुपचाप मौका देख केसर बाग में घुस गया और केसर चुनने लगा...पर दुर्भाग्य से बाग के रखवालों ने उसे धर दबोचा और राजा के पास ले गये। राजा ने तत्काल ऐसी हिमाकत करनेवाले की कोई बात न सुन उसे सूली पर चढ़ाने की आज्ञा दे दी...और उत्सव के स्थान पर वह गरीब सूली पर टांग दिया गया।

सूली पर चढ़ना काफी कष्टदायक था। उधर चील कौव्वें भी उसे भोजन बना रहे थे। तब उसने अवश्य अपनी पत्नी को जी-भरकर कोसा होगा। गालियां दी होगी। पछताया होगा कि कहाँ पत्नी की बातों में आकर वह चोरी करने चले गया। उस उत्सव की भी भर्त्सना की होगी।

पर ऐसा नहीं था। यदि ऐसा होता तो इस जन्म में भी वह पत्नी की याद कर क्यों रोता? वस्तुतः वह इतना पत्नीप्रेमी था कि सूली और चील कौव्वों की भयंकर वेदना सहते हुए भी वह इस बात के लिए अफसोस करता रहा कि मैं केसरिया रंग के वस्त्र पहने अपनी पत्नी के गले में हाथ डाले उसके संग कार्तिक उत्सव नहीं मना सका। वह गाथा कहता है—**न मैं सूली पर चढ़ने को दुःख समझता हूँ न कौवों द्वारा चोंच मारे जाने को। मुझे दुःख केवल इस बात का है मेरी श्यामा रंगीन लाल वस्त्र ओढ़े हुए कार्तिक रात्रि के उत्सव का आनन्द नहीं ले सकेगी ।**

और यही सोचते-सोचते उसके प्राण निकल गये! आगे शास्ता यहाँ बताते हैं कि मृत्योपरांत भी उसे मुक्ति नहीं मिली, वह नरकगामी हुआ।

कथा-82

दसण्णक जातक(दसार्णक नरेश का पत्नी-मोह)

किसी के लिए भी अपनी प्रिय वस्तु किसी अन्य को देना कठिन होता है। यदि कोई उसे इस आशा से दे दे कि बाद में वापस मिल जायेगी और वह वापस न मिले तो यह

तो भयानक दुःख है। पर धीर पुरुष बड़ी हानि सहकर भी यदि एक बार कोई चीज किसी को दे देते हैं और वह वापस नहीं मिलती तो फिर उसपर पछतावा नहीं करते। यह कथा एक राजा की है जो अपनी रानी अपने मित्र को देने के बाद पछतावे में बीमार पड़ जाता है। यह कथा **दसण्णक जातक**[118] स्त्री की चरित्रहीनता भी बताती है जो राजा को छोड़ उसके मित्र के साथ भाग गयी। कथा का मुख्य उद्देश्य स्त्री की ओर से निःस्पृह रहने की शिक्षा देना है।

वर्तमान कथा—एक भिक्षु को उद्विग्नचित्त देखकर शास्ता उसका अतीत बताते हुए यह कथा कहते हैं।

अतीत कथा—तब वाराणसी में ब्रह्मदत्त के राज्य करते समय ब्रह्मदत्त के पुरोहित का पुत्र उसका मित्र बन गया था। एक बार राजा की सुन्दरी पत्नी को देख वह पुरोहित उसपर आसक्त हो गया। उसके बिना उसे जीवन व्यर्थ लगने लगा...और वह बीमार पड़ गया। इस कारण वह राजदरबार में भी नहीं जा सका। उसे अनुपस्थित देख राजा ने जब कारण का पता लगाया तो वह नाराज नहीं हुआ बल्कि उसे उस पर दया आयी और उसने सात दिन के लिए अपनी पत्नी उसे दे दी। किन्तु इस बीच पुरोहित और रानी एक दूसरे पर इतने आसक्त हो गये कि किसी को बिना बताये दोनों चुपचाप दूसरे देश भाग गये।

अब राजा के पत्नी-विरह में बीमार होने की पारी थी। शोक के कारण उसके हृदय से रक्त बहने लगा। कुक्षि से भी रक्त रिसने लगा। बड़े-बड़े वैद्य आये पर राजा के स्वास्थ्य में कोई परिवर्तन नहीं हुआ।

उस समय बोधिसत्त्व सेनक पण्डित के नाम से राजा के अमात्य (मन्त्री) थे। सेनक ने राजा को इस रोग से छुटकारा दिलाने के लिए दो मित्र आमात्यों के साथ मिलकर एक चाल चली। उसने एक कौतुक दिखाने वाले को बुलावाया। उसने सबके सामने **दसार्णक** देश की तीखी तलवार निगल ली।

सभी लोग यह देख आश्चर्यचकित थे। राजा ने भी आश्चर्य से पूछा—क्या इससे भी अधिक कोई कठिन कार्य है?

इस पर उसके एक अमात्य ने सेनक द्वारा सिखाई गाथा कही-**किसी को कोई चीज देता हूँ, यह कहना इससे भी अधिक कठिन हैं।**

यह सुनकर राजा के हृदय की वेदना यह सोचकर कुछ कम हुई कि मैंने रानी को देता हूँ कहा था, मैंने कठिन कार्य किया है...यह सोचकर वह सन्तुष्ट हुआ।

फिर उसने दूसरे अमात्य पण्डित से पूछा कि क्या देता हूँ कहने से अधिक कठिन और कुछ है? इस पर दूसरे ने गाथा कही-**देता हूँ, यह वचन कहने से अधिक कठिन है, उस वस्तु को दे देना।**

तब राजा को विचार आया कि मैंने न केवल रानी को देने की बात कही थी वरन् उसे दे भी दिया था। यह विचारकर उसका शोक और कम हो गया।

किन्तु राजा चुप नहीं रहा। उसने सेनक पण्डित से फिर पूछा कि क्या इससे भी कठिन और कुछ है? इस पर सेनक ने यह गाथा कही-**पुरुष अल्प अथवा अधिक दान दे, पर देने के बाद यदि अनुतप्त नहीं होता तो यह उससे भी कठिन कार्य है।**

तब राजा को विचार आया कि मैंने दो दुष्कर कार्य तो किये किन्तु मैं रानी को देने के बाद कितना अनुतप्त हूँ। इसी से मैं अस्वस्थ हूँ। फिर मैं उस रानी के लिए अनुतप्त हूँ जो मुझसे स्नेह ही नहीं रखती थी! स्नेह रखती तो भला तो यूं भाग जाती! अब उस स्नेह-रहित से मुझे क्या प्रयोजन?

ऐसे विचार आते ही राजा के हृदय के सारे शोक ऐसे झर गये जैसे कमलपत्र से जल की बूंदें झर जाती हैं। उसी क्षण उसके सारे रोग भी जाते रहे। वह पूर्णतः निरोग हो गया। उसने सेनक पण्डित की प्रशंसा कर उसे प्रचुर धन दिया।

इस कथा में स्त्री निन्दा तो है ही जो पराये पुरुष में जल्दी आसक्त हो जाती है पर महत्त्वपूर्ण सन्देश है कि प्रिय वस्तु के बिछड़ने के बाद उसके शोक में जलने से तन भी जलता है, अतः जल्दी ही सुविचार से ऐसे शोक को कम करना चाहिए। विशेषकर यदि हमने स्वयं उसे किसी को कुछ दिया है तो पछतावा नहीं करना चाहिए। देने के बाद हानि को भी समभाव से सहना चाहिए।

कथा-83

सुरुचि जातक (एकपत्नी में अनुरक्त राजा सुरुचि)

प्राचीन भारत में, विशेषकर राजाओं में बहुपत्नी-प्रथा आम बात थी। कुछ तो भोग के कारण और कुछ अन्य राजाओं को सम्बन्धी बनाने के लिए बहुविवाह करते थे ताकि मैत्री रहने पर एक दूसरे के हित की रक्षा हो सके। कुछ राजागण युद्ध में विजय के बाद पराजित राजाओं की स्त्रियों पर कब्जा करने के लिए अनेकानेक विवाह करते थे। सामान्यतया इसे बुरा नहीं माना जाता था बल्कि अच्छा ही माना जाता था। इस पर न कन्या को आपत्ति होती थी न उसके मायके वालों को। जातक कथाओं में भी अनेक स्थानों पर राजाओं के बहुविवाह की बात है। किन्तु यह कथा **सुरुचि जातक**[119] ऐसी है जिसमें कन्या का पिता कन्या को देने के पूर्व शर्त रखता है कि उसकी कोई सौतन नहीं होगी अर्थात उसका जामाता फिर कोई विवाह नहीं करेगा। क्या जामाता इस शर्त का पालन करता है? आइये देखते हैं।

वर्तमान कथा—यहाँ वर्तमानकथा महाउपासिका विशाखा की है जिसने अपने गुणों के कारण शास्ता से वर प्राप्त किये थे। भिक्षुसंघ में बैठे भिक्षु जब इस बात की चर्चा कर रहे थे तब शास्ता ने बताया कि पहले भी इसने वर प्राप्त किये हैं।...और वे विशाखा की अतीतकथा कहते हैं जब वह सुमेधा नामक रानी थी।

अतीत कथा—मिथिलानरेश सुरुचि का पुत्र सुरुचिकुमार तक्षशिला शिल्प सीखने गया। वहाँ वाराणसी के ब्रह्मदत्तकुमार से मित्रता हुई और दोनों ने प्रतिज्ञा की कि यदि दोनों में से एक के पुत्र दूसरे की पुत्री होगी तो वे उन दोनों का विवाह करेंगे। सुरुचि को पुत्र हुआ जिसका नाम सुरुचिकुमार रखा गया और ब्रहृदत्तकुमार को सुमेधा नामक कन्या हुई।

बड़े होने पर सुरुचि ने कन्या का हाथ माँगने मंत्रियों को वाराणसी अपने मित्र ब्रहृदत्तकुमार के पास भेजा। साथ में दामी भेंट भी भेजा। उसी काल में राजा ने अपनी रानी से पूछा कि स्त्री को विशेष दुःख कौन सा होता है। इस पर उसने उत्तर दिया-सपत्नी के रोष का दुःख। तब राजा ने प्रतिज्ञा की कि अपनी कन्या उसी को दूंगा जो इसे अकेली ही ग्रहण करेगा ताकि उसकी कोई सपत्नी ही न हो। इसीलिए मित्र सुरुचि के मंत्रियों के आने पर राजा ने अपनी प्रतिज्ञा बताने में संकोच नहीं किया। ...भले ही मैने अपने मित्र को पहले ही कन्या देने का वचन दे रखा है किन्तु हम इसे स्त्रियों के समूह में फेंकना नहीं चाहते। जो इसे ही अकेली ग्रहण करेगा उसे ही देंगे।

आमात्यों ने मिथिला लौटकर यह बात राजा सुरुचि तक पहुँचाई तो उन्होंने ऐसा विवाह करने से साफ इन्कार कर दिया। भला इतने विशाल साम्राज्य का भावी राजा एक ही पत्नी वाला कैसे हो सकता था? कम से कम सोलह हजार रानियां तो उसकी होनी चाहिए। किन्तु भावी राजा को इस पर कोई आपत्ति नहीं थी। सारी बातें जानकर उसने पिता से निवेदन किया कि मुझे स्त्रियों के समूह से कोई प्रयोजन नहीं है आप सुमेधा को ही अपनी बहू स्वीकार करें।

तब राजा सुरुचि मान गया और धूमधाम से दोनों का विवाह हुआ। किन्तु दुर्भाग्य से सुमेधा माँ नहीं बन पाई। नगरवासियों को राजा का उत्तराधिकारी चाहिए था सो वे इस हेतु कोलाहल करने लगे कि राजा अन्य ब्याह करें। किन्तु राजा नहीं माना, 'मैं वचन देकर रानी को लाया हूँ। मैं दूसरा ब्याह सन्तान के लिए नहीं करुंगा।' पर सुमेधा भी नहीं मानी। वह भी राज्य का उत्तराधिकारी चाहती थी। तब अपनी इच्छा से वह तरह-तरह की हजारों कन्याएँ राजा के लिए ले आयी। किन्तु फिर भी राजा को सन्तान नहीं हुई। अन्ततः रानी ने पुत्र की कामना से कठोर व्रत किया। सुमेधा के इस व्रत से शक्र का भवन कांप गया तब वह स्वयं सुमेधा के पास आया, उसके शील तथा तप से प्रसन्न हो उसने उसकी मनोवांछा पूरी होने का वर दिया...और फिर उसने राजकुमार को जन्म दिया।

खण्ड-10

कामभावना का दुष्परिणाम बतानेवाली कथाएँ

कथा-84

अट्ठान जातक (कामग्रस्त श्रेष्ठिपुत्र को वेश्या की दुत्कार)

मानव के लिए कामभावना अस्वाभाविक नहीं है किन्तु जैसे अति हर चीज की बुरी होती है, इसमें भी वही दोष है। बुद्ध को प्रायः अपने उन शिष्यों को भी समझाना पड़ता था जो संन्यास तो ले लेते थे किन्तु अपनी प्रबल कामभावना का दमन नहीं कर पाते थे। ऐसी स्थिति में बुद्ध उनके पूर्वजन्म की झांकी दिखाकर भी समझाते थे कि किस प्रकार यह भावना उनके लिए घातक सिद्ध हुई थी। **अट्ठान जातक**[120] ऐसे ही एक भिक्षु की कथा है।

वर्तमान कथा-एक बार एक भिक्षु को कामुकता के कारण उद्विग्नचित्त देख अन्य भिक्षुगण उसे शास्ता के पास ले गये। सारी बातें सुनकर जब शास्ता ने उससे पूछा कि क्या तुम सचमुच स्त्री को लेकर उद्विग्नचित्त हो, तो उसने अपनी यह मानसिक स्थिति स्वीकार की। तब शास्ता ने सबके सामने उसके पूर्वजन्म की कथा कही जब वह कामुकता के वश में हो वेश्याओं के पास जाता था। इसका खामियाजा उसे भयानक लज्जा के रूप में चुकाना पड़ा था।

अतीत कथा-तब वह वाराणसी में एक सेठ के घर पैदा हुआ था। उसका नाम महाधनकुमार था। संयोग से वाराणसी नरेश के पुत्र के साथ एक ही आचार्य कुल में शिक्षा लेने के कारण उसकी राजकुमार से मित्रता हो गयी । कुमार जब राजा बना तब भी यह मित्रता जारी रही। सेठपुत्र राजा के पास रोज जाता था किन्तु फिर घर जाकर शाम को वह एक गणिका के पास भी नियमित रूप से आता था। एक बार राजा से बातचीत में देर हो जाने के कारण वह घर नहीं जा पाया और दरबार से ही अपने सेवकों को बिदा कर अकेला ही गणिका के पास पहुंचा। वेश्या ने आते ही पहले पूछा, 'क्या श्रेष्ठिपुत्र सहस्त्र मुद्राएँ लाएँ हैं?' इस पर सेठ ने कहा, 'देर हो जाने के कारण मैं घर नहीं जा पाया अतः मुद्राएँ नहीं ला पाया हूँ, कल दो सहस्त्र दे दूंगा।' किन्तु वेश्या इस पर राजी नहीं हुई। उसने सोचा, यदि मैं आज इसे मौका दूंगी तो आगे भी यह खाली हाथ आ सकता

है।अतः उसने श्रेष्ठिपुत्र को घर जाकर मुद्राएँ लाने कहा। पर कामुक श्रेष्ठिपुत्र बार-बार कल दुगना लेकर आने की रट लगाये रहा। इस पर क्रोधित वेश्या ने अपनी दासियों की आज्ञा दी कि इसे गर्दन पकड़ कर निकाल बाहर करो।

यह सुन सेठ का सारा नशा जाता रहा। इस स्त्री के साथ इतना प्रेमभरा समय बिताया, इस पर कितने ही हजारों लुटाएँ और यह स्त्री आज मुझे गर्दन पकड़ कर बाहर निकलवा रही है! स्त्रियां ऐसी ही होती हैं। अब मैं किसी स्त्री पर मोहित नहीं होऊंगा, आज ही प्रव्रजित होऊंगा, सोचते-सोचते वह घर न जाकर जंगल चले गया....और सचमुच संन्यास ग्रहण कर गंगा के तट पर आश्रम बना कर रहने लगा।

इधर महाधनकुमार श्रेष्ठिपुत्र को लगातार कुछ दिन से अनुपस्थित देख राजा ने उसकी खोज खबर ली तो उसे पता चला कि उसका मित्र तो प्रव्रजित हो गया है। इस समय तक वेश्या की करतूत भी सारे नगर में प्रसिद्ध हो गयी थी। वेश्या को बुलाकर राजा ने उसे फटकारा और उसे ही अपने मित्र को वापस लाने का जिम्मा दिया। वेश्या भी सेठ के इस तरह चले जाने से दुःखी थी, फिर राजा को भय भी था, सो वह एक रथ में चढ़ कर उसे खोजती हुई उसके पास जा पहुँची।

हिमालय की वादियों में सेठ को तपस्यारत देख वह पश्चाताप से भर गयी। उसके चरणों में झुक कर उससे क्षमा माँगी और नगर चलने कहा, यह भी कहा कि मेरे पास जितना धन है, सब तुम्हें दे दूंगी। मेरे साथ वापस चलो।

सेठ की तपस्या ने उसे अब तक विकाररहित बना दिया था अतः उसने वेश्या को तुरन्त क्षमा कर दिया किन्तु उसके साथ जाने से इन्कार कर दिया। अधिक आग्रह करने पर उसने वापस चलने हेतु एक शर्त रखी, वह यह कि **जब संसार में जो कुछ असम्भव है, वह होगा तब मैं तेरे साथ जाऊंगा।**

आगे वेश्या ने जब पूछा कि क्या असम्भव सम्भव होने पर आप चलेंगे, तब तपस्वी बने सेठ ने कहा–**जब गंगा कुमुद वाले सरों की भांति शान्त हो जायेगी, जब कोकिला शंखवर्ण की हो जायेगी, जब जंबूवृक्ष में तालफल लगेंगे, तब मेरा जाना हो सकता है।**

बेचारी वेश्या अभी सोच ही रही थी कि यह सब कैसे सम्भव होगा, तपस्वी आगे कुछ और असम्भव कार्यो की गाथा कहता है जिनके सम्भव होने पर वह लौट सकता था-

1 जब कछुए के लोमों का शीतकाल के लिए तीन प्रकार का ओढ़ना बनेगा, तब निश्चय ही मेरा जाना होगा।

2 जब मच्छरों के दांतों से अच्छी अट्टालिका बनेगी, तब निश्चय ही मेरा जाना होगा।

3 जब स्वर्गारोहण के लिए खरगोश के सींगों की अच्छी सीढ़ी बनेगी, तब

निश्चय ही मैं जाऊंगा।

4 जब चूहे सीढ़ी पर चढ़कर चन्द्रमा को खा जाएँगे और राहु को गिरा देंगे, तब निश्चय ही मेरा जाना होगा।

5 जब मक्खियां सुरा का घड़ा पीकर एकत्र हो अंगारों पर रहेंगी, तब निश्चय ही मेरा जान होगा।

6 जब गधा सुमुख हो सुन्दर नृत्यगीत करने लगेगा, तब निश्चय ही मेरा जाना होगा।

7 जब कौवे और उल्लू एकांत में मन्त्रणा करेंगे और जब वे परस्पर प्रेम से रहेंगे, तब निश्चय ही मेरा जाना

होगा।

8 जब वर्षा से बचाव के लिए पलास के पत्तों का छाता समर्थ हो जायेगा, तब निश्चय मैं जाऊंगा।

9 जब कुलुंक पक्षी चोंच से गंधमादन पर्वत को लेकर उड़ जायेगा, तब निश्चय ही मेरा जाना होगा।

10 जब यंत्रयुक्त सामुद्रिक नौका को ग्राम-बालक खींच कर ले जायेगा, तब अवश्य ही मैं जाऊंगा।

वेश्या समझ गयी कि सेठ नहीं लौटने का दृढ़ संकल्प लेकर प्रव्रजित हुआ है। इनमें से एक भी बात होना सम्भव नहीं है। तब वेश्या ने उससे पुनः क्षमा. माँगी...और राजा को सब कुछ बता कर उससे भी जीवनदान माँगा...और पाया।

यह कथा बताती है कि पूर्वजन्म के कुसंस्कार प्रायश्चित के बाद भी बचे रहते हैं जो अगले जन्म में भी व्यक्ति को उद्वेलित करते हैं। इनसे पीछा छुड़ाने के लिए व्यक्ति को अत्यन्त दृढ संकल्प लेने की आवश्यकता होती है।

कथा-85

संकप्प जातक (कामभावना के कारण उद्विग्नचित्त भिक्षु)

मानव में कामुकता इतनी प्रबल होती है कि अच्छे-अच्छे साधुजनों और तपस्वियों तक को हिला देती है। **संकप्प जातक**[121] यही बतलाने वाली कथा है।

वर्तमान कथा-यहाँ वर्तमानकथा है कि भिक्षार्थ निकले एक भिक्षु का चित्त एक सुन्दरी को देखकर अचानक कामभाव से ग्रस्त हो गया। तब वह लागातर उसी का स्मरण करते हुए उद्विग्नचित्त रहने लगा। उसकी यह स्थिति देख उसके उपाध्याय उसे शास्ता के पास ले गये। सारी बातें जान कर भिक्षु से बुद्ध कहते हैं—स्त्रियों के कारण पूर्व में

बड़े-बड़े तपस्वी जन ऐसी स्थिति में पहुँचे हैं। बोधिसत्त्व तक को इस भावना ने हिला दिया था। सुमेरू पर्वत तक को हिला देनेवाली हवा क्या जीर्ण शीर्ण पत्तों को नहीं हिलायेगी?...आगे वे एक बार ऐसे ही उद्विग्न चित्त हो गये बोधिसत्त्व की कथा कहते हैं।

अतीत कथा—बोधिसत्त्व ने एक बार वाराणसी के धनपति ब्राह्मण के कुल में जन्म लिया। तक्षशिला से शिल्प सीख कर घर लौटे बोधिसत्त्व ने अपने पुरखों का विशाल धन देखा तो कहा—**यह विशाल धन भण्डार तो दिखायी देता है पर जिन्होंने यह धन एकत्र किया वे दिखायी नहीं देते! ....**इस विचार से उन्हें धन के प्रति वैराग्य हो गया और उन्होंने प्रव्रज्या लेकर साधना हेतु हिमालय की ओर प्रस्थान किया।

फिर लंबे समय बाद नमकखटाई के लिए वे वाराणसी लौटे। उनका प्रभामंडल देख राजा ने समुचित सेवा सत्कार कर उन्हें राज्य का अतिथि बनाया और सुन्दर उद्यान में पर्णकुटी बनवा कर उसमें उनके ठहरने की व्यवस्था की।

एक बार राजा को युद्ध में जाना पड़ा। रानी ने भी साथ चलने की प्रार्थना की किन्तु राजा ने उसकी प्रार्थना इसलिए ठुकरा दिया ताकि वह बोधिसत्त्व की सेवा कर सके। दूसरे दिन बोधिसत्त्व महल में आये। उनके वल्कल के शब्द सुनकर देवी शीघ्रता से उठी तो उसका स्निग्धवस्त्र खिसक गया। यह देख ध्यानबल से शान्त हुआ भिक्षु का विकार पिटारी के सांप की भांति फण उठाकर खड़ा हो गया। इन्द्रियां विकल हो गयीं। ध्यानबल नष्ट हो गया। देवी ने भोजन परोसा पर वे ठीक से खा नहीं सके और शीघ अपने आश्रम में लौट आये। उद्यान में चारपाई पर लेटे-लेटे देवी का शारीरिक सौंदर्य ही उनकी आँखों के सामने झूलने लगा।

फिर सप्ताह भर वे कुटिया में चारपाई पर ही पड़े रहे। रानी संन्यासी के मनोभावों को ताड़ गयी थी। अतः महल में न बुलवाकर प्रतिदिन वे उनका भोजन सेवक द्वारा कुटिया में भिजवा देती थी। किन्तु वे खाते नहीं थे। भोजन सड़ जाता था। उसमें कीड़े पड़ गये। उनकी सारी पर्णशाला गंदी हो गयी।

सात दिन बाद युद्ध से लौटकर राजा सबसे पहले बोधिसत्त्व के पास ही गया। उन्हें रोगी की भांति चारपाई पर पड़े देख वह चिंतित हो गया। आश्रम को गंदा देखकर पहले तो उसने कुटिया साफ करवाई। फिर बोधिसत्त्व से रोग के विषय में पूछा। तब उन्होंने बताया कि मैं बींघ दिया गया हूँ।

राजा को लगा कि शत्रु ने कहीं उस पर आक्रमण करने में असफल होने के कारण इस संन्यासी को तों नहीं बींध दिया!...पर इनके शरीर में कहीं भी तो घाव के निशान नहीं है न ही कहीं से रुधिर बह रहा है! तब बोधिसत्त्व ने स्वयं कहा कि मुझे काम के बाण ने बींध दिया हैं जिसका न घाव दिखता है न रुधिर बहता है। अनुचित ढंग से चित्त

को बढ़ने देकर मैंने स्वयं दुख को मोल लिया है।

फिर कुछ संभल कर बोधिसत्त्व ने राजा को पर्णशाला के बाहर भेजा, योगाभ्यास कर नष्ट हुए ध्यान को पुनः प्राप्त किया...और राजा को हिमालय जाने की बात कहकर उसके रोकने के बावजूद उसके कल्याण की कामना करते हुए आकाशमार्ग से हिमालय चले गये।

कथा-86
मुदुलक्खण जातक (मृदलक्षणा रानी के प्रति भिक्षु का कामभाव)

नारी का सौंदर्य बड़े-बड़े साधु-सन्तों को भी आकर्षित करते रहा है। यहाँ तक की बोधिसत्त्व भी इस भावना से नहीं बच पाये थे। किन्तु आम आदमी जहाँ इस आकर्षण में फँस कर सब कुछ गंवा बैठता है वहाँ बुद्धत्व की प्राप्ति की ओर अग्रसर, या कहे कि प्रज्ञावान व्यक्ति शीघ्र ही संभल जाता है और महाविनाश में जाने से बचता है। यह कथा भी पूर्व-कथा संकप्प जातक के समान ही है। जातक कथाओं में प्रायः नारी की कामभावना को उद्दाम बताया गया है तथा पुरूष को बहकाने में नारी को ही दोषयुक्त बताया गया है किन्तु यहाँ ऐसा नहीं है । इस कथा **मुदुलक्खण जातक**[122] में रानी ही अपनी बुद्धिमत्ता से बोधिसत्त्व को कामभावना से उबारती है। (वैसे कुछ कथाएँ, जैसे वट्टकजातक, में बोधिसत्त्व स्त्री के आकर्षण से थोड़े भी प्रभावित नहीं होते बताये गये हैं।)

वर्तमान कथा–यहाँ वर्तमान कथा एक भिक्षु की है जो एक अलंकृत स्त्री को देखकर उसके लिए उदिग्नचित्त हो गया था। तब शास्ता ने बताया कि यह कामभावना होती ही ऐसी है। जो हवा सुमेरू पर्वत तक को उखाड़ने का सामर्थ्य रखती है उसके आगे नदी के किनारे लगे पौधों की क्या बिसात है। जो भावना बोधि की प्राप्ति के अग्रसर बोधिसत्त्व तक को बहका सकती है तो इसने तुम्हें बहकाया, इसमें आश्चर्य नहीं है। इसी सन्दर्भ में शास्ता ने यह अतीतकथा बतायी।

अतीत कथा–तब बोधिसत्त्व भिक्षु के रूप में वाराणसी के राजउद्यान में रह रहे थे। सोलह वर्ष वे वहाँ अच्छे से रहे। राजा उनका भक्त था। एक बार राजा की अनुपस्थिति में वे राजा के महल में पहुँचे। वे अचानक पहुंचे थे अतः उनके स्वागत में हड़बड़ाहट में उठने से रानी का रेशमी वस्त्र खिसक गया। रानी को ऐसी अवस्था में देखते ही वे वैसे ही विकारग्रस्त जैसे दूधवाले वृक्ष को छिलने से दूध निकल आता है।[123] वे तत्काल अपनी पर्णशाला में लौट गये किन्तु वहाँ उन्हें बिल्कुल चैन नहीं मिला। सात दिन तक शय्या पर बिना भोजन के पड़े रहे।

राजा को पता चला कि वे भोजन नहीं कर रहे हैं तो वे स्वयं आये। अस्वस्थ होने का कारण पूछने पर सच-सच बता दिया कि रानी को देखकर मैं विकारग्रस्त हो गया हूँ। यह सुन राजा नाराज नहीं हुआ बल्कि मुनि से वायदा किया कि आप महल चलिए मैं अपनी रानी आपको सौंपता हूँ।

फिर रानी को कुछ समझा कर, अलंकृत कर राजा ने भिक्षु को सौंपा। रानी भी चुपचाप चली आयी किन्तु राजमहल से निकलते ही उसने भिक्षु से कहा कि हमें रहने के लिए एक घर चाहिए, आप पहले जाकरं राजा से एक घर माँग लो। भिक्षु ने वैसा ही किया। राजा ने घर के रूप में उसे एक कमरा दिया वह भी अत्यन्त दुर्गंधपूर्ण। वस्तुतः वह पहले मूत्रालय था। कमरा देखकर रानी ने कहा, यह तो बहुत गंदा है। जाकर राजा से एक कुदाली और टोकरी माँगकर लाओ और इसे साफ करो। सफाई हो जाने के बाद उसने भिक्षु से उसे गोबर से लिपने कहा। चलो घर तो किसी तरह तैयार हो गया पर बिना गृहस्थी के सामान के घर घर कहाँ होता है। सो उसने पहले चारपाई, बिछौना लाने कहा। फिर बर्तन, भांडे, अनाज, पानी आदि की माँग की।

कामभाव से ग्रस्त भिक्षु सब सामान लेकर आया। फिर बिस्तर बिछा कर रानी ने उसकी दाढ़ी पकड़ कर अपने सम्मुख किया...तभी उसके ज्ञानचक्षु खुले, उसकी स्मृति जागी। ओह! मैं कामभावना में कितना अंधा हो गया हूँ! मैं किस जंजाल में फँस रहा हूँ, उसके विवेक ने कहा।

और उसने उसी क्षण देवी को राजा को सौंपने का संकल्प लेते हुए गाथा कही-

मृदुलक्षणा मिलने से पहले केवल एक ही इच्छा थी कि इसे पा जाऊँ लेकिन इसके मिलने के बाद तो एक इच्छा से दूसरी इच्छा पैदा हो रही है।

तब तत्काल रानी को लेकर वह राजा के पास पहुँचा। कहा—राजन्! मैं आपकी रानी आपको सौंपता हूँ। इसे मिलने के बाद तो घर-गृहस्थी की तृष्णाएँ बढ़ती ही जा रही है। ये तो मुझे नरक से उठने न देंगी। मेरा विलुप्त ध्यान उत्पन्न हो गया है। आप कृपया अपनी रानी को ग्रहण करें...और वह हिमवंत की ओर चले गया।

खण्ड-11
राजधर्म सम्बन्धित कथाएँ

87 राजोवाद जातक-1 (धार्मिक राजा के लक्षण)

88 राजोवाद जातक-2 (श्रेष्ठ राजा की कसौटी)

89 गण्डतिन्दुक जातक (राजधर्म बताने वाले वृक्ष देवता)

90 सुमंगल जातक (सुमंगल माली को क्षमा करनेवाला राजा)

91 उम्मदंती जातक (उम्मदंती के लिए व्याकुल राजा को राजधर्म का बोध)

कथा-87

राजोवाद जातक-1 (धार्मिक राजा के लक्षण)

राजधर्म निभाना अत्यन्त कठिन होता है। वस्तुतः राजमद इतना भारी होता है कि प्रायः राजा यह जानता ही नहीं कि उसके कर्त्तव्य क्या हैं! ऐसा भी होता है कि यदि कोई राजा अपने को धार्मिक बताना चाहता है तो प्रायः वह प्रजा के सामने मंदिरों में जाकर वहाँ चढ़ावा चढ़ा कर अपनी धार्मिक होने की छबि बनाता है। किन्तु वास्तव में वह धार्मिक राजा है, यह धार्मिक स्थलों पर जाने से तय नहीं होता। न्यायपूर्वक शासन करने से ही कोई राजा धार्मिक होता है। यदि राजा को न्याय करते समय कोई शंका हो तो उसे पण्डितों से परामर्श करना चाहिए। यह जातक कथा इसी पर सुन्दर प्रकाश डालती है।

आज राजाओं का शासन नहीं है किन्तु जो भी, जहाँ भी शासक है, उनका व्यवहार प्रायः राजाओं से कम नहीं होता। अतः यह कथा **राजोवाद जातक**[124] तथा इस अध्याय की अन्य कथाएँ आज भी शासकों को शिक्षित करने के लिए प्रासंगिक है।

वर्तमान कथा—जेतवन में विहार करते समय शास्ता ने एक बार बताया कि पुराने राजागण किस प्रकार पण्डितों की बात सुना करते थे और धर्मानुसार राज्य करते थे।

अतीत कथा—पूर्व समय में वाराणसी का राजा ब्रह्मदत्त अत्यन्त धार्मिक था किन्तु फिर भी वह अपने दोष ढूँढ़ते रहता था ताकि उनमें सुधार कर सके। किन्तु कोई भी उसे उसका कोई दोष नहीं बताता था। तब वह वेश बदल कर नगर में घूमने गया ताकि कोई उसके दोष बताये पर फिर भी उसे ऐसा कोई नहीं मिला। सभी राजा की प्रशंसा ही करते थे। तब वह गाँवों में घूमा किन्तु यहाँ भी वही हाल था। आखिर में वह जंगल गया ताकि यहाँ कोई महात्मा उसे उसके दोष बताये।

संयोग से राजा की भेंट बोधिसत्त्व से हुई जो वहाँ एक आश्रम में संन्यासी के रुप रहते थे। उन्होंने राजा को नहीं पहचाना पर अतिथि समझ कर फलादि खाने हेतु दिये। फल जंगली थे पर अत्यन्त मधुर थे। राजा को आश्चर्य हुआ कि यह जंगली फल इतने इतने मधुर कैसे हैं? नहीं रहा गया तो संन्यासी से पूछ ही लिया। इस पर संन्यासी ने कहा—ये इसलिए मधुर है क्योंकि यहाँ का राजा धार्मिक है। वह न्यायानुसार राज्य करता है।

क्या राजा के अधार्मिक होने से फल अमधुर हो जाते हैं?

हां। फल अमधुर और ओजरहित हो जाते हैं। केवल फल ही नहीं, सारा राष्ट्र ही ओजरहित हो जाता है। राजा के धार्मिक होने से सारा राष्ट्र शक्तिशाली और ओजपूर्ण होता है।

संन्यासी की बातों पर राजा को बड़ा आश्चर्य हुआ। उसे किंचित अविश्वास भी हुआ। इसीलिए संन्यासी की बातों की परीक्षा करने के लिए वाराणसी लौटकर उसने जानबूझकर एक अन्यायपूर्ण कृत्य किया।

थोड़े दिन बाद वह फिर उस संन्यासी के आश्रम में गया। संन्यासी ने उसे फिर वैसे ही फल दिये। किन्तु इस बार वे इतने कटु थे कि राजा से खाते नहीं बने। ओह! कितने कड़ुये हैं...कहते हुए उसने उन्हें थूक दिया।

यह देख संन्यासी ने कहा—अवश्य ही राजा ने अधार्मिक कृत्य किया है तभी यह फल इस तरह कटु हो गये हैं। केवल फल ही नहीं सारा राष्ट्र, सारे नागरिक भी नीरस और ओजरहित हो गये होंगे, उसी की राह पर चलते हुए अधार्मिक हो रहे होंगे!

आगे संन्यासी यह गाथा कहते हैं—

गायों के तैरते समय यदि बैल के टेढे हो जाते हैं तो सब गायें टेढ़ी चलती है। बैल के सीधे चलने पर सीधी चलती हैं। इसी तरह राजा का प्रभाव प्रजा पर पड़ता है। यदि नेता धर्मपूर्वक आचरण करता है तो प्रजा भी करती है और सारा राष्ट्र सुखी होता है अन्य स्थिति में सारा राज्य कष्ट पाता हैं।

कथा-88

राजोवाद जातक-2 (श्रेष्ठ राजा की कसौटी)

बुद्ध कथाओं के माध्यम से अपने पास आये राजाओं को प्रायः प्रजा के साथ कैसा व्यवहार करना चाहिए इस विषय में उपदेश दिया करते थे। यह **राजोवाद जातक**[125] भी राजा के धर्म बतानेवाली सुन्दर कथा है।

वर्तमान कथा—यहाँ वर्तमान कथा कोशलनरेश की है जो एक बार बुद्ध की सेवा में पहुँचने की जल्दी में भोजन करने के बाद गीले हाथ ही रथ में बैठ उनके समक्ष उपस्थित हुआ था। सम्भवतः राजा रोज जल्दी आता था। बुद्ध ने कुछ आश्चर्य से पूछा—राजन! इस समय दिन चढ़े कहाँ से आ रहे हैं? इस पर उसने कहा—न्यायालय में एक ऐसा मुकदमा आ गया था जिसका निर्णय करना कठिन था। निर्णय करने में देर हो गयी इसीलिए देर से आ रहा हूं।

जाहिर था कि वह बताना चाहता था कि मैंने बहुत सोच-विचार कर सही निर्णय लिया है । जल्दबाजी में मैं निर्णय नहीं लेता। इस पर बुद्ध ने कहा—धर्मपूर्वक मुकदमे का निर्णय करना पुण्यकृत्य है। किन्तु इसमें कोई आश्चर्य नहीं कि तुमने ऐसा निर्णय लिया है क्योंकि तुम मेरे समान सर्वज्ञ से उपदेश लेते हो। आश्चर्य तो यह है कि पूर्ववर्ती राजाओं ने भी ऐसे पण्डितों से उपदेश सुनकर धर्मपूर्वक निर्णय लिया है जो सर्वज्ञ नहीं थे...और स्वर्ग की प्राप्ति की है।

राजा की प्रार्थना पर शास्ता यह अतीतकथा कहते हैं।

अतीत कथा—पूर्वसमय में वाराणसीनरेश ब्रह्मदत्तकुमार हमेशा न्यायपूर्वक मुकदमों का फैसला करते थे। अन्यायी उनके राज्य में रह नहीं पाते थे इसलिए धीरे-धीरे सभी न्यायी हो गये। फिर तो न्यायालय भी सूने रहने लगे। प्रजा सन्तुष्ट थी। राजा को भी सन्तुष्ट होना चाहिए था किन्तु कभी-कभी असन्तोष भी आवश्यक होता है। राजा को लगता था कि प्रजा के दुर्गुण बताकर तो मैं न्याय करता रहा हूँ पर मुझमें भी तो कुछ दुर्गुण अवश्य होंगे, इसे कौन बतायेगा? यदि मुझे मेरे दुर्गुण ज्ञात हो तो मैं उन्हें छोड़कर सद्गुणी बन सकता हूँ।

किन्तु मुश्किल यह थी कि कोई उसके सामने उसके दुर्गुण नहीं कहता था। सभी प्रशंसा ही करते। पर राजा को इससे सन्तोष नहीं था अतः उसका असन्तोष बढ़ते गया। एक बार भेष बदलकर वह सारथी को ले अपने दुर्गुण की खोज में निकला।

ठीक इसी समय मल्लिक नामक कोशलनरेश कुछ ऐसे ही विचार से अर्थात् अपने दोष ढूँढ़ने निकला था। फिर कुछ ऐसा संयोग हुआ कि दोनों के रथ एक सकरे मार्ग पर आमने-सामने हो गये। यह ऐसा मार्ग था जहाँ से एक ही रथ निकल सकता था। तब कोशलनरेश के सारथी ने वारणसीनृप के सारथी से कहा कि तुम अपने रथ को लौटा लो, इसमें वाराणसीनरेश बैठे हैं।

इस पर दूसरे ने कहा—नहीं, रथ तुम लौटाओ। इसमें कोशलनरेश बैठे हैं।

अब वाराणसीनरेश का सारथी दुविधा में पड़ गया। दोनों ही यदि राजा है तो किसे हटना चाहिए?

उसे एक उपाय सूझा। उसने दूसरे सारथी से राजा की आयु पूछा ताकि जो छोटा हो वह रथ लौटा ले पर दोनों की आयु एक ही निकली। फिर राज्य विस्तार, सेना, धन, गोत्र, कुल, यश सबकी तुलना हुई, इसमें भी दोनों नृपों में से कोई उन्नीस नहीं था! अब श्रेष्ठता का क्या पैमाना हो?

तब कुछ सोचकर कोशलनरेश के सारथी ने अपने राजा के गुण बताते हुए यह गाथा कही-

हमारा राजा मल्लिक कठोर के साथ कठोरता का व्यवहार करता है, कोमल के साथ कोमलता का। साधु जनों को साधुता से जीतता है और दुर्जन को दुर्जनता से। ये श्रेष्ठ गुण हैं, अतः हे सारथि! अब तुम हमारा रास्ता छोड़ दो।

इस पर दूसरे सारथी ने पूछा—भो सारथि! इसे तुम गुण कहते हो तो बताओ, अवगुण क्या होते हैं? पहले सारथी ने फिर घमंड से कहा—ठीक है, ये अवगुण ही सही। तुम्हारे राजा में क्या गुण है यह तो बताओ?

तो सुनो, पहले सारथी ने आगे यह गाथा कही-

हमारा राजा क्रोधी को अक्रोध से जीता है बुरे को भलाई से। कृपण को दान से जीतता है तो झूठे को सत्य से। हमारा राजा निश्चय ही तुम्हारे राजा से श्रेष्ठ है अतः अब तुम मार्ग छोड़ दो।

सामने वाले के यह गुण सुनने के बाद दूसरे सारथी ने आगे कोई बहस नहीं की। वह तो उसके सामने नतमस्तक हुआ ही, सारा वार्तालाप सुनने वाला कोशलनरेश भी नतमस्तक हो गया। तत्काल दोनों रथ से उतर गये और घोड़ों को खोल रथ हटा कर सादर वाराणसीनरेश को मार्ग दिया।

फिर कुछ देर दोनों राजाओं में वार्तालाप हुआ। ब्रह्मदत्तकुमार ने राजा मल्लिक को उपदेश दिये जिसे उसने सादर ग्रहण किया...और दोनों अपने अपने राज्य लौट गये।

कथा-89

गण्डतिन्दुक जातक (राजधर्म बताने वाले वृक्ष देवता)

राजधर्म जानना और उसका पालन करना हर काल में राज्य के संचालकों के लिए आवश्यक रहा है। बिना ऐसे राजपुरुष के राज्य उसी तरह नष्ट हो जाता है जैसे बिना श्रेष्ठ नाविक के जहाज नष्ट होता है। जातक कथाओं में अनेक कथाएँ राजधर्म बतलाने वाली है। **गण्डतिन्दुक जातक**[126] भी ऐसी ही कथा है जिसमें राज्य में होने वाली अव्यवस्थाओं के लिए राजा को दोषी बताते हुए उसे राजधर्म का पाठ पढ़ाया गया है।

वर्तमान कथा— जेतवन में विहार करते समय शास्ता एक बार राजाओं को उनका धर्म बतानेवाली यह अतीतकथा श्रोताओं को सुनाते हैं।

अतीत कथा—पूर्व समय में काम्पिल्य राष्ट्र के उत्तरपाँचाल में पाँचाल राजा राज्य करता था। प्रायः अनुचित कर्म में लिप्त रहने के कारण अपने राज्य के सुख-दुख पर वह बिल्कुल ध्यान नहीं देता था। उसके राज्य में लोगों को दिन में राजपुरुष लूटते और रात में चोर। इसलिए चारों ओर उस देश के लोग राजा की बुराई करते थे।

तब गण्डतिंदुक नामक वृक्ष में निवास करनेवाले एक देवता (बोधिसत्त्व) ने राजा को सुधारने के लिए उसे उपदेश देने का संकल्प लिया। इस हेतु वह एक रात में प्रकाश बिखेरते हुए राजा के शयनकक्ष में गया और उसे बताया कि तुम प्रमादी होकर राज्य कर रहे हो। इसलिए तुम्हारे राज्य में चारों ओर लूटपाट और हाहाकार मचा हुआ है। जो राजा

प्रमादी होते हैं वे राज्य के स्वामी नहीं रह पाते। इसी जन्म में विनाश को प्राप्त होकर मरने पर महानरक में जन्म लेते हैं। आगे गण्डतिंदुक ने राजा को दो गाथाएँ कही-

अप्पमादो अमतपदं पमादो मच्चुनो पदं। अप्पमत्ता न मीयन्ति ये पमत्ता यथा मता।।

अर्थात् अप्रमाद अमृत है प्रमाद मृत्यु है। अप्रमादी नहीं मरते जबकि प्रमादी मृत सदृश्य ही होते हैं।

मदा पमादो जायेथ पमादा जायते खयो। खया पदोसा जायन्ति मा मदो भरतूसम।।

अर्थात् मद से प्रमाद पैदा होता है और प्रमाद से हानि होती है। इसलिए हे राजा! प्रमाद न करें। प्रमादी क्षत्रिय के राज्य में सभी भोग नष्ट हो जाते हैं।

आगे वृक्षदेव राजा को समझाते हैं कि अपने जनपद में घूम कर ज्ञानवृद्धि करिये। देखसुन कर आप यथोचित मार्ग पर चलेंगे।

वृक्ष देवता की बात ने राजा को गहरे तक प्रभावित किया। दूसरे ही दिन राजा अमात्यों को राज्य सौंप पुरोहित को साथ ले नगर के बाहर निकला। उसने देखा कि एक ग्रामीण दिन में घर को कांटों से घेर कर कहीं चले गया। रात को घर पहुँच कर घर में लगे कांटे जब हटाने लगा तो द्वार पर लगे कुछ कांटे उसके पांवों में चुभ गये। इस पर वह चिल्ला पड़ा-जिस प्रकार आज मुझे कांटा लगने का दुःख हो रहा है वैसा ही दुःख पाँचालराज को युद्ध में तीर लगने से हो!

यह सुन पुरोहित ने उसे डांटा कि तुम्हें कांटा लगा इसमें राजा का क्या दोष? तुम वृद्ध हो, देख कर काम किया करो।

इस पर उस ग्रामीण ने कहा–दोष है। क्या तुम नहीं जानते कि राज्य में लूट मची हुई है? जनपद के सभी लोग अरक्षित हो गये हैं और बलपूर्वक कर वसूल करनेवालों से अत्याधिक पीड़ित है। रात में चोर लूटते हैं और दिन में कर वसूल करनेवाले राजा के सिपाही। इस कारण भय से अभिभूत लोग वन से कांटे लाकर घर के सामने लगा देते हैं। राजा का हमें कोई सहारा नहीं है।

यह सुन राजा ने पुरोहित से कहा कि यह वृद्ध ठीक ही कहता है। हमारा ही दोष है। आओ लौट चले। अब धर्मानुसार राज्य करेंगे। किन्तु पुरोहित राजा को आगे ले जाते हुए बोला–महाराज आगे और देखते हैं।

दूसरे गाँव में उन्होंने एक वृद्धा की आवाज सुनी जो राजा को कोस रही थी। दरअसल इस दरिद्रा की दो कन्याएँ थी। दोनों का विवाह नहीं हो रहा था। इसी को लेकर वह बड़बड़ा रही थी कि यह राजा कब मरेगा जिसके राज्य में कुमारी लड़कियां पति-विहीन रहती है। यह सुन पुरोहित ने उसे भी गुस्से से कहा–अरी दुष्टा! तुम्हारी कन्याओं का विवाह नहीं होने में राजा कैसे दोषी हुआ? वह क्या उनके लिए पति ढूँढ़ेगा? इस पर उस

बुढ़िया ने खीजते हुए पुरोहित से कहा—जब दाराओं का पोषण कठिन हो तो कहाँ से भर्ता मिलेगा? हमारे राज्य में यही तो हो रहा है। जीवन दूभर हो गया है।

वृद्धा की बात सुन राजा और पुरोहित अपना सा मुंह लिए आगे बढ़ गये। आगे जाने पर उन्हें एक किसान की आवाज सुनायी दी। उसकी मार से बेचारा बैल जमीन पर गिर गया था पर वह भी राजा को गाली देते हुए कह रहा था-जैसा यह बैल गिरा है हमारा राजा भी ऐसा ही गिरे।

यहाँ भी पुरोहित ने उसे धमकाते हुए कहा—हे दुष्ट! तुमने बैल को मारा जिससे वह गिर पड़ा, इसमें राजा कहाँ आ गया? तुमने आखिर बैल को मारा ही क्यों? इस पर वह बोला—मुझे क्रोध आ गया था इसलिए मारा...और क्रोध इसलिए आया क्योंकि मैं पत्नी की प्रतीक्षा में भूखा-प्यास कब से बैठा था। हमारे दुष्ट राजा के राज्य में रात को चोर लूटते हैं और दिन को कर वसूल करनेवाले राजा के सिपाही। मेरी पत्नी का पकाया भात कर वसूल करनेवाले लूट कर खा गये जिससे उसे फिर से भात पकाना पड़ा और उसे देर हो गयी। इस तरह मैंने नहीं, राजा ने ही बैल को मारा है।

बात में दम था, अतः राजा और पुरोहित बिना कुछ बोले फिर आगे बढ़ गये।

अगले गाँव में उन्होंने एक गाय दुहने वाले को राजा के लिए अपशब्द कहते सुना क्योंकि उसकी गाय ने लात मार कर उसका दुहा हुआ सारा दूध गिरा दिया था।...जिस प्रकार आज मुझे चोट लगी और दूध उलट गया उसी तरह संग्राम में पाँचाल नरेश भी आहत होकर उलट जाये... वह बड़बड़ा रहा था।

पर यह तो हद थी! भला इसमें राजा का क्या दोष? पूछने पर ग्वाला बोला—दोष क्यों नहीं है? राजा के कारण हम अरक्षित हो गये हैं। लूट मची हुई है। पहले कमी नहीं थी अतः हम मरकही(सिंग मारने वाली) गायों को नहीं दुहते थे। अब यह काम भी करना पड़ रहा है!

यह सुन राजा और पुरोहित चुप हो फिर अपना सा मुंह लेकर आगे बढ़ गये।

अबकी बार उन्होंने एक गाय को इधर-उधर भटकते रोते देखा। कारण पूछा तो गाँव के बच्चों ने बताया कि इसके पुत्र को राजा के लोगों ने तलवार की म्यान में चमड़ा लगाने हेतु मार डाला है। आगे बच्चों ने भी राजा को गालियां दी कि पाँचालराज भी ऐसा ही पुत्र-शोक में इधर-उधर भटके! उसके राज्य में लोग अधार्मिक हो गये हैं अन्यथा दूध पीते बछड़े को कोई म्यान के चमड़े के लिए मारता है?

अबकी बार भी पुरोहित मुंडी हिलाते हुए राजा के साथ आगे बढ़ गया।

आगे एक मेंढ़क मिला। यह भी राजा को गाली दे रहा था क्योंकि उसके कुल को कौवे निरन्तर खा कर नष्ट कर रहे थे। पुरोहित ने गुस्से में कहा कि अब इसमें राजा का क्या दोष है? भला इसके लिए राजा कैसे जिम्मेदार हुआ? कौवे तो मेढ़कों को खाते ही हैं।

सचमुच पुरोहित की बात ठीक थी। जरा आप भी सोचिये कि राजा इस हेतु कैसे जिम्मेदार हो सकता है? पर मेंढ़क को उत्तर देने में सोचना नहीं पड़ा। उसने झट कहा—यदि राज्य में सुशासन होता और राष्ट्र प्रमुदित प्रसन्न तथा समृद्ध होता तो कौवे काक बलि और अग्रपिंड खाकर मेरे जैसे प्राणियों को न खाते।...इतना ही नहीं मेढ़क ने पुरोहित को भी राजा के साथ लपेटा-तुम पुरोहित हो पर अधार्मिक हो क्योंकि तुम क्षत्रिय के अनुकूल बोलते हो। तुम परमनिन्दित राजा की प्रशंसा करते हो।

बस बहुत हुआ! मेंढक जैसा तुच्छ प्राणी तक हमें गाली दे रहे हैं! पुरोहित और राजा क्रोधित नहीं हुए......बल्कि शर्मिंदा हुए। उसी क्षण वे नगर की ओर लौट गये। आगे से राजा ने पुरोहित के उपदेशानुसार धर्मकृत्य करना प्रारम्भ किया।

कथा-90
सुमंगल जातक (सुमंगल माली को क्षमा करनेवाला राजा)

सभी मनीषी कहते हैं कि व्यक्ति को शीघ्रता में निर्णय नहीं लेना चाहिये। बहुत सोचसमझ कर ही कार्य करना चाहिए। विशेषकर जब व्यक्ति क्रोधादि विकारों के वश में हो तब तो उसे अतिरिक्त सावधानी बरतनी चाहिए। इस कथा **सुमंगल जातक**[127] में एक राजा का इसी तरह का निर्णय का तरीका सीखने योग्य है।

वर्तमान कथा—जेतवन में विहार करते समय एक राजा को राजोवादसूत्र बताते हुए शास्ता उसकी अतीतकथा कहते हैं।

अतीत कथा—तब बोधिसत्त्व वाराणसी के राजकुमार थे। उनका सुमंगल नामक माली था। उद्यान में एक बार एक बौद्ध भिक्षु कुछ समय तक निवास करने आये। राजा ने उनकी सेवा में माली को लगाया। माली पूरी तरह समर्पित भाव से उनकी सेवा करता था। एक बार भिक्षु ने किसी दूसरे गाँव जाने की बात माली से कही किन्तु किसी कारण से नहीं गये और वहीं तपस्या करते बैठे रहे।

इधर उन्हें चले गया जानकर माली भी अपने घर चले गया। अचानक उसके घर कुछ पाहुने आये सो वह भोजन हेतु एक मृग मारने पुनः उद्यान गया। वहाँ भूलवश उसके बाण से तपस्या में बैठे भिक्षु बींध गये। यह देख माली की हालत खराब हो गयी। राजा के भय से वह पत्नी, बच्चों को ले देश छोड़ भाग गया।

एक वर्ष बाद वह लौटा। उसने अमात्य से अनुनय-विनय कर राजा का उसके प्रति मनोभाव पता लगाने कहा। अमात्य जानता था कि सुमंगल ने जानबूझ कर भिक्षु का वध नहीं किया है, उससे भूल हो गयी है वर्ना वह एक अच्छा आदमी है। इसीलिए उसने एक

बार राजा के सामने सुमंगल की प्रशंसा की पर राजा मौन रहा। दो बार पुनः ऐसा ही हुआ। तीसरी बार राजा ने अमात्य से कहा कि सुमंगल को बुलाकर ले आओ।

सुमंगल के आने पर उन्होंने पूछा कि तुमने उस भिक्षु का वध क्यों किया? इस पर सुमंगल ने क्षमा माँगते हुए कहा कि मैंने जानबूझ कर उन्हें नहीं मारा था। मृग मारने हेतु मैंने तीर चलाया था। चूँकि उन्होंने कहा था कि वे कहीं और जा रहे हैं, इसलिए मैंने उनकी उपस्थिति का ध्यान नहीं रखा। मुझे क्षमा करिये। तब राजा ने उसे क्षमा कर पुनः उद्यान का भार सौंप दिया।

माली के जाने के बाद अमात्य ने राजा से पूछा कि पूर्व में दो बार मैंने माली के विषय में आपसे पूछा था तब आप मौन रहे थे। तीसरी बार क्या सोचकर आपने उसे क्षमा कर दिया? इस पर राजा ने बड़ी विनम्रमा से मन्त्री से कहा, 'तात! राजा को क्रोध के वशीभूत हो सहसा कुछ नहीं कहना चाहिए। इसलिए मैं चुप रहा।' आगे राजा ने राजधर्म बताते हुए यह गाथा कही-

राजा को चाहिए कि अधिक क्रोधित हो तो किसी को दंड की आज्ञा न दे। जब समझ ले कि उसका चित्त क्रोधरहित है उसी समय दूसरे के दोष का विचार करें।

जो स्थिर चित्त होकर न्याय-अन्याय का विचार करता है वह न आत्मपीड़ा का कारण बनता है और न ही परपीड़ा का।

यह सुन अमात्य तथा समस्त राज्यपरिषद ने राजा की प्रशंसा की।

कथा-91

उम्मदंती जातक (उम्मदंती के लिए व्याकुल राजा को राजधर्म का बोध)

नारी का आकर्षण पुरुष को नरक में ढकेलने वाला होता है। किन्तु जो इस पर विजय प्राप्त कर लेता है वह श्रेष्ठ होता है। यह बात अनेक जातक कथाओं में बतायी गयी है। यही बताना इस कथा **उम्मदंती जातक**[128] का भी उद्देश्य है। यहाँ अपनी कामभावना पर विजयी हुआ राजा सेनापति को सुन्दर राजधर्म बताता है।

वर्तमान कथा—वर्तमान कथा है कि एक अलंकृत सुन्दरी को देखकर उद्विग्नचित्त हुए भिक्षु को उसके विरह में कमजोर होते देख अन्य भिक्षुगण उसे शास्ता के पास ले गये। तब शास्ता ने समझाया कि कामभोग अत्यन्त दुखदायी होते हैं। ये जलते अंगारों के समान होते हैं। ये सर्प-फण के समान होते हैं। तुम बुद्धशासन में प्रव्रजित हो, ऐसे अनर्थकारी संकल्पों के वशीभूत मत होओ। आगे बुद्ध उसे एक अतीतकथा सुनाते हैं जब कामभाव

से ग्रस्त होते हुए भी एक राजा उसके वशीभूत नहीं हुआ और इस तरह अनुचित कर्म करने से बच गया।

अतीत कथा—पूर्व समय में सिवि राष्ट्र के अरिटपुरि नगर में सिवि नामक राजा राज्य करता था। तब बोधिसत्त्व ने उसके पुत्र सिविकुमार के रूप में जन्म लिया। बाद में सिविकुमार राजा हुआ। उसका अहिपारक नामक अत्यन्त विश्वस्थ सेनापति था।

इसी काल में वहाँ महासेठ की एक अत्यन्त रूपवान कन्या युवा हुई। उसे देखकर कोई भी अपनी चेतना को अपने वश में नहीं रख पाता था। पिता ने अपनी कन्या का यह गुण उसके होते ही जान लिया था अतः उसने उसका नाम उम्मदंती रखा था। एक बार सेठ ने राजा के पास पहुँच कर कहा कि आपके योग्य कन्या मेरे घर में है, कृपया उसे स्वीकार करें। इस पर राजा ने कुछ लक्षणज्ञ ब्राह्मणों को सेठ के घर भेजा ताकि वे कन्या के लक्षणों को देखकर तय करें कि वह उसकी रानी बनने योग्य है या नहीं।

तीनों ब्राह्मणों ने जैसे ही उसे देखा वे सब संज्ञाहीन हो गये। कारण था कन्या का अप्रतिम सौंदर्य। अब कायदे से तो इस कन्यारत्न को उन्हें राजा के महल में पहुँचाना चाहिए था किन्तु यह जानते हुए भी कि कम से कम उन्हें तो यह नहीं मिलेगी, उन ब्राह्मणों ने राजा से झूठ कहा कि स्त्री आपके योग्य नहीं है। वह अदर्शन (मनहूस) है, उसे भूल जाइये। अब राजा क्या करता। उसने विवाह करने से मना कर दिया।

अस्तु, राजा तो उसे भूल गया किन्तु राजरानी बनने का अवसर हाथ से जाते देख वह कन्या अत्यन्त क्रोधित हुई और उसने मन ही मन राजा से बैर बांध लिया।

फिर संयोग से राजा के सेनापति और बचपन के मित्र अहिपारक से उसका विवाह हो गया। उम्मदन्ती सेनापति के साथ प्रसन्न थी किन्तु अपना अपमान उसे स्मरण था। वह राजा से बदला लेने का अवसर ढूँढ़ने लगी जो शीघ्र ही मिल गया।

हुआ यह कि कार्तिकोत्सव की तैयारी हेतु जब नगर सजाया जा रहा था तब अहिपारक ने उम्मदन्ती के पास जाकर कहा कि इस अवसर पर राजा की सवारी हमारे घर के सामने से भी जायेगी। ऐसे अवसरों पर सब राजा के दर्शन करने बाहर निकलते हैं पर तुम अपने महल के बाहर झांकना भी नही। अहिपारक ने बिना कोई बहाना बनाये उम्मदंती से इसका कारण बताते हुए कहा कि दरअसल तुम इतनी सुन्दरी हो कि राजा तुम्हें देखकर अवश्य कामविवश हो जायेगा, अतः अच्छा होगा कि तुम महल में ही रहो।

पति के समक्ष उम्मदंती मौन रहीं किन्तु उसी समय उसने भविष्य की योजना बना ली. ..और फिर जैसे ही राजा उसके शोभासम्पन्न महल के सामने से गुजरा, उसने गवाक्ष में सजधज कर खड़े होकर मुट्ठी भर फूल राजा पर फेंककर उसे अपनी ओर आकृष्ट किया।

फिर वही हुआ जिसका सेनापति को डर था...या कहे कि जिसका उम्मदंती को इंतजार था। राजा उसे देखकर कामविवश हो गया। तुरन्त सेवकों को आज्ञा दी कि इस स्त्री के विषय में पता करो कि यह अविवाहित या विवाहित है? विवाहित है तो किसकी पत्नी है?

इस पर सेवक ने बताया कि यह विवाहित है और उस व्यक्ति की पत्नी है जो आपकी सेवा में रातदिन अप्रमादपूर्वक लगे रहता है। यह आपके अमात्य की पत्नी उम्मदंती है। अपने सौंदर्य से सबकी उन्मत्त करने के कारण ही इसका नाम उम्मदंती रखा गया है।

यह कामभावना भी कितनी प्रबल होती है! बड़े-बड़े राजागण भी इसे जीतने में असमर्थ होते हैं। यह राजा भी असमर्थ था। राजा फिर नगरभ्रमण नहीं कर पाया, सेनापति के घर से ही अपने महल लौट गया।

उम्मदंती, राजा मित्र, उसके आमात्य की पत्नी थी, अतः कुछ किया भी नहीं जा सकता था। तब मन ही मन घुटते हुए राजा बीमार पड़ गया। हारे हुए जुआरी के समान वह निद्राहीन हो गया। काश! दो दिन के लिए वह अहिपारक हो पाता और उस सुंदरी के साथ रमण कर पाता!

इधर अहिपारक को जब यह सूचना मिली कि राजा उसके द्वार तक आने के बाद लौट गया और तब से वह बीमार चल रहा है, तो उसके मन में संशय के बादल मंडराने लगे। लगा...कहीं राजा ने उम्मदन्ती को तो नहीं देख लिया? उसकी शंका सच साबित हुई।

तब अहिपारक यह सोचकर कि उम्मदंती को पाये बिना राजा अवश्य मर जायेगा जिससे राज्य में अराजकता फैल जायेगी, राजा के पास करबद्ध पहुँचा। विनयपूर्वक उसने राजा से प्रार्थना की कि मैं अपनी पत्नी आपको सौंपता हूँ, आप उसे स्वीकार करें। अमात्य के इन शब्दों से शर्मिंदा राजा यह तो नहीं कह सका कि मैं उम्मदंती के कारण बीमार नहीं हूँ पर धर्म में प्रतिष्ठित होने के लिए उसने कहा कि इससे मेरे पुण्य का विनाश हो जायेगा। लोक हमारे पाप को जान जाएँगे...और तुम्हारा क्या होगा? अपनी प्रिय उम्मदंती को मुझे देने से तुम्हारे हृदय को अवश्य आघात लगेगा।

इस पर अहिपारक ने और भी विनयशील होते हुए कहा—राजन्। आपके और मेरे अतिरिक्त और कोई इस कर्म को नहीं जान पायेगा। आप अपनी कामना शान्त कर ले. ..फिर चाहे तो मुझे उम्मदंती वापस कर देना।

फिर दोनों में निम्न वार्तालाप होता है—

राजा-**जो जन पापकर्म करता है और सोचता है कि इसे अन्यजन नहीं जानेंगे वह गलत सोचता है क्योंकि इसे देवतागण तथा अन्य योगीजन भी देखते हैं।** ...फिर लोक में कौन विश्वास करेगा कि तुम्हें वह प्रिय नहीं है। उसे न देखने पर तुम्हें बहुत आघात लगेगा।

अहिपारक-निश्चय ही राजन वह मुझे प्रिय है किन्तु फिर भी मैं उसे आपको सौंपता हूँ। आप मेरे माता-पिता, मेरे स्वामी, पोषक और देवता हैं। मैं दारा सहित आपका दास हूँ, अतः आप सुखपूर्वक अपनी इच्छा पूर्ण करें।

राजा-जो अपने आपको बड़ा समझकर पाप करता है और दूसरों की चिन्ता नहीं करता वह दीर्घकाल तक जीवित नहीं रहता और देवता भी उस पापी को महत्त्व नहीं देते।...

जो अपने दुःख से दूसरों के दुःख की और अपने सुख से दूसरों के सुख की समानता करता है और समझता है कि मुझे जैसे सुख-दुःख होता है वैसे ही दूसरों को भी होता है, वही धर्म को जानता है।

अहिपारक-राजन्! आप जानते हैं कि वह मुझे प्यारी है। वह मेरी अप्रिया नहीं है पर मैं प्रिय की आशा से प्रिय का दान करता हूँ। देव! प्रिय का दान करनेवाले को ही प्रिय वस्तु प्राप्त होती है।

राजा-मैं निश्चय ही कामवासनामूलक स्वयं का वध करूँगा। मैं धर्म का वध नहीं कर सकता।

इसके बाद अहिपारक एक बहुत बड़ी बात कहता है। वह कहता है कि यदि आप मेरी पत्नी होने के कारण उम्मदंती को नहीं स्वीकार कर रहे हैं तो मैं उसे सब जनों के लिए छोड़ दूंगा अर्थात् गणिका बना दूंगा। तब तो आप उसे ग्रहण कर सकते हैं। आगे दोनों में यह वार्तालाप होता है।

राजा-हे अहिपारक! यदि तुम उस निर्दोष को त्याग दोगे तो तुम्हारी बहुत निन्दा होगी।

अहिपारक-हे राजन्! मैं सारी निन्दा सह लूंगा। आप यथासुख उपभोग करें।

राजा-जो मनुष्य निन्दा, प्रशंसा की ओर ध्यान नहीं देता उससे श्री और लक्ष्मी उसी तरह दूर चली जाती है जैसे वर्षा का पानी ऊंचे स्थान से।

अहिपारक-हे राजा! आप मेरे इस स्वर्गदायक कर्म में बाधक न बने। मैं उसी तरह प्रसन्नतापूर्वक उम्मदंती को आपको देता हूँ जैसे राजा यज्ञ में ब्राह्मणों को दान देता है। आप मेरे दाता हैं अतः आपको समर्पित करने पर मुझे महान फल मिलेगा।

राजा-निश्चय ही तुम मेरे हितचिन्तक हो, सखा हो, किन्तु इस कर्म की देव-पितर सभी निन्दा करेंगे। सत्पुरुषों का धर्म सुकीर्तित है और समुद्र की तरह अलंघ्य है।

तब अहिपारक राजा से धर्म का उपदेश देने कहता है। इस पर राजा अनेक गाथाएँ कहता है—

धर्म में रुचि रखने वाला राजा अच्छा है। धर्मस्थित क्षमावान राजा के राज्य में मनुष्य सुखपूर्वक उसी प्रकार बैठ सकते हैं जैसे घर की शीतल छाया में।

बिना विचारे काम करना अच्छा नहीं है। मनुष्यों में जो श्रेष्ठ समझा जाता है यदि वह अधर्म आचरण करता है तो अन्य लोगों का क्या कहना।

राजा के अधार्मिक होने से सारा राज्य दुःख सहन करता है ।

तैरती हुई गायों का मुखिया बैल यदि सीधे रास्ते पर जाता है तो सभी गाएँ सीधे रास्ते पर जाती हैं। इसी तरह राजा के धर्माचरण करने पर सारा राज्य सुखपूर्वक रहता है।

मैं अधर्म से अमृतत्व की कामना नहीं करता, न सारी पृथ्वी जीत लेने की। मनुष्यलोक में जितने रत्न है उनमें से किसी के लिए भी मैं विषम आचरण नहीं कर सकता। मैं सिवि राष्ट्र में बैल के समान हूँ। मैं सिवि राष्ट्र के परम्परागत धर्म का विचार करने के कारण अपने चित्त के वशीभूत नहीं होता हूँ।

यह सुन अहिपारक अभिभूत हो बोल पड़ा-हे राजनू! निश्चय ही आप बिना किसी दुःख के चिरकाल तक राज्य करेंगे। आप जो धर्म में प्रमाद नहीं करते हम उसका अनुमोदन करते हैं। धर्म में प्रमाद करने से राजा राष्ट्र गंवा देता है।

इसके बाद राजा की उम्मदंती के प्रति आसक्ति समाप्त हो गयी।

उल्लेखनीय है कि कुछ ऐसी ही कथा सोमदेव कृत **कथासरित्सागर** में भी दिखायी देती है। यहाँ राजा का नाम देवसेन है जो एक बनिये की सुन्दरी पुत्री उन्मादिनी का विवाह-प्रस्ताव इसलिए ठुकरा देता है क्योंकि जिन ब्राह्मणों को वह कन्या के लक्षण देखने भेजता है वे उसके सौदर्य को देख क्षुब्ध हो जाते हैं अतः जानबूझकर उसे कुलक्षण कहते हैं। वे यह विचार भी करते हैं कि इसे पाकर हमारा राजा राज्यकार्य करना छोड़ देगा अतः राजा से इसका विवाह न होना ही अच्छा है। तब उसका पिता राजा के सेनापति से उसका विवाह करवा देता है।

यहाँ भी राजा से रुष्ट उन्मादिनी जानबूझकर एक बार राजा के सामने अपने रूप का प्रदर्शन कर उसमें अपने प्रति कामभावना जगाती है। तब उन्मादिनी को उसका पति कामज्वर से पीड़ित राजा को देने तैयार होता है। वह कहता है कि मैं उसे देवमंदिर में छोड़ देता हूँ, वहाँ से आप उसे ग्रहण करें। किन्तु राजा उसका प्रस्ताव यह कहते हुए अस्वीकार करता है कि इससे तेरा धर्म नष्ट होगा और मैं तुझे स्त्री-परित्याग के लिए दंडित करूँगा।

यहाँ यह सुन सेनापति चुप हो गया और राजा कामवेदना से मर गया जबकि जातककथा में राजा के मन से उम्मदन्ती के प्रति कामभावना समाप्त हो गयी। इसके अतिरिक्त जातककथा के राजा ने अपने मन्त्री को धर्म का दिग्दर्शन कराने वाली सुंदर गाथाएँ भी कही।[129]

खण्ड-12

प्रव्रज्या-ग्रहण करनेवालों की मानसिक स्थिति पर प्रकाश डालनेवाली कथाएँ

92 हत्थिपाल जातक (हाथीपाल का प्रव्रज्या-ग्रहण)

93 सोनक जातक (सोनक नामक प्रव्रजित पुरोहित-पुत्र)

94 गंधार जातक (गंधारनरेश द्वारा प्रव्रज्या-ग्रहण)

95 महाजनकजातक (प्रव्रज्या ग्रहण करनेवाले मिथिलानरेश)

96 मखादेवजातक (सिर में एक श्वेत केश देखकर प्रव्रज्या ग्रहण करनेवाला राजा)

97 कुंभकार जातक (प्रव्रज्या लेने वाले कुंभकार दंपत्ति)

98 वट्टकजातक (निःस्पृह रहकर मुक्त होने वाला जातक)

99 सुधाभोजन जातक(अमृत का भोजन करनेवाला प्रव्रजित साधु)

100 गंगमाल जातक (अधमासा नामक प्रव्रजित होने वाला राजा)

कथा-92

हत्थिपाल जातक (हाथीपाल का प्रव्रज्या ग्रहण)

जातक कथाओं में अनेकानेक कथाएँ राजाओं, रानियों तथा अन्य सामान्य लोगों के प्रव्रज्या (संन्यास)ग्रहण की भी है। इनसे ज्ञात होता है कि उस काल में किस भावना से प्रेरित होकर लोग घर-संसार या राजपाट छोड़ कर प्रव्रजित होते थे। हिंदू धर्मग्रन्थों में भी संन्यास को आश्रम के रूप में अत्यन्त आदर दिया गया है। वैसे तो प्रत्येक व्यक्ति को इस आश्रम में प्रवेश आवश्यक बताया गया है किन्तु मोक्ष प्राप्त करने के इच्छुक के लिए यह अत्यन्त आवश्यक कहा गया है। हिंदू धर्म-व्यवस्था में ब्रह्मचर्य, गृहस्थ, वानप्रस्थ और संन्यास, ये चार आश्रम मनुष्य के लिए अनिवार्य कहे गये हैं किन्तु बौद्धधर्म में यह क्रम आवश्यक नहीं था। ब्रह्मचर्य के बाद अर्थात् गुरु से शिक्षा लेने के बाद व्यक्ति सीधे प्रव्रज्या ग्रहण कर सकता था।[130] गृहस्थ भी गृहस्थी का त्याग कर संन्यासी हो सकता था। यह घर से निष्क्रमण था। बुद्ध का गृहत्याग महाभिनिष्क्रमण कहा गया। बुद्ध अपने पूर्व जन्मों में अर्थात् बोधिसत्त्व की अवस्था में भी ऐसा कर चुके थे। अनेक जातक कथाओं में इसका उल्लेख है और इसकी प्रशंसा भी है। यह कथा **हत्थिपाल जातक**[131] इसी पर प्रकाश डालती है।

वर्तमान कथा—वर्तमान कथा यहाँ यह है कि जेतवन में एक बार बुद्ध के शिष्य उनके महाभिनिष्क्रमण के विषय में चर्चा कर रहे थे। यह सुन उन्होंने भिक्षुओं को अपनी ही अतीतकथा सुनायी जब वे बोधिसत्त्व थे। उन्होंने तब हाथीपाल के रूप में जन्म ले भोगों को ठुकराते हुए गृहत्याग किया था।

अतीत कथा—तब वाराणसी का शासक एसुकारी नामक राजा था। उसका पुरोहित उसका ही बचपन का मित्र था। दोनों पुत्रहीन थे। कई वर्ष तक सन्तानोत्पत्ति न होने पर राजा ने एक बार निश्चय किया कि यदि एक के घर भी पुत्र उत्पन्न हो तो दूसरे के घर का भी वही मालिक होगा। उसने पुरोहित से जब यह कहा तो उसने हामी तो भरी पर यहाँ-वहाँ जाकर वह देवताओं से प्रार्थना करने लगा कि राजा को एक पुत्र हो जाये।

अन्ततः वृक्ष देवता ने उसकी प्रार्थना पर कहा कि राजा को नहीं, तुम्हें पुत्र दे सकता हूँ एक नहीं चार, किन्तु यह चारों जवानी में ही प्रव्रजित हो जाएँगे।

अब देवता देवता था, जो मिल रहा था उसे कबूल करने के सिवा पुरोहित के पास कोई चारा नहीं था। पर हां, उसने उसी समय यह गांठ बांध लिया कि पुत्रों को प्रव्रजित होने से रोकने का पूरा ध्यान रखूंगा, आखिर इन्हें ही तो वाराणसी को संभालना है!

उसने चारों पुत्रों के क्रमशः हस्तिपाल, अश्वपाल, गोपाल और अजपाल नाम रखे। हस्तिपाल को हाथीवानों को सौंप उनके साथ बड़ा होने दिया। इसी तरह अश्वपाल, गोपाल और अजपाल को क्रमशः अश्वपालकों, ग्वालों और बकरी चराने वाले चरवाहों के साथ रखा। फिर चारों पुत्रों के युवा होते ही उसने राजा से कहकर राज्यसीमा में रहने वाले सारे प्रव्रजितों को राज्य से बाहर निकाल दिया ताकि इन्हें कोई प्रव्रजित संन्यासी दिखे ही नहीं।

हस्तिपाल के सोलह वर्ष का होने पर उसे राज्य पर अभिषिक्त करने के विचार से राजा के साथ वह जटाधारी संन्यासी का वेश बना कर हस्तिपाल (बोधिसत्त्व) के पास पहुँचा। संन्यासियों को देख हस्तिपाल बहुत प्रसन्न हुआ और उनकी पूजा की...किन्तु जब उसे पता चला कि ये उसके पिता और राजा है तथा उसके राज्याभिषेक हेतु आएँ हैं, को उसने मना करते हुए अपनी प्रव्रज्या ग्रहण करने की इच्छा बतायी। इस पर पिता ने कहा कि अभी तुम्हारे लिए वह समय नहीं आया है। वेदाध्ययन कर धनार्जन कर अपने पुत्रों को राज्यादि पर स्थापित कर जो अरण्य में प्रविष्ट होता है, उसका ऐसा करना साधुवाद है। इस पर हस्तिपाल ने गाथा कही-

न वेद सत्य है न धन लाभ और न ही पुत्र लाभ। इनसे जरा का नाश नहीं होता। सन्त पुरुषों का कहना है कि गंधरस आदि कामभोग मूर्च्छना है। अपने किये कर्म से ही फल की प्राप्ति होती है।

इस पर राजा बोला—निश्चय ही तुम सत्य कहते हो कि स्वकर्म से ही फल की प्राप्ति होती है। तुम्हारे माता-पिता वृद्ध हो गये हैं। वे तुम्हें सौ वर्ष तक निरोग देखें।

यह सुन कुमार ने आश्चर्यचकित हो कहा—देव! यह आप क्या कह रहे हैं? जिसकी मृत्यु से मैत्री हो, जिसका जरा के साथ सखा भाव हो, उसके सौ वर्ष तक निरोग होने की बात कैसे की जा सकती है? हस्तिपाल के कहने का तात्पर्य यह था कि मृत्यु और जरा तो आयेगी ही, उससे नहीं बचा जा सकता, अतः सौ वर्ष तक निरोग रहने की बात न कहें।

आगे हस्तिपाल कहता है—**महाराज! आपके साथ बातचीत करते-करते व्याधि,जरा और मरण मेरे समीप चले आ रहे हैं, अतः अप्रमादी बन कर रहे**।...और तब पिता तथा राजा को नमस्कार कर हस्तिपाल वाराणसी राज्य को त्याग प्रव्रज्या हेतु निकल पड़ा।

फिर राजा और पुरोहित उसी तरह वेश बदल कर दूसरे पुत्र अश्वपाल के पास पहुँचे। सारी बात सुनकर वह बोला—तात! जिसे मेरे भाई ने थूक दिया उसकी मुझे आवश्यकता नहीं है।

आगे वह यह गाथा कहता है—**कामभोग पंक है, दलदल है। यद्यपि मनोहर है पर दुस्तर है, मरणमुख है। इसमें फँसे हीनात्मा तैरकर पार नहीं हो सकते। पूर्वजन्म में मैंने**

गलत कार्य (रौद्रकर्म) किया है अब नहीं करूँगा। वाणी और कर्मेन्द्रिय की रक्षा करूँगा जिससे रौद्र कर्म न हो।...और यह दूसरा पुरोहितपुत्र भी प्रव्रज्या ग्रहण करने चल पड़ा।

इसके बाद राजा और पुरोहित तीसरे पुत्र गोपाल के पास पहुँचे। वह भी राज्य लेने तैयार नहीं हुआ। बोला—मैं चिरकाल से खोये हुए बैल की भांति प्रव्रज्या को ढूँढ़ता फिर रहा हूं। अब बैल के पदचिंह की भांति मुझे वह मार्ग दिख गया है जिस पर मेरे अग्रज चले हैं। मैं भी उनका अनुसरण करूँगा। यह सुन राजा बोला—तात गोपाल! इतनी शीघ्रता न करो...एक दो दिन रुक जाओ। इस पर गोपाल ने यह गाथा कही-

जो पुरुष कल और परसों करता रहता है, उसका पतन होता है। यह जानकर कि भविष्यकाल है ही नहीं, कौन धीरपुरुष किसी संकल्प को टालेगा?

अब अन्तिम पुत्र की पारी थी। राजा और पुरोहित अजपाल के पास गये। सारी बात सुनकर उसने भी राज्य लेने से इन्कार करते हुए कहा—मैं अपने भाइयों के थूक को सिर पर लिए हुए नहीं घूमूंगा। मैं भी उनका अनुसरण करूँगा। राजा के कहने पर कि तुम अभी छोटे हो, आयु होने पर प्रव्रजित हो जाना, वह बोला—**यह आप क्या कहते हैं? क्या प्राणी बचपन में नहीं मरते? यह बचपन में मरेगा यह बूढ़ा होने पर मरेगा, क्या किसी के पास इस बात का प्रमाण है? मैं अपना मृत्युकाल नहीं जानता इसलिए अभी प्रव्रजित होता हूँ।**[132]

अस्तु, चारों पुत्रों के इस प्रकार प्रव्रजित हो जाने पर पिता पुरोहित के भी ज्ञानचक्षु खुले और वह अपनी ब्राह्मणी से बोला—शाखा साहित होने से पेड़ को वृक्ष कहते है। शाखा रहित पेड़ ठूंठ कहलाता है। मेरे पुत्र प्रव्रजित हो गये मैं अकेला ठूंठ के समान हो गया हूँ। अब मेरे भी प्रव्रजित होने का समय है। ...और वह भी प्रव्रज्या ग्रहण कर चले जाता है।

पर पुत्र और पति के बिना ब्राह्मणी ही घर में अकेले रहकर क्या करती, अतः वह भी यह गाथा कहते हुए प्रव्रजित हो गयी-**जिस प्रकार क्रौंचपक्षी आकाश में जाते हैं वैसे ही मेरे पुत्र और पति मुझे छोड़कर चले गये । अब मैं भी उनका अनुकरण करती हूँ।**

यहाँ लगता है कि अगले दिन राजा को जब यह ज्ञात हुआ होगा तो उसने भी पुरोहित परिवार का अनुसरण किया होगा, पर ऐसा नहीं हुआ। बल्कि उस दुर्बुद्धि ने यह कहकर पुरोहित का सारा धन अपने महल में उठवा लिया कि जिसका कोई स्वामी नहीं होता, ऐसे धन का राजा ही स्वामी होता है। किन्तु राजा की पटरानी अधिक समझदार थी। उसे राजा का यह व्यवहार अच्छा नहीं लगा। उसे लगा कि यह राजा पुरोहित और उसके पुत्रों के मल और थूक को अपने महल में मंगवा रहा है तो उसने राजा को समझाया कि किसी के वमन किये खाने वाले के समान तुम यह काम कैसे कर रहे हो? इससे तुम्हारी प्रशंसा नहीं निन्दा होगी। यह सुन राजा की आँखें खुल गयी और रानी को धन्यवाद दे वह भी प्रव्रजित हो गया।

तब नागरिकों ने रानी से निवेदन किया कि वे राज्य संभाले...पर जिसने पति को प्रव्रज्या के लिए प्रेरित किया हो वह कैसे राज्य ग्रहण करती ? जनता से यह गाथा कहते हुए उसने भी महल का त्याग कर दिया-**काल चला जाता है, रातें गुजर जाती है, आयु क्रमानुसार व्यतीत हो जाती है। मैं भी मनोरम भोगों को छोड़कर लोक में अकेली विचरण करूँगी।**

इस तरह वाराणसी का राज्य शासक-विहीन हो गया। यह सुनकर एक राजा उस पर कब्जा करने आया किन्तु इतने विभूषित नगर और रत्नों के ढेर लगे राजमहल को देखकर उसने सोचा-**इस प्रकार के नगर को छोड़कर यदि यहाँ का राजा प्रव्रजित हुआ है तो प्रव्रज्या अवश्य ही इससे महान होगी** ...और वह भी प्रव्रजित हो गया।

कथा-93

सोनक जातक (सोनक नामक प्रव्रजित पुरोहित पुत्र)

जातक कथाओं में अनेक कथाएँ राजा की जिंदगी की अपेक्षा प्रव्रजित साधु की जिंदगी अधिक श्रेयस्कर बताती है। यह कथा **सोनक जातक**[133] भी यही सन्देश देती है।

वर्तमान कथा—जेतवन में विहार करते समय एक बार भिक्षुगण शास्ता के महाभिनिष्क्रमण का गुणगान कर रहे थे। यह सुनकर शास्ता ने एक अतीतकथा कहते हुए बताया कि तथागत ने पहले भी इस प्रकार का महाभिनिष्क्रमण किया है।

अतीत कथा—उस समय राजगृह नृप मगधराज के घर बोधिसत्त्व का जन्म हुआ था। तब उनका नाम अरिन्दम रखा गया। उसी दिन पुरोहित को भी पुत्र हुआ जिसका नाम सोनक रखा गया। बड़े होकर दोनों ने साथ-साथ तक्षशिला से विद्या प्राप्त की। फिर दोनों वहाँ से साथ ही वाराणसी पहुँचे। यहाँ वे एक उद्यान में वे ठहरे। संयोग से उस दिन वाराणसी में निःसन्तान मृत राजा के उत्तराधिकारी की खोज हो रही थी। अमात्यों ने पुरोहितों के निर्देशानुसार स्वयंचालित पुष्परथ छोड़ा हुआ था जिसके विषय में कहा गया कि यह वहाँ रुकेगा जहाँ वाराणसी का भावी राजा होगा। नगर का भ्रमण कर वह रथ उसी उद्यान में रुका जहाँ अरिनदम और सोनक लेटे हुए थे। रथ के साथ चलने वाले ब्राह्मण और आमात्य वहाँ गये। सोनक सब कुछ समझ कर उसी क्षण छिप गया किन्तु अरिन्दम प्रसन्नतापूर्वक राजा बन कर उनके साथ चले गया। सोनक ने उसी समय प्रव्रज्या ग्रहण की और हिमालय चले गया। राज्यसुख में डूबा अरिन्दम उसे भूल भी गया। राजसी वैभव में वर्षों बीत गये।

चालीस वर्ष बाद एक बार अरिंदम को अपने बिछड़े मित्र सोनक की याद आयी। किन्तु समस्या थी कि कैसे उसे खोजे? तब उसने एक गीत बनवाया और राज्य में सबको

यह गीत गाने कहा। गीत था-**किसी से सुनकर कहने वाले को सौ दूंगा, देखकर बताने वाले को हजार। कौन मेरे बालमित्र सोनक का समाचार देगा?**

इस बीच सिद्धि बल से अपने मित्र अरिंदम को प्रव्रज्या दिलाने की इच्छा से सोनक वाराणसी के उद्यान में पहुँचा। वहाँ एक पाँच चोटी वाले[134] छोटे बच्चे को यह गाना गाते सुन उसने उसे राजा को बुलाने भेजा, यह कहते हुए कि जाकर अपने राजा से कहना कि आपको आपके मित्र सोनक का पता बताता हूँ आप मेरे साथ चलिए।

राजा तत्काल अपनी साजसज्जा के साथ वहाँ आया। उद्यान के एक वृक्ष तले भिक्षु वेशभूषा में बैठे सोनक को देखकर राजा को उसपर बड़ी दया आयी। उसने कहा, 'किस तरह तुम सिर मुंडाये मातृ-पितृ-हीन अनाथ की भांति बैठे हो?' इस पर सोनक ने कहा, 'बिचारा (अनाथ) वह नहीं होता जो धर्म को शरीर से स्पर्श करता है, वह होता है जो धर्म का बहिष्कार कर अधर्मानुसार चलता है।'

आगे राजा ने पूछा, 'सोनक आप यहाँ सुखपूर्वक तो रहते हैं?' इस पर सोनक ने कहा, महाराज! न केवल यहाँ, बल्कि अन्यत्र रहते समय भी मुझे असुविधा नहीं होती। फिर सोनक ने निम्न गाथाएँ कही-

अकिंचन अनागरिक भिक्षु को सदा आनन्द मिलता है।
उसे न धन न ही धान्य की चोरी का भय रहता है।
वह सदा आनन्दित रहता है।
भिक्षा पर जीवन व्यतीत करता है।
मुक्त विचरण करता है।
नगर में आग भी लगे तो उसका कुछ नहीं जाता।
नगर लूटा जाये तो भी उसका कुछ नहीं लुटता।
जिधर चाहे बिना अपेक्षा के वह जा सकता है।

इस तरह सोनक ने राजा को आठ श्रमणभद्र बातें कही। पर राजा कामभोगों में आकंठ आसक्त था। इसलिए उसे ये बातें रुचिकर नहीं लगी। हालाकि उसने यह स्वीकार किया कि कामभोगों की आसक्ति के कारण ही मुझे तुम्हारी बातें पसन्द नहीं आ रही है। फिर राजा ने यह भी पूछा कि कैसे इस लोक और दिव्यलोक के कामभोग पा सकता हूँ?

इस पर सोनक उसे एक मरे हुए हाथी की सुन्दर कहानी बतायी। एक मृत हाथी नदी में बहा जा रहा था। एक कौवा उसे देख अत्यन्त प्रसन्न हो उसपर आकर बैठ गया। उसे तो मानों एक प्रचुर भोज्य साम्रगी से युक्त यान मिल गया। हाथी का मांस खाते हुए, गंगा जल पीते हुए वह मजे से चले जा रहा था।...और उसे पता ही नहीं चला कि कब नदी को छोड़ वह समुद्र में गिर गया है।...अन्ततः यहाँ मगरमच्छों का भोज्य बन गया!

सोनक आगे कहता हैं कि ठीक ऐसे ही तुम तथा अन्य कामभोगी व्यक्ति होते हैं जिनकी अन्तिम परिणति नरक में गिरना होती है। यहाँ सोनक यह गाथा कहता

है—**अनुकंपक को चाहिए कि एक या दो बात कहें। उससे अधिक नहीं। मालिक के सामने बोलने वाले दास के समान होते हैं।**

अब राजा की आँखें खुली। फिर पुत्र को राज्य दे उसने स्वयं प्रव्रज्या ग्रहण की।

कथा-94

गंधार जातक (गंधारनरेश द्वारा प्रव्रज्या-ग्रहण)

भारतीय नीतिशास्त्र में अपरिग्रह को सदैव श्रेष्ठ मूल्य माना गया है। आज अनेक संन्यासियों को गृहस्थों से भी ज्यादा विशाल संपदा एकत्रित करते देख दुःख होता है। बुद्ध ने हमेशा अपरिग्रह की प्रशंसा की है। मनुष्य कितना अपरिग्रही रह सकता है, यह कथा **गंधार जातक**[135] इस पर सुन्दर प्रकाश डालती है।

वर्तमान कथा—एक बार राजगृह के स्थविरों के पास लोगों ने पाँच प्रकार की औषधियां भेजी जिसे उसने अपने एक अनुयायियों को सबको बांटने के लिए दिया किन्तु उसने सबको न बांट कर उसे अपने लिए संग्रहीत कर लिया। लोगों को जब यह बात पता चली तो उन्होंने श्रमणों की निन्दा की। यह सुन शास्ता ने बताया कि प्राचीन काल में नमक के कंकड का संग्रह भी निंदनीय कहा गया है...और उन्होंने यह अतीतकथा कही।

अतीत कथा-तब गंधारराज के रूप में बोधिसत्त्व पैदा हुए थे। उनकी पुण्य-ख्याति चारों ओर फैली हुई थी। इसे सुन मध्यदेश में विदेहराज्य का विदेह नामक राजा उन्हें बिना देखे ही उनका मित्र बन गया। एक बार पूर्णिमा की रात स्वच्छ चन्द्रमा को देखते बैठे गंधारराज अपने अमात्यों और अन्य लोगों को उपदेश दे रहे थे। उसी समय राहू ने चन्द्रमा को ग्रसा जिससे चन्द्रमा प्रभाहीन हो गया। यह देख राजा ने कहा—मुझे उपदेश नहीं देना चाहिए। इसके पहले की मैं प्रभाहीन हो जाऊं, मैं प्रव्रजित हो जाता हूँ...और वे प्रव्रजित हो गये।

इधर व्यापारियों से विदेहराज ने जब यह बात सुनी तो बिना मिले हीं गंधारराज को मित्र बना लेने वाले विदेहराज ने भी प्रव्रज्या ग्रहण कर ली और वन में रहने लगे।

वर्षों बाद दोनों एक दूसरे से वन में मिले। दोनों ने एक दूसरे को अपना पूर्व परिचय नहीं दिया पर विदेहराज ने गंधारराज के तेज से प्रभावित हो उनको अपना गुरु मान लिया। दोनों मित्रवत रहने लगे।

एक बार पूर्ण चन्द्रमा को राहू द्वारा ग्रसे जाते देख गंधारराज को पुरानी बात याद आयी। उन्होंने विदेहराज को बताया कि कैसे वे वर्षो पूर्व ऐसे ही चन्द्रमा को देखकर प्रव्रजित हुए थे। यह सुन विदेहराज ने पूछा—आप गंधारराज तो नहीं?...और तब विदेहराज ने भी अपना परिचय दिया तथा संन्यास का कारण बताया। वास्तविकता जानकर दोनों

परमप्रसन्न हुए...और इस तरह दोनों और अधिक मैत्रीभाव से रहने लगे...किन्तु आगे कुछ ऐसा हुआ कि दोनों में झगड़ा हो गया।

हुआ यूं कि एक बार भिक्षा माँगते समय किसी ने कुछ ज्यादा नमक विदेहराज को दिया। विदेहराज ने बचा नमक एक पत्ते में लपेट कर रख लिया। दूसरे दिन किसी ने नमक नहीं दिया तो भोजन करते समय विदेहराज ने पत्ते में रखा बचा नमक निकाला और अपने तथा मित्र के भोजन में मिलाने लगे। यह देखकर गंधारराज ने कहा कि संन्यासी को नमक का संग्रह नहीं करना चाहिए। तुमने इतने विशाल विदेह देश का त्याग कर दिया और नमक की थोड़ी सी कंकड़ी का मोह नहीं छोड़ पाये!

विदेहराज को गुस्सा आ गया। वह बोल पड़े-तुमने भी तो प्रतिज्ञाभंग की है। तुमने उपदेश न देने का व्रत लिया था, अब मुझे क्यों उपदेश दे रहे हैं?...

इस पर गंधारराज ने गाथा कही-**मैं विदेह तपस्वी को धर्म कहता हूँ, मुझे अधर्म अच्छा नहीं लगाता। मुझे धर्म कहने से पाप नहीं लगता।**

प्रतिउत्तर में विदेहतपस्वी ने यह गाथा कही-

आचार्य! हितकर बात कहनी हो तो भी दूसरे को चोट पहुँचाकर या क्रोधपूर्वक नहीं कहना चाहिए। पण्डित को चाहिए कि यदि दूसरे को किसी प्रकार का दुःख होता हो तो बहुत हितकर बात भी न कहे।

यह सुन गंधारराज ने भी एक गाथा कही-**चाहे दुःख हो या न हो, चाहे कोई मेरे कथन को भूसे की भांति बिखेर दे, मुझे धर्म कहने में पाप नहीं लगता।**

आगे उन्होंने और एक और गाथा कही-**यदि किसी की स्वयं बुद्धि न हो और उसने आचार-विचार का उचित ढंग भी न सीखा हो, तो ऐसे जन संसार में उसी प्रकार विचरते हैं जैसे वन में अंधा भैंसा। इसीलिए यहाँ कुछ सुशिक्षित, सुविनीत जन संयत ढंग से विचरते हैं।**

बात ठीक थी। विदेहराज को अपनी भूल समझ में आयी और उन्होंने गंधारराज से क्षमा माँगी। दोनों फिर हिमालय की ओर तपस्या हेतु चले गये।

कथा-95

महाजनकजातक (प्रव्रज्या ग्रहण करनेवाले मिथिलानरेश)

हर मनुष्य अपने जीवन में कोई लक्ष्य रखता है किन्तु हमेशा उसकी प्राप्ति नहीं कर पाता क्योंकि वह स्वयं आलस आदि दुर्गुणों के कारण लक्ष्य की ओर ठीक से गतिमान नहीं होता है। मनुष्य को चाहिए की अप्रमादी रहकर अपने लक्ष्य की प्राप्ति की ओर बढ़े। चाहे राज्य की प्राप्ति जैसा कठिन लक्ष्य हो या राज्य का त्याग कर प्रव्रज्या ग्रहण करने

जैसा महान लक्ष्य, दृढ़ इच्छाशक्ति दोनों ही अवस्थाओं में आवश्यक होती है। **महाजनक जातक**[136] यही बतानेवाली सुन्दर कथा है। वैसे यह मिथिलानरेश महाजनक के पौत्र के उत्साहपूर्वक अपना राज्य पाने की एवं फिर तिनके के समान उसका त्याग कर प्रव्रज्या ग्रहण करने की कथा है।

यहाँ उल्लेखनीय है कि जातक कथाओं में कुछ और भी कथाएँ मिथिला के राजा जनक को लेकर है जिन्हें विदेह भी कहा गया है किन्तु इनका सीता के पिता से कोई साम्य नहीं है, केवल एक साम्य है कि सीता के पिता राजा जनक के समान इनका चरित्र भी यहाँ अनासक्त प्रवृत्ति का है। उपनिषदों में भी जनक का इसी तरह का उल्लेख है। यहाँ भी ये सीता के पिता नहीं कहे गये हैं पर अनासक्त मिथिला के राजा हैं और इसी कारण विदेह कहे जाते हैं।

वर्तमान कथा—जेतवन में एक बार भिक्षुगण शास्ता के महाभिनिष्क्रमण की प्रशंसा कर रहे थे। तभी शास्ता वहाँ पहुँचे और बताया कि ऐसा निष्क्रमण वे पूर्व में भी कर चुके हैं।

अतीत कथा—तब मिथिला के राजा महाजनक के दो पुत्र थे। ज्येष्ठ राजा बना और कनिष्ठ उपराजा। किन्तु ज्येष्ठ को शंका हो गयी कि कनिष्ठ उसका राज्य हड़प लेगा सो उसने उसे देशनिकाला दे दिया। कालांतर में कनिष्ठ ने ज्येष्ठ पर आक्रमण कर दिया और विजयी रहा। तब ज्येष्ठ की गर्भवती पत्नी किसी तरह प्राण बचाकर दूसरे देश भाग गयी और एक सत्पुरुष को भाई बनाकर उसके घर रहने लगी। समय पर बोधिसत्त्व ने उसके पुत्र के रूप में जन्म लिया।

बड़े होने पर जब कुमार को वास्तविकता पता चली तो वह कुछ साथियों के साथ अपना राज्य लेने चल पड़ा। राह में विशाल समुद्र पार करना था। सो वह अपने साथियों के साथ नौका में सवार हुआ। किन्तु दुर्भाग्य से नौका समुद्र में डूब गयी। सब साथी मारे गये । तब वह अकेला ही असीम समुद्र में तैरने लगा। तैरते-तैरते सात दिन हो गये पर दूर दूर तक कहीं समुद्र का छोर नहीं दिख रहा था। उसका थकना स्वाभाविक था। फिर भी वह पूरी ताकत से तैर रहा था। उसे इस तैरते देख समुद्र की देवी मणिमेखला ने आकाश में स्थित होकर उसका परिचय पूछते हुए कहा—तुम कौन हो जो समुद्र के तट को न देखते हुए भी प्रयत्न कर रहा हो ? क्या सोचकर तुम इतना प्रयास कर रहे हो?

इस पर कुमार ने कहा—हे देवि! लोक के कर्त्तव्य और प्रयत्न पर विचार करते रहने के कारण किनारे के अदृश्य रहने पर भी मैं समुद्र में किनारे जाने हेतु प्रयत्न कर रहा हूँ।

गहरे असीम समुद्र में जिसका तट भी दिखायी नहीं देता, हे पुरुष तुम्हारा प्रयत्न व्यर्थ है। तुम तट पर पहुँचे बिना ही मर जाओगे।

यह आप क्या कह रही हैं? मैं प्रयत्न करना हुआ मरने पर भी निन्दा से तो मुक्त रहूँगा। जो व्यक्ति कर्त्तव्य करता है वह रिश्तेदारों, देवताओं तथा पिता के ऋण से मुक्त हो जाता है और उसे बाद में अनुताप नहीं होता।

जो प्रयत्न करने पर भी असाध्य है, जिसका कोई फल नहीं, जिसमें क्लेश ही क्लेश है और जिसका निश्चित परिणाम केवल मृत्यु है, ऐसे प्रयत्न से क्या लाभ?

हे देवि! जो यह जानकर कि उद्देश्य की पूर्ति असम्भव है, अपने प्राणों की रक्षा नहीं करता और उसे छोड़ देता है तो यह उसके प्रमाद का ही परिणाम है। देवि ! इस लोक में कुछ जन अभिप्राय विशेष से किसी काम में लगते हैं वह पूरा होता है। कभी नहीं भी होता है। क्या तुम मेरे इस कर्म का साक्षात् फल नहीं देखती हो? दूसरे लोग जहाँ डूब कर मर गये मैं अभी भी तैर रहा हूँ और मुझे तुम्हारा दर्शन मिला है। मैं यथा-शक्ति यथा-बल ममुद्र पार करने का प्रयत्न करूँगा। मैं मनुष्य का कर्त्तव्य करूँगा।

उसकी इस दृढ़ प्रतिज्ञा को सुनकर देवी ने उसकी प्रशंसा करते हुए यह गाथा कही-**जो तुम इस प्रकार के गहरे, असीम, महासमुद्र में भी अपने धार्मिक प्रयत्न रूपी कर्म को नहीं छोड़ रहे हो तो तुम जहाँ तुम्हारा मन है वहाँ अवश्य पहुँच जाओगे।**

फिर सचमुच वह दिन भी आया जब मणिमेखला देवी की सहायता से कुमार न केवल समुद्र के पार अपने देश में पहुँचा वरन् दुश्मनों को परास्त कर श्वेतछत्र धारण करने में भी सफल हुआ। उस समय इन्द्र के ऐश्वर्य के समान राज्य को देखकर श्वेतछत्र के नीचे बैठे-बैठे वह सोच रहा था कि यदि मैंने महासमुद्र में प्रयत्न न किया होता तो मुझे यह सम्पत्ति, यह आनन्द नहीं मिलता। तब उसने आनन्द में मग्न होकर यह गाथा कही-

मनुष्य आशा करता ही रहे। पण्डित को चाहिए कि कभी निराश न हो। मैं अपने को देखता हूँ कि मैंने जैसी इच्छा की थी वैसा ही हो गया। मनुष्य आशा करता ही रहे। पण्डित को चाहिए कि कभी निराश न हो। मैं अपने आपको देखता हूँ कि जल से स्थल पर लाया गया। बुद्धिमान मनुष्य को चाहिए कि दुःख आ पड़ने पर भी सुख की आशा न छोड़े। बहुत से दुःखों तथा सुखों का विचार न करनेवाले सहज ही मृत्यु को प्राप्त हो जाते हैं। मनुष्य के वैभव कर्म के अधीन है, चिन्तन के नहीं।

इसके बाद राजा ने राजधर्मों का पालन करते हुए कई वर्ष तक राज्य किया ।

और फिर वह समय भी आया जब मिथिला के विशाल साम्राज्य को छोड़ कर वह मूंड मुडाकर भिक्षा का पात्र हाथ में ले प्रव्रज्या ग्रहण करने हेतु तड़फने लगा। अन्ततः सबके रोकने पर भी वह संन्यासी बाना पहन हिमालय की ओर चल पड़ा। उसके बिना राजमहल सूना हो गया। रानियों का सौभाग्य चला गया तो वे बैचैन हो उठी। उसे वापस लाने वे भी उसके पीछे-पीछे चल पड़ी। महारानी सीवली ने रोते हुए कहा कि आपकी

मिथिला जल रही है। आप इस तरह अपना साम्राज्य जलने से बचाये। किन्तु राजा तो निःस्पृह हो चुका था। उसने गाथा कही- **जिनका कुछ होता है उन्हीं का तो जलता है। हम तो अकिंचन है। हमारे पास कुछ नहीं है। हम सुखपूर्वक जीते हैं। मिथिला नगरी के जलने पर मेरा कुछ नहीं जलता।.**----और वह आगे बढ़ते गया।

तब हिमालय की स्वर्णगुफा में तपस्यारत नारद ने दिव्य चक्षु से राजा के इस महाभिनिष्क्रमण को जानकर उसका उत्साह दृढ़ करने के लिए उसके समक्ष उपस्थित हो उसे गाथा कही-

इस वेष को धारण कर लेने मात्र से यह न समझना कि मैं पार हो गया हूँ। इस राह में बहुत विघ्न है।

इस पर चकित हो राजा ने पूछा, मैं जो इस लोक और देवलोक के भी कामभोगों की इच्छा नहीं करता हूँ, मेरे इस प्रकार विहार करनेवाले के राह में कौन से विघ्न है?

तब नारद ने अपना परिचय देते हुए राजा को शिक्षा दी-निद्रा, आलस्य, जम्हाई लेना, उत्कंठा तथा भोजन-मद, ऐसे बहुत से मद शरीर में निवास करते हैं। कर्म, विद्या और धर्म को दृढ़ करते हुए आप प्रव्रज्या ग्रहण करें।

और इस तरह राजा प्रव्रजित हुआ।

कथा-96

मखादेवजातक (सिर में एक श्वेत केश देखकर प्रव्रज्या ग्रहण करनेवाला राजा)

जरा और मृत्यु जीवन के अनिवार्य सत्य हैं। इस संसार में कोई भी जन्मा जीव ऐसा नहीं है जो इनसे ग्रस्त न हो। वस्तुतः जरा मृत्यु का पैगाम होती है। वैसे तो मृत्यु शिशु, युवा, वृद्ध इनमें भेद नहीं करती, मनमर्जी से वह किसी को भी ले जाने के लिए कभी भी, कहीं भी, आती है किन्तु जराग्रस्त व्यक्ति पके फल के समान मृत्यु का ग्रास बनने की मानों प्रतीक्षा ही करता है। इसीलिए भारतीय संस्कृति में गृहस्थाश्रम के बाद वानप्रस्थ में जाने की सलाह दी गयी है ताकि इसके बाद आसानी से संन्यास ग्रहण कर मोक्ष की प्राप्ति कर सके और शेषजीवन शान्ति से व्यतीत कर सके। बिस्तर पर बीमार पड़े रहकर बच्चों से सेवा लेते हुए मृत्यु की राह देखने के बजाय उसका स्वागत करने तैयार रहना कहीं अधिक जिंदगी का सुखद अन्त है।

भारतीय मनीषा ने वृद्धावस्था का महत्त्वपूर्ण लक्षण बालों का सफेद होना बताया है। **वाल्मीकि रामायण** में उल्लेख है कि एक बार सिर का मुकुट ठीक करते हुए राजा दशरथ

को अपनी कनपटी में श्वेत बाल दिखा और उन्होंने तत्काल राम को उत्तराधिकार सौंपने का मन बना लिया ताकि अब वे राजकार्य से संन्यास ले सके। **मानस** में भी दशरथ को अचानक सफेद बाल देखकर बुढ़ापा दिखायी दिया जो यह कहते सुनायी दिया-**नृप जुबराज राम कहुँ देहू। जीवन जनम लाहु किन लेहू।।** (अयो.कां.1.4) जातक कथाओं में भी इस तरह श्वेतबाल देखकर संन्यास लेने का मन बनाने वाली कुछ कथाएँ है। प्रस्तुत कथा **मखादेवजातक** [137] ऐसी ही कथा है।

वर्तमान कथा—एक बार जेतवन में विहार करते समय भिक्षुगण आपस में बुद्ध के महाभिनिष्क्रमण की बात कर रहे थे। उसी समय बुद्ध वहाँ पहुँचे और पूछा कि वे लोग क्या बातें कर रहे हैं। यह जानकर कि वे उनके ही महाभिनिष्क्रमण की बात कर रहे हैं, शास्ता कहते हैं कि यह पहली बार नहीं है कि मैंने गृहत्याग किया है, पहले भी मैं ऐसा कर चुका है। यह सुन भिक्षुओं को उनके पूर्वत्याग को जानने की जिज्ञासा हुई। इस पर शास्ता यह अतीतकथा बताते हैं।

अतीत कथा—विदेह राष्ट्र की मिथिला नगरी में मखादेव नामक राजा(बोधिसत्त्व) ने अपने नापित से कह रखा था कि मेरे केश में श्वेत बाल हो तो बताना। एक दिन नापित को राजा के सिर में एक श्वेत बाल दिखा। सोने की चिमटी से उखाड़ कर उसने उस बाल को राजा को दिखाया। उसे देखकर राजा का ऐसे लगा मानों यमराज आकर खड़ा हो गया हो! वह ऐसा उद्विग्न हुआ मानों आग लगी कुटिया में प्रविष्ट हो गया हो! उसका चित्त उद्विग्न हो उठा मन ने कहा—मूर्ख मखादेव! श्वेत केश के उत्पन्न होते तक भी तुम सांसारिक मोह का त्याग न कर सके!

बार-बार इस पर विचार करने पर राजा का अन्तःकरण धधकने लगा। शरीर से पसीना निकलने लगा। तब राजा ने संकल्प किया—आज ही मुझे प्रव्रजित हो जाना चाहिए। अब मेरे निष्क्रमण का समय आ गया है।

फिर किसी तरह स्वयं को संभाल कर उसने नापित को पर्याप्त धन दे बिदा किया और ज्येष्ठ पुत्र तथा आमात्यों को बुलाकर ज्येष्ठ पुत्र को राज्य सौंपते हुए कहा, आयु का हरण करनेवाला यह श्वेत केश मानों देवदूत के रूप में प्रगट हुआ है। यह मृत्यु की भविष्यवाणी हैं। मैंने अनेक मानुषिक भोगों का उपभोग किया है। अब मैं दिव्य भोगों की खोज करूँगा। आज ही मैं प्रव्रजित होना चाहता हूँ। और सचमुच वह ऋषिप्रव्रज्या के अनुसार प्रव्रजित हो गया।

चुल्लसुतसोम जातक में ऐसी ही कथा वाराणसी के राजा सुतसोम के सम्बन्ध में बतायी गयी है। यहाँ भी नापित द्वारा अपने सिर में सफेद बाल निकाले जाने पर राजा जरा का स्वयं पर आक्रमण जानकर तत्काल प्रव्रज्या ग्रहण करता है। यहाँ उसका पुत्र, पिता, माता, तथा रानियां सभी उससे प्रव्रज्या न लेने का रो-रोकर आग्रह करते हैं किन्तु वह अपने निश्चय पर दृढ़ रहते हुए अन्ततः प्रव्रज्या ग्रहण करता ही है।

कथा-97

कुंभकार जातक (प्रव्रज्या लेने वाले कुंभकार दंपत्ति)

व्यक्ति में कामभाव एवं घरगृहस्थी के प्रति लालसा स्वाभाविक होती है। इसके लिए कई बार वह तरह-तरह के कुकृत्य भी करता है। समाज में बढ़ते अपराधों का एक कारण यह भी है। यह कथा व्यक्ति को अनपराधी बनाने वाली प्रव्रज्या का महत्त्व बताती है। वैसे यह सच है कि भिक्षु बनने के बाद भी यह भावना व्यक्ति को पथ से विचलित कर देती है किन्तु व्यक्ति स्वयं अपनी समझदारी से अथवा गुरु के उपदेश से इन पर नियंत्रण पा सकता है। कई बार दूसरों का उदाहरण भी व्यक्ति को प्रेरित करता है। **कुंभकार जातक**[138] ऐसे ही एक दंपत्ति की कथा है जिन्होंने केवल दूसरों का उदाहरण सुनकर सांसारिक बन्धनों को तोड़कर प्रव्रज्या ग्रहण की।

वर्तमान कथा—शास्ता के भिक्षुसंघ में भी कामुकता की भावनाएँ भिक्षुओं के मन में कभी कभार पनप जाती थी। किन्तु शास्ता ऐसी भावनाओं को अपनी अन्तर्दृष्टि से तत्काल पढ़ लेते थे। एक बार श्रावस्ती में पाँच सौ मित्रों ने प्रव्रज्या ग्रहण की। कुछ ही समय बाद उनके मन में कामुकता उत्पन्न हुई। उनके मन के विचार जानकर शास्ता ने सोचा कि यह भावना इनके अर्हत्व को नष्ट कर देगी अतः उन्होंने उन्हें एकत्रित करवाया और उनको शिक्षा देने के लिए यह अतीतकथा कही। इसमें अनेक भावनाओं का त्याग कर राजाओं को प्रव्रज्या लेते हुए बताया गया है।

अतीत कथा-पूर्व समय में बोधिसत्त्व वाराणसी में कुंभकार कुल में पैदा हुए थे। युवा होने पर गृहस्थ हुए। उस समय उन्होंने चार राजाओं के प्रव्रज्या-ग्रहण की कथा सुनी और स्वयं भी प्रव्रजित होने का मन बनाया।

पहली कथा कलिंग राज्य के करण्डु राजा की थी। एक बार आम से लदे वृक्ष को देख हाथी पर बैठे हुए उसने आम तोड़ लिया। उसकी देखादेखी अन्यों ने भी ऐसा ही किया। लौटते समय उसने देखा कि आम्रवृज्ञ आम से रहित तोड़ा-मरोड़ा हुआ अत्यन्त असुन्दर लग रहा था। उसी समय उसकी दृष्टि दूसरे फलरहित आम्रवृक्ष पर गयी। भले ही वह फलरहित था किन्तु हरा-भरा अत्यन्त सुदर लग रहा था। फल नहीं होने के कारण किसी ने उसे नहीं छेड़ा था। वह जैसा था वैसे ही बना था। तब राजा के मन में भावना आयी कि गृहस्थ फल वाले आमवृक्ष के समान होते है जिन्हें कई मुसीबतों का सामना करना पड़ता है जबकि प्रव्रजित संन्यासी फल-रहित वृक्ष के समान सदाबहार रहते हैं। धनवाले को अनेक प्रकार का भय होता है जबकि जिनके पास कुछ नहीं होता उनके लिए खोने का भय भी नहीं होता। बस यह सोचकर राजा ने उसी क्षण प्रव्रज्या का संकल्प ले लिया...और भिक्षु बन हिमालय चले गया।

दूसरी कथा गंधारनरेश नग्गजी की है जिसने एक सुन्दरी को सुगंधि पीसते देखा। उसके दोनों हाथों में सोने का एक-एक कंकन था। अकेले होने के कारण उनमें कोई रगड़

नहीं हो रही थी अतः उनमें से कोई आवाज नहीं निकलती थी। कुछ देर वह दोनों कंकन को एक ही हाथ में पहन वही काम करने लगी तो रगड़ के कारण उसके कंकनों से आवाज आने लगी। यह देखसुन कर राजा के मन में आया कि सुखी और शान्त जीवन के लिए कंकन की भांति अकेले ही रहना चाहिए।...अब मैं अकेले रहते हुए दूसरों पर फैसले नहीं दूंगा, अपना ही विचार करते रहूँगा...और फिर इस राजा ने भी प्रव्रज्या ग्रहण की।

तीसरी कथा विदेह नरेश निमि की हैं जिसने एक बार एक चील को मांस का एक बड़ा तुकड़ा मुख में ले जाते देखा। क्षण भर में वहाँ अनेकों चीले पहुँच गयीं तथा छीना-छपटी करने लगा। तब उस चील ने वह मांस छोड़ दिया जिसे दूसरी चील ने तत्काल लपक लिया। राजा ने देखा, जिसने छोड़ा था वह सुखपूर्वक उड़ गयी जबकि जिसने लपका था उसके पीछे अन्य चीलें पड़ गयी। तब उसके मन में विचार आया-मैं भी ऐसा ही करूँगा, विविध भोगों का त्याग कर सुखपूर्वक अकेले रहूँगा...फिर यह राजा भी प्रव्रजित हो गया।

चौथी कथा पाँचाल नरेश दुर्मुख की है। एक बार उसने गायों के लिए वृषभों को युद्ध करते देखा। इस युद्ध में एक वृषभ के तीखे सींगों के प्रहार से दूसरे की आंतें ऐसे बाहर निकली की तत्काल उसका प्राणांत हो गया। तब उसने मन में सोचा-कामुकता के कारण उनमें युद्ध हुआ। इसी कारण एक ने दूसरे की आंतें निकाल दी। सभी प्राणी कामुकता के कारण कांपते हैं। मैं प्राणियों को आंदोलित करनेवाली कामुकता को छोड़ दूंगा...और वह भी प्रव्रजित हो गया।

कुंभकार ने ये सारी कथाएँ अपनी पत्नी को बतायी और मन की बात भी बतायी कि मैं भी प्रव्रज्या ग्रहण करना चाहता हूँ। इस पर पत्नी भी प्रव्रज्या लेने उत्सुक हो गयी. ..आपकी बात सुन मेरा चित्त घर में नहीं रम रहा है। मैं पुरुष के हाथ से मुक्त पक्षी की भांति अकेली विचरण करना चाहती हूँ। पत्नी की बात सुन कुंभकार मौन रहा।...बच्चे अभी छोटे हैं, यदि दोनों ने संन्यास ले लिया तो इनका क्या होगा? वह अभी सोच ही रहा था कि पत्नी घड़ा लेकर यह कहते हुए घर से निकली कि जल लेकर आती हूँ...पर लौट कर नहीं आयी। वह भाग कर नगर की सीमा पर तपस्वियों के पास पहुँच कर प्रव्रजित हो गयी।

कुंभकार को जब यह बात पता चली तो उसने बच्चों की खातिर स्वयं का प्रव्रजित होना स्थगित रखा। बच्चों के बड़े होने पर उन्हें सम्बन्धियों को सौंपकर फिर वह प्रव्रजित हुआ। वाराणसी में भिक्षा माँगते समय एक बार दोनों प्रव्रजित पति-पत्नी की भेंट हुई। पति को प्रणाम कर परिव्राजिका ने पूछा—आर्य! लगता है बच्चों को तुमने नष्ट कर दिया !

इस पर कुंभकार ने कहा—नहीं, मैंने बच्चों को तब छोड़ा जब वे भलाबुरा पहचानने योग्य हो गये।...और फिर वह मजेदार बात कहता है कि कैसे उसने जाना कि वे भलाबुरा जानने योग्य हो गये हैं। वह कहता है, मैंने चार दिन अलग-अलग प्रकार का भात पकाया। एक दिन कच्चा रखा, एक दिन बहुत गीला रखा, एक दिन अलूना रखा और एक दिन अधिक नमक डाल कर पकाया। हर बार बच्चों ने भात में कमी निकाली। तब

मैं समझ गया कि ये कच्चा, पक्का, अलूना और बहुत नमकीन समझ गये है, अब ये अपने सामर्थ्य से जीवित रह सकते हैं। तब मैंने सम्बन्धियों को उन्हें सौंपते हुए उनसे आग्रह किया कि इनका पालन करना...और फिर प्रव्रजित हुआ।

लगता है कि इसके बाद कुंभकार ने पत्नी को बच्चों को छोड़कर चुपचाप भागकर प्रव्रजिता होने के लिए उलाहना दी होगी किन्तु ऐसा नहीं है, बल्कि वह कहता है, 'अब तुम बच्चों की चिन्ता छोड़कर सुखपूर्वक भिक्षाचर्या में रत रहो, मैं भी भिक्षाचर्या में रत हूं।'

इसके बाद दोनों अपनी-अपनी राह आगे बढ़ गये। फिर उन्होंने कभी एक दूसरे को नहीं देखा।

कथा-98

वट्टकजातक (निःस्पृह रहकर मुक्त होने वाला जातक)

जीव के सामने जीवन में कई बार अकारण ही कठिन परिस्थिति उत्पन्न हो जाती है। वस्तुतः जब तक हम संसार के बन्धन में रहते हैं तब तक तरह-तरह की परेशानियां लगी ही रहती है। इनसे जो निःस्पृह रहता है, वही कल्याण की, प्रव्रज्या की, प्राप्ति करता है। यह कथा **वट्टकजातक**[139] यही सन्देश देती है।

वर्तमान कथा—तब श्रावस्ती में श्रेष्ठिपुत्र के रूप में बोधिसत्त्व पैदा हुए थे। जहाँ अन्य श्रेष्ठिपुत्र विलास में मग्न रहते थे वहाँ इन्हें विलास में कोई आसक्ति नहीं थी। एक बार श्रावस्ती में कार्तिक रात्रि के उत्सव मनाने की घोषणा हुई। सभी श्रेष्ठिपुत्रों ने इसके लिए भारी उत्साह के साथ जोर-शोर से तैयारी प्रारम्भ की किन्तु बोधिसत्त्व शान्त थे। अन्य मित्रों का विवाह हो चुका था अतः वे अपनी-अपनी पत्नियों के साथ उत्सव की तैयारी कर रहे थे किन्तु बोधिसत्त्व अविवाहित थे। तब मित्रों ने कहा कि इस उत्सव हेतु हम तुम्हारे लिए भी एक स्त्री लाएँगे...और मना करने पर भी एक वेश्या को अलंकृत कर उनके शयनागर में भेज दिया। किन्तु बोधिसत्त्व ने न उसकी ओर देखा न उससे कोई बात की।

तब उस वेश्या ने उन्हें लुभाने की अनेकानेक चेष्टाएँ कि किन्तु नाकाम रही। बोधिसत्त्व को उसमें उन्हें कोई आकर्षण नजर नहीं आया। वह तो उन्हें अस्थिमज्जा और हड्डियों का समूहमात्र ही प्रतीत हुई।

अन्ततः कुछ देर बाद बोधिसत्त्व ने उसे परिव्यय (खर्च) दे रात को ही बिदा कर दिया।

उधर रात्रि में उसे अकेले लौटते देख एक अन्य धनिक उसे अपने घर ले गया। लडकी की माता यह नहीं जानती थी अतः उत्सव समाप्त होने पर वह उसे लेने बोधिसत्त्व के पास पहुँची। किन्तु वह वेश्या तो रात्रि को ही उनके घर से बिदा हो चुकी थी। बोधिसत्त्व

कहाँ से उसे देते। किन्तु बेटी को माँ बोधिसत्त्व के घर ही छोड़ गयी थी अतः उसके न मिलने पर क्रोधित हो माँ बोधिसत्त्व को राजा के पास घसीट कर ले गयी तथा फरियाद की कि मेरी बेटी इससे वापस दिलवाओ या फिर इसे राजदंड दो।

तब राजाज्ञा का पालन करते हुए जल्लाद उन्हें दंड के लिए ले गये। सारे नगर में कोहराम मच गया। जब वेश्या को यह बात पता चली तो वह स्वयं राजपुरूषों के पास पहुँची और उन्हें मुक्त कराया।

इस घटना से बोधिसत्त्व के मन में विचार आया कि गृह में रहने के कारण मुझे यह दुःख हुआ है अतः मैं गृहत्याग कर प्रव्रजित हो जाऊंगा...और उन्होंने ऐसा ही किया।

इसी सन्दर्भ में शास्ता एक बटेर की कथा बताते हैं जो पकड़े जाने पर शिकारी के दाने-पानी से निःस्पृह रहकर मुक्त होता है।

अतीत कथा—पूर्वसमय ने बोधिसत्त्व बटेरयोनि में जन्म लिया था। उस समय बहुत सारे बटेरों के साथ यह बटेर भी एक शिकारी के जाल में फँस गया। तब शिकारी इन पकड़े गये बटेरों को बेचने के पूर्व दानापानी देता था ताकि इन्हें हृष्टपुष्ट देखकर खरीददार अधिक पैसा देकर इन्हें खरीदे।

यह बटेर शिकारी की चालाकी समझ गया, सो उसने दानापानी चुगना बंद कर दिया। शीघ्र ही वह अत्यन्त दुर्बल हो गया। उसकी यह हालत देख शिकारी ने उसे पिंजडे से बाहर निकाल कर हाथ में रखा ताकि उसके दुर्बल होने का कारण जान सके। तभी यह बटेर शिकारी के हाथ से निकल कर उड़ कर उसके बन्धन से मुक्त हो गया। तब जंगल के अपने साथियों के पास पहुँच कर उसने यह गाथा कही-

जो जन विचार नहीं करता वह मुक्ति को प्राप्त नहीं होता। विचार करने का फल देखो। मैं मरणबन्धन से मुक्त हो गया।

कथा-99

सुधाभोजन जातक(अमृत का भोजन करनेवाला प्रव्रजित साधु)

मनुष्य कंजूस हो वहाँ तक ठीक है, किन्तु ऐसी भी क्या कंजूसी की स्वयं के खाने में कंजूसी करे ताकि घर के किसी सदस्य को उसमें हिस्सा न देना पड़े ......और लालच के कारण रुग्ण हो जाये! पर ऐसा होता है। यहाँ एक ऐसे ही कंजूस सेठ की कथा है किन्तु बाद में उसमें ऐसा परिवर्तन हुआ कि अमृत तक वह किसी को देने के बाद ही ग्रहण करता था।

वर्तमान कथा—वैसे **सुधाभोजन जातक**[140] की वर्तमानकथा एक ऐसे भिक्षु के विषय में है जो आदर्श भिक्षु है। सबसे बड़ी बात, भिक्षा में उसे जो भी मिलता, यहाँ तक

की चूल्लु भर पानी भी, वह कभी भी अकेले ग्रहण नहीं करता है। दूसरे भिक्षुओं को पहले देता, फिर स्वयं लेता।

शास्ता के कानों तक जब इस भिक्षु की बात पहुँची तो उन्होंने बताया कि यह पहले ऐसा नहीं था। पहले यह महाकंजूस था। मैंने उसके इस स्वभाव को बदला है।

अतीत कथा—शास्ता बताते कि अतीत में यह वाराणसी में एक महासेठ था किन्तु कंजूस इतना की तिनके के सिरे पर लगने वाले तेल की बूंद भी यह किसी को नहीं देता था। वैसे इसके पितामह, पिता तथा अन्य अग्रज ठीक इसके विपरीत थे। वे दानशालाएँ बनवाकर इतना दान करते कि मरने के बाद वे स्वर्ग गये। पिता को तो स्वर्ग में इन्द्र पद भी मिला। पर इस सेठ को स्वर्गसुख से कोई मतलब नहीं था। उसे अपनी धनसंपदा इतनी प्रिय थी कि उसे देखकर ही उसे स्वर्गीय सुख मिलता था। इसीलिए उसने अपने वंश की परम्परा का त्याग कर दान देना बंद कर दिया और अत्यन्त कंजूसी से धन का संग्रह करने लगा।

धन-संग्रह का इस सेठ को इतना चसका लगा कि वह अपने परिवार तक को भूखा रखता और स्वयं भी दरिद्रावस्था में रहता। वह कांची या सकुण्डक जैसे मोटा भात खाता, जड़ों जैसे धागों से बने मोटे वस्त्र पहनता, पत्तें का छाता सिर पर ले बूढ़े बैल से जुते पुराने रथ पर बैठकर कहीं जाता। उसका विशालधन उसके लिए वैसा ही था जैसे कुत्ते के लिए नारियल होता है।

एक बार वह अपने किसी मित्र के घर गया। उस समय वह मित्र अपने परिवार से घिरा नवीन घी और शर्करा (शक्कर) से बनी खीर खाने बैठा ही था। उसे आते देख मित्र ने उसे खीर खाने निमंत्रित किया। खीर देखकर महासेठ के मुख में पानी आ गया किन्तु उसने अपने को रोक लिया, इसलिए नहीं कि उसने गरीबों का सा भोज्य ग्रहण करने का कोई संकल्प लिया था, वरन इसलिए कि यदि वह मित्र की खीर खायेगा तो जब यह उसके घर आयेगा उसे भी इसका मीठे से सत्कार करना होगा और वह चुपचाप मित्र को खीर खाते देखते बैठे रहा।

इस बीच उसका मुख पानी से भरते रहा। घर आकर भी उसे खीर की सुगंध, उसकी स्मृति आती रही । खीर-तृष्णा बढ़ती गयी। महासेठ था, चाहता तो उससे भी अच्छी खीर बनवा सकता था किन्तु इस भय से नहीं बनवाया कि इसमें बहुत खर्च होगा। अब खीर उसके अकेले के लिए तो नहीं बनेगी। इतना बड़ा परिवार था, घर में खीर बनी तो सबको देनी होगी, सो वह मन मार कर रह गया।

किन्तु खीर की स्मृति ऐसी थी कि जाती ही नहीं थी। दो दिन हो गये। उससे कुछ अन्य खाया-पिया ही नहीं जाता था। उसके शरीर का रंग पीला पड़ गया।

इधर सेठानी बार बार आकर पूछती-क्या कष्ट है स्वामी आपको? बताइये तो सही। आप इतने रुग्ण कैसे होते जा रहे हैं?

अन्ततः उसे सेठानी को बताना पड़ा कि मित्र के घर की खीर का स्मरण उसे सता रहा है। सेठानी हँसी, 'बस इतनी सी बात! क्या हम दरिद्र हैं? अभी उससे भी अच्छी खीर पकाती हूँ। इतनी पकाऊंगी कि सारा वाराणसी खा ले।'

सेठ को लगा मानों किसी ने सिर पर डंडा दे मारा हो! क्रुद्ध हो बोला—'सारा वाराणसी! क्या अपने बाप के घर से सामान लाई हो जो सारे नगर को खिलाओगी?'

सेठानी को अपनी भूल समझ में आयी। बोली, 'नहीं स्वामी! सारे नगर को नहीं। पर हां, इतना तो बनाऊं की आस-पड़ोस के यहाँ भेज सकूं।'

'क्यों? पड़ोसियों को देने की क्या आवश्यकता है? उन्हें खाना होगा तो अपने घर का खाएँगे।' अच्छा बाबा इतना ही बनाऊंगी कि अपना परिवार खा सके।'

'नहीं नहीं! सबके लिए बनाने की जरूरत नहीं है।'

'अच्छा तो केवल अपन दोनों के लिए ही बना लेती हूँ' सेठानी उठते हुए बोली।

पर सेठ अभी भी प्रसन्न नहीं था। बोला, 'तुम्हें खीर से क्या प्रयोजन? खीर खाने की इच्छा तो मुझे हुई है ना।'

बेचारी सेठानी! मन मार कर बोली—'चलो केवल आपके लिए बना देती हूँ। अब तो खुश हो।'

पर सेठ अभी भी खुश नहीं था। 'घर में खीर बनेगी तो सबको पता चल जायेगा। सब खीर की आशा करेंगे। ऐसा कर तू मुझे खीर बनाने की सारी सामाग्री दे दे। मैं जंगल में अकेले जाकर वहाँ एकांत में पकाकर खाऊंगा।'

यह तो हद थी। पर सेठानी के पास सेठ की आज्ञा मानने के सिवा और कोई चारा नहीं था। सो उसने सारी सामाग्री एक बर्तन में लाकर दे दी।

और जंगल के एकांत में सेठ ने किसी तरह अपने लिए खीर बना ही ली। किन्तु जैसे ही वह खीर खाने बैठा जाने कहाँ से एक के बाद एक पाँच ब्राह्मण उसकी खीर में हिस्सा बटाने आ गये। उसने कहा भी कि उसने केवल अपने लिए खीर पकाई है पर वे ब्राह्मण जबरदस्ती उसके सामने बैठ गये कि कोई बात नहीं, तुमने थोड़ा भी बनाया है तो भी थोड़े में से ही तुम्हें अतिथि का हिस्सा निकालना चाहिए।

आगे उन्होंने यह गाथाएँ कही-

उसका यज्ञ व्यर्थ है, उसका प्रयत्न व्यर्थ है जो अतिथि के बैठे रहने पर स्वयं खाता है।

तरह-तरह के तीर्थों में यज्ञ करने की अपेक्षा अतिथि को भोजन देकर यज्ञ करना अधिक श्रेष्ठ है।

वह व्यक्ति लंबी डोरी वाला मछली का कांटा ही निगलता है जो अतिथि के बैठे रहने पर अकेले भोजन करता है।

अब इतने उपदेश के बाद उस महासेठ को इन ब्राह्मणों को अपनी खीर में से थोड़ा-थोड़ा प्रसाद देने राजी होना ही पड़ा। खीर लेने हेतु पत्ते ले आओ, कहने पर जब वे ब्राह्मण बड़े-बड़े पत्ते लाये तो सेठ ने उसमें देने से मना कर दिया, उनसे छोटे-छोटे पत्ते मंगवाये।

फिर सेठ मन मार कर उनपर थोड़ी थोड़ी खीर डालने लगा। तभी अचानक चमत्कार हुआ। क्षण भर पहले जिन्हें वह दरिद्र ब्राह्मण समझ कर हिराकत से देख रहा था उन्हें एक भयानक कुत्ते के आ जाने से अचानक उछल कर आकाश में जाते देख वह चमत्कृत रह गया। पूछा—'आप लोग कौन है? अवश्य ही आप सिद्ध पुरूष हैं।' इस पर उन्होंने बताया कि हम तुम्हारे पूर्वज हैं। हममें से सभी देवता के पद पर है। स्वर्ग के सुखों का उपभोग करते हैं। यह सब हमने दान की वजह से ही पाया है। एक तुम हो जो हमारे कुल की परम्परा को खो रहे हो। हम सब यहाँ तुम्हारी खीर के लिए नहीं आये हैं, तुम्हें शिक्षा देने आये हैं।

यह देख महासेठ की आँखे खुल गयी। उन्हें प्रणाम कर वह घर गया। जो कुछ उसके पास था, दान देकर हिमालय जाकर वहाँ पर्णशाला बनाकर तपस्या करते हुए रहने लगा।

किन्तु कहानी अभी समाप्त नहीं हुई।

इस कथा को आगे बढ़ाने के लिए यहाँ प्रस्तुत एक दूसरी कथा देखते हैं। दोनों कथाएँ बाद में मिल जाएँगी।

एक बार इन्द्र की चार दत्तक कन्याएँ 'श्री ''आशा' 'श्रद्धा' और 'ह्री'(लज्जा), घूमते हुए जलक्रीड़ा हेतु हिमालय के एक सरोवर में पहुँची। वे सब अभी आनन्द मना ही रही थीं कि वहाँ नारद पहुँचे। उनके हाथों में देवताओं के लिए भी दुर्लभ पुष्पों की माला थी। नारद मुनि को देख चारों कन्याओं ने उठकर उन्हें प्रणाम किया। मुनि के हाथों के दिव्य पुष्पों को देख वे बोल पड़ी-मुनिवर यदि आपने इन्हें अन्य किसी को देने का संकल्प न किया हो कृपया इन्हें हमें दे दें।...किन्तु पुष्पमाला तो एक थी, कन्याएँ चार थीं। किसे दे! वैसे भी नारद कलहप्रिय थे अतः झट मन में विचार कर कहा— तुममें से जो सर्वश्रेष्ठ हो वह इसे ले ले।

कन्याएँ सोच में पड़ गयीं। अब स्वयं को कोई कैसे सर्वश्रेष्ठ कह सकता था सो उन्होंने यह निर्णय नारद पर ही छोड़ दिया। ...आप जिसे पुष्पमाल देंगे वही सर्वश्रेष्ठ हो जायेगी। पर नारद आसानी से कलह लगाने का यह मौका कैसे छोड़ सकते थे? सो उन्होंने मजा लेते हुए कहा—नहीं नहीं! यह ठीक नहीं होगा। यह तो तुम लोगों में कलह बढ़ाने वाली बात होगी। मैं ब्राह्मण भला यह कैसे कर सकता हूँ? ऐसा करो तुम लोग अपने पिता से ही इसका निर्णय करवा कर आओ।

तब चारों इन्द्र के पास निर्णय हेतु पहुँची। इन्द्र पिता थे। उनके लिए चारों कन्याएँ बराबर थी। सो उन्होंने भी निर्णय करने से मना कर दिया। हां, एक सुझाव दिया।

हिमालय में एक कोसिय तपस्वी है। पहले वे वाराणसी के महासेठ थे। पर अब तपस्यारत हैं। वे यह निर्णय करेंगे।

'पर वे ऐसा कैसे और क्यों करेंगें? उन्होंने भी यदि मना कर दिया तो?'

'मेरे पास एक उपाय है। मेरे पास एक अमृत है जो बारह प्रकार की बुराइयों को दूर करनेवाला है। क्षुधा, प्यास, उत्कंठा, थकावट, क्रोध, डाह, विवाद, चुगलखोरी, शीत, उष्णता तथा तन्द्रा को यह दूर करता है। मैं इसे एक घट में कोसिय के पास भेजूंगा। उसी समय तुम वहाँ पहुँच जाना। वह तपस्वी कोई भी चीज बिना किसी को दिये नहीं ग्रहण करते हैं। वह तुममें से जिसे अमृत देंगे वह सर्वश्रेष्ठ होगी क्योंकि कोसिय बिना सोचे समझे दान नहीं देते। वह श्रेष्ठतम् को ही दान देते हैं।'

कन्याओं को यह निर्णय अच्छा लगा......और वे अमृतघट के पहुँचते ही कोसिय तपस्वी के पास पहुँच गयीं। मुनि अभी सोच ही रहे थे कि किसे दान देकर मैं इसे ग्रहण करूँ, उसी समय चारों चार दिशाओं से प्रगट हुईं।

चार दिशाओं में खड़ी चार कन्याओं में से सबसे पहले पूर्व में खड़ी 'श्री' मुनि के पास पहुँची। अपना परिचय देते हुए बताया कि मैं श्री हूँ। मै जिसका सुख चाहूँ वह प्राणी सभी कामनाओं को पा आनन्दित होता है। पर मैं सुधा की कामना से यहाँ आयी हूँ।

श्री का सौंदर्य अनुपम था पर कोसिय उससे जरा भी प्रभावित नहीं हुए । बल्कि उन्होंने उसमें दोष गिनाते हुए कहा कि तुम्हारे बिना शिल्प, विद्या, आचरण और बुद्धि से युक्त व्यक्ति भी कुछ नहीं पा सकता। अपने कार्य में दक्ष होते हुए भी व्यक्ति तुम्हारे बिना कंगाल रहता है। पर यह उचित नहीं है। मैं देखता हूँ कि तुम्हारी कृपा होने पर आलसी, बहुत खाने वाला, निम्नकुल का भोगी जन जातिसम्पन्न, श्रेष्ठ पुरुष से भी दास की भांति व्यवहार करता है। तुम अविवेकी की भांति लोगों को अनुगृहित करती हो। पण्डितों को पतित करनेवाली यह तुम्हारी मूढता ही कही जायेगी। तुम अमृत क्या, आसन और जल देने योग्य भी नहीं हो। तुम मुझे अच्छी नहीं लग रही हो अतः यहाँ से चली जाओ।

बेचारी लक्ष्मी! अपना सा मुंह लेकर उसे जाना पड़ा।

अब पारी 'आशा' की थी। आशा के सौंदर्य की तापस ने प्रशंसा की किन्तु उन्हें उसका व्यवहार विचित्र लगा। वे कहते हैं--जैसे शिकारी द्वारा फेंके गये तीर से बच गयी मृगी भयभीत हो इधर-उधर देखती है वैसे ही तुम इस वन में किससे भयभीत हो? तुम्हारा द्वितीय कौन है? इस पर आशा ने कहा—मेरा यहाँ कोई द्वितीय नहीं है। मैं तैतीस भुवन में उत्पन्न देवी आशा हूँ। अमृत की आशा से आयी हूँ।

किन्तु कोसिय ने श्री की भांति आशा के कार्य की निन्दा करते हुए कहा कि तुमसे प्रेरित होकर व्यापारी धन की इच्छा से नौका पर चढ कर समुद्र में जाते हैं। वे कभी वहाँ डूब भी जाते हैं। वे धनविहीन होकर विनाश को प्राप्त होते है। कृषक फल की आशा से खेती करते हैं, वे बीज बोते हैं और फल बचाने के अनेक उपाय करते हैं। किन्तु किसी

उपद्रव के कारण अथवा वर्षा न होने से उन्हें कुछ फल नहीं मिलता। सुखकामी मनुष्य आशान्वित होकर युद्ध में स्वामी की बहुत सेवा करते हैं। किन्तु उन्हें क्या मिलता है? स्वर्ग के लाभ की आशा से अनेक लोग धनसम्पत्ति छोड चिरकाल तक कठोर तप भी करते हैं पर कई बार कुमार्गी होकर दुर्गति को प्राप्त होते हैं। हे आशे! तुम ठगिनी हो, तुम अमृत की आशा छोड़ यहाँ से चली जाओ। तुमको भी मैं आसन और उदक देने तक के योग्य नहीं समझता, अमृत कहाँ से दूं?

इतना कुछ सुनने के बाद बेचारी आशा भी वहाँ से अपना सा मुंह लेकर चली गयी। (महाभारत में भी एक स्थान पर आशा और आशावान व्यक्ति की निन्दा की गयी है । यहाँ कहा गया है कि आशा और आशावान की दुर्बलता के समान और किसी की दुर्बलता नहीं है। यह वाक्य एक मुनि सुमित्र नामक उस राजा से कहते हैं जो सारे दिन एक मृग के पीछे उसे पाने की आशा में भटकता हुआ अन्ततः थका हारा मुनि के आश्रम में पहुँच कर उनसे बताता है कि भग्नाशा उसे अत्यन्त कष्ट दे रही है। राजा मुनि से पूछता है कि जैसे आकाश का कोई अन्त नहीं दिखता वैसे ही आशा का भी मुझे कोई अन्त नहीं दिखता किन्तु कृपया आप मुझे आशा के सामर्थ्य के विषय में ठीक-ठीक बताइये। इस पर ही मुनि कहते हैं कि **आशा और आशावान की दुर्बलता के समान और किसी की दुर्बलता नहीं है।** यहाँ उल्लेखनीय है कि गीता में भी कृष्ण अर्जुन से **निराशी** और **निस्त्रैगुण्य** होना मोक्ष के लिए आवश्यक बताते हैं।)

अस्तु, फिर 'श्रद्धा' आयी। अपना परिचय दिया, 'मैं मनुष्यों द्वारा पूजित श्रद्धा नामक देवी हूँ। सदा निष्पाप मनुष्यों की संगत में रहती हूँ। अमृत पाने आपके पास आयी हूँ।'

किन्तु तापस को श्रद्धा भी पसन्द नहीं आयी। उसके दुर्गुण गिनाते हुए कहा—इस पृथ्वीलोक पर प्राणी जिस किसी के कहने का विश्वास करके तदनुसार आचरण करते हुए प्रायः कर्त्तव्य की अपेक्षा अकर्त्तव्य ही अधिक करते हैं। दान, दमन, त्याग आदि लोग जैसे श्रद्धा से प्रेरित होकर करते हैं वैसे ही चोरी, झूठ, ठगी तथा चुगलखोरी भी तुम्हारे द्वारा पतित होकर करते हैं। अपनी सदाचारिणी पत्नी को छोड़कर कुम्भदासी की बात पर विश्वास करते हैं। परदारागमन करते हैं। तुम तो शुभकर्म नष्ट करनेवाली पापिनी हो। तुम्हारे समान लोकविनाशिका पापधर्मिणी कोई नहीं है। तुम यहाँ से चली जाओ। मुझे तुम अच्छी नहीं लग रही हो।

इस तरह श्रद्धा भी मायूस होकर लौट गयी। अन्त में उत्तर दिशा में खड़ी 'ह्री' देवी को बुलाकर कोसिय तपस्वी ने उसका परिचय पूछा—'तुम कौन हो? तुम कुछ बोलना तो चाह रही हो पर बोल नहीं रही हो।' इस पर ही ने सककुचाते हुए गाथा कही-

मैं मनुष्य द्वारा पूजित 'ह्री ' नामक देवी हूँ। मैं सदा निष्पाप लोगों की संगति में रहती हूँ। अमृत सम्बन्धी विवाद के कारण मैं यहाँ आयी हूँ। किन्तु मैं तुमसे अमृत नहीं माँग सकती क्योंकि स्त्रियों के लिए कुछ माँगना निर्लज्ज होने के समान है।

ह्री की बात सुन तपस्वी प्रसन्न हो गये। कहा, 'हे सुगात्री! धर्म से अथवा ज्ञान से तुम्हीं अमृत पाओगी। अमृत का न माँगना ही धर्म है। तुम न माँगने वाली को ही मैं यह देता हूँ। न केवल यह अमृत बल्कि और भी जो तुम इच्छा करोगी वह पाओगी। तुम मेरे आश्रम में निमंत्रित हो। तुम सभी रसों द्वारा पूज्य हो। तुम्हारी पूजा करके ही मैं शेष अमृत ग्रहण करूँगा'...और इस तरह ह्री ने सादर अमृत ग्रहण कर इन्द्र की सर्वश्रेष्ठ कन्या होने का खिताब पाया, साथ ही नारद से दिव्य पुष्पों की माला भी पाई।

वैसे इन्द्र को मुनि के इस निर्णय पर आश्चर्य हुआ। तब मुनि ने ह्री की प्रशंसा करते हुए उसके गुणों के विषय में कहा—**ह्री (लज्जा) के कारण ही महिलाओं के मन में जब परपुरुष के प्रति राग जागता है तो वह अपने चित्त को रोक लेती है। शर और शक्ति के बीच संग्राम में पराजित होकर सैनिक गिरने लगते हैं तब ह्री के कारण ही अपने प्राणों का मोह छोड़ रुक जाते हैं और विजय प्राप्त करते हैं। जिस प्रकार समुद्रतट सागर की लहरों को रोकता है उसी प्रकार ह्री मनुष्यों को पाप करने से रोकती है।**

मुनि यह भी कहते हैं कि **श्री तो धनी प्रतीत हुई, श्रद्धा अनित्य, आशा संदिग्ध, पर ह्री ही आर्यगुण में स्थित प्रतीत हुई।**

कथा-100

गंगमाल जातक (अधमासा नामक प्रव्रजित होने वाला राजा)

व्यक्ति की तृष्णा असीम होती है। जो मिलता है उससे वह कभी सन्तुष्ट नहीं होता, अधिकाधिक की कामना करते जाता है...और फिर अनेकानेक प्रकार के अपराध करने प्रवृत होता है। किन्तु यदि उसे समय पर समझ आ जाती है तो वह न केवल अपराध से निवृत होता है वरन् हमेशा के लिए अपराध का त्याग कर संन्यासी बन जाता है। **गंगमाल जातक** [141]ऐसे ही एक राजा की कथा है।

वर्तमान कथा—यहाँ वर्तमान कथा में शास्ता जेतवन में विहार करते समय उपासकों को उपोसथव्रत के विषय में बताते हैं कि इस व्रत के व्रती को दान देना चाहिए, क्रोध नहीं करना चाहिए, सबसे मैत्री रखना चाहिए। इस व्रत का एक खण्ड करने से भी लोगों को बहुत यश मिलता है। आगे शास्ता ऐसे ही एक व्रती को यशलाभ प्राप्ति की अतीत कथा बताते हैं। यहाँ उसकी असीम तृष्णा का भी उल्लेख है जो एक राजा का आधा राज्य प्राप्त करने के बाद भी शान्त नहीं होती।

अतीत कथा—उस समय बोधिसत्त्व एक गरीब मजदूर परिवार में पैदा हुए थे। वे एक सेठ के घर मजदूरी करने गये। वहाँ घर के नौकर भी मालिक के साथ उपोसथ व्रत रखते हैं, यह उन्हें नहीं पता था। आधा दिन बीत जाने के बाद जब उन्हें पता चला तो

उन्होंने भी व्रत रखा। किन्तु अन्यो के समान उन्होंने प्रातःकाल व्रत प्रारम्भ होने के पूर्व कुछ भी नहीं खाया था अतः वे मरणासन्न हो गये। मरते समय उनके मन में वाराणसी नरेश का वैभव देख राजा बनने का लोभ पैदा हो गया। व्रत के प्रभाव से अगले जन्म में वाराणसी में राजकुमार के रूप में जन्मे। उन्हें व्रत का पूर्वज्ञान था अतः हमेशा हर्षवाक्य कहते रहते थे कि पूर्वजन्म मे उपोसथ व्रत रखने के कारण मैंने राजकुमार के रूप में जन्म लिया है। पिता के मरने पर वे वाराणसी के राजा बने।

एक बार नगर में उत्सव की तैयारी प्रारम्भ हुई। राजा झरोखे में खड़ा हो बाहर का दृश्य देख रहा था। अचानक उसकी नजर एक भिश्ती पर पड़ी जो दोपहर की कड़ी धूप में अंगारों के समान तपती हुई रेत पर चिथड़े पहने हुए चला जा रहा था किन्तु उसे न धूप लग रही थी न गरम हवा। वह तो मजे से झूमते हुए, गाते हुए अपनी ही रौ में चला जा रहा था। राजा को आश्चर्य हुआ कि आखिर क्यों यह इतना प्रसन्न है? उसने उसे बुलवाया और पूछा–'पृथ्वी अंगार हो रही है, भूमि पर जलती हुई आग बिछी है, फिर भी तुम राग आलापते हुए चले जा रहे हो! क्या तुम्हें धूप नहीं जलाती?'

इस पर उसने कहा–'हे राजन्! मुझे धूप नहीं, कामनाएँ जलाती हैं। मैं अपनी प्रिया के साथ उत्सव मनाने जा रहा हूँ इसलिए मुझे न धूप लग रही है न गरम हवा।'

आगे वह राजा को बताता है कि मैंने उत्तर द्वार पर भिश्ती का काम किया था जिससे मुझे कुछ मजदूरी मिली। उसे मैंने चारदिवारी की ईंटों के बीच छिपा कर रखा है। मेरे ही समान एक दरिद्र मजदूरन है जो दक्षिणद्वार पर काम करती है। उससे मेरे प्रेम सम्बन्ध हो गये। उसने कहा कि आज नगर में सब उत्सव मना रहे हैं हम भी मनाएँगे। मेरे पास आधा मासा है क्या तेरे पास कुछ है? इस पर मैंने कहा कि हां मेरे पास है पर उत्तरद्वार पर है। इस पर प्रसन्न हो उसने कहा–जा तू अपना धन ले आ। मेरे और तेरे धन से हम सुंगधी और सुरा लेंगे और उत्सव मनाएँगे। ...मैं वही धन लेने जा रहा हूँ। प्रिया के साथ उत्सव मनाने की खुशी में मुझे न धूप लग रही है न गरम हवा, इसीलिए मै गाते हुए जा रहा था।

'पर उत्तर और दक्षिण द्वार में तो बारह योजन की दूरी है...इतनी दूर तुम कैसे पार करोगे?'

'उसमें क्या है? छह योजन तो पार कर चुका हूँ, बस छह योजन और जाना है।'

उसे कुछ देने के विचार से राजा ने पूछा–'क्या उत्तरद्वार पर रखा तेरा कोष एक लाख है?'

'नहीं देव!'

'क्या पचास हजार है?'

क्या चालीस हजार, बीस हजार, दस हजार, एक हजार, एक कार्षापण, आधा कार्षापण, एक मासा है? राजा पूछते गया और हर बार भिश्ती 'नहीं देव नहीं देव' कहता रहा पर जैसे ही राजा ने कहा–क्या आधा मास हैं, तो झट से प्रसन्न हो बोल पड़ा-हां

देव! इतना ही है। बस उसे लाकर मै अपनी प्रिया के साथ रमण करुंगा। उसके आधे मासे से सुंगधी लेंगे और मेरे आधे मासे से सुरा। और फिर उत्सव में मजा करेंगे। (आधा भाखा लगभग आधा ग्राम)

राजा मन ही मन हंसा। उसे उस पर दया भी आयी, अतः बोला, 'मैं तुझे आधा मास दूंगा। इतनी धूप में तू वहाँ न जा।'

'देव! आपकी बात मानकर उसे लूंगा पर अपने आधे मासे को भी नहीं छोडूंगा।'

'अच्छा मैं एक मास देता हूँ। तू वहाँ मत जा।'

'देव! आपकी बात मानकर उसे लूंगा पर अपने आधे मासे को भी नहीं छोडूंगा।'

अच्छा तुझे दो मास दिये रुक जा, ऐसा कहते-कहते राजा ने उसे एक कार्षापण(तांबे का सिक्का), एक हजार, एक करोड़, फिर दो करोड़ तक देने की बात कही, यहाँ तक कहा कि तुम्हें मन्त्री पद दूंगा, उपराजा बनाऊंगा पर वह अपनी रट लगाये रहा कि सब लूंगा पर आधा मास लेने अवश्य जाऊंगा। अन्त में राजा द्वारा जब आधा राज्य देने की बात हुई तब वह तैयार हो गया।

राजा ने प्रसन्नतापूर्वक उसे नहलवाकर अलंकृत करवाया और अपने राज्य के दो तुकड़े कर आधा राज्य उसे दिया। पर वह भिश्ती भी खूब था। अभी भी उसके मन से आधे मासे का लोभ नहीं गया था इसीलिए उसने उत्तरद्वार तरफ का राज्य माँगा, जहाँ उसका आधा मास रखा था! तब से लोग उसे अर्धमास राजा कहने लगे।

पर क्या अर्धमासा राजा ने अपनी प्रिया के साथ वह उत्सव मनाया जिसके लिए वह इतना उत्सुक था? कहानी इस सम्बन्ध में मौन है पर यहाँ समाप्त नहीं हुई है।

अब चूँकि भिश्ती राजा बन गया था अतः राजा ने उसे अपना मित्र बना लिया। दोनों मिलजुल कर राज्य करने लगे। भिश्ती के लिए तो यह सब सपने जैसा था। इतने सुख की उसने कल्पना नहीं की थी। पर तृष्णा कभी नहीं मरती शायद इसलिए उसे लगता था कि काश मुझे पूरा राज्य मिल जाता!

एक बार उसके मन में विचार आया कि क्यों न राजा को मार दिया जाये जिससे पूरे राज्य का स्वामी बन सकूं। एक दिन उपवन में राजा उसकी गोद में सिर रखकर लेटा हुआ था। अच्छा अवसर था। उसने राजा को मारने तलवार भी निकाली पर तभी उसके मन में विचार आया कि इस राजा ने मुझ दरिद्र भिश्ती को अपने बराबर महान ऐश्वर्य दिया और मेरा मन इसे ही मारने का विचार करता है! ओह! कितना गंदा है मेरा मन। अपराधबोध से ग्रस्त हो उसने तुरन्त तलवार अपने म्यान में रख ली। किन्तु थोड़ी देर बार फिर वही विचार उसके मन में आया और तलवार पर फिर उसका हाथ गया। मन ने फिर उसे फटकारा किन्तु इस बार उसने सोचा कि यह लोभ चित्त में पैदा हो रहा है। यह अवश्य मुझसे पापकर्म करवायेगा। यह सोचते ही उसने तलवार जमीन पर रख दी राजा को जगाया। उसके पैरों में गिर कर सारी बात बताते हुए उससे क्षमायाचना की।

राजा तो और भी महान था, उसे क्षमा करते हुए बोला—मित्र तुम्हारी इच्छा हो तो पूरे राज्य के राजा बनो। मैं उपराजा बनकर तुम्हारी सेवा करूँगा।

देव! मुझे राज्य नहीं चाहिए। यह तृष्णा मुझे नर्क में गिरायेगी। आप अपना राज्य वापस लें, मैं प्रव्रज्या ग्रहण करुंगा...और उसने यह गाथाएँ कही-

हे कामना! मैंने तेरा मूल देख लिया है। तू संकल्प-विकल्प करने से बढ़ती है। अब मैं संकल्प विकल्प नहीं करूँगा।

न थोड़े कामभोग पर्याप्त होते हैं न बहुत से तृप्ति होती है। यह बालप्रलाप मात्र है। इन्हें जागरुक होकर त्यागे।

खण्ड-13

रामायण एवं महाभारत के कथानकों का प्रभाव दर्शाने वाली कथाएँ

101 दसरथ जातक (दशरथ और उनकी सन्तानों की कथा)

102 संबुला जातक (सीता के समान पतिव्रता संबुला)

103 देवधम्म जातक (देवधर्म बतानेवाली कथा)

104 सुवर्ण साम जातक (श्रवणकुमार के समान सुवर्णसाम नामक मातृ-पितृ भक्त युवक)

105 घत पण्डित जातक (कृष्ण और उनका भाई घतपण्डित)

106 नलिनिका जातक एवं अलम्बुसा जातक (श्रृंगी ऋषि का तपोभंग)

कथा-101

दसरथ जातक (दशरथ और उनकी सन्तानों की कथा)

हिन्दुओं के पवित्र ग्रन्थ रामायण की मुख्य कथा से कुछ साम्यता रखनेवाली कुछ कथाएँ बौद्ध ग्रन्थों में मिलती हैं। इन्हें बौद्ध रामायण भी कहा जाता है। इनमें से दो कथाएँ **जातक अट्ठकथा** में मिलती है। पहली यह **दसरथ जातक** और दूसरी **देवधम्म जातक** जिसे हम इसके बाद देखेंगे। इनके अतिरिक्त रामकथा से साम्यता रखनेवाली दो अन्य बौद्ध कथाओं का भी उल्लेख मिलता है, **अनामकं जातक** (100 ई.पू.)[142] **दसरथ कथानम्**[143](300-400 ई.पू.)। किन्तु ये दोनों वर्तमान संग्रहीत अट्टान जातक कथाओं में नहीं है। कामिल बुल्के ने उनका उल्लेख करते हुए लिखा है कि इनका मूल भारतीय पाठ अप्राप्त है। कामिल बुल्के ने इन कथाओं का सारांश भी लिखा है जिसे हम यथास्थान प्रस्तुत करेंगे। अभी **दसरथ जातक**[144] देखते हैं। आगे महाभारत के कथानकों से प्रभावित भी कुछ कथाएँ का उल्लेख है।

वर्तमान कथा– यहाँ वर्तमानकथा ऐसे गृहस्थ की है जो पिता की मृत्यु होने से इतना शोकमग्न हो गया कि सारे कार्य छोड़ विक्षिप्त सा पड़ा रहता था। शास्ता को पता चला तो वे उसके घर पहुँचे और उसे समझाया कि मृत्यु संसार का अनिवार्य सत्य है। यह जानकर पण्डितजन शोकमग्न नहीं होते। इसी सन्दर्भ में शास्ता रामपण्डित की यह अतीतकथा सुनाते हैं।

अतीत कथा–पूर्व समय में वाराणसी नरेश राजा दशरथ धर्मानुसार राज्य करते थे। उनकी सोलह हजार रानियों में से ज्येष्ठ रानी के दो पुत्र और एक पुत्री थे जिनके नाम क्रमशः राम, लक्ष्मण और सीता थे। पटरानी की मृत्यु के बाद दशरथ राजा ने दूसरी रानी को पटरानी बनाया। इससे उसे एक पुत्र की प्राप्ति हुई जिसका नाम भरत रखा गया। पुत्र-जन्म से प्रसन्न होकर दशरथ ने रानी को वर माँगने कहा। इस पर रानी ने कहा कि मैंने इसे अपने पास रख लिया है। फिर कभी माँगूंगी।

भरत के सात वर्ष के होने पर उनकी माता दथरथ के दिये वर को माँगते हुए भरत को राजगद्दी सौंपने का हठ राजा से करने लगी। दशरथ यह नहीं चाहते थे। तब दशरथ ने यह सोचकर कि कहीं यह स्त्री मेरे बच्चों को मरवा न दें, स्वयं राम, सीता और लक्ष्मण

को हिमालय के वन में भेज दिया, यह कहते हुए कि तुम 12 वर्ष बाद अथवा मेरी मृत्यु के बाद आना और राज्य पर अधिकार करना। दरअसल किसी ज्योतिष ने उनकी मृत्यु 12 वर्ष बाद बतायी थी इसीलिए उन्होंने राम से ऐसा कहा था। किन्तु दशरथ पुत्रशोक के कारण 9 वर्ष बाद ही मर जाते हैं। तब भरत की माता भरत को राजा बनाना चाहती है किन्तु स्वयं भरत तथा अमात्यगण भी इसका विरोध करते हैं। फिर सब मिलकर राम को राजा बनाने हेतु उन्हें लौटाने वन जाते हैं।

वन में भरत राम को पिता की मृत्यु का समाचार देते हैं। तब राम अकेले थे। उस समय लक्ष्मण और सीता राम के लिए फल लाने जंगल गये हुए थे। राम अत्यन्त धैर्यपूर्वक यह समाचार सुनते हैं। किन्तु उन्हें चिन्ता थी कि सीता और लक्ष्मण यह दुखद समाचार सह नहीं पाएँगे। उनके आने पर राम उन्हें नदी के पानी में खड़े होने कहते हैं, यह कहकर कि तुम दोनों को देर से आने का यह दंड है। फिर वे उन्हें कहते हैं कि यह भरत कह रहा है कि राजा दशरथ जीवित नहीं हैं। यह सुनते ही दोनों बेहोश होकर पानी में गिर जाते हैं। तब आमात्यगण उन्हें पानी से निकाल कर भूमि पर लिटाते हैं।

दरअसल राम जानते थे कि पिता की मृत्यु का समाचार सुनकर दोनों बेहोश होकर गिर जाएँगे। भूमि पर गिरने से उन्हें चोट नहीं लगे इसलिए उन्होंने उन्हें नदी में खड़े होने का दंड दिया था। अस्तु, होश में आने पर दोनों पिता के लिए विलाप करते हैं किन्तु राम **नेव सोचि न रोदि** न शोक करते हैं न रोते हैं। भरत को यह देखकर आश्चर्य होता है कि राम कैसे इतना धैर्य धारण कर शान्त बने हुए हैं। भरत राम से उनकी इस स्थिरता का कारण भी पूछते हैं। इस पर राम जीवन की अनित्यता का अनेकानेक उदाहरणों द्वारा वर्णन करते हैं।

वस्तुतः राम के इसी समस्थिति में बने रहने के स्वभाव को उदाहरण के रुप में प्रस्तुत करते हुए बुद्ध जैतवन में रामकथा उस गृहस्थ को सुनाते हैं जो पितृशोक में अपने सभी कर्त्तव्यों से विमुख हो चुका था। यहाँ रामपण्डित द्वारा अपने शोकरहित रहने का कारण बताते हुए कही गयी निम्न गाथाएँ उल्लेखनीय हैं।

जिसे आदमी बहुत विलाप करके भी जीवित नहीं रख सकता, उसके लिए कोई बुद्धिमान मेधावी अपने आपको क्यों कष्ट दे?

तरुण,वृद्ध,मूर्ख, पण्डित, धनी तथा दरिद्र सभी मरणशील हैं। पके फलों को नित्य गिर पड़ने का भय रहता है और जिसने भी जन्म लिया उसे मृत्यु का नित्य भय रहता है।

प्रातःकाल बहुसंख्य जन दिखायी देते हैं और शाम को उनमें से कुछ नहीं दिखायी देते। रोने पीटने से अपने को कष्ट देकर मूढ़जन को यदि कुछ लाभ होता हो तो ज्ञानी आदमी भी शोक करे। अपने से अपनी हिंसा करता हुआ आदमी कृश हो जाता है।

रोने-पीटने से मृत जनों का पोषण नहीं होता, अतः यह निरर्थक है।

जैसे घर में लगी आग तुरन्त बुझा दी जाती है उसी प्रकार ज्ञानी को चाहिए कि वायु द्वारा रुई को उड़ा देने की भांति शीघ्र ही शोक को नष्ट कर दे।

मनुष्य अकेला आता है और अकेला ही जाता है। इसीलिए जो धीर है, बहुश्रुत है, लोकधर्म को जानता है, उसके हृदय को महाशोक कष्ट नहीं देते।

अस्तु, रामपण्डित से यह सुनकर सभी शोकरहित हो गये। फिर भरत ने राम से कहा कि वाराणसी चल कर आप राज्य संभाले किन्तु राम यह कहते हुए इन्कार करते हैं कि इससे पिता के वचनों का उल्लंघन होगा। मैं तीन वर्ष बाद ही वापस आऊंगा। पर प्रश्न था कि तीन वर्ष तक राज्य कौन संभालेगा? तब राम भरत को राज्य संभालने कहते हैं। पर भरत किसी तरह राज्य ग्रहण करने तैयार नहीं होते। तब राम राज्य चलाने के लिए भरत के आग्रह पर उन्हें सिंहासन पर रखने के लिए अपने पैरों की तृण की पादुकाएँ उतार कर देते हैं।

फिर भारी मन से भरत वाराणसी लौटते हैं। इन्हीं पादुकाओं के सामने निवेदन कर वे राज्यकार्य करते हैं। यहाँ मजेदार बात यह है कि अन्याय होने पर ये पादुकाएँ एक दूसरे पर आघात करती थीं तथा न्याय होने पर शान्त रहती थीं।

आगे कथा यह है कि राम पिता के आदेशानुसार तीन वर्ष और वन में रहकर फिर वाराणसी लौटते हैं। कथा में एक नवीनता यह भी है राम, सीता और लक्ष्मण को भरत के साथ वापस वाराणसी भेज देते हैं और वन से लौटने के बाद सीता से विवाह कर राज्यसिंहासन पर बैठते हैं।

यहाँ उल्लेखनीय है कि भाई-बहन होते हुए भी राम और सीता के विवाह को लेकर दशरथजातक की आलोचना भी खूब हुई है। हिन्दू जनमानस के लिए यह स्वीकार करना सचमुच बहुत कठिन है। करपात्री मुनि यहाँ व्यंग से कहते हैं—यह है बौद्ध संस्कृति! उसी का प्रतिफल बौद्धों की रामकथा में प्रतिफलित हुआ है।

वैसे विद्वानों का मत है कि शाक्यवंश में वंशशुद्धि के लिए ऐसा होता था। कुबेरनाथ राय इस सन्दर्भ में लिखते हैं—बौद्ध रामकथा दशरथजातक में राम सीता भाई-बहन होते हुए भी पति-पत्नी बताये गये हैं। यह तथ्य शाक्यवंश के अपने निजी इतिहास का रामकथा पर आरोपणमात्र है।[145] जैन मुनि महेन्द्रकुमार प्रथम का इस सन्दर्भ में विचार है—बौद्ध रामकाव्य में नैतिकता के आदिम प्रतिमान निहित है। यहाँ राम के द्वारा अपनी सगी बहन सीता से विवाह-सम्बन्ध के मूल में हीनता की कोई ग्रंथि नहीं है। ऐतिहासिक धारणा के अनुसार शाक्यवंशीय राज परिवारों में राजवंश की शुद्धता सुरक्षित रखने के लिए भाई और बहन को भी परस्पर ब्याह दिया जाता था। बुद्ध स्वयं शाक्यवंशीय थे। अतः उनके पूर्वजन्म के वृत्तों के इस प्रकार के उल्लेख होना नितांत अस्वाभाविक नहीं रह जाता।[146]

दूसरी बौद्ध रामकथा **अनामकं जातकम्** है जो इसलिए अनामकम् कही गयी क्योंकि इसमें रामकथा के किसी भी पात्र का नाम नहीं है किन्तु पूरे संकेत तथा कथा रामकथा के ही है। यहाँ बताया गया है कि एक बार राजा बोधिसत्त्व के मामा लोभ-वश उनके राज्य पर आक्रमण करने आये। यह समाचार सुन राजा अपनी रानी के साथ राज्य छोड़ वन में चले जाते हैं क्योंकि वे अपने स्वार्थ के लिए हिंसा नहीं करना चाहते थे। वन में उनकी रानी का एक समुद्री नाग द्वारा अपहरण होता है। एक विशाल पक्षी रानी को बचाना चाहता है पर असफल होता है। तब एक बड़ा बन्दर मिलता है जो बताता है कि मेरे चाचा ने मेरा राज्य छीन लिया है। इस पर बोधिसत्व उससे दोस्ती करते हैं। वे धनुष-बाण ले उसके चाचा को मारना चाहते हैं किन्तु भयवश वह भाग जाता है। तब बन्दरों की सहायता से बोधिसत्व उस नाग को हराते हैं और रानी को मुक्त करते हैं। यहाँ भी रानी की पवित्रता की बात उठती है। रानी कहती है कि यदि मैं पवित्र हूँ तो धरती फट जाये...और सचमुच ऐसे ही होता है। इस तरह उस रानी की पवित्रता प्रमाणित होती है।

तीसरी बौद्ध रामकथा **दसरथ कथानम्** में सीता का उल्लेख ही नहीं है। यहाँ दशरथ की चार रानियां बतायी गयी हैं, जिनके एक-एक पुत्र हुए। तीसरी रानी के कहने से दशरथ ने अपने दो पुत्रों को 12 के लिए वनवास दिया था।

कथा-102

संबुला जातक (सीता के समान पतिव्रता संबुला)

रामायण की सीता की कथा से कुछ साम्यता रखनेवाली **संबुला जातक**[147] स्त्री की पवित्रता का महत्त्व बतानेवाली कथा है। अपनी पवित्रता के प्रमाण के लिए यहाँ संबुला, जो एक राजरानी थी, **सच्चक्रिया** (सत्यक्रिया) करती है। सच्चक्रिया का अर्थ है, अपनी पवित्रता को प्रमाणित करने के लिए ऐसी शपथ लेना जिसका परिणाम तत्काल दिखायी दे।

वर्तमान कथा—यहाँ वर्तमानकथा मल्लिकादेवी नामक राजरानी की है जो दानप्रताप से पतिभक्तिन के रूप में सारे नगर में प्रसिद्ध थी। एक दिन भिक्षु इस विषय में चर्चा कर रहे थे तब शास्ता ने उन्हें बताया कि अतीत में भी यह ऐसी ही पति-भक्त थी।

अतीत कथा—तब मल्लिकादेवी वाराणसी नरेश के सोत्थिसेन नामक कुमार की संबुला नामक वधू थी। सोत्थिसेन उपराजा था, राज्य का उत्तराधिकारी था किन्तु अचानक उसे कोढ़ हो गया। सारे वैद्य चिकित्सा करके हार गये । तब कुमार ने सोचा कि राज्य लेकर मैं क्या करूँगा? मै जंगल जाऊंगा और वहीं अनाथ की तरह मर जाऊंगा। पति को वन जाते देख उसकी रानी संबुला भी जिद कर उसके साथ उसकी सेवा करने गयी। वहाँ वह तन-मन से पति की सेवा करने लगी।

एक बार तालाब में स्नान करते समय अचानक उसका सामना एक दानवराज से हुआ। संबुला के अप्रतिम सौंदर्य पर आसक्त हो दानव ने उसे नमस्कार करते हुए उसका परिचय पूछा। परिचय तथा जंगल में रहने का कारण जानकर उसने उसे बहलाते हुए कहा, 'रोगी राजपुत्र की जंगल में सेवा करके तुझे क्या मिलेगा। तू तो मेरी पत्नी बन जा। मेरी चार सौ पत्नियां है, तुझे मैं पटरानी बनाकर सारे भोग दूंगा ...अन्यथा तुझे मार कर तेरा मांस भक्षण करूँगा।' पर संबुला इससे विचलित नहीं हुई। उसने स्पष्ट इन्कार करते हुए उस दानव को फटकारा। पर हां, उसे अपने पति की चिन्ता थी। अतः उसने दानव से बचने के लिए देवताओं की शरण ली। उसके विलाप पर शक्रासन गर्म होने लगा। तब वज्र हाथ में ले वह वहाँ आया और संबुला की रक्षा करते हुए उसने दानव को बांधकर तीसरे पर्वत पर छोड़ दिया ताकि फिर कभी वह संबुला को परेशान न करे।

लौटकर जब संबुला ने सारी बातें राजपुत्र को बतायी तो अभी तक उसके इंतजार में व्याकुल राजपुत्र अचानक शंकालु हो गया और उसके चरित्र पर शक करने लगा। तब रानी ने अपनी पवित्रता के प्रमाण दिया। हाथ में जल लेकर यह कहते हुए उसने सच्चक्रिया की-यदि मैं पतिव्रता हूँ और राजपुत्र से अधिक मुझे कोई प्रिय नहीं है तो उनका रोग तत्काल शान्त हो जाये।...और सचमुच ऐसा ही हुआ। जैसे खटाई से तांबे के बर्तन का जंग निकलता है वैसे ही राजपुत्र का रोग तुरन्त अदृश्य हो गया।

.तब राजपुत्र पत्नी को लेकर वापस अपने राज्य में पहुँचा। उसे स्वस्थ देख राजा ने उसके सिर पर छत्र धारण करवाया और स्वयं तपस्वी हो वाराणसी में ही उद्यान में रहने लगा।

इसके बाद निश्चय ही संबुला को पटरानी बनाकर राजा ने उसे असीम प्रेम दिया होगा। पर खेद है, ऐसा नहीं हुआ। सिंहासन पर आरुढ होने के बाद पिता के कहने पर राजा ने उसे पटरानी तो बना दिया पर शीघ्र ही उसका मन अन्य रमणियों की ओर दौड़ने लगा। यहाँ तक कि वह संबुला का पर्याप्त आदर-सत्कार भी नहीं करता था। इससे संबुला एकदम कृश हो गयी। एक बार उसे देख श्वसुर ने जब उसकी म्लानता का कारण पूछा तो उसने कुछ नहीं छिपाया। अश्रुमुख से बताया कि आपके पुत्र का व्यवहार मेरे प्रति इस तरह बदल गया है। उसने गाथा कही-**पति की अप्रिया पत्नी के लिए जीवन में कोई सुख नहीं है भले ही कितना भी उसके पास धन क्यों न हो। मैं तो वन में राजपुत्र की सेवा करते हुए अधिक प्रसन्न थी।**

यह सुन पिता ने पुत्र को बुलाकर उसके इस व्यवहार के लिए फटकारा-जिसने सत्यबल से तुम्हें स्वस्थ किया उसके प्रति तुम कैसा व्यवहार कर रहे हो? **अयुत्तं ते कतं, मित्तदुब्भिकम्मं नामेतं पापकं** अर्थात तुम अनुचित कर रहे हो। मित्र द्रोह पापकर्म है। और आगे उन्होंने गाथा कही-

पुरुष के लिए उसकी हितचिन्ता करनेवाली स्त्री दुर्लभ है और स्त्री के लिए उसकी हितचिन्ता करनेवाला स्वामी भी दुर्लभ है। हे राजन्! सम्बुला

तुम्हारी हित-चिन्तक और सदाचारिणी पत्नी है। तुम उससे पतिधर्म का व्यवहार करो।

पिता के उपदेश का पुत्र पर गहरा असर हुआ। संबुला से उसने क्षमा याचना की और उसे पर्याप्त सम्मान देते हुए उसके साथ सौहार्दपूर्वक रहने लगा।

कथा-103

देवधम्म जातक (देवधर्म बतानेवाली कथा)

यह कथा **देवधम्म जातक**[148] रामायण एवं महाभारत में आयी दो कथाओं का सम्मिश्रण है। देवधर्म अर्थात् श्रेष्ठों का धर्म बतलाने वाली इस कथा में लज्जा और निन्दाभय से युक्त होने को देवधर्म बताया गया है। उल्लेखनीय है कि आज न तो किसी को अपने किये पर लज्जा होती है न समाज में निन्दा का भय होता है। मानवमूल्यों के ह्रास का निश्चय ही एक बड़ा कारण यह भी है।

वर्तमान कथा-यहाँ वर्तमान कथा एक भिक्षु की है जो आवश्यकता से अधिक चीवर, बर्तन, ओढ़न, बिछावन आदि जमा कर रखता था। बुद्ध के शिष्यों ने एक बार उसके अत्याधिक मात्रा में सूखते हुए चीवर आदि देखा तो पूछा कि ये किसके हैं? यह जानकर कि यह उस एक अकेले भिक्षु के हैं, उन्होंने उसकी निन्दा की और उसे शास्ता के पास लेकर आये। सारी बात सुनकर शास्ता ने पूछा कि किस कारण तुम ऐसे हो गये हो? क्या मैं निर्लोभ, सन्तोष आदि की प्रशंसा नहीं करता? इस पर क्रुद्ध होकर उसने यह कहते हुए ऊपर धारण किये हुए सारे चीवर उतार दिये कि अच्छा, अब से मैं इसी तरह रहूँगा. ..और परिषद् के मध्य केवल एक अन्तरवासक चीवर पहन कर खड़ा हो गया। न उसे कोई लज्जा थी और न निन्दा का भय था।

तब बुद्ध ने उससे कहा कि पूर्वजन्म में तो तुमने निन्दा-भय तथा लज्जा से युक्त हो जलराक्षस के रूप में बारह वर्ष व्यतीत किये थे! अब क्यों इनका त्याग कर भरी सभा के बीच इस तरह का व्यवहार कर रहे हो? यह सुनकर उस भिक्षु को अपनी गलती का बोध हुआ और उसने क्षमा माँगते हुए ऊपरी चीवर धारण किये। फिर अन्य भिक्षुओं के आग्रह पर शास्ता ने उसकी अतीत कथा सुनायी जब वह निन्दा-भय तथा लज्जा से युक्त तथा इन्हें महत्त्व देनेवाला जलराक्षस था।

अतीत कथा—तब वाराणसी के राजा का नाम ब्रह्मदत्त था। उसकी पटरानी दो पुत्रों को जन्म देने के बाद जब मर गयी थी तब उसने नई रानी को पटरानी बनाया था। इससे उसे पुनः एक पुत्र की प्राप्ति हुई जिसका नाम उसने सूर्यकुमार रखा।

पुत्र देनेवाली रानी से प्रसन्न हो राजा उसे वर माँगने कहता है। रानी ने चालाकी से उस वर को भविष्य के लिए सुरक्षित रख लिया। पुत्र के व्यस्क होने पर रानी उस वर को

माँगते हुए उसके लिए राज्याधिकार की माँग करती है। इससे राजा अत्यन्त दुःखी और क्रोधित होता है। तब वह अपने दोनों बड़े पुत्रों को बुलाकर कहता है कि तुम दोनों वन चले जाओ और मेरे मरने के बाद कुल से प्राप्त इस राज्य को ग्रहण करना।

तब दोनों पुत्र, जिनके नाम महिंसास और चन्द्रकुमार(रामायण के राम और लक्ष्मण सदृश्य) थे, हिमालय की ओर वहाँ के वन में रहने चले जाते हैं। जब सूर्यकुमार (भरत) को यह सब ज्ञात होता है तो वह भी 'भाइयों के साथ ही रहूँगा,' कहते हुए उनके पीछे-पीछे वन चले जाता है और उन्हीं के साथ रहता है।

रामायण की कथा से प्रभावित यहाँ तक की कथा के बाद आगे की कथा पर महाभारत के यक्षप्रश्न की कथा का स्पष्ट प्रभाव है।

एक बार महिंसास को प्यास लगी। उसने सूर्यकुमार को पानी लाने निकट के तालाब में भेजा। उस तालाब को कुबेर ने एक जलराक्षस को दे रखा था और आदेश दिया था कि इस तालाब का पानी उन्हें ही लेने देना जो देवधर्म को जानने वाले हों, अतः सबसे पहले तुम उनसे देवधर्म पूछना। जो इसे सही-सही बताये बिना ग्रहण करेगा वह तुम्हारा आहार होगा।

सूर्यकुमार जब पानी लेने तालाब में उतरता है तो जलराक्षस उससे देवधर्म पूछता है। इसपर वह यह कहते हुए जल में प्रवेश करता है कि चांद और सूर्य देवधर्म है। किन्तु जलराक्षस इससे सन्तुष्ट नहीं होता। अतः वह उसे पकड़ कर अपने निवासस्थान पर ले जाकर रखता है।

सूर्यकुमार को लौटने में देर होती देख महिंसास अपने अनुज चन्द्रकुमार को भेजता है। इसकी भी वही गति होती है। यहाँ चन्द्रकुमार चारों दिशाओं को देवधर्म कहता है।

अन्त में महिंसास स्वयं वहाँ पहुँचता है। जलराक्षस से अपने भाइयों के विषय में पूछने पर वह स्वीकार करता है कि तुम्हारे दोनों भाई मेरे अधिकार में हैं क्योंकि उन्होंने देवधर्म का सही उत्तर नहीं दिया था।... क्या तुम इसका सही उत्तर दे सकते हो?

इस पर महिंसास कहता है कि मेरा शरीर अस्वच्छ है अतः मैं तुम्हारे प्रश्न का उत्तर नहीं दे सकता। तब जलराक्षस उसे तालाब में नहाने की इजाजत तो देता ही है, भोजन और जल भी प्रदान करता है...और फिर समुचित आसन प्रदान कर स्वयं महिंसास के कदम तले बैठकर वह उससे देवधर्म सुनता है।

महिंसास यहाँ देवधर्म के विषय में यह गाथा कहता है—

लज्जा (हिरि)और निन्दाभय(ओत्तप्प) से किये गये शुभकृत्यों को शान्त और सत्पुरुष देवधर्म कहते हैं। इन्हें कुशल धर्मों का मूल बताया गया है।

वास्तव में ये दो शब्द अत्यन्त महत्त्वपूर्ण हैं। इनकी व्याख्या में आगे कहा गया है कि 'हिरि' याने लज्जा गलत काम करने पर स्वयं कर्ता के अंदर से उत्पन्न होने वाला लज्जा-बोध है। दरअसल व्यक्ति तरह-तरह के पापकर्म इसलिए किये जाता है क्योंकि

उसकी अन्तरात्मा उसे इस हेतु प्रताड़ित तो करती है किन्तु वह इसे सुनता नहीं है। यदि ठीक से सुनता तो उसे अपने किये पर लज्जा आती और वह शुभकर्मों में प्रवृत होता।

दूसरे शब्द 'ओत्तप्प' का अर्थ है दुष्कृत्य करने से समाज में होने वाली निन्दा का भय। कहा गया है कि सत्पुरुष निन्दा से उसी तरह उस दूर भागता है जैसे एक नागरिक गंदगी से। वस्तुतः समाज ऐसे व्यक्ति को त्याग देता है और समाज द्वारा त्यक्त व्यक्ति के लिए जीवन-निर्वाह करना कठिन होता है। इसीलिए एक समझदार व्यक्ति निन्दाभय से सन्मार्ग पर चलता है।

एक उदाहरण देते हुए आगे समझाया गया है कि जैसे लोहे के दो गोलों में से एक में गंदगी लगी हो और दूसरा अग्नि से तप्त किया गया हो तो बुद्धिमान पुरुष गंदे गोले को घृणा के कारण नहीं छूता और दूसरे गोले को जलने के भय से नहीं छूता, उसी तरह सत्पुरुष हिरि और ओत्तप्प के कारण अशुभकर्म नहीं करते।

आगे हिरि का लक्षण 'आत्मगौरव' तथा ओत्तप्प का लक्षण 'दुष्कर्म करने से भयभीत होना' भी बताया गया है। एक व्यक्ति अपनी जाति की महानता, अपने शास्ता की महानता, अपनी विरासत की महानता और अपने गुरुभाइयों की महानता का विचारकर भी लज्जाभाव महसूस कर पापकर्मो से विरत होता है।

निन्दा-भय भी चार कारणों से उत्पन्न होता है—आत्मनिन्दा, परनिन्दा, दंड और दुर्गति।

ममिहांस द्वारा बतायी गयी इस धर्मदेशना को सुनकर जलराक्षस अत्यन्त प्रसन्न हुआ और प्रसन्न होकर महिंसास से किसी एक भाई को लौटा ले जाने का वर दिया।

किस भाई को लौटा ले जाना चाहते हो, पूछने पर महिंसास ने जब कहा कि छोटे सूर्यकुमार को ले जाना चाहूँगा, तब जलराक्षस ने आश्चर्यचकित हो कहा कि क्या तुम ज्येष्ठ के गौरव को अस्वीकार नहीं कर रहे हो? यह कैसा तुम्हारा देवधर्म है?

इस पर महिंसास बताता है कि सूर्यकुमार के लिए माँ ने राज्य माँगा था किन्तु वह राज्य छोड़ हमारे पीछे-पीछे वन आया है। ऐसी स्थिति में यदि हम उसके बिना वाराणसी लौटकर लोगों को कहे कि उसे राक्षस ने खा लिया है तो कौन विश्वास करेगा? इस निन्दाभय से मैं उसे ही अपने साथ ले जाना चाहता हूँ।

यह सुन प्रसन्न हो जलराक्षस ने दोनों भाइयों को लाकर महिंसास को दे दिया। तब उसकी साधुता से प्रसन्न महिंसास ने भी उस पर उपकार करते हुए उसे पापकर्म छोड़ पुण्यकर्म करने का उपदेश देकर संयमित किया।

फिर वहीं रहते हुए एक दिन नक्षत्र देख पिता का निधन हो गया जानकर दोनों भाइयों और जलराक्षस को साथ ले महिंसास वाराणसी पहुँचा तथा पिता का राज्य ग्रहण किया।

उल्लेखनीय है कि महाभारत के यक्षप्रश्न में भी युधिष्ठिर इसी तरह पानी लेने गये चारों पाण्डवों के मृत होने पर यक्ष के प्रश्नों का उत्तर देता है। तब यहाँ भी प्रसन्न होकर यक्ष किसी एक भाई को जीवित करने का वर देता है। इस पर युधिष्ठिर सबसे छोटे नकुल को इसलिए जीवित करना चाहता है क्योंकि वह उसकी सौतेली माँ माद्री का पुत्र था। युधिष्ठिर यहाँ कहता है कि जैसे वह कुंती का एक पुत्र जीवित है वैसे ही माद्री का एक पुत्र जीवित रहना चाहिए। तब यक्ष शेष पाण्डवों भी जीवित कर लौटा देता है।

उल्लेखनीय है कि देवधम्म जातक में सीता का कोई उल्लेख नहीं है। वस्तुतः यह रामकथा न होकर एक नैतिककथा है जो मनुष्य को दुष्कृत्यों से रोकती है।

कथा-104

सुवर्ण साम जातक (श्रवणकुमार के समान सुवर्णसाम नामक मातृ-पितृ भक्त युवक)

प्रारम्भिक काल से ही गृहस्थ माता-पिता बच्चे के संन्यास ग्रहण का विरोध करते रहे है। यदि अपने बच्चे में यह प्रवृत्ति दिखती है तो प्रयत्नपूर्वक उन्हें गृहस्थी से जोड़ते हैं तथा भोगविलास हेतु प्रेरित करते हैं। स्वयं गौतम बुद्ध के पिता राजा शुद्धोधन ने उन्हें संन्यासी बनने से रोकने हेतु नाना प्रयास किये थे। जातक कथाओं में कई ऐसी कथाएँ हैं जहाँ राजा तक माता,पिता, पत्नी, पुत्र आदि की अनिच्छा के बाद भी माया-मोह का त्याग कर संन्यास लेता है किन्तु फिर भी कुछ ऐसी भी कथाएँ हैं जहाँ संन्यासी को मातापिता की सेवा करने से मना नहीं किया गया है। **सुवर्ण साम जातक** [149]की वर्तमान कथा ऐसी ही है।

यहाँ अतीतकथा में पुत्र को वन में रहने वाले संन्यासी माता-पिता की सेवा करते बताया गया है। वैसे यह कथा रामायण के श्रवण कुमार के समान अंधे माता-पिता की सेवा करनेवाले युवक की कथा के समान ही है जिसपर अयोध्या का राजकुमार दशरथ भूल से तीर चलाता है, फिर पछताते हुए अंधे दंपत्ति के पास जाकर क्षमायाचना करता है। किन्तु दुःखी दंपत्ति किसी तरह शान्त नहीं हो पाते है। वे आत्मदाह कर प्राण त्याग कर देते हैं तथा मरते समय दशरथ को श्राप देते हैं कि जैसे वे पुत्र-वियोग में प्राणत्याग कर रहे हैं वैसे ही वह भी करेगा।

प्रायः परवर्ती सभी रामायणों में यह कथा मिलती है यद्यपि श्रवणकुमार के नाम अलग-अलग है किन्तु कथा लगभग ऐसी ही है। किन्तु जातक कथा में आयी इस कथा में थोड़ा अन्तर है। यहाँ श्रवणकुमार मरता नहीं है, मृत्यु के करीब पहुँचकर वह माता-पिता के प्रताप से जीवित हो जाता है। यहाँ दशरथ को भी कोई श्राप नहीं मिलता।

वर्तमान कथा—वर्तमान कथा यहाँ एक युवा भिक्षु की है जो बुद्ध के प्रवचन सुन प्रव्रजित होना चाहता है। बुद्ध उसे कहते हैं, पहले माता-पिता की आज्ञा ले कर आओ। पुत्र एकलौता था अतः धनी दंपत्ति को आज्ञा देते न बना। पर भोजन छोड़ देने पर अन्ततः उन्होंने आज्ञा दे दी। फिर 12 वर्ष तक उसने भिक्षुक का जीवन व्यतीत किया किन्तु उसे प्रायः .माता-पिता की याद आती थी, अतः सन्तोष नहीं होता था।

एक बार किसी से उसने सुना कि उसके माता-पिता का सब कुछ लुट गया है, वे गलियों में भटकते हुए भिक्षावृति कर किसी तरह जीवनयापन करते हैं। तब उसका पुनः गृहस्थ बन कर माता-पिता की सेवा करने का मन हुआ। किन्तु जाने के पूर्व एक बार वह सब कुछ शास्ता को बताकर जाने हेतु उनके दर्शन के लिए उनके पास गया। उस समय शास्ता लोगों को माता-पिता की सेवा का महत्त्व बता रहे थे। यह सुन उसका मन बदल गया। उसने संकल्प किया कि मैं प्रव्रजित रहते हुए ही उनकी सेवा करूँगा...और वाराणसी पहुँच कर उसने पहले तो मां-पिता को ढूंढा। देखा एक गली में दोनों अत्यन्त निर्धन अवस्था में भूखे-प्यासे बैठे हैं। वह उनके पास जाकर खड़ा हो गया। उन्होंने उसे नहीं पहचाना। भिक्षा हेतु आया कोई भिक्षु समझ कर उन्होंने उससे विनयपूर्वक कहा, 'भंते! हमारे पास कुछ नहीं है, तुम आगे बढ़ जाओ', पर फिर किसी तरह अश्रुपूर्ण वाणी में उसने अपना परिचय दिया तो तीनों ही देर तक रोते रहे।......और फिर भिक्षु ने माता-पिता को भीख माँगने से मना किया और उनकी सेवा का बीड़ा उठाया।

अपनी भिक्षा में उसे जो कुछ मिलता उसे ले वह माता-पिता के पास जाता, उन्हें खिलाता और बचा हुआ स्वयं ग्रहण करता। यह बात अन्य परिव्राजकों का पता चली तो उन्होंने बुद्ध से शिकायत की कि यह अपनी भिक्षा में से गृहस्थों का पालनपोषण करता है। किन्तु बुद्ध को जब यह ज्ञात हुआ कि वे गृहस्थ इसके माता-पिता हैं तो उन्होंने उसकी प्रशंसा की और बताया कि पूर्व जन्म में भी इसने ऐसा किया था। ...और तब शास्ता ने सबके सामने उसकी यह अतीत कथा बतायी।

अतीत कथा—तब वाराणसी से थोड़ी दूर निषाद गाँव में एक निषाद युवक दुकूल का विवाह माता-पिता ने बिना उसकी इच्छा के एक निषाद कन्या से करा दिया। वस्तुतः वह युवक तपस्या करना चाहता था। वैसे यह विवाह उसके जन्म पर ही तय हो गया था। हुआ यह था कि उसके जन्म लेने के दिन ही दूसरे गाँव में एक कन्या ने जन्म लिया जिसका नाम पारिका रखा गया था। यह कन्या भी तपस्वी भाव रखने के कारण विवाह की अनिच्छुक थी किन्तु दोनों के पिता ने पहले ही एक दूसरे को वचन दे दिया था कि हममें से यदि एक को कन्या दूसरे को पुत्र होगा तो दोनों का विवाह करेंगे, सो बलात् दोनों का ब्याह करवा दिया गया।

दोनों जानते थे कि उनमें से किसी की भी गृहस्थधर्म में रूचि नहीं है अतः दोनों को साथ रहने में कोई दिक्कत नहीं हुई। थोड़े ही समय बाद दोनों हिमालय के वनप्रांत में ब्रह्मचारी बन तपस्या करते हुए रहने लगे।

अचानक एक सिद्ध ने उन्हें देखकर जाना कि ये दोनों बुढ़ापे में अंधे हो जाएँगे अतः उन्होंने समझाया कि वे पुत्र पैदा करें ताकि बुढ़ापे में वह सहायक हो। किन्तु तपस्वी दंपत्ति इस हेतु ब्रह्मचर्य व्रत छोड़ने तैयार नहीं हुए। तब मुनि ने तपस्वी से कहा कि पत्नी की नाभि पर हाथ रखने से पुत्र पैदा हो जायेगा...और सचमुच ऐसा ही हुआ। पुत्र का नाम उन्होंने सुवर्णसाम रखा।

सुवर्णसाम बचपन से माता-पिता की सेवा किया करता था। एक बार सर्प की विषैली फुंफकार से दोनों अंधे गये। अब तो उनकी देखभाल का पूरा जिम्मा सुवर्णसाम का हो गया।

एक दिन भोजन की व्यवस्था करने के बाद सुवर्णसाम पानी लाने मिग नदी में गया। साथ में पानी ढोने के लिए दो मृग भी थे। घड़ों में पानी भरकर जब वह मृगों पर रख रहा था तभी वाराणसी का पिलीयक्ख नामक राजा मृगया हेतु वहाँ पहुँचा। इस तरह मृगों पर पानी ले जाते देख आश्चर्यचकित राजा ने उसे देव या नाग समझ कर एक विषबुझा तीर चलाया ताकि कुछ दुर्बल होने पर उससे इस आश्चर्य के विषय में पूछ सके। पास जाने पर राजा ने अपना परिचय दिया और उसका पूछा। साम खून से लथपथ था, विषबुझे तीर के कारण उसे असह्य पीड़ा हो रही थी, फिर भी उसने राजा को भला-बुरा नहीं कहा। हां, अंधे माता-पिता के लिए अवश्य वह बिलखते रहा कि अब मेरे बिना वे कैसे जिएँगे! वे अंधे लाचार मुझे वन-वन ढूँढ़ेंगे। फिर नदी के समान सूख जाएँगे।...यह दूसरा शल्य है जो मेरे हृदय को काट रहा है।

साम को इस पीड़ा के बाद भी अपने प्रति अक्रोध की स्थिति में देख राजा को आश्चर्य हुआ। पर अब उसे भी उतनी ही पीड़ा होने लगी कि मैंने एक अंधे दंपत्ति की सन्तान को मार डाला। साथ ही यह डर भी सताने लगा कि इस पाप के फलस्वरूप नरकगामी होना होगा। सो वह साम से कहता है कि मैं तुम्हारे मातापिता की वन में रहकर वैसे ही सेवा करूँगा जैसे तुम करते थे। तुम विलाप न करो।...और राजा रोते हुए एक घड़ा पानी लेकर जाता है।

उधर पुत्र के आगमन में देर होती देख अंधे दंपत्ति व्याकुल हो रहे थे। किन्तु राजा के पहुँचने पर उसके कुछ कहे बगैर ही वे समझ गये कि यह उनका पुत्र नहीं है। यह अनुमान उन्होंने उसकी पगध्वनि से लगाया। पिता कहता है—हमारा साम शान्त होकर चलता है, वह धरती पर शान्ति से पग रखता है, यह अवश्य उसकी पगध्वनि नहीं है। मित्र! तुम कौन हो।

अपराधबोध से ग्रस्त राजा अपना सही परिचय और अपने अपराध को भी बताता है। यह सुन अंधे दंपत्ति रामायण के श्रवणकुमार के माता-पिता के समान दशरथ पर क्रोधित हो उसे शाप नहीं देते। यहाँ माता अवश्य प्रारम्भ में क्रोधित होती है किन्तु पिता कहता है—हमें इतना अच्छा पुत्र मिला था। ऐसे पुत्र को मारने वाले के प्रति भी क्रोध नहीं करना चाहिए। तब माता शान्त हो जाती है।

राजा को उनके इस अक्रोध पर फिर आश्चर्य होता है। वह कहता है कि मैं राज्य का त्याग कर दूंगा। आप लोगों की इसी जंगल में रहकर आपके पुत्र के समान ही सेवा करुंगा। किन्तु पिता यह कहते हुए मना करता है कि यह धर्म नहीं है। आप राजा हैं, हम आपकी वंदना करते हैं।

इस पर राजा और भी अभिभूत होता है। वह दोनों को माता-पिता कहते हुए उनकी वंदना करता है ...और फिर उनकी इच्छानुसार उन्हें लेकर मृत साम के पास पहुंचता है। पहले तो मृत पुत्र को इस तरह खून से लथपथ भूमि पर पड़े देख वे विलाप करते हैं पर पुत्र के शरीर को गर्म महसूस कर वे उस पर सत्यक्रिया करते हैं।

सत्यक्रिया यूं होती है–वे कहते हैं कि हमने जो कुछ भी पुण्य किया हो उसके प्रताप से हमारे पुत्र के शरीर का विष नष्ट हो जाये...और क्षणभर बाद ऐसा ही होता है, साम उठ बैठता है।

राजा को फिर आश्चर्य होता है। इस पर साम, जो वस्तुतः बोधिसत्त्व था, यह गाथा कहता हैं-

जो मनुष्य माता-पिता की धर्मानुसार सेवा करता है, देवता भी उसकी चिकित्सा करते हैं।

आगे साम राजा को धर्माचरण की शिक्षा दे बिदा करता है।

कथा-105

घत पण्डित जातक (कृष्ण और उनका भाई घतपण्डित)

यह कथा **घत पण्डित जातक**[150] महाभारत की कृष्णकथा से अनेक अंशों में साम्यता रखती है। यहाँ अपने पुत्र की मृत्यु पर अत्यन्त दुःखी कृष्ण को उनके भाई घतपण्डित मृत्यु की अनिवार्यता पर सुन्दर पाठ पढ़ाते हैं।

वर्तमान कथा–एक व्यक्ति अपने मृतपुत्र को लेकर अत्यन्त दुःखी था। उसके दुःख निवारण हेतु शास्ता जेतवन में यह कथा कहते हैं।

अतीत कथा-उत्तरापथ में कंसभोग स्थित असितंजन नगर में महाकंस नामक राजा राज्य करता था। उसके दो पुत्र कंस और उपकंस तथा एक कन्या देवगर्भा (देवकी) थी। लड़की के जन्म पर ज्योतिषियों ने भविष्यवाणी की थी कि इसके गर्भ से उत्पन्न पुत्र-कंस वंश का नाश करेगा। स्नेहवश पिता ने तब उसका वध नहीं करवाया। पिता की मृत्यु के

बाद भाइयों को जब यह बात ज्ञात हुई तो उन्हें बहन से भय तो हुआ किन्तु चाहते हुए भी निन्दाभय के कारण उन्होंने बहन को नहीं मरवाया। इस कंटक से बचने के लिए उन्होंने योजना बनायी कि इसे स्वामीरहित रखकर इसका पालन करेंगे ताकि इसका कोई पुत्र ही न हो।

तब इस हेतु उसके लिए उन्होंने एक एकखंबे का महल बनवाया और वहाँ कड़ा पहरा बैठा दिया। किसी भी पुरुष का वहाँ प्रवेश निषेध था। केवल नंदगोपा और अंधवेणु नामक दंपत्ति उसके दासी और दास के रूप में रखे गये थे।

इस समय मथुरा में महासागर नामक राजा का राज्य था जिसके दो पुत्र सागर और उपसागर थे। उपसागर उपकंस का सहपाठी मित्र था। एक बार किसी बात पर उपसागर पर सागर क्रुद्ध हो गया सो वह जान बचाकर अपने मित्र उपकंस के पास पहुँचा। उपकंस ने मित्र का मान रखते हुए उसे शरण दी...और इस तरह वह उपकंस के महल में ही रहने लगा।

यहाँ रहते हुए उसे मित्र की बहन देवगर्भा को अत्यन्त सुनसान महल में रहते देखकर अत्यन्त आश्चर्य हुआ। उसे जब पता चला कि यहाँ राजकुमारी देवगर्भा को किसी कारण से अकेले रखा जाता है तो बिना देखे ही उसे राजकुमारी से प्रेम हो गया। किसी तरह दासी नंदगोपा को धनबल से खरीद कर उसने अपना प्रेम सन्देश देवगर्भा तक पहुँचाया। वहाँ से भी अनुकूल उत्तर पा उसने दासी की मदद से महल में प्रवेश पा ही लिया।

अचानक भाइयों को देवगर्भा के शरीर में परिवर्तन नजर आया सो उन्होंने उसकी दासी नंदगोपा से पूछा । प्राणभय से नंदगोपा को सच बताना पड़ा। भाई क्रोधित तो हुए पर फिर सोचा कि यदि बहन को लड़का हुआ तो मार डालेंगे यदि लड़की हुई तो उसका पालनपोषण करेंगे।

इधर देवगर्भा के भाग्य से सचमुच उसे कन्या ही हुई। सभी प्रसन्न हुए। फिर भाइयों को यह युक्ति अच्छी लगी सो उन्होंने उपसागर को बहन के पास रहने की इजाजत दे दी। आगे देवगर्भा की एक के बाद एक होती दस कन्याओं को देखकर कंस परिवार खुशी से झूमते गया, प्रेम से उनका पालन करते गया।

किन्तु यह चमत्कार कैसे हुआ? देवगर्भा को क्या इसके बाद एक भी पुत्र की प्राप्ति नहीं हुई? हुई थी। सच तो यह था कि पहली कन्या के बाद हर बार देवगर्भा ने पुत्रों को ही जन्म दिया था। होता यह था कि उसी समय उसकी प्यारी दासी नंदगोपा भी गर्भवती होती थी...वह उसी समय कन्याओं को जन्म देती थी जिस समय देवगर्भा को पुत्र उत्पन्न होता था। तब देवगर्भा तत्काल अपने पुत्र को दासी की पुत्रियों से बदल लेती थी। इस तरह उसके पुत्र भी बच जाते थे और नंदगोपा की कन्याएँ भी। देवगर्भा भी खुश थी और नंदगोपा की खुशी के तो क्या कहने! राजकुंवर उसे माँ कहते और उसकी बेटियां राजकुमारियों के ठाठ से जीती। देवगर्भा उसके पुत्रों के पोषण का भी पूरा ध्यान रखती। कहानी का सुखद अन्त है ना?

पर ऐसा सुखद अन्त हर कहानी का कहाँ होता है? यहाँ भी पेंच आया। देवगर्भा के दसों पुत्र थे तो बड़े शूरवीर मल्ल...पर जिस-तिस से भिड़ा करते थे। जनता उनके कारण तस्त्र थी। अति होने पर एक बार उनकी शिकायत लेकर लोग कंस के पास पहुँचे। कंस ने अंधवेणु को बुलाकर धमकाया कि अपने पुत्रों को अपने अधीन रखो। ये कैसे पुत्रों को तुमने पैदा किया है? अंधवेणु भी पुत्रों से परेशान था। वह जानता था कि ये राजकुंवर है अतः उन्हें कुछ नहीं कह सकता था। उधर अतिरिक्त लाड़प्यार में पले पुत्र भी उसे कुछ नहीं समझते थे। आखिर अति होने पर एक दिन अंधवेणु ने अपना मौन तोड़ा। राजा से बोल पड़ा कि ये मेरे पुत्र नहीं है, ये तो आपकी बहन और उपसागर से पुत्र हैं!

सारी बात जानकर दोनों कंसभाई घबरा गये। अब क्या होगा? तब उन्होंने अपने दो मल्लों से युद्ध करवा कर दस भाइयों में से दो बड़े वासुदेव और बलदेव को मारने की योजना बनायी। कंस के सेवक दो मल्ल चाणूर और मुष्टिक से उन्हें कुश्ती लड़ने हेतु निमन्त्रण भेजा गया। दसों भाइयों ने निमन्त्रण प्रसन्नतापूर्वक स्वीकार किया। घोबियों से कपड़े लूट कर सुन्दर वस्त्र धारण किये। मालियों से मालाएँ लूटी और गंधियों से सुंगध छीनकर शरीर को सजाया संवारा। कूदते-गरजते वे मल्लयुद्ध-मंडप में प्रविष्ट हुए।

सबसे पहले बलदेव ने कंस के दोनों मल्लों, चाणूर और मुष्टिक को अकेले ही मार डाला। यह देखकर राजा स्वयं दसों भाइयों को पकड़ने उठा तब वासुदेव ने चक्र से कंस और उपकंस के सिर काट दिये। वस्तुतः अब तक उन्हें अपने जन्म की वास्तविकता पता चल चुकी थी।

9वीं-10वीं सदी के प्रसिद्ध हिंदू धर्मग्रन्थ **श्रीमद्भागवत पुराण** के दशम स्कंध में भी कुछ इसी तरह का वर्णन है। यहाँ उल्लेख है कि कृष्ण और बलराम कंस की बहन के पुत्र थे। इनको मारने के लिए कंस उन्हें मथुरा बुलवाता हैं। इस हेतु वह दो मल्ल चाणूर और मुष्टिक से लड़वाने का आयोजन करता है। यहाँ भी दोनों भाई का मथुरा प्रवेश उपरोक्त जातककथा से कुछ साम्यता रखता है। उल्लेख है कि यहाँ वे धोबी एवं रंगरेज से उत्तम कपड़े माँगते हैं पर वह नहीं देता। वह बोलता है कि तुम लोग राजा का धन लूटने आये हो, नहीं दूंगा। इस पर वे उसे ऐसा तमाचा मारते हैं कि सिर धड़ से अलग हो जाता है। यह देख वहाँ उपस्थित लोग भयवश भाग जाते हैं।[151] फिर वे दर्जी से सुन्दर वस्त्र सिलवाते हैं। सुदामा माली के घर जाकर उससे हार लेते हैं। यहाँ दर्जी और माली प्रसन्नतापूर्वक दोनों भाइयों को सजाते हैं [152]। इस तरह सज-धज कर वे कंस के दरबार में पहुँचते हैं। वहाँ वे उन्हें मारने के लिए कंस द्वारा नियुक्त दो विशाल मल्लों चाणूर और मुष्टिक से मल्लयुद्ध कर उन्हें धराशायी करते हैं[153]। यह देख जब कंस आपने सैनिकों से उन्हें अन्य ग्वालबाल सहित पकड़ने की आज्ञा देता है और स्वयं उनसे युद्ध करने तलवार निकाल लेता है तब कृष्ण उसे बालों से पकड़कर नीचे गिरा देते हैं और उसपर कूद पड़ते हैं जिससे उसके प्राण निकल जाते हैं।[154]

अस्तु घट पण्डित जातक में आगे एक नई कथा है। यहाँ इसके बाद दसों भाई सारे जंबूद्वीप पर विजय पाने निकले। बढ़ते-बढ़ते वे द्वारावती(द्वारका) तक पहुँच गये और

उसपर भी अपना अधिकार कर लिया। हालाकि द्वारावती पर उस समय यक्षों का अधिकार था अतः उसको जीतना कठिन था...पर एक बौद्ध मुनि कृष्णद्वीप के सुझाव पर चलते हुए उन्होंने इस पर भी अधिकार कर लिया। फिर पूरे जंबूद्वीप को दस हिस्सों में बाटकर एक-एक भाग पर एक-एक भाई प्रसन्नतापूर्वक शासन करने लगे। किन्तु जब उन्हें ध्यान आया कि उन्होंने अपनी माँ की पहली पुत्री बहन अंजनदेवी को कुछ नहीं दिया तो दुःखी हो गये। तब सबसे छोटे भाई अंकुर ने कहा कि मेरे हिस्से का राज्य बहन को दे दो, मैं व्यापार करूँगा। पर उसने एक शर्त रखी-अपने अपने जनपदों में तुम मुझसे नगर-कर न लेना ...और सब खुशी-खुशी रहने लगे।

पर कथा अभी भी बाकी है। एक बार महाराज वासुदेव (कृष्ण) के प्रियपुत्र का निधन हो गया। वासुदेव रात दिन पलंग के पास बैठ कर रोते रहते। तब उनके भाई घतपण्डित ने एक तरकीब निकाली। वह सारे नगर में उन्मत्त के समान 'मुझे शश दो मुझे शश दो' यह आवाजें करता हुआ घूमने लगा। सारे लोग उसकी इस उन्मत्तता से दुःखी और परेशान थे। तब किसी ने यह बात वासुदेव से कही। भाई की यह हालत सुन वे अपना गम भूल भाई के पास गये और उससे पूछा—कैसा शश चाहिए तुझे बता? सोने का, माणिक का, रजत का, शंख का, प्रवाल का या फिर जंगल से असली शश मंगवा दूं? कहो तो मुझसे। इस पर घत ने कहा—मुझे पृथ्वी का शश नहीं चाहिए। मुझे तो वह शश चाहिए जो चन्द्रमा में है। बस उसे उतरवा दो।

.चन्द्रमा का शश! क्या तुम सचमुच पागल हो गये हो! जो पूरी नहीं की जा सकती ऐसी इच्छा क्यों कर रहे हो? इस तरह तो तुम अपना जीवन नष्ट कर दोगे।

तब घत ने कहा—भैया! आप भी तो यही कर रहे हैं? आप मुझे तो बहुत उपदेश दे रहे हैं कि अकाम्य की इच्छा मत करो पर आप स्वयं अपने मृत पुत्र के लिए इतना शोक कर रहे हैं ? क्या आपके शोक से आपका पुत्र लौट आयेगा? भाई! मैं तो ऐसी वस्तु चाहता हूँ जो कम से कम दिखायी तो देती है पर तुम ऐसी वस्तु की चिन्ता करते हो जो दिखायी भी नहीं देती।...मेरा पैदा पुत्र न मरे यह अलभ्य बात न मनुष्य को प्राप्त है न देवताओं को, तब तुम्हें कैसे प्राप्त हो सकती है? हे कृष्ण! जिस प्रेत के लिए तुम विलाप करते हो उसे अब न मन्त्र बल से न किसी औषधि से और न ही धन से ही लाया जा सकता है।

कृष्ण समझ गये कि उनके शोक को दूर करने के लिए ही घतपण्डित ने यह नाटक किया था। तब उन्होंने इस हेतु घत को धन्यवाद दिया।

महाभारत की वसुदेवपुत्र कृष्ण की गाथा से मिलती-जुलती इस गाथा में भी आगे यदुवंश के विनाश के समान ही वासुदेव और घतपण्डित के वंश का नाश आपस में लड़ते हुए बताया गया है। यहाँ भी कृष्ण जरा नामक एक शिकारी द्वारा भ्रमवश तीर फेंकने से प्राण त्यागते बताये गये हैं।

कथा के अन्त में बुद्ध स्वयं को इस कथा का घतपण्डित कहते हैं और वासुदेव को सारिपुत्र।

कथा-106

नलिनिका जातक एवं अलम्बुसा जातक

(श्रृंगी ऋषि का तपोभंग)

श्रृंगी ऋषि अर्थात् सिर पर एक सिंग वाले ऋषि की कथा हिंदू-धर्मग्रन्थों, रामायण, पुराण आदि में अनेक स्थानों पर दिखायी देती है। रामायण की यह कथा प्रसिद्ध है कि दशरथ ने पुत्रकाम यज्ञ हेतु श्रृंगी ऋषि को बुलवाया था जो उनके मित्र राजा रोमपाद के दामाद थे। इनके विवाह की कथा भी प्रसिद्ध है।

वाल्मीकि रामायण में उल्लेख है कि एक बार अंगदेश में घोर अनावृष्टि हुई। यह राजा के किसी पाप का परिणाम कही गयी। तब पाप के प्रायश्चित हेतु राजा ने पण्डितों की राय ली। उन्होंने सलाह दी कि यदि महान तपस्वी ऋष्यश्रृंग किसी तरह अंगदेश की धरती पर कदम रखे तो अवश्य वर्षा होगी। पर ऐसा सम्भव होना कठिन था। ऋष्यश्रृंग के पिता विभांडक मुनि ने उन्हें ऐसे घरघोर वन में रखा था जहाँ वे स्त्री तो स्त्री, पिता के अतिरिक्त किसी अन्य पुरुष से भी अपरिचित थे। पिता उन्हें कहीं नहीं जाने देते थे। तब किस आकर्षण में बांधकर उन्हें अंगदेश लाया जाये? अन्ततः बहुत सोच-विचार कर पण्डितों ने निर्णय लिया कि पहले तो वेश्याओं को भेज कर उन्हें नारी के रूपरंग से परिचित कराया जाये। फिर अन्य देश देखने का लालच दिया जाये......तब वे वन से निकल सकते हैं।

फिर यही किया गया। वेश्याओं ने विभांडक मुनि की अनुपस्थिति में ऋष्यश्रृंग को पहले तो अपने रुप के प्रति आकर्षित किया। फिर तरह-तरह की मिठाइयों से उन्हें परिचित कराया और फिर उन्हें अपने देश चलकर और भी अधिक आकर्षक वस्तुएँ दिखाने का प्रलोभन देकर अपने साथ अंगदेश ले आयीं।

ऋष्यश्रृंग के अंगदेश में पहुँचते ही वर्षा होने लगी जिसे देखकर राजा समझ गये कि ऋषिवर आ गये हैं। तब उन्होंने स्वयं आगे बढ़कर उनका स्वागत किया। अपने महल में ठहराया और अपनी पुत्री शान्ता से विवाह करवा कर उन्हें अपना जामाता बना लिया।[155]

जातक कथाओं में भी इससे मिलती-जुलती **नलिनिका जातक**[156] एवं **अलम्बुसा जातक** [157],दो कथाएँ है।

नलिनिका जातक में उल्लेख है कि एक बार बोधिसत्त्व ने उदीच्य ब्राह्मण के कुल में जन्म लिया। तक्षशिला जाकर शिल्प सीखने के बाद वे प्रव्रज्या ग्रहण कर हिमालय चले गये। वहाँ उनके सम्बन्ध से एक मृगी ने बच्चे को जन्म दिया जिसका एक सींग था। पिता ने पुत्र को प्रव्रजित कर योगविधियां सिखाई...और वह घोर तप करने लगा। इससे शक्रासन जलने लगा। (हिंदू पौराणिक ग्रन्थों में भी किसी मनुष्य के तप करने पर इन्द्रासन

डोलने की कथा अनेक स्थानों पर मिलती है। पर क्यों ऐसा होता था? सम्भवतः इसलिए कि देवता भी मानव के तप से घबराते थे।)

तब इन्द्र ने उसकी तपस्या भंग करने एक उपाय सोचा। उसने काशी में तीन साल वर्षा नहीं होने दी। फिर एक दिन काशीनरेश के शयनागर में प्रविष्ट हो उसने राजा को बताया कि हिमालय में रहने वाले श्रृंगी नामक तपस्वी के कारण वर्षा नहीं हो रही है। जब भी मैं वर्षा हेतु आकाश में बादल भेजता हूँ तब वह क्रोधपूर्वक आकाश को देखता है और बरसात नहीं होती है।

राजा भी वर्षा न होने के कारण चिंतित था। इन्द्रदेव के यह रहस्योद्घाटन करने पर उसने पूछा कि इस विषय में मैं क्या करुं? इस पर इन्द्र ने कहा, आप अपनी पुत्री नलिनिका को भेज कर उस तपस्वी का तप खंडित करवाएँ। नलिनिका इसमें समर्थ है।

अगले दिन राजा ने इस विषय में पहले अमात्यों से परामर्श किया फिर नलिनिका को बुलाकर कहा कि जनपद जल रहा है, राष्ट्र विनष्ट हो रहा है। तू जाकर उस ब्राह्मण को अपनी वाणी और रूप से वश में कर।

एक पिता के लिए यह सब पुत्री को कहना अनुचित था पर जनकल्याण के लिए राजा ने यह सब कहा और नलिनिका भी इसी खातिर पिता के कहने पर सज-धज कर हाथी पर सवार होकर अनेक सिपाहियों के साथ मुनि के आश्रम के करीब पहुँची।

वन में एक स्थान पर सबको रोक वह सजधज कर अकेली ही तपस्वी के आश्रम में पहुँची। उनके पिता उस समय फल-फूल लाने वन गये हुए थे। श्रृंगी मुनि उस समय यज्ञ की तैयारी कर रहे थे। उन्हें देख नलिनिका ने धागों की बनी गेंद से उनके सामने जाकर खेलना शुरु किया जो जमीन पर फेंकने पर उछल कर उसके हाथों में आ जाती थी। यह देख आश्चर्यचकित मुनि ने पूछा कि यह कौन सा फल है जो धरती पर गिरने से उछलकर तुम्हारे हाथों में आ जाता है? इस पर वह कहती है कि मैं ब्रह्मचारी हूँ। मेरे आश्रम के समीप ऐसे बहुत से वृक्ष है जिस पर ऐसे फल लगते हैं। आगे वह अंगप्रदर्शन कर श्रृगी ऋषि को सम्बन्ध बनाने के लिए उकसाने में सफल होती है...और इस तरह उनका शीलभंग कर उनके पिता के आने के पहले ही लौट जाती है।

इधर जंगल से लौटकर पिता ने जब गुमसुम से बैठे पुत्र को देखा तो उससे इसका कारण पूछा। पुत्र ने कुछ नहीं छिपाया और यह भी कहा कि मैं उस सुन्दरी के पास जाना चाहता हूँ। उससे पुनः मिलने इच्छुक हूँ। मुझे उसकी संगति में आनन्द मिला है। इस पर पिता समझाते हैं कि वह यक्षिणी रही होगी जो तुम्हारा ब्रह्चर्य नष्ट करने आयी थी। वह मनुष्यों को खाती भी है।

पिता की बातों से पुत्र भयभीत हो गया और उसने नलिनिका की कामना छोड़ दी। फिर पुनः तपस्यारत हो ध्यानलाभ प्राप्त किया।

एक अन्य कथा **अलम्बुसा जातक** में अलम्बुसा इन्द्र के दरबार की एक अप्सरा थी जिसे इन्द्र स्वयं श्रृंगी ऋषि का शीलभंग करने भेजता है क्योंकि ऋषि के तप से इन्द्रासन डोलने लगा था। यद्यपि वह यह कार्य करना नहीं चाहती थी पर देवताओं के हित की दुहाई देते हुए इन्द्र उसे जाने प्रेरित करता है। यहाँ कथा के अन्त में एक अन्तर यह है कि धरती लोक से लौटने के बाद इन्द्र उसे वर देना चाहता है तो वह यह वर माँगती है कि फिर कभी मुझे किसी ऋषि को आकृष्ट करने न जाना पड़े।

खण्ड-14
बालकथाएँ

107 बक जातक (बगुला भगत)
108 कूटिदूसक जातक(बया का घोसला नष्ट करनेवाला बन्दर)
109 दब्भपुप्फ जातक(दो की लड़ाई में लाभ लेने वाला चालाक सियार)
110 वानरिन्द जातक (मगर को धोखा देनेवाला चालाक वानर)
111 कच्छप जातक (अधिक बोलने के कारण मारा जानेवाला कछुआ)
112 कूटवणिज जातक (ठग व्यापारी की कथा)
113 दीपि जातक (बहादुर भेड़ शावक द्वारा चीते का सामना)

कथा-107

बक जातक (बगुला भगत की कथा)

किसी को भी ठगने की प्रवृत्ति प्राणियों में चालाकी के नाम से जानी जाती है। लोग ऐसा कर बड़े खुश होते हैं किन्तु किसी को ठग कर कुछ प्राप्त कर थोड़े समय तक प्रसन्न हुआ जा सकता है पर अन्ततः यह चालाकी ठग पर भारी पड़ती है। यह कथा **बक जातक** [158]दूसरों को ठगने वाले बगुले की कथा है। वर्तमान कथा एक भिक्षु की है जो अतीत में पक्षी योनि में रहकर भी यही धंधा करता था।

वर्तमान कथा- यहाँ वर्तमान कथा है कि जेतवन में रहनेवाला एक भिक्षु पुराने कपड़े को रंग कर नया बनाकर दूसरे को ठगता था। उसकी इस ठगी की बात ग्राम में रहने वाले एक भिक्षु को पता चली। सो उसने जैसे को तैसा की तर्ज पर उसे ठगने के लिए पुराने चिथड़ों को रंग कर एक सुन्दर चीवर तैयार किया। जानबूझकर वह उसे पहन जेतवन के भिक्षु के सामने पहुँचा। उसे देख जेतवन के भिक्षु ने पूछा कि तुम्हारा चीवर तो बहुत सुन्दर है। क्या तुम मुझे इसे दोगे? इस पर उसने कहा कि मैंने इसे बड़ी मेहनत से तैयार किया है पर तुम माँग रहे हो तो मैं तुम्हें इसे देने तैयार हूँ। अच्छा, तुम इसके बदले मुझे नया कपड़ा दो ताकि मैं अपने लिए दूसरा चीवर बना लूं।

इस पर वह ठग भिक्षु झट कुटिया में गया वहाँ से नया कपड़ा लाकर उसे खुशी-खुशी दे दिया। किन्तु अधिक देर उस ठग की खुशी नहीं रही। एक धोने में ही वह चीवर फट गया। जेतवन का ठग भिक्षु समझ गया कि वह ठगा गया है ...यह पुराने कपड़े से बना चीवर है।

उसके ठगे जाने की बात भिक्षुसंघ में प्रगट हो गयी। शास्ता तक बात पहुँची तो उन्होंने उसकी अतीत कथा बतायी कि पहले भी यह दूसरों को ठगता था पर एक बार आप भी ठगाया था और इसी चक्कर में मारा गया था।

अतीत कथा-तब यह भिक्षु बगुले की योनि में पैदा हुआ था। और बोधिसत्त्व कमल सरोवर के पास वृक्ष देवता के रूप में जन्मे थे। एक बार गर्मी के मौसम में बगुला सूखते हुए तालाब के समक्ष चिंतित मुख बनाये बैठा था। इस तालाब में बहुत सी मछलियां रहती थीं। बगुले को इस तरह बैठे देख एक मछली ने उसकी चिन्ता का कारण पूछा। इस पर उसने बताया कि मैं तुम लोगों को देखकर ही चिंतित हूँ। कुछ दिन में पानी का

अभाव होने से तुम सब मर जाओगी। कहो तो मैं तुम्हें एक-एक कर महासरोवर में छोड़ आऊं? किन्तु मछलियों ने उस पर विश्वास नहीं किया। कहा भी कि प्रथम कल्प से लेकर आज तक मछलियों की चिन्ता करनेवाला कोई बगुला नहीं हुआ है। तुम हमें कहीं एक-एक कर खाने की योजना तो नहीं बना रहे हो?

'अच्छा, विश्वास नहीं है तो एक मछली को मेरे साथ भेजो। कहाँ यह कीचड़ से भरा तालाब और कहाँ वह पंचवर्ण कमलों से आच्छादित महासरोवर!'

तब कुछ सोचकर मछलियों ने एक बड़ी मछली को उसके साथ भेज दिया। बगुले ने उसे ईमानदारी से एक सुन्दर तालाब में छोड़ दिया। जी भर कर ठंडे-ठंडे तालाब में तैर लेने के बाद बगुला उसे वापस पुराने गर्म कीचड़ भरे तालाब में ले आया।

उस मछली ने जमकर बगुले मामा और उसके दिखाये सरोवर की तारीफ की। अब तो अन्य मछलियों में जैसे वहाँ जाकर रहने की होड़ लग गयी। बगुला बड़े मजे से एक-एक कर उन्हें चोंच में पकड़ कर ले जाने लगा। उन्हें लेकर वह वहाँ तक जाता अवश्य किन्तु तालाब में छोड़ने के बजाय वह उन्हें एक वृक्ष पर बैठकर नोंच-नोंच कर उनका स्वादिष्ट मांस खाता।

धीरे-धीरे वृक्ष के नीचे उनकी हड़ियों का ढेर लग गया। तालाब की सारी मछलियां वह बगुला खा गया। अन्त में एक केकड़ा बचा। अब उसकी पारी थी। पर केकड़ा चालाक था। जाते समय उससे बोला—मामा मैं गिर जाऊंगा। ऐसा करता हूँ, तुम्हारी गरदन पकड़ कर लेता हूँ ताकि चिपका रहूँ। बगुले को उसका मांस खाने की जल्दी थी अतः बिना सोचे वह तैयार हो गया। केकड़ा भी मजे से उसकी गर्दन पकड़े-पकड़े उड़ने लगा। दूर से पंचवर्णी कमलों का सुगंधित तालाब देख केकड़े ने पूछा—मामा! क्या हम इसी तालाब में रहने जा रहे हैं? मामा ने मुंडी हिलाई अवश्य पर उसे ले वह नजदीक के वृक्ष की ओर बढ़ते हुए बोला—भांचे! तू मुझे प्यारा मामा समझता है न? पर मैं वह नहीं हूँ। उस वरूण वृक्ष के नीचे मछलियों के कांटों का अंबार देख रहा है न, वह तेरे तालाब की ही मछलियां हैं, मेरे द्वारा खाकर फेंकी गयी! अब मैं तुझे भी खाऊंगा।

इस पर केकड़ा बोला—ये मछलियां अपनी मूर्खता से तेरा आहार हुई है। पर मैं तुझे अपने को खाने नहीं दूंगा। बल्कि तुझे ही मार दूंगा। तू मुझे वरूण वृक्ष पर बैठकर उतारेगा उसके पहले ही मैं तेरी गदरन कांट कर फेंक दूंगा। मरना है तो दोनों मरेंगे।

यह सुन बगुला डर गया। केकड़े से रोते हुए क्षमा माँगने लगा। केकड़ा चालाक था। बोला—अच्छा मामा मुझे तालाब में उतार कर चला जा। बगुले ने वैसा ही किया। जैसे ही वे दोनों तालाब के पानी तक पहुँचे केकडे ने उसकी गर्दन मुक्त करने के पूर्व उसकी गर्दन को कुमुद की डंठल के समान काट डाला और झट से पानी में चले गया। यह दख वृक्ष देवता ने गाथा कही-

धूर्त व्यक्ति अपनी अधिक धूर्तता के कारण सदैव सुख नहीं पा सकता। वह अपने किये का फल अवश्य भोगता है जैसे बगुले ने भोगा।

कथा-108

कूटिदूसक जातक(बया का घोसला नष्ट करनेवाला बन्दर)

सामन्यतया लोग परेशानी के समय दूसरों के उपदेश को सुनते हैं किन्तु कुछ दुष्ट प्रवृत्ति के व्यक्ति किसी के दिये उपदेश को पसन्द नहीं करते और उन्हें ही नुकसान पहुँचाते हैं जो सही मार्ग दिखाता है। अतः नासमझ को अनावश्यक उपदेश नहीं देना चाहिए। यह कथा **कूटिदूसक जातक**[159] यही सन्देश देती है।

वर्तमान कथा—भिक्षुओं के भी मानव स्वाभावानुसार कई प्रकार होते हैं। सभी भिक्षु एक समान नहीं होते। कुछ में दुष्ट प्रवृत्ति जन्मजात होती है। वर्तमानकथा ऐसे ही एक भिक्षु की है जो अपने गुरु से द्वेष करता था। जब गुरु उसे सदुपदेश देते तब वह उन्हें न सुन उनसे बैर बांधता। एक दिन गुरु के उपदेश से चिढ़कर वह गुरु की झोपड़ी में आग लगा कर भाग गया। शास्ता को जब यह बात पता चली तो उन्होंने बताया कि पूर्व में भी यह ऐसा ही था। यहाँ शास्ता एक गाथा कहते हैं—**यदि अपने से श्रेष्ठ अथवा अपने जैसा साथी न मिले तो दृढ़तापूर्वक अकेला ही रहे। मूर्ख की संगति अच्छी नहीं है।**

अतीत कथा—तब बोधिसत्त्व बया पक्षी की योनि में पैदा हुए थे। वर्षाकाल में सुरक्षित रहने हेतु बया ने हिमालय के एक वृक्ष में बड़े जतन से सुन्दर सा घोसला बनाया। एक दिन मूसलाधार वर्षा हो रही थी। बया अपने घोसले में आराम कर रही थी। उसी समय वर्षा में भीगा शीत से कांपता एक बन्दर उसके घोसले के पास आकर बैठा।

बन्दर को इस तरह देख बया ने बातचीत करने के लिए कहा—हे वानर! तुम्हारा सिर मानव के समान है और हाथ-पैर भी उसके ही समान है। तो फिर किस कारण तुम्हारे पास घर नहीं है?

इस पर वानर बोला—शरीर तो मानव के समान अवश्य है पर उसके समान मेरी बुद्धि नहीं है।

यह सुन बया ने उसे उपदेश देते हुए कहा—तुम चंचलचित्त हो इसलिए सुखी नहीं हो। अपनी दुश्शीलता को त्याग कर अपने लिए एक घर बना लो जो शीत-वात से तुम्हारी रक्षा कर सके।

बया ने बात ठीक कही थी, जब वह अपने लिए घर बना सकती थी तो बन्दर क्यों नही बना सकता? पर यह सुन बन्दर को क्रोध आ गया।...ओह! स्वयं सुरक्षित स्थान पर बैठी यह बया कैसे मेरा परिहास कर रही है! इसे मजा चखाता हूँ...मन में यह विचार आते ही बन्दर बया के घोसले पर टूट पड़ा। बया तो किसी तरह बचकर भाग गयी किन्तु बेचारी दूर से देखती रह गयी...इतनी मेहनत से बनाये उसके सुन्दर से घरौंदे को दुष्ट बन्दर कितनी निर्दयता से तिनके-तिनके कर बिखेर रहा था!

यह कथा यह सन्देश भी देती है कि अनावश्यक किसी को कुछ सलाह नहीं देना चाहिए, खासकर ऐसे मूर्ख को जो आपकी बात सुनने को तैयार नहीं है।

सोमदेवकृत कथासरित्सागर में यह कथा कुछ अन्तर से इस प्रकार है। यहाँ बया को सूचीमुख पक्षी कहा गया है। एक बार शीतकाल में शीत से कंपकपाते एक बन्दर को एक जुगनू मिला। उसने उसे आग की चिंगारी समझा और उस पर घासफूंस डालकर उसे फूंक मार कर जलाने लगा। यह देखकर वृक्ष पर बैठे सूचीमुख पक्षी को हँसी आ गयी। खिलखिलाते हुए उसने कहा कि यह आग नहीं, जुगनू है। इसे फूंकने का व्यर्थ प्रयत्न मत करो। किन्तु बन्दर उसकी बात को अनसुना कर अपने प्रयास में लगे रहा। तब वह पक्षी नीचे उतर कर उसके करीब आयी और पुनः आग्रहपूर्वक उसे रोकने लगी। इस पर क्रोधित हो बन्दर ने पत्थर से मारकर उस सूचीमुख के टुकड़े-टुकड़े कर दिये।

इसीलिए कहा जाता है, **न तस्य वक्तव्यं यः कुर्यान्न हितं वचः** अर्थात् उससे हित की बात कभी नहीं कहनी चाहिए जो न माने।[160] यह कथा **पंचतन्त्र** में भी मिलती है। वस्तुतः व्यवहारिक सीख देनेवाली यह कथा लोक में भी बहुत प्रसिद्ध है। इसको लेकर एक दोहा है, **सीख वाकूं दीजिए जाकूं सीख सुहाइ। सीख न दीजै बानरा बया को घर जाई।**

कथा-109

दब्भपुप्फ जातक(दो की लड़ाई में लाभ लेने वाला चालाक सियार)

बड़ी प्रसिद्ध कहावत है, दो के झगड़े में तीसरे का लाभ। प्रायः ऐसा होता है कि दो लोग जब आपस में लड़ते है और स्वयं मामला नहीं निपटा कर तीसरे के पास न्याय की आस में जाते हैं तो तीसरा उसमे अपना लाभ देखता है। इस सम्बन्ध में **पंचतन्त्र** की एक रोटी के लिए दो झगड़ती बिल्लियों को न्याय दिलाने वाले बन्दर की कहानी प्रसिद्ध है जो रोटी के दो तुकड़े कर उन्हें तराजू में रखता है। एक तरफ पड़ला भारी होने पर वह तुरन्त उसमें से जानबूझ कर बड़ा तुकड़ा तोड़कर खा लेता है जिससे दूसरा पड़ला भारी हो जाती है। दोनों को सम करने के लिए वह यही कार्य फिर-फिर करता है और अन्ततः पूरी रोटी खा लेता है। बेचारी बिल्लियां देखती रह जाती हैं। यह कथा कुछ परिवर्तन के साथ इस **दब्भपुप्फ जातक** [161]में है।

वर्तमान कथा—बुद्धशिक्षा थी कि प्रव्रजितों को अल्पेच्छा वाला होना चाहिए। पर उनके संघ का एक प्रव्रजित अत्यन्त तृष्णा वाला था। उसने अपने लिए तीन-तीन कुटी रखी थी। अन्यों से तो वह दान में मिली अपनी अच्छी सामग्रियों का त्याग कर अत्यन्त

साधारण वस्तुएँ रखने कहता और स्वंय उनकी अच्छी सामग्री अपने उपभोग के लिए दूसरी कुटियों में रख देता।

एक बार दो भिक्षुओं को दो स्थूलवस्त्र और एक महीन कंबल दान में मिले। वे इसे आपस में कैसे बांटे यह सोच ही रहे थे कि यह लालची प्रवजित उनके पास जा पहुँचा। उसे देख उन दोनों भिक्षुओं ने दान सामग्री उसके हाथों सौंपते हुए कहा, कृपया इसे हम दोनों में बांट दे। इस पर उसने दोनों को एक-एक स्थूलवस्त्र दिया और महीन कंबल स्वयं ले लिया, यह कहते हुए कि यह मेरे योग्य है।

शास्ता तक जब यह बात पहुँची तो उन्होंने बताया कि यह पूर्वजन्म में भी ऐसा ही लालची लुटेरा था।

अतीत कथा-तब बोधिसत्त्व वृक्ष देवता थे, नदी तट के एक वृक्ष पर उनका निवास था। एक बार उन्होंने देखा कि एक सियारिन ने सियार से दौहद प्रगट किया कि मुझे ताजा रोहित मछली खाना है। सियार तुरन्त उसकी इच्छा पूरी करने नदी किनारे आया। अब वह स्वयं तो नदी में उतर कर मछली नहीं निकाल सकता था अतः मौके की तलाश में वह वहाँ एक झाड़ी में छिपकर बैठ गया। थोड़ी देर में उसने देखा कि दो उदबिलाव नदी के तट पर मछली की तलाश में घूम रहे हैं। दोनों में से एक को मछली दिखी तो झट वह नदी में उतर कर उसकी पूंछ खींचने लगा। किन्तु मछली भारी थी। वह अकेला खींच नहीं पा रहा था अतः उसने अपने मित्र उदबिलाव को सहायता हेतु आवाज दी। मित्र दौड़ कर आया और फिर उसने मित्र की पूंछ पकड़कर उसे खींचते हुए मछली सहित बाहर निकाला।

बड़ी सी रोहित मछली देख दोनों प्रसन्न हो गये। किन्तु कितना भाग कौन लेगा इसे लेकर दोनों में विवाद होने लगा। सियार यह देख रहा था। मछली पाने का अच्छा अवसर देख वह उनके पास आकर बोला– क्यों लड़ रहे हो ?

कारण बताने पर उसने कहा–मैं पहले राजा का न्यायधीश था। मैने बहुत से मुकदमों का निर्णय किया है। मैं तुम्हारे भी विवाद का निर्णय कर सकता हूँ।

तब उदबिलाओं ने न्याय हेतु मछली उसके सामने रख दी। सियार ने चालाकी से पहले मछली की पूंछ को अलग किया और उसे एक उदबिलाव को सौंपा फिर उसके सिर के भाग को अलग किया और दूसरे उदबिलाव को सौंपा। अब बचा मछली का धड़। उसे यह कहते हुए वह मुंह में दबाकर भाग गया कि यह न्याय करने का मेरा मेहनताना है!

दोनों उदबिलाव बेचारे ठगे से देखते रह गये। सियार को रोहित मछली का असली भाग मुंह में दबाये लाते देख कर सियारिन प्रसन्न हो बोल पड़ी-जिस प्रकार क्षत्रिय राजा राज्य प्राप्त कर प्रसन्न होता है उसी प्रकार मैं भी आज तुमको देखकर प्रसन्न हो रही हूँ। आगे उसने पूछा कि कैसे मछली प्राप्त की तब सियार ने सारी कथा बताते हुए यह गाथा कही-

विवाद से जन दुर्बल होते हैं। विवाद से धन क्षय होता है। ले अब तू यह रोहित मछली खा।

यह सब देखकर वृक्षदेव ने भी एक गाथा कही-

इसी प्रकार मनुष्यों में जहाँ विवाद होता है वे न्यायाधीश के पास दौड़ते हैं। वह उनका न्याय करता है। इससे उनके धन की हानि होती है और राजकोष बढ़ता है।

कथा-110

वानरिन्द जातक (मगर को धोखा देनेवाला चालाक वानर)

मगरमच्छ द्वारा बन्दर का कलेजा लेने हेतु उसे झूठ बोलकर अपनी पीठ पर बैठाकर ले जाने की कथा बड़ी प्रसिद्ध है। इससे हम सब परिचित हैं। हम सब इसका अन्त भी जानते हैं कि वानर अपनी चतुराई से लालची मगर पर विजय प्राप्त कर उसकी पहुँच से दूर हो गया था। प्रस्तुत **वानरिन्द जातक**[162] यही कथा है।

वर्तमान कथा—देवदत्त प्रायः चालाकी से शास्ता के वध का प्रयास किया करता था किन्तु अपने विवेक-चातुर्य से शास्ता हमेशा बच जाते थे। एक बार भिक्षुओं के द्वारा यह चर्चा करने पर शास्ता ने कहा कि देवदत्त पहले भी ऐसा कर चुका है। इसी सन्दर्भ में वे यह अतीतकथा कहते हैं।

अतीत कथा—तब बोधिसत्त्व वाराणसी के एक वन में वानरयोनि में पैदा हुए थे। वहाँ एक नदी में स्थित नाना प्रकार के सुस्वादु फलों से युक्त एक द्वीप था। शक्तिशाली होने से वे नदी को कूदकर पार कर लेते और दिनभर इस द्वीप के फलों का सेवन कर शाम को पुनः नदी कूद कर पार करते और अपने निवासस्थान में पहुँच जाते। नदी चौड़ी थी अतः उसको पार करते समय एक शिला पर पैर भी रखते थे।

नदी में स्थित एक मगरी प्रायः इस पुष्ट वानर को इस तरह आते-जाते देखती थी। एक बार इसे खाने की इच्छा उसके मन में हुई सो उसने अपने मगर से कहा कि मुझे इस वानरेन्द्र के हृदयमांस के लिए दोहद उत्पन्न हुआ है, तुम किसी तरह मेरी यह इच्छा पूरी करो।

मगर के लिए वानर को पकड़ना कठिन था पर उसने एक उपाय सोचा। वह उस शिला पर जाकर लेट गया जिस पर वानर पैर रखकर द्वीप में फल खाने जाता था। लेटे मगर पत्थर समान दिखायी देते हैं। इधर वानर ने देखा कि शिला कुछ बढ़ी हुई दिखायी देती है। उसने इसके कारण पर विचार किया...नदी का पानी न बढ़ रहा है न घट रहा है फिर शिला कैसी उभरी हुई है? कहीं यह मगंरमच्छ तो नहीं है? सो परीक्षा लेने के लिए वह किनारे से ही चिल्लाया, भो पाषाण! ...पर मगरमच्छ चुप रहा। तीन बार उसने पाषाण

को आवाज दी। अन्ततः मगर के मन में विचार आया कि सम्भवः यह रोज ही पाषाण से बात करता हो और पाषाण उसे उत्तर देता हो। अतः उसने सच्चाई बता ही दी कि मैं मगरमच्छ हूँ और अपनी गर्भवती मगरी की दोहद इच्छा पूरी करने हेतु यहाँ तेरे हृदय के मांसपिंड की आशा में पाषाणवत् लेटा हुआ हूँ।

वानर कुछ क्षण सोच में पड़ गया। द्वीप के फल आकर्षित कर रहे थे पर सामने मृत्यु मुंहबाये बैठी थी। तब उसने चालाकी से काम लिया। बोला, कोई बात नहीं मैं स्वयं ही तेरे पास आता हूँ। मुंह खोल कर समीप आते हुए मुझे तू ग्रहण करना।

वानर की बातों से प्रसन्न मगर ने झट अपना मुख खोल दिया। पर यह क्या? वानर तो क्षणभर में उसकी पीठ पर पैर रखकर कूद गया !

वस्तुतः हुआ यह कि मगर को पता नहीं था कि मुख खोलते ही उसकी आँखें अपने आप बंद हो जाती है। चतुर वानर यह जानता था, सो जैसे ही उसने मुख खोला वानर विद्युत गति से उसके मस्तक पर पैर रखते हुए दूसरी छलांग में द्वीप पर पहुँच गया।

यह देख मगर कुपित नहीं हुआ बल्कि प्रशंसा करते हुए उसने यह गाथा कही-

जिस जन में सत्य, धर्म (विचार-बुद्धि), धृति, त्याग जैसे गुण होते हैं वह अपने शत्रु को भी जीत लेता है।

वानर में सत्य यह था कि उसने कहे अनुसार किया कि मैं तेरे पास आऊंगा। उसमें धर्म अर्थात् विचार-बुद्धि यह थी कि ऐसा करने पर ऐसा होगा, वह यह जानता था। धृति अर्थात् अखण्ड प्रयत्न भी उसने किया था और त्याग अर्थात आत्मसमर्पण भी उसने मगर के पास जाकर किया। आगे मगरमच्छ स्वयं कहता है कि इसके बाद भी मैं तुझे नहीं पा सका तो इसमें तेरा नहीं मेरा ही दोष है। जिस जीव में यह चारों गुण हो वह अपने शत्रु को लांघकर वैसे ही चला जाता है जैसे तू आज मुझे लांघ कर चले गया।

इसी तरह की एक अन्य कथा, जो लोक में अधिक प्रसिद्ध है, **सुंसुमार जातक**[163] है। मगर और सुंसुमार नामक बन्दर की इस कथा में भी बोधिसत्त्व ने हिमालय में बन्दर की योनि में जन्म लिया था। देवदत्त मगर के रूप में जन्मा था जो उन्हें मारने का असफल प्रयास करता है। यहाँ भी गंगा में एक मगरी अपने मगर को वानर का हृदय खाने हेतु दौहद प्रगट करती है। तब मगर वानर के पास जाकर कहता है-

'तुम यहाँ के अस्वादिष्ट गूलर के फल खाकर विचरते हो। तुम्हें मालूम भी है कि गंगा के उस पार आम, जामुन, कटहल के मधुर फल बहुतायत में है। तुम वहाँ क्यों नहीं जाते?'

'कैसे जाऊं? मुझे तैरना नहीं आता। मैं गंगा पार कैसे कर सकता हूँ? गंगा में पानी भी बहुत है। फिर यह कितनी विस्तृत है।'

'मेरी पीठ पर चढ़ जाओ। मैं पहुँचा दूंगा।'

वानर कूद कर मगर की पीठ पर चढ़ गया। थोड़ी दूर तक तो मगर प्रेम से वानर को गंगा में तैरते हुए ले जाने लगा किन्तु जैसे ही गहराई आयी वह उसे पानी में डुबाने लगा।

यह क्या कर रहे हो मित्र? मैं डूब जाऊंगा। मुझे तैरना भी नहीं आता। ...बन्दर ने घबराते हुए कहा।

'क्या तुम अभी भी नहीं समझे कि मैं तुम्हें धर्मभाव से नहीं ले जा रहा हूँ? मैं तुम्हें मारने के लिए ही यहाँ लाया हूँ। तुम्हें मैं फल खिलाने नहीं अपनी मगरी को खिलाने के लिए ले जा रहा हूँ। अब मैं क्या करूँ, उसे तुम्हारे हृदय को खाने की दोहद हुई है मित्र!'

वानर चालाक था। सतर्क हो गया। आश्चर्य प्रगट करते हुए बोला, 'तो यह बात पहले क्यों नहीं कही? तुम भी एक नंबर के मूर्ख हो। भला अपना हृदय लेकर मैं कभी चलता हूँ ? हम वानर यहाँ से वहाँ पेड़ पर उछलते रहते हैं। यदि उछलते-कूदते हृदय गिर जाये तो चूर्ण-विचूर्ण नहीं हो जायेगा?'

अच्छा! तब ऐसा करो भाई, मुझे मगरी के लिए अपना हृदय दे दो, फिर मैं तुम्हें नहीं मारूंगा।

यह कौन सी बड़ी बात है ? चलो अभी देता हूँ।

प्रसन्न होकर मगर बन्दर को वापस उसके पेड़ के समीप ले गया और आशा से बन्दर के हृदय की राह देखने लगा। किन्तु बन्दर ने तो ऊपर जाकर उसे ठेंगा दिखा दिया। कहा—'मूर्ख मगर! तुम्हारा शरीर बड़ा है पर बुद्धि नहीं। कोई क्या हृदय निकाल कर पेड़ पर रख सकता है? यह जो तुम गंगा पार आम, जामुन, कटहल बताते हो, वह मुझे नहीं चाहिए। मेरे लिए यह गूलर ही ठीक है। अब जाओ।'

जाते हुए मगर से वानर ने यह गाथा कही- **मगर तुम्हारा शरीर बड़ा है लेकिन तुम्हारी प्रज्ञा शरीर के समान बड़ी नहीं है। तुम मुझसे धोखा खा गये हो।**

अब मगर क्या करता क्या कहता। हारे हुए जुआरी के समान वह वहाँ से चले गया।

लोक में प्रसिद्ध यह कथा सोमदेवकृत **कथासरितसागर** [164]में भी मिलती है। यहाँ मगरमच्छ का नाम शिशुमार है। यहाँ बन्दर और मगर में पहले से दोस्ती थी। उनकी दोस्ती का कारण बन्दर द्वारा गूलर के मीठे फल मगर को खिलाना था। इस दोस्ती के कारण बंदर प्रायः अपना ज्यादा समय बन्दर के पास ही गुजारता था पर इससे मगरी नाराज रहती थी। यह बात उसने अपनी एक सखी को बतायी तो उसने उपाय बताया कि तुम बीमारी का बहाना करना और तब मैं तुम्हारे मगर से कहूँगी कि यह तभी ठीक हो सकती है जब मगर का कलेजा खाने मिले...और तब न चाहते हुए भी मगर बन्दर को लाने गया किन्तु रास्ते से ही बन्दर यह बहाना बनाते हुए वापस आ गया कि मेरा कलेजा तो वृक्ष में रखा हुआ है! और इस तरह अपनी चालाकी से बन्दर ने अपनी जान बचाई तथा अपनी मूर्खता से मगरमच्छ मीठे फल देनेवाले मित्र से वंचित हुआ।

कथा-111

कच्छप जातक (अधिक बोलने के कारण मारा जानेवाला कछुआ)

बोलना अच्छी बात है और जरुरी भी है किन्तु अनावश्यक बोलते रहना निश्चय ही एक बुरी आदत है। अधिक बोलने वाले जिन्हें वाचाल कहा जाता है, दूसरों को तो बोर करते ही हैं कई बार अपने या दूसरों के राज खोलकर नुकसान भी उठाते हैं। यह कथा **कच्छप जातक**[165] अधिक बोलने से होने वाली हानि पर प्रकाश डालती है।

वर्तमान कथा—जेतवन में विहार करते समय भिक्षुओं में कोकालिक नामक भिक्षु की चर्चा हो रही थी जो अपनी वाचालता के कारण मारा गया था। तब शास्ता ने यह अतीतकथा कही।

अतीत कथा—वाराणसी का राजा ब्रह्मदत्त बहुत बोलता था। बोधिसत्त्व ने उसके अमात्य के रूप में जन्म लिया था। अब राजा राजा था, उसे कोई कुछ नहीं कह सकता था किन्तु उसकी इस आदत पर रोक लगाना भी आवश्यक था। अतः उसे उचित शिक्षा देने के लिए बोधिसत्त्व अवसर की तलाश में रहने लगे। एक दिन उन्हें आकाश से महल के आंगन में गिरे कछुये के रूप में यह अवसर मिला।

वस्तुतः हुआ यह कि उस प्रदेश में एक कछुआ रहता था। उसके साथ दो हंसों की दोस्ती हो गयी। एक बार हंसों ने कहा कि हिमवंत में एक बहुत रमणीक स्थान है हम वहीं रहते हैं। अब हम वहाँ जा रहे हैं क्या तुम हमारे साथ चलोगे?

रमणीक स्थान का नाम सुन कछुआ रोमांचित हो गया। किन्तु समस्या वहाँ जाने की थी। दुःखी हो वह बोला—पर मैं कैसे वहाँ जा सकता हूँ?

हम ले चलेंगे, पर एक शर्त है, तुम रास्ते भर कुछ बोलोगे नहीं...जिव्हा पर नियंत्रण रखोगे, हंसों ने कहा। कछुआ मान गया।

तब हंसों ने एक लकड़ी कछुए के मुख में थमाई और लकड़ी के दोनों छोर को अपनी चोंच में पकड़कर उड़ने लगे।

कछुआ अभी अपनी उड़ान से हर्षित एवं विस्मत हुआ ही था कि गाँव के लड़कों को उसने कहते सुना-देखो तो, दो हंस बेचारे कैसे इस कछुए को ले जा रहे हैं!

इस पर कछुए ने इठलाते हुए यह कहने की इच्छा से मुख खोला-दुष्ट छोकरों! यदि मेरे मित्र मुझे ले जा रहें हैं तो इससे तुम्हें क्या?

बेचारा कछुआ! मुख खोलते ही उसके मुख से लकड़ी छूट गयी और वह धड़ाम से जमीन पर गिर गया। फिर अधिक देर नहीं लगी उसका प्राणांत होने में। अमात्य ने उसे राजा को दिखाया और उपरोक्त कथा बताते हुए यह गाथा कही-

कछुवे ने वाणी का प्रयोग करके स्वयं को मार डाला। इसे देखकर मनुष्य को कुशल वाणी ही बोलनी चाहिए और वह भी समय सीमा लांघ कर नहीं। देखते ही देखते अधिक बोलने के कारण कछुआ मारा गया।

राजा समझ गया कि यह मेरे लिए बोल रहा है। फिर भी उसने पूछा—पण्डित! क्या तुम मुझे लक्ष्य कर कह रहे हो? इस पर बोधिसत्त्व ने कहा—महाराज! चाहे आप हो या अन्य कोई हो, जो सीमा लांघ कर बोलता है वह इसी प्रकार दुःख उठाता है।...बस इसके बाद राजा वाणी पर संयम कर मितभाषी हो गया।

कुछ ऐसी ही कथा **कोकाकिल जातक** में है। यहाँ राजा की वाचालता रोकने के लिए मन्त्री बोधिसत्त्व एक कोयल के बच्चे का उदाहरण देता है। एक कौवी के घोसले में कोयल ने अपना एक अंडा उसके अंडों के साथ रख दिया। इसे कौवी ने अपना अंडा समझकर सेया। उसके बच्चों के साथ कोयल का बच्चा भी निकला। कोयल का बच्चा अभी छोटा था, उसके पंख भी नही निकले थे कि वह आवाज करने लगा। कौवी उसे पहचान गयी। तब उसने चोंच से मारकर उसे घोंसले से गिरा दिया। बोधिसत्त्व ने यह उदाहरण देते हुए राजा को समझाया कि असमय आवाज करनेवाले की यही गति होती है।

कथा-112

कूटवणिज जातक (ठग व्यापारी की कथा)

बुद्ध ने हमेशा मैत्री, क्षमाभाव, सहनशीलता को श्रेष्ठ सदगुण बताये हैं और प्रायः सभी जातक कथाओं में इनका महत्त्व भी बताया गया है किन्तु कहीं-कहीं शठ के साथ शठता करते हुए उसे सबक सिखाने की भी कथा है। **कूटवणिज जातक**[166] ऐसी ही कथा है।

वर्तमान कथा—श्रावस्ती के दो व्यापारी साझा व्यापार कर अपने देश प्रचुर धन कमा कर लौटे। एक ने दूसरे से कहा कि मित्र, आओ धन बांट लेते हैं। दूसरा व्यापारी लालची था। वह पूरा धन हड़पना चाहता था। इसलिए उसने कहा कि आज नक्षत्र अच्छा नहीं है। तुम थक भी गये हो। जाओ अच्छे से खाकर आराम करो, कल देखेंगे। दूसरे दिन लालची व्यापारी ने फिर यही बहाना बनाया। तीसरे दिन भी यही हुआ। रोज-रोज यही बहाना सुनकर पहला व्यापारी समझ गया कि यह ठग है अतः कठोरतापूर्वक उसने उससे अपने धन की माँग की...और इस तरह अपना धन पाया। इसके बाद जब वह शास्ता की सेवा में पहुँचा और इतने दिन न आने का कारण बताते हुए ठग की कथा सुनायी तो शास्ता ने बताया कि यह व्यापारी पहले भी ठग था... और आग्रह करने पर उसके पूर्वजन्म की यह कथा सुनायी।

अतीत कथा—पूर्व काल में बोधिसत्त्व वाराणसी नरेश के राज्य में न्यायाधीश के रूप में थे। उस समय एक ग्रामवासी की एक नगरवासी वणिक से मित्रता हुई। किसी कारणवश ग्रामवासी ने नगरवासी के पास पाँच सौ लोहे के फाल (जिसे भूमि जोतने हल में लगाया जाता है) रखवाये। नगरवासी ने लालचवश उन्हें बेच दिया और जहाँ फाल रखे

थे वहाँ चूहों की मेंगनी (लेड़ी) फैला दी। कुछ समय बाद ग्रामीण वणिक अपनी फाल माँगने आया इसपर कुटिल वणिक ने चूहों की मेंगनी का ढेर दिखाते हुए कहा—मित्र! तुम्हारी सारी फाल चूहे खा गये! ये देखो उन्होंने यहा पर मेंगनी का ढेर लगा दिया है।

ग्रामीण व्यापारी समझदार था। समझ गया कि यह मुझे ठग रहा है। पर उस समय वह बिल्कुल खामोश रहा। केवल इतना कहा—कोई बात नहीं, खा गये सो खा गये। इसमें तुम क्या कर सकते हो। अच्छा मैं चलता हूँ।... पर सोचता हूँ तालाब में नहा लूं फिर जाऊं।

ठग खुश हुआ कि यह ग्रामीण कितनी सहजता से उसके धोखे में आ गया है। हर्षित हो वह बोला, हां भाई नहा लो।

पर मुझे यहाँ का तालाब नहीं मालूम। मित्र! तुम अपने पुत्र को मेरे साथ भेज दो।

ठग वणिक ने तत्काल अपने पुत्र को आवाज दे बुलाया और उसके साथ रवाना किया। किन्तु ग्रामीण वणिक बच्चे को ले तालाब नहीं गया वरन् उसे अन्य मित्र के घर बिठा दिया और फिर नहा कर अकेला ही ठग के घर पहुँचा। प्रसन्न ठग ने उसकी आवभगत की पर उसके साथ पुत्र को न देख पूछा—मेरा पुत्र कहाँ है?

इस पर ग्रामीण वणिक ने भोलेपन से कहा—जब मैं तालाब में था तब उसे चिड़िया उठाकर ले गयी।

क्या कहा? चिडियां ले गयी! पर यह कैसे सम्भव है? चिड़िया कहीं बच्चे की उठाकर ले जा सकती है?

हां मित्र! बात तो असम्भव लगती है पर मैं करूँ? तुम्हारे पुत्र को चिडिया ही उठा कर ले गयी।

अरे धूर्त! तू झूठ बोलता है। मेरा पुत्र दे अन्यथा मैं अभी न्यायालय जाता हूँ।

इसमें क्या है? चलो मैं भी तुम्हारे साथ चलता हूँ...कहते हुए ग्रामीण भी साथ हो लिया।

न्यायधीश ने भी ग्रामीण की बात पर अविश्वास करते हुए कहा कि इस दुनियां में कहीं बच्चों को चिड़िया लेकर आकाश में उड़ सकती है? तुम झूठ कहते हो।

स्वामी! मै पूछता हूँ चिड़िया बच्चे को लेकर नहीं उड़ सकती तो क्या चूहे फाल खा सकते है? न्यायाधीश और भी चकराया।

और फिर न्यायाधीश के सामने ग्रामीण ने अपने लोहे के फाल की सारी कहानी बयां करते हुए पूछा—यदि चूहे फाल खा सकते हैं तो चिड़िया भी बच्चे को लेकर उड़ सकती है ना?

न्यायाधीश समझ गया कि इस ग्रामीण ने शठ के प्रति शठता करके उसे जीतने की बात सोची होगी...और उसने यह गाथा कही-

शठ के प्रति शठता, यह अच्छा सोचा है। कुटिल के प्रति कुटिलता का जाल फैलाया है। ठीक है। यदि चूहे फाल खा जाएँगे तो चिड़िया बच्चे को क्यों नहीं ले जायेगी?

और फिर न्यायाधीश ने ठग को डांटा कि इस ग्रामीण की फाल लौटाओ ताकि वह तुम्हारे पुत्र को न ले जाये।

तब ठग के पास क्षमा माँगते हुए ग्रामीण को उसकी फाल लौटाने के सिवा कोई चारा नहीं था, वही उसने किया और अपने बच्चे का सही सलामत पा सन्तुष्ट हुआ। यह कथा **पंचतन्त्र** में भी है।

कथा-113

दीपि जातक (बहादुर भेड़-शावक द्वारा चीते का सामना)

भय या डर जीव के मन की एक ऐसी भावना है जो स्वाभाविक मानी जाती है। जीवन पर संकट आते देख प्रत्येक जीव पहले भयभीत ही होता है और किसी प्रकार प्राण बचाने का प्रयास करता है। किन्तु अनेक ऐसे उदाहरण भी दिखते हैं जब भय को परे कर अपने जीवन की रक्षा के लिए वह अपने सामर्थ्य के बाहर प्रयत्न करता है और सफल भी होता है। प्रस्तुत कथा **दीपि जातक**[167] ऐसी ही एक भेड़ की कथा है।

वर्तमान कथा—यहाँ वर्तमान कथा एक भेड़ की है जो अपने झुंड से बिछड़कर अचानक एक चीते के सामने आ गयी थी। चीते को देखकर उसका भयभीत होना स्वाभाविक था किन्तु उसने धैर्य से काम लिया। वह यह समझ गयी कि यदि मैं भागने का प्रयास करूँगी तो अवश्य चीते का आहार बनूंगी। अच्छा होगा यदि मैं शौर्य संचित कर इसका सामना करूँ। सचमुच उसने अपने सींगों को उठाया और वेग से चीते के सामने उछली, यह अप्रत्याशित आक्रमण देख चीता भौंचक रह गया। वह समझ नहीं पाया कि कहाँ से इसे पकडूं......बस चीते की इस स्थिति का लाभ उठाकर भेड़ वहाँ से भाग निकली और अपने झुंड में जा मिली।

स्थविर मोग्गलान यह सारा दृश्य अपनी गुफा से देख रहे थे। भेड़ की बहादुरी से प्रसन्न हो उन्होंने अगले दिन शास्ता से उसकी बहादुरी की कथा कही। इस पर शास्ता ने बताया कि यह उसके पूर्वजन्म का सबक था। अतीत में ऐसी हिम्मत न दिखा कर उसने चीते से अनुनय-विनय की और मारी गयी।

अतीत कथा—उस समय बोधिसत्त्व मगधराष्ट्र स्थित एक महाधनवान कुल में पैदा हुए थे किन्तु ऋषि-प्रव्रज्या लेकर हिमालय में रहते थे। एक बार इसी गिरिब्रज पर उन्होंने ऐसी ही एक भेड़ को अचानक चीते के सामने देखा। यहाँ भी भेड़ भयभीत हो गयी थी किन्तु उसने धैर्य नहीं खोया था। उसने सोचा विनयपूर्वक चीते से बात कर प्राणदान प्राप्त करने का प्रयास करती हूँ...और वह बड़े प्रेम से बोली—मामा कुशल से तो हो? माँ ने तुम्हारा कुशल पूछा है। हम सब तुम्हारी याद करते हैं।

चीता समझ गया कि यह मुझे मामा बनाकर ठगना चाहती है। मन ही मन वह बोला—यह नहीं जानती कि इसका मामा मैं कितना कठोर हूँ। भेड़ को बातों में फँसाने

के लिए उसने कहा—तू मेरी पूंछ को नीचा दिखाकर लांघकर गयी है, अब मामा बनाकर मुक्त होना चाहती है?

इस पर भेड़ ने कहा कि तुम्हारी पूंछ तो पीछे की ओर है, मैंने कहाँ लांघा है ?

चीता बोला—क्या तू नहीं जानती कि मेरी पूंछ चारों ओर फैली है?ऐसी कोई दिशा नहीं जहाँ मेरी पूंछ न हो।

तब भेड़ ने कहा—मामा! मुझे मेरी माँ और भाइयों ने बताया था कि तुम्हारी पूंछ सर्वत्र फैली है। मैं तो आकाश मार्ग से आयी हूँ। मैंने तुम्हारी पूंछ नहीं लांघी।

इस पर दुष्ट चीता बोल उठा-तब तो तूने और बुरा किया! तुझे इस तरह आता देख हिरणों का झुंड भाग गया। तूने मेरा भोजन नष्ट कर दिया है, अब तो मैं तुझे अवश्य खाऊंगा।

बेचारी भेड़ प्राणदान हेतु अनुनय-विनय करती रही किन्तु चीते ने उसे खाकर ही दम लिया।

यहाँ अभिसम्बुद्ध गाथा कहते हैं—

दुष्टजन के लिए सुभाषित व्यर्थ है । इनके लिए न न्याय है न धर्म है और न ही सुभाषित है । दुष्ट का सामना तो पराक्रम से ही करें। वह सद्व्यवहार से प्रसन्न नहीं होता।

अन्त में मनुष्य को आईना दिखानेवाली एक रोचककथा

कथा-114

गरहित जातक(मनुष्य की निन्दा करनेवाले वानर की कथा)

मनुष्य अपना सारा जीवन कामनाओं की पूर्ति में ही लगा देता है और इस बात को भूल जाता है कि कामनाएँ कभी समाप्त नहीं होती। इन कामनाओं की पूर्ति के लिए वह तरह-तरह से संघर्ष करता है, अनैतिक पथ अपनाता हैं किन्तु अन्ततः वह इनके द्वारा जिन्हें पाता है वे वस्तुएँ नश्वर ही तो होती हैं। अक्सर ये अन्ततः उसके दुःख का ही हेतु बनती है। मानव की इस प्रवृत्ति की पशु भी निन्दा करते हैं। **'गरहित जातक'** [168]यही बतानेवाली कथा है।

वर्तमान कथा—जेतवन में विहार करते समय एक उद्विग्नचित्त भिक्षु को लेकर अन्य भिक्षुगण शास्ता के पास आये। शास्ता के सामने उसने स्वीकार किया कि वह अनेकानेक कामनाओं से ग्रस्त रहता है, इसीलिए उसका चित्त उद्विग्न रहता है। इस पर शास्ता एक अतीतकथा बताते हैं जहाँ पशु तक मानव के इस दुर्गुण की निन्दा करते हैं।

अतीत कथा—तब बोधिसत्त्व ने एक वानर के रुप में जन्म लिया था। एक बार शिकारी के हाथ लग कर वह वानर कैदी बना लिया गया। शिकारी ने उसे राजा को भेंट दे दिया और इस तरह वह राजभवन पहुँच गया। यहाँ रहकर उसने मनुष्य के व्यवहार को बारीकी से देखा। उसकी गंभीर दृष्टि एवं सभ्य व्यवहार से प्रसन्न होकर राजा ने शिकारी को आज्ञा दी कि इसे जहाँ से लाये थे वहाँ छोड़ आओ। ...और इस तरह वह अपने पुराने स्थान, पुराने साथियों के बीच पहुँच गया।

वानरों ने जब सुना कि उनका साथी मनुष्यों के बीच रहकर लौटकर आया है तो सबके सब उससे मिलने, उसके अनुभव सुनने एक विशाल शिलातल पर एकत्रित हुए। उससे पूछा—मित्र! मनुष्यों का व्यवहार कैसा होता है, हम जानना चाहते हैं। इस पर वानर बोला—मनुष्यों की करनी मुझसे न पूछो तो अच्छा होगा। पर अन्य वानरों ने कहा कि हमें मनुष्यों के बारे में अवश्य बताइये।

तब उस वानर ने बताया कि मनुष्य इतने मूर्ख होते हैं कि इतना भी नहीं जानते कि हर वस्तु नश्वर प्रकृति की होती है। वे चाहे ब्राह्मण हो या क्षत्रिय सभी 'मेरा-मेरा' करते रहते हैं। आगे वानर मनुष्यों के विषय में गाथाएँ कहता है—

आर्यधर्म को न जानने वाले मूर्ख मनुष्य दिन रात यही कहते रहते हैं—मेरा सोना, मेरा धन।

घर में दो-दो जन रहते हैं। एक की मूंछ होती है दूसरे की नहीं होती। एक की वेणी होती है, कान छिदे होते हैं, लंबे स्तन होते हैं। इसे बहुत सा धन देकर खरीद कर लाया जाता है। यह सबको कष्ट देता है।

यह दास-दासियों को फटकारते हुए काम लेता है, उन्हें वचनरुपी मुख-शक्ति से बींधता रहता है। वह उनके साथ स्वामी की भांति व्यवहार करता है।

इस प्रकार उस वानर ने मनुष्य-लोक की निन्दा की। यह सुन सभी बन्दरों ने अपने दोनों हाथों से अपने दोनों कान बंद कर लिए और कहने लगे, मत कहें! मत कहें! न सुनने योग्य बातें हमने सुनी है। इस महान शिलातल पर हमने न सुनने योग्य बातें सुनी है अतः यह शिलातल भी निंदनीय है, ऐसा कह कर वे सब वहाँ से चले गये।

तब से उस पाषाणशिला का नाम 'निंदित पाषाणशिला' हो गया।

सन्दर्भ

1. जातक अट्ठकथा, कथा क्रमांक, 485
2. परिशिष्ट, विशिष्ट शब्दों का विस्तृत विवरण में **किन्नर**
3. जातक अट्ठकथा, क्र. 422
4. जातक अट्ठकथा, क्र. 351
5. जातक अट्ठकथा, क्र. 503
6. जातक अट्ठकथा, क्र. 537
7. जातक अट्ठकथा, क्र. 28

8. जातक अट्ठकथा, क्र. 136
9. जातक अट्ठकथा, क्र. 176
10. जातक अट्ठकथा, क्र. 115
11. जातक अट्ठकथा, क्र. 337
12. जातक अट्ठकथा, क,228.
13. वही, 467
14. वही, 533
15. वही, 534
16. वही, 81
17. वही, 512
18. वही, 158
19. वही, 139
20. वही, 428
21. वही, 3
22. तुलना कीजिये-रहिमन ते नर मर चुके जो कहीं मांगन जाये।
उनसे पहले वे नर जिन मुख निकसे नाही।
23. जातक अट्ठकथा,क्रमांक, 323
24. वही, 253
25. वही, 403
26. वही, 20
27. वही, 90
28. परिशिष्ट, विशिष्ट शब्दों का विस्तृत विवरण में **तक्षशिला**
29. जातक अट्ठकथा, कथा क्रमांक, 541
30. पुराना नियम, राजाओं के वृतांत, 16-28
31. जातक अट्ठकथा, कथा क्रमांक, 143
32. जातक अट्ठकथा, कथा क्रमांक, 150
33. ईसापूर्व छटवी शताब्दी में बुद्ध और महावीर वैदिक दर्शन के विरोध में नये धर्म और दर्शन का प्रचार कर रहे थे। इनके दर्शन श्रमण दर्शन कहे जाते थे। इनके अतिरिक्त उस काल में कुछ अन्य श्रमण विचारक भी अपने विचार रख रहे थे। पूरण कश्यप, मक्खलि गोशाल, प्रबुद्ध कात्यायन आदि ऐसे ही श्रमण विचारक थे। वैसे बुद्ध और महावीर से इनके विचार एकदम अलग थे। इनका कोई दार्शनिक ग्रंथ नहीं मिलता है। बौद्ध एवं जैन साहित्य में इसी तरह के उपरोक्तवत् उल्लेख से ज्ञात होता है कि आम लोगों के बीच वे कुछ हद तक लोकप्रिय थे।
34. जातक अट्ठकथा, कथा क्रमांक, 329
35. वही, 330
36. जातक अट्ठकथा, कथा क्रमांक, 474
37. जातक अट्ठकथा, कथा क्रमांक, 167
38. कथासरित्सागर, 1.6
39. जातक अट्ठकथा, कथा क्रमांक, 137
40. वही, 343
41. महाभारत, शांतिपर्व, 139
42. जातक अट्ठकथा, कथा क्रमांक, 308

43. वही, 185
44. वही, 85
45. वही, 1
46. जातककथाओं में अनेक स्थानों पर यक्षों का उल्लेख है। यहां यक्षों को राक्षस के समान माना गया है जिनके विषय में कहा जाता था कि वे मनुष्यों को मार कर खाते थे। किंतु रामायण महाभारत आदि हिंदू ग्रंथों में यक्ष देवताओं के समान ही थे। कुबेर को यहां यक्षपति कहा गया है।
47. वही, 457
48. वही, 515
49. वही, 84
50. वही, 86
51. बुद्ध ने व्यक्ति को 5 प्रकार के शील से युक्त होने कहा था। ये पंचशील हैं-1 प्राणीमात्र की हिंसा से विरत होना 2 चोरी करने से विरत होना 3 व्यभिचार से विरत होना 4 असत्य भाषण से विरत होना 5 मादकद्रव्यों से विरत होना। जैन धर्म में इसी प्रकार पंचमहाव्रत बताये गये हैं-सत्य, अहिंसा, अस्तेय, अपरिग्रह एवं ब्रह्मचर्य।
52. जातक अट्ठकथा, कथा क्रमांक, 200
53. वही, 305
54. वही, 190
55. देखिये परिशिष्ट, **विशिष्ट शब्दों का विस्तृत विवरण** में **बौद्ध साधक**
56. प्रज्ञा, शील और समाधि। बौद्ध दर्शन के अनुसार इष्ट और अनिष्ट में समभाव का आवाहन प्रज्ञा है, सर्व पाप से विरति शील है और शुभ चिंतन में एकाग्रता समाधि है।
57. महाभारत में युधिष्ठिर के स्वर्गगमन की कथा यहां तुलनीय है जब साक्षात् देवराज इन्द्र रथ लेकर उन्हें जीवित ही स्वर्ग ले जाने आते हैं। इस समय तक उनके साथ चल रहे चारों भाई और पत्नी मर चुके थे पर एक कुत्ता उनके साथ-साथ अब भी चल रहा था। युधिष्ठिर उसे भी अपने साथ रथ में ले जाना चाहते थे । तब देवराज मना करते हैं कि कुत्ता सदेह स्वर्ग लोक नहीं जा सकता है। इस पर युधिष्ठिर कहते हैं कि यह मेरा भक्त है, लंबे समय से मेरे साथ चल रहा है, मेरा शरणागत है, मैं इसके बिना स्वर्गलोक कदापि नहीं जाऊंगा। भले ही यहां हिमालय में दफन हो जाऊं। ...इस पर देवराज, जो वस्तुतः उनकी परीक्षा ले रहे थे, कुत्ते को भी साथ ले जाने की अनुमति देते हैं।
58. जातक अट्ठकथा, कथा क्रमांक, 26
59. देखिये परिशिष्ट, **विशिष्ट शब्दों का विस्तृत विवरण** में बौद्ध साधक **प्रत्येक बुद्ध**
60. देखिये परिशिष्ट, **विशिष्ट शब्दों का विस्तृत विवरण** में **यक्ष**
61. वही, 399
62. कथासरित्सागर, प्रथम लंबक, राजा शिबि की कथा।
63. महाभारत, वनपर्व, 198
64. जातक अट्ठकथा, कथा क्रमांक, 253
65. वही, 43
66. वही, 473
67. वही, 486
68. वही, 156
69. वही, 131

70. वही, 50
71. वही, 17
72. वही, 18
73. वही, 418
74. देखिये पारिशिष्ट, **विशिष्ट शब्दों का विस्तृत विवरण** में **किन्नर**
75. देखिये परिशिष्ट, **विशिष्ट शब्दों का विस्तृत विवरण** में **बौद्ध साधक**
76. जातक अट्ठकथा, कथा क्रमांक, 12
77. वही, 144
78. वही, 487
79. वही, 49
80. वही, 48
81. वही, 452
82. वही, 87
83. वही, 126
84. वही, 484
85. वही, 455
86. वही, 417
87. वही, 446
88. वही, 122
89. यहां सफेद बालों को काला करने के लिये नील फल के रस नीलिय का लेप किये जाने की बात कही गई है।
90. वही, 67
91. वा.रा.यु.कां.101.14
92. मानस, लं.कां. 61.4
93. जातक अट्ठकथा, क्रमांक, 223
94. वही, 320
95. वही, 504
96. वही, 25
97. महाभारत में भी दास की पांच चोटी होने का उल्लेख है। यहां कथा है कि वनवास काल में द्रौपदी का अपहरण करने गये जयद्रथ को भीम मारना चाहता था किंतु युधिष्ठिर ऐसा करने से भीम को रोकता है। तब भीम उसका सिर मूंड़कर उसके सिर में पांच चोटियां रख देता है, यह कहते हुये कि अब यह महाराज का दास हो गया है। हालाकि दयालु युधिष्ठिर तत्काल जयद्रथ का हाथ थामते हुये कहता है कि मैने तुम्हें दासत्व से मुक्त किया। फिर कभी ऐसा अपराध न करना।-महाभारत, वनपर्व, 27218-21
98. जातक अट्ठकथा, 127
99. श्रीमद्‌भागवत्, 1.5-6
100. जातक अट्ठकथा, क्र. 7
101. वही, 490
102. देखिये परिशिष्ट, **विशिष्ट शब्दों का विस्तृत विवरण** में **चांडाल**
103. इस वाक्य से तत्कालीन समाज में चांडाल की दयनीय स्थिति झलकेती है।
104. जातक अट्ठकथा, 474

105. वही, 309
106. वही, 166
107. वही, 141
108. कथासरित्सागर, 10.9.2-42
109. जातक अट्ठकथा, कथा क्रमांक, 30
110. वही, 61
111. वही, 62
112. वही, 273
113. वही, 207
114. वही, 146
115. वही, 147
116. वा.रा.अयोध्याकांड, 35
117. जातक अट्ठकथा, 147
118. वही, 401
119. वही,489
120. वही, 257
121. वही, 15
122. वही, 66
123. गीता में इसीलिये इन्द्रियों को प्रमथन अर्थात् क्षुब्ध करने वाली कहा गया है। यह विवेकशील मनुष्य के मन का, ऐसे मनुष्य के मन का, जिसने इन्द्रियों को संभाल कर रखा है, भी हरण कर लेती है। **इन्द्रियाणि प्रमाथीनि हरन्ति प्रसभं मनः।।** 2.60
124. जातक अट्ठकथा **कथा क्रमांक** 334
125. वही, 151
126. वही, 520
127. वही, 420
128. वही, **527**
129. कथासरित्सागर, 3.63-79
130. वैसे हिन्दुओं में भी गृहस्थाश्रम के पूर्व कोई-कोई संन्यास ले लेता था जैसे शंकराचार्य और संत ज्ञानेश्वर ने कम उम्र में ही बिना गृहस्थ हुये संन्यास ले लिया था किंतु समाज में इसे अच्छा नहीं माना जाता था।
131. जातक अट्ठकथा कथा क्रमांक, 509
132. अयोधर जातक (क्र.510) में मृत्यु की अनिवार्यता और बल बतलाने वाले सुंदर वाक्य दृ टव्य है-यक्ष, प्रेत, पिशाच क्रोधित होने पर मनुष्यों को फूंक से मार डालते हैं किंतु वे भी मृत्यु को फूंक से मार डालने के लिये उत्साहित नहीं होते। राजगण अपराधियों के दोष जान उन्हें मृत्युदंड देते हैं किंतु वे भी मृत्यु को दंड नहीं दे पाते। अपराधियों को राजा से क्षमा मिल जाती है किंतु मृत्यु से क्षमा नहीं मिलती। सिंह, चीते आदि भागने वाले को जबर्दस्ती खा जाते हैं किंतु वे भी मृत्यु को खाने का साहस नहीं करते। जादूगर अपने जादू से दर्शक को मुग्ध कर देते हैं किंतु वे भी मृत्यु को मुग्ध नहीं कर सकते। क्रुद्ध तेजस्वी सर्प अन्यों को डस कर मार देते हैं किंतु वे भी मृत्यु को डसने का साहस नहीं करते। सुना जाता है कि धन्वन्तरि, भोज आदि वैद्यों ने सर्पों का विष नष्ट किया किंतु उनका मरना भी सर्प काटने से ही हुआ।
133. जातक अट्ठकथा क्रमांक, 529

134. प्राचीन काल में सिर में पांच चोटी दास का निशान होती थी। इससे लगता है कि वह कोई दास बालक होगा।
135. वही, 174
136. वही, 539
137. वही, 9
138. वही, 408
139. वही, 118
140. वही, 535
141. वही, 421
142. मूल भारतीय पाठ अप्राप्य। इसका तीसरी शती में चीनी भाषा में अनुवाद हुआ था जिसका 1938 ई. में अंग्रेजी में सरस्वती बिहार ग्रंथमाला 8 में 'चीनी रामायण' नाम से अनुवाद हुआ।-उद्धृत, कामिल बुल्के, वही, पृ. 46
143. इसका भी मूल भारतीय पाठ अप्राप्य है। चीनी अनुवाद से ही इसका भी पता चला है। इसका हिंदी अनुवाद नागरी प्रचारिणी पत्रिका, वर्ष, 1954 में प्रकाशित हुआ।-वही
144. जातक अट्ठकथा, क्र. 461
145. रामायण महातीर्थम्, पृ. 95
146. अग्निपरीक्षा : आचार्य श्री तुलसी, संपादकीय, मुनि महेन्द्रकुमार प्रथम द्वारा लिखित।
147. जातक अट्ठकथा, क्र. 519
148. वही, 6
149. वही, 6
150. वही, 454
151. श्रीमद्भागवत्, दशम स्कंध, 41.33-38
152. वही, दशम स्कंध, 41.40-49
153. वही, दशम स्कंध, 44.19-26
154. वही, दशम स्कंध, 44.32-38
155. वाल्मीकि रामायण, बालकांड, सर्ग 9,10
156. जातक अट्ठकथा, क्र., 526
157. वही, 523
158. वही, 38
159. वही, 321
160. कथासरित्सागर, 10.209
161. जातक अट्ठकथा, 400
162. वही, 57
163. वही, 208
164. **कथासरितसागर**, 10.6
165. जातक अट्ठकथा, 215
166. वही, 218
167. वही, 426
168. वही, 219

परिशिष्ट

विशिष्ट शब्दों का विस्तृत विवरण

जातक कथाओं में आये कुछ विशेष शब्दों का कुछ विस्तार से वर्णन जिज्ञासु पाठकों के लिए लाभदायक होगा। नीचे इनका परिचय प्रस्तुत है।

1. तक्षशिला-प्राचीन भारत के प्रसिद्ध विद्या के केन्द्र के रूप में विख्यात 6वीं शती ई.पू. से भी पहले का तक्षशिला विश्वविद्यालय यद्यपि आज हमारे देश में नहीं है, न ही अपने प्राचीन रूप में यह वर्तमान है पर निश्चित ही हमारे लिए यह गौरव है। 4 थी शती ई.पू. ग्रीक देश के एथेन्स शहर में प्लेटो के प्रसिद्ध विश्वविद्यालय 'एकेडमी' और अरस्तू के 'लीसियम' से भी सदियों पूर्व यह स्थापित था जहाँ दूर-दूर से बालक शिक्षा ग्रहण करने हेतु आते थे। वस्तुतः विश्व के प्राचीनतम् विश्वविद्यालय में इसको गिनती होती है।

जातक कथाओं में से अधिकांश कथाओं में वाराणसी, राजगृह, मिथिला आदि मध्यभारत के राज्यों से शिक्षा हेतु राजकुमारों, पुरोहितपुत्रों या फिर अन्य सामान्य बालकों को भी ज्ञानार्जन हेतु केवल एक शिक्षा संस्थान में जाने का उल्लेख मिलता हैं, वह यही है तक्षशिला, जो इन स्थानों से अत्यन्त दूर स्थित था। इससे सिद्ध होता है कि उस काल में यह कितना प्रतिष्ठित एवं गौरवपूर्ण शिक्षा-संस्थान रहा होगा। यहाँ ये बालक वर्षों तक गुरु के पास रहकर तीनों वेदों का तथा 18 शिल्पों का अध्ययन करते थे। प्राचीन भारत के विश्वविद्यालयों में यह नालंदा विश्वविद्यालय के समान प्रसिद्ध है यद्यपि नालंदा विश्वविद्यालय बहुत बाद के काल का है।

तक्षशिला प्राचीन भारत के पश्चिमोत्तर में स्थित गंधार की राजधानी था। यह हिंदू और बौद्ध दोनों के लिए महत्त्व का केन्द्र था। एक समय चाणक्य यहाँ पर आचार्य थे और चन्द्रगुप्त मौर्य उसके शिष्य। 405 ई. में चीनी यात्री फाह्यान यहाँ आया था। विनयपिटक में उल्लेख है कि आयुर्वेद के प्रसिद्ध ज्ञाता जीवक ने यहाँ से ही शिक्षा प्राप्त की थी । व्याकरणाचार्य पाणिनी भी यहाँ के विद्यार्थी थे। यहाँ के पाठ्यक्रम में धनुर्वेद, हस्तिविद्या, त्रयी, व्याकरण, दर्शनशास्त्र, गणित, ज्योतिष, गणना, वाणिज्य, सर्पविद्या, तन्त्रशास्त्र, संगीत, नृत्य और चित्रकला आदि का मुख्य स्थान था।

तक्षशिला का अर्थ 'तराशे हुए पत्थर' होता है। तराशे हुए पत्थरों से निर्मित होने के कारण सम्भवतः इसका नाम तक्षशिला पड़ा हो। वर्तमान में यह पाकिस्तान के पंजाब प्रांत के रावलपिंडी जिले का एक शहर है जो अपने पुरातात्त्विक महत्त्व के लिए प्रसिद्ध है। यह यूनेस्को की विश्व विरासत सूची में सम्मिलित है।

वैसे तो गंधार की चर्चा वेदों में भी मिलती है पर वाल्मीकि रामायण और महाभारत में इसकी कुछ विस्तृत चर्चा है। इन महाकाव्यों में लगभग इसी स्थान पर तक्षशिला का उल्लेख मिलता है किन्तु यहाँ कोई विश्वविद्यालय था, इस रूप में नहीं मिलता। रामायण के अनुसार केकय (जो गंधार के समीप ही है, वर्तमान कंधार) कैकेयी का मायका याने भरत का ननिहाल था। केकय नरेश के पुत्र युधाजित भरत के मामा थे। एक बार गंधर्वों के आक्रमण से अपने को बचाने में असमर्थ होने पर उन्होंने अयोध्या के राजा राम से सहायता माँगी। तब राम ने भरत को उनके पुत्रों, तक्ष और पुष्कल के साथ वहाँ भेजा। फिर गंधर्वों को पराजित कर राम की आज्ञा से जिस नई नगरी की स्थापना की वह भरत-पुत्र तक्ष के नाम पर तक्षशिला कही गयी। भरत के दूसरे पुत्र पुष्कल के नाम पर सिंधुनदी के दूसरे किनारे पर पुष्कलवती नगरी बसाई गयी थी, यह उल्लेख भी रामायण में मिलता है।[1]

महाभारत में तक्षशिला को सिंधुनदी के पूर्वी तट पर स्थित कहा गया है। कहा जाता है कि पाण्डवों द्वारा खांडववन दहन के बाद कुछ नाग, जिन्हें तक्षक भी कहा जाता है, यहीं जाकर बस गये थे, इसीलिए इसका नाम तक्षशिला पड़ा। यह भी कहा जाता है कि पाण्डवों के पौत्र जनमेजय ने यहीं नागयज्ञ किया था जिसमें मन्त्रबल से नागों को बुलाकर भस्म किया गया था। इस यज्ञ में ही महाभारत कथा सबसे पहले वैशमपायन द्वारा यहीं कही गयी थी।[2]महाभारत में हस्तिनापुर के राजा धृतराष्ट्र की महारानी गांधारी गंधार देश की राजकुमारी बतायी गयी है।

उल्लेखनीय है कि जातक कथाओं में एक कथा का शीर्षक ही **गंधार जातक** है जिसकी ख्याति दूर-दूर तक फैली हुई थी। राजा ने अचानक प्रव्रज्या ग्रहण कर राज्यत्याग कर वन में शरण ली। यह सुन विदेह के राजा जनक ने भी राज्यत्याग कर प्रव्रज्या ग्रहण कर ली।

लगभग ई.पू. 6वी शताब्दी तक यह विद्या के बड़े केन्द्र के रूप में स्थापित हो चुका था। किन्तु कालान्तर में राजनीतिक उथलपुथल के चलते अनेक विदेशी आक्रांताओं के कारण इसका मूल रूप नष्ट हो गया। इस नष्टप्राय विद्या के केन्द्र के खण्डहरों को खोज निकालने का काम सबसे पहले जनरल कनिंघम ने शुरू किया था किन्तु सन् 1912 के बाद भारतीय पुरातत्व विभाग की ओर से सर जान मार्शल के नेतृत्व में खुदाई का ठोस काम हुआ। उन्होंने कई स्थलों पर बिखरे हुए अवशेष खोद निकाले हैं जो इसकी भव्यता की कथा कहते हैं।

2. किन्नर-आज किन्नर का अर्थ हम ऐसे मनुष्यों से लेते हैं जो अपनी शारीरिक बनावट के कारण न स्त्री हैं न पुरुष हैं। इसीलिए इन्हें तृतीय लिंग (थर्ड जेंडर) कहा जाता है। समाज में इनका काम उत्सवों पर नाच-गाना रहा है। यद्यपि धीरे-धीरे इनके प्रति लोगों का नजरिया बदल रहा है। इन्हें भी समाज में, राजनीति में भी, उच्चस्थान मिलते जा रहा हैं किन्तु फिर भी सामान्यतया इन्हें समानता की नजरों से नहीं देखा जाता है। किसी घर में ऐसे बच्चे का जन्म अभिशाप ही समझा जाता है। सम्भवतः इसीलिए ये अपने अलग समाज में रहते हैं।

किन्नर शब्द का अर्थ ही होता है कि क्या ये नर हैं? चूँकि ये थर्ड जेंडर स्त्री पुरुष दोनों की श्रेणी में नहीं आते, इसलिए उनके लिए किन्नर नाम सार्थक लगता है किन्तु प्राचीन भारतीय साहित्य में इनका कुछ दूसरा ही रूप रहा है। पुराणों में इन्हें एक प्रकार का देवता कहा गया है जिसका मुख घोड़े के समान होता है । ये संगीत में अति प्रवीण कहे गये हैं। इन्हें पुलह ऋषि का वंशज भी बताया गया है जो ब्रह्मा की परछाईं से उत्पन्न हुए थे और कुबेर के कैलाश पर रहते थे।[3] इस आधार पर हम इन्हें एक काल्पनिक जाति मान सकते हैं।

जातक कथाओं में इनका एक अलग ही स्वरूप बताया गया है। यहाँ ये मनुष्य से इतर जंगलों और पहाड़ों में रहने वाली जाति है किन्तु पुराणों के समान यहाँ इन्हें विकृत नहीं बताया गया है बल्कि ये सुन्दर बताये गये हैं, इतने कि राजागण तक किन्नरी पर मोहित होकर उसे पाना चाहते !

यहाँ किन्नर और किन्नरी को एक दूसरे के प्रति समर्पित युगल बताया गया है। एक दूसरे के बिना ये जीना नहीं चाहते। एक दूसरे के प्रति ये इतने समर्पित हैं कि इनका प्रेम देख अन्य लोग शर्मिंदा होकर प्रेम करने की सीख लेते हैं। जैसे **भल्लाटिय जातक**[4] में एक राजा किन्नर-युगल का आपसी प्रेम देखकर अपनी पत्नी के प्रति प्रेमिल बनता है।

उल्लेखनीय है कि यहाँ अपना परिचय देते हुए किन्नरी कहती, पशु हमें मनुष्य के समान समझते हैं किन्तु शिकारी हमें किन्नर कहते हैं।

चन्द्र किन्नरी जातक[5] में स्वयं भगवान बुद्ध को पूर्व जन्म में एक किन्नर तथा यशोधरा को किन्नरी बताया गया है जो एक दूसरे के प्रति इतने समर्पित रहते थे कि एक राजा द्वारा किन्नर को तीर मारने पर किन्नरी देवताओं को अपने आंसुओं से विवश कर किन्नर को पुनर्जीवन दिलवाने में समर्थ होती है।

उल्लेखनीय है कि **वाल्मीकीय रामायण** में भी इन्हें प्रेमी युगल बताया गया है। कैकेयी के द्वारा राम को चौदह वर्षों के वनवास का वरदान माँगने पर दशरथ सीता के लिए कहते हैं कि राम से बिछड़ने पर सीता की दशा **हीना हिमवतः पार्श्वे किंनरेणेव किंनरी** अर्थात् हिमालय के पार्श्वभाग में अपने स्वामी किन्नर से बिछुड़ी किन्नरी के समान हो जायेगी।[6]

पुराणों के समान जातक कथाओं में भी किन्नरों को नृत्य और गायन विद्या में निपुण बताया गया है। **चन्द्र किन्नरी जातक** में वस्तुतः किन्नरी के अलौकिक नृत्य और गीत से प्रभावित होकर ही वह राजा किन्नर पर तीर चलाकर किन्नरी को बलात् ले जाना चाहता था किन्तु फिर किन्नरी को क्रोधित देख चुपचाप चला जाता है।

3. यक्ष-जातक कथाओं में यक्ष और यक्षिणी का कई स्थानों पर उल्लेख है। ब्राह्मण धर्म ग्रन्थों जैसे, रामायण, महाभारत, पुराण आदि में यक्ष को उपदेवता माना गया है। आप्टे के **संस्कृत हिंदी कोष** में इनका उल्लेख करते हुए यक्ष एक देवयोनि विशेष कही गयी है जो धनसम्पत्ति के देवता कुबेर के सेवक हैं तथा उनके कोष और उद्योग की रक्षा करते हैं। यहाँ कुबेर यक्षपति कहे गये हैं । **वाल्मीकीय रामायण** में यजन करने के कारण इन्हें यक्ष कहा गया जो राक्षसों से भिन्न थे। वैसे रामायण की एक पात्र ताटका के विषय में कहा गया है

कि यह पहले यक्षिणी थी। एक बार इसके पति को मुनि अगस्त्य ने मार डाला तब यह उन्हें खाने दौड़ी थी। यह देख मुनि ने इसे राक्षसी होने का श्राप दिया था। तब से यह नरभक्षी और अतिदुष्ट राक्षसी हो गयी । अपने बलशाली पुत्र मारीच के साथ यह राक्षसों की सरगना बन गयी । यही अपनी टोली के साथ विश्वामित्र के यज्ञों को विध्वंस किया करती थी। इसको और पूरी राक्षस टोली को समाप्त करने ही विश्वामित्र राम का दशरथ से माँग कर लाये थे[7] । महाभारत का यक्ष-प्रश्न बहुत प्रसिद्ध है जिसमें एक तालाब का रक्षक यक्ष पानी पीने के लिए आये पाण्डवों से कुछ प्रश्न करता है। इसी तरह की कथा जातककथा में भी है। **देवधम्म जातक**[8] में यह कहानी राम के वनवासकाल में उनके साथ घटित होती है। किन्तु महाभारत का यक्ष जहाँ कुबेर द्वारा प्रेषित एक देव है वहाँ जातककथा में यह एक कुबेर का जलराक्षस सेवक कहा गया है । यहाँ राम द्वारा उसके प्रश्नों का सही उत्तर दिये जाने पर उसकी राक्षसी प्रवृत्ति समाप्त हो जाती है और राम के साथ ही वह अयोध्या लौटकर सम्मानित होता है।

वस्तुतः जातक कथाओं में राक्षस और यक्ष एक ही है। यह राक्षसों के समान एक जाति कही गयी है जो मनुष्य का मांस भक्षण करती थी। यहाँ यक्षिणियों द्वारा सुन्दर मानवीरुप धारण कर मनुष्यों को लुभाकर उनसे विवाह कर उनका मांस भक्षण करनेवाली अनेक कथाएँ हैं। जैसे **तेलपत्त जातक** [9], **नलिनीका जातक** [10] आदि। **तेलपत्त जातक** में उल्लेख है कि य़क्षिणियां तरह-तरह के रूप बनाकर एक राजकुमार को उसके पथ से भटकाकर पदच्युत करना चाहती है यद्यपि इसमें वह सफल नहीं होती क्योंकि राजकुमार का पूरा ध्यान अपने लक्ष्य की ओर था। किन्तु उसके साथी ऐसे नहीं थे सो अवसर पाकर वे उनका भक्षण कर लेती है। **नलिनीका जातक** में रामायण के श्रृंगी ऋषि के समान कथा है जिसमें स्त्री मात्र से अपरिचित ऋषि को इससे परिचित कराने कुछ अप्सराएँ भेजी जाती है। यहाँ इन्द्र नलिनीका नामक राजकन्या को श्रृंगी ऋषि का तपोभंग करने भेजता है तब ऋषि के पिता उन्हें यही समझाकर उसके पास जाने से रोकते हैं कि वह अवश्य यक्षिणी है जो तुम्हें मार कर खा जाएगी।

वैसे ब्राह्मण ग्रन्थों में यक्ष का एक दूसरा रूप कुछ-कुछ इसी प्रकार का है। भागवतपुराण में यक्ष को शिव के गण भूत, प्रेत, पिशाच भी कहा गया है।

4. चाण्डाल-चाण्डाल आज हमारे समाज में एक गाली के रूप में घिनौना काम करनेवाले, निम्नप्रकृति के व्यक्ति को कहा जाता है । किन्तु सदियों से यह हमारे देश में एक जाति भी रही है जिसे प्रसिद्ध इतिहासज्ञ रोमिला थापर ने ब्राह्मण, क्षत्रिय, वैश्य और शूद्र वर्ण से इतर कहा है।[11] इसीलिए इन्हें अवर्ण भी कहा जाता है। थापर के अनुसार इन्हें आर्यों ने न केवल अपने समाज से वरन् अपने रिहायशी इलाके से भी बहिष्कृत कर रखा था। यह दुःखद सत्य है कि हमारे सुसभ्य एवं सांस्कृतिक रूप से समुन्नत देश में चाण्डालों को अत्यन्त तिरस्कार की दृष्टि से देखा गया है।

प्राचीनकाल से लेकर आज तक भी भारत में यह अत्यन्त पतित, अधम एवम् अछूत जाति मानी गयी है। वैदिक साहित्य में भी इनका उल्लेख मिलता है। मनु ने इन्हें निम्नतम् मनुष्य कहा है। याज्ञवल्क्य ने इन्हें सर्वधर्मबहिष्कृत घोषित किया है तथा इन्हें कुत्तों एवं कौओं की श्रेणी में रखा है। मुख्यतः यह शूद्र पिता और ब्राह्मण माता से उत्पन्न बच्चों की वर्णसंकर जाति थी। कुत्ते और गदहे इनकी सम्पत्ति थी तथा शवों के कपड़े ही उनके परिधान थे। उनके लिए नियम था कि उन्हें टूटे-फूटे बर्तन में ही खाना खाना चाहिए । उनके आभूषण लोहे के होना चाहिऐ। चीनी यात्री फाहियान (405-411 ई.)ने इनके विषय में लिखा है कि जब वे नगर में घुसते थे तो लकड़ी के किसी टुकड़े से ध्वनि उत्पन्न करते हुए चलते थे ताकि लोगों को उनके प्रवेश की सूचना मिल जाये और उनका किसी से स्पर्श न हो।[12] राजाज्ञा से इनसे जल्लाद का काम भी लिया जाता था।

जातक कथाओं में चाण्डालों के लेकर अनेक कथाएँ हैं जो समाज में इनकी दयनीय निम्नस्थिति बताती है। **चित्त संभूत जातक**[13] में उल्लेख है कि श्रेष्ठ वर्ण की कन्याएँ इन्हें देख मात्र लेने से अपने को अपवित्र मान कर सुगंधित जल से आँखें धोती थीं। किन्तु बोधिसत्त्व को यहाँ एक कथा **छव जातक**[14] में चाण्डाल के रूप में भी जन्मग्रहण करते बताया गया है जहाँ वे राजा तक को उपदेश देते है। इसी तरह एक कथा **मतंगजातक**[15] में एक चाण्डाल मुनि के द्वारा तपस्या करने पर उच्चवर्ण को उसके सामने झुकते बताया गया है।

हिंदू पुराणों में भी कहीं-कहीं इनके प्रति सदय दृष्टि रही है। राजा हरिश्चन्द्र के विषय में कहा जाता है कि स्वप्न में विश्वामित्र को सबकुछ सौंपने के बाद श्मशान की नौकरी करते हुए वे चाण्डालकर्म करते थे, पर इससे हरिश्चन्द्र की प्रतिष्ठा कम नहीं हुई बल्कि इतिहास में वे आदर्श ही बने।

आदिशंकराचार्य के विषय में एक कथा मिलती है जो चाण्डाल को अछूत मानने पर व्यंग करती है। कथा है कि वाराणसी में एक बार आदिशंकराचार्य अपने शिष्यों के साथ गंगास्नान कर लौट रहे थे। रास्ते में कुत्ते के साथ आते हुए एक चाण्डाल को देखकर उनके साथ चल रहे शिष्यों ने उसे दुत्कारते हुए परे हटने कहा, ताकि उसकी परछाई उनके गुरु पर न पड़े। इस पर उसने उत्तर दिया कि तुम्हारे गुरु तो आत्मा को सत्य और शरीर को मिथ्या मानते हैं फिर कैसे मेरे शरीर की परछाई से वे अपवित्र हो सकते हैं? क्या अद्वेत दर्शन केवल उपदेश देने हेतु है ? ...यह सुनकर आदिशंकराचार्य और उनके शिष्यों को सत्यता का बोध हुआ और वे चाण्डाल के सामने शर्मिंदा हुए। कहा जाता है कि स्वयं भगवान शिव ने चाण्डाल के रूप में आकर यह शिक्षा दी थी।

5. देवदत्त-जातक कथाओं में बुद्ध के चचेरे अथवा फूफेरे भाई देवदत्त का अनेक स्थानों पर उल्लेख है । देवदत्त शब्द का अर्थ है देव के द्वारा प्रदत्त किन्तु देवदत्त सम्भवतः दानव द्वारा प्रदत्त था। वह बुद्ध के प्रिय शिष्य आनन्द का सगा भाई था किन्तु बुद्ध से प्रारम्भ से ही द्वेष रखता था। बचपन में देवदत्त द्वारा एक पक्षी पर तीर चलाकर उसे घायल करने की कथा बड़ी प्रसिद्ध है जिसमें सिद्धार्थ उस घायल पक्षी का तीर निकाल कर उसकी सेवा कर

उसे ठीक करते हैं किन्तु देवदत्त उस पर यह कहते हुए अपना हक जताता है कि यह मेरा शिकार है। तब सिद्धार्थ कहते हैं कि मारने वाले से बचाने वाला बड़ा होता है अतः अब यह मेरा है......और इसी आधार पर राजदरबार में वह पक्षी सिद्धार्थ को ही मिलता है।

सिद्धार्थ द्वारा संन्यास ग्रहण के बाद उनकी ख्याति बढ़ने पर देवदत्त भी उनकी नकल करना चाहता था। इसलिए प्रवृत्ति न होते हुए भी वह भिक्षु बना। पहले वह बुद्ध का शिष्य बना था किन्तु बाद में उसने अपना स्वतन्त्र भिक्षुसंघ बना लिया था। उसने तत्कालीन मगध के राजा अजातशत्रु को अपनी ओर कर लिया था । **संकिच्च जातक**[16] में उल्लेख है कि उसके कहने पर ही अजातशत्रु ने अपने पिता का वध किया था जिसके लिए बाद में राजा बहुत पछताया था और शास्ता की शरण में आया था ।

धम्म जातक[17] में देवदत्त का नाम ही अधर्म और बुद्ध का नाम धर्म बताया गया है। यहाँ धर्म जहाँ लोगों को मातृसेवा, पितृसेवा आदि दस कुशल धर्मों में प्रेरित करता है वहाँ इसके विपरीत अधर्म हिंसा करने का उपदेश देते हुए लोगों को अकुशल कर्म करने प्रेरित करता है। वह बहस करता है, अपने को श्रेष्ठ बतलाता है, बलवान बताता है किन्तु उसके कठोर वचनों के बाद भी जब बोधिसत्त्व उसे क्षमा करते हैं, तब वह अवीची नामक नरक में जा गिरता है।

देवदत्त ने कई बार शास्ता को मारने का भी प्रयास किया था। उन पर शिलाएँ फेंकी, हाथी को शराब पिला कर उनके सामने छोड़ दिया, अजातशत्रु के सैनिकों को विषबुझे तीर लेकर उन्हें मारने भेजा[18] किन्तु बुद्ध का वह बाल भी बांका नहीं कर सका। बल्कि उसके साथ गये भिक्षु शास्ता के पास वापस आ गये। वस्तुतः देवदत्त को शास्ता से पूर्व जन्म से ही बैर था। बोधिसत्त्व के रूप में बुद्ध जहाँ अनेकों जन्म से बोधि प्राप्ति की ओर बढ़ रहे थे वहाँ देवदत्त अनेकों जन्मों से तरह-तरह से उनका विरोध कर रहा था। अन्त में वह भयानक कष्ट भुगतते हुए नरकगामी हुआ।

6. बौद्ध साधक

बौद्धधर्म में साधकों की तीन श्रेणियां बतायी गयी है जिनका उल्लेख जातक कथाओं में अनेक स्थान पर हुआ है। ये श्रेणियां हैं—

श्रावक-श्रावक का शाब्दिक अर्थ होता है श्रोता। शिष्य श्रोता होता है गुरु की बातें सुनता है अतः श्रावक कहलाता है। बौद्धधर्म में श्रावक वह साधक है जो साधना के द्वारा अर्हत् पद प्राप्त करना चाहता है। **अर्हत्** वह कृतकार्य व्यक्ति है जिसका जन्म क्षीण हो गया है, जो कुछ करना था वह कर चुका है, अब आगे करने को कुछ नहीं है। प्रज्ञा, शील, समाधि नामक त्रिरत्नों से यह विभूषित है। ऐसा व्यक्ति जीवन्मुक्त कहा जाता है। मृत्यु के बाद फिर जीवन धारण नहीं करता। हीनयानी इसे सर्वोच्च आदर्श मानते हैं। यह व्यक्तिगत कल्याण (निर्वाण) की कामना करता है।

प्रत्येकबुद्ध-ये वे बौद्ध साधु होते हैं जो बिना गुरु की सहायता के ही बुद्धत्वलाभ प्राप्त करते हैं। ये प्रायः जंगल में रहकर निर्वाण-जन्य शान्ति का अनुभव करते हैं। जातक कथाओं

में कभी-कभी इन्हें लोगों के बीच पहुंचते तथा उनका कल्याण करते बताया गया है। ये बौद्ध श्रावक से श्रेष्ठ हैं किन्तु दूसरों को तारने की शक्ति दोनों में नहीं है।

7. बोधिसत्त्व-यह महायान का आदर्श है। श्रावक और प्रत्येकबुद्ध से बोधिसत्त्व का अन्तर यह है कि जहाँ प्रथम दोनों व्यक्तिगत निर्वाण चाहते हैं वहाँ बोधिसत्त्व महाकरूणा से युक्त सभी प्राणियों का कल्यण चाहते हैं, उन्हें मुक्तिलाभ देना चाहते हैं। बुद्धत्व की प्राप्ति बोधिसत्त्व को ही होती है। इसीलिए जातक कथाओं में बुद्ध को पूर्वजन्म में बोधिसत्त्व बताया गया है जिसके विषय में हम प्रथम अध्याय में विस्तार से लिख चुके हैं। **बोधिचर्यावतार** नामक ग्रन्थ में बोधिसत्त्व का जीवमात्र हेतु सेवा-संकल्प उनकी महाकरूणा को बड़ी सुन्दरता के साथ दर्शाता है—मैं अनाथों का नाथ बनूंगा, यात्रियों का सार्थवाह बनूंगा, पार जाने के लिए नाव एवं सेतु बनूंगा, उजास चाहने वालों के लिए दीपक बनूंगा, निद्रा चाहने वालों के लिए शैय्या बनूंगा, जिन्हें सेवा की चाहना होगी उनके लिए सेवक बनूंगा ...इस प्रकार मैं सब प्राणियों की सेवा करूँगा।[19]

भारतीय दर्शन में मुक्ति की अवधारणा प्रायः व्यक्तिगत मुक्ति पर केन्द्रित है। बोधिसत्त्व की यह अवधारणा मोक्ष को परहित से जोड़कर और अधिक श्रेष्ठता प्रदान करती है।

संदर्भ

1. वा.रा. उत्तर.कांड.सर्ग 101
2. महाभारत स्वर्गारोहण पर्व, अध्याय 5
3. आप्टे, संस्कृत हिंदी कोष, शब्द किन्नर
4. जातक अट्ठकथा, क्र.504
5. जातक अट्ठकथा, क्र. 485
6. वा.रा. अयो.कां.12.73
7. वा.रा.,बा.कां.सर्ग 26
8. जातक अट्ठकथा, क्र. 6
9. जातक अट्ठकथा, क्र. 26
10. जातक अट्ठकथा, क्र. 526
11. Romila Thaper, Early India From the Origin to AD 1300 , pp63,511
12. पांडुरंग वामन काणे, धर्मशास्त्र का इतिहास, भाग 1, पृ. 131
13. जातक अट्ठकथा, क्र. 490
14. जातक अट्ठकथा, क्र. 309
15. जातक अट्ठकथा, क्र. 497
16. जातक अट्ठकथा, क्र. 530
17. जातक अट्ठकथा, क्र. 34
18. जातक अट्ठकथा, चंद्रकुमार जातक क्र., 543

●●●